U0564544

国家社科基金
后期资助项目
GUOJIA SHEKE JIJIN HOUQI ZIZHU XIANGMU

秩序理念下的经济法研究

Research on Economic Law Under the Concept of Order

刘水林 著

ZHEJIANG UNIVERSITY PRESS
浙江大学出版社

图书在版编目(CIP)数据

　　秩序理念下的经济法研究 / 刘水林著. —杭州：
浙江大学出版社，2021.6
　　ISBN 978-7-308-21493-3

　　Ⅰ.①秩⋯ Ⅱ.①刘⋯ Ⅲ.①经济法－研究－中国
Ⅳ.①D922.290.4

　　中国版本图书馆 CIP 数据核字(2021)第 115040 号

秩序理念下的经济法研究

刘水林　著

责任编辑	丁沛岚	
责任校对	陈　翩	
封面设计	周　灵	
出版发行	浙江大学出版社	
	（杭州市天目山路 148 号　邮政编码 310007）	
	（网址：http://www.zjupress.com）	
排　　版	浙江时代出版服务有限公司	
印　　刷	杭州高腾印务有限公司	
开　　本	710mm×1000mm　1/16	
印　　张	22.75	
字　　数	398 千	
版 印 次	2021 年 6 月第 1 版　2021 年 6 月第 1 次印刷	
书　　号	ISBN 978-7-308-21493-3	
定　　价	72.00 元	

国家社科基金后期资助项目
出版说明

后期资助项目是国家社科基金设立的一类重要项目,旨在鼓励广大社科研究者潜心治学,支持基础研究多出优秀成果。它是经过严格评审,从接近完成的科研成果中遴选立项的。为扩大后期资助项目的影响,更好地推动学术发展,促进成果转化,全国哲学社会科学工作办公室按照"统一设计、统一标识、统一版式、形成系列"的总体要求,组织出版国家社科基金后期资助项目成果。

全国哲学社会科学工作办公室

前　言

　　本书是对我十多年来经济法研究的反思,通过反思,想提出一个"经济法是经济秩序保护法"的观点,把过去十多年来所写的论文中想表达的经济法观念综合为一个前后连贯的理论体系。书的各章都是我十多年来所写的论文,且多数已经发表。这些论文虽然延续了我早期在经济法研究中所秉持的共同体主义的观念,以及由此决定的整体主义方法论①,但我也对自己早期脱离具体经济法律制度分析的纯粹理论研究的风格尽量予以改变,并以具体经济法律制度为切入点验证、修正和完善自己的理论。作为研究切入点的法律制度主要选取了反垄断法的法律制度,以及消费者权益保护法的新型制度(如多倍赔偿、公益诉讼)。之所以选择它们为研究切入点,有两方面的原因。一是在我试图改变以前"从理论到理论"的经济法研究风格,拟从经济法的具体部门法律制度规定及法律实践呈现的问题提炼和验证经济法理论之际,适逢 2007 年我国反垄断法出台,成为经济法学界研究的热点。另外,随着市场经济的发展,大量损害消费者权益现象发生,引起社会关注。这些法律热点和社会焦点问题都需要经济法理论予以回应。二是反垄断法被公认为典型的经济法律制度,而消费者权益保护法中的新型制度更能体现经济法的特性。因此,通过对它们的研究提炼出的理论更能体现经济法的特性。也正是这些研究,使我对经济法基本理论的认识更为深刻,理论表述的法学意味更浓,理论观点和论证更为缜密,并启发了我把研究成果向经济法其他领域扩展,引发了我对经济法的体系构成以及宏观调控法的新思考。

　　本书内容较多,各章都曾独立成文,读者可系统阅读,也可据研究需要有选择地阅读。各章主要论点在书的第一章中已做了较详细介绍,这里不再赘述。但为了便于读者理解,以及给读者的阅读选择提供线索,这里对书的内容构成作简要说明。本书对各章没有归类分编,但实质可分为四种类型。第一,通过对反垄断法的研究,提炼出经济法的基本理论,包括前五

---

① 我早期的经济法研究不论从理论风格还是主要观点都体现在早期的专著中,对此可参见刘水林:《经济法基本范畴的整体主义解释》,厦门大学出版社 2006 年版。

章。第二,对消费者权益保护法中的新型制度——"多倍赔偿"责任制度,以新的经济法研究范式,亦即整体主义范式予以解释,包括第六、第七章。第三,对经济法实施制度的理论反思和制度重构的思考,包括第八至第十二章。第四,通过研究反垄断法而获得的对消费者权益保护法、税法,以及被经济法界忽视但我认为属于经济法的经济规制法研究的感悟,包括最后三章。

我把本书的目的提炼如下:在试图发展和完善经济法新的研究范式——保护社会经济秩序的范式,以弥补旧的主流研究范式——保护具体受害者的范式的不足。反垄断法的研究告诉我们,反垄断法有两种范式——保护竞争者范式与保护竞争范式。这两种范式从更深层次的理论来讲,实质就是人文社科领域的两种思想传统——个体主义与共同体主义(整体主义)在反垄断法研究中的表现。这两种范式也贯穿于在现代经济法的发展和研究中。其中,个体主义范式注重对具体受害者的保护。这种范式实质是民商法、行政法范式在经济法研究中的延伸,也是目前法学研究的主流范式,我称其为旧的思想或思维范式。[①] 而共同体主义(整体主义)范式注重对不特定共同体成员共同依存的社会经济秩序的保护,目前在经济法中是非主流范式,我称其为新的思想范式。这两种范式从人文社会科学发展史看,长期处于对立冲突的状态,但从 19 世纪末以来出现交融的趋势。其实,通过对社会经济发展史和思想观念史的观照,我们不难发现,这两种观念所产生的两种思想范式是应对不同时代人们的生存和发展所面临的时代问题的产物,其本身并没有抽象的对错、优劣之分。一般来说,由时代的社会经济发展所决定的人们之间的主要问题是私人物品的界分引发的冲突问题,宜于以个人主义观念为基础的法律制度范式予以解决。而由时代的社会经济发展所决定的人们之间的主要问题是公共物品的创造和维护所引发的冲突问题,宜于以共同体主义观念为基础的法律制度范式予以解决。而现今时代,由于生产社会化程度的提高,许多物品介于私人物品与公共物品之间,加之,个人行为外部性的存在,使得在社会经济问题中上述两种问题往往交织在一起。因此,在现代经济法律制度中不可避免地交织着两种制度范式,由此决定,在经济法的研究中存在两种研究范式共存的合理性。但目前法学的主流是个体主义范式,导致在经济法研究中整体主义范式研究的不足。正因此,本书致力于以整体主义范式对

---

① 这里的旧的思想或思维范式的"旧",只是从与另一种范式在经济法律制度和经济法研究中出现的时间先后意义上来讲的,因此,这里的"旧",并非意味着落后。

经济法予以研究,需注意的是,对整体主义范式的重视并非对个体主义研究范式的否定。

以整体主义范式研究经济法虽不是初步的尝试,但这种研究毕竟不是主流,可资借鉴的成果有限,因而,书中的许多观点虽自认不无道理,但却没有把握是一种更好的观点,诚请学界同仁和广大读者提出宝贵意见。同时希望有更多的经济法学者在研究中注重此种研究范式,以丰富和完善经济法的理论。

目　录

导论　经济法是什么?

一、研究背景

市场经济在我国的发展,经济法律、法规的逐步完善和相关司法、执法活动的广泛展开,为进一步深入研究经济法理论提供了实证材料。而部门经济法理论研究的多年积淀,也为经济法理论反思和进一步研究准备了理论条件。正因此,近年来在中国经济法学界召开的各种学术研讨会上,不仅出现了大量的有关对经济法理论反思的论文,也有不少学者提出经济法理论需要创新。然而,从目前既有试图创新的成果所依据的观念和方法论看,仍没有跳出 20 世纪末至 21 世纪初老一辈经济法学家依传统法的主流理论所奠定的范式,即个体主义的以权利为中心的范式。其表现在对经济法概念的界定上,仍采用中国式的民法和行政法的界定方式,即以调整对象为核心对经济法予以定义,研究的主要议题仍然是法的主体、法的权利在经济法中的表现,以及受害者的诉权、违法者的责任形式、对受害人的救济等传统部门法中讨论的共同问题。从而使创新多流于对这些问题在经济法上的特性或具体表现的探讨,而对于"什么是经济法?"这一问题的回答具有决定性意义的问题,如"经济法有没有其特别规范的行为类型? 有何特殊规范工具? 有何特殊的规范方式? 有何特别的实施方式和实施机制?"等核心问题缺乏论述,这些对多数经济法学者来说似乎是不证自明的,因而无人问津。

二、范式反思

对"经济法是什么?"这一问题,目前主流研究范式是以调整对象为核心,对之展开回答的,但如此回答并不能令人满意。① 因为,从调整对象,即使再加上调整手段的角度对经济法进行界定,并不能说明经济法所要解决的问题,以及规范行为、规则的形式、规范的重心等特性,难以达到定义的目的。② 另外,对经济法实施的研究,特别在部门经济法(如反垄断法)出台后,还没有摆脱行政执法和民事诉讼的二元思维,以及在制度模式上的对抗制,只是在司法中提出经济法的诉讼是公益诉讼,缺乏对经济法实施机制(制度结构)和制度秉性及其制度架构的研究。因而,不仅不能彰显经济法存在的必要性,且导致了总论与分论脱节,理论与实践脱节,以至于在我国司法实践中,对市场规制法中的多数违反反垄断法、反不正当竞争法、消费者权益保护法、产品质量法等行为发生后,适用的主要是民法中的侵权法或合同法的思维方式,主要依受害人提起侵权或违约诉讼,以司法范式解决纠纷。而对宏观调控法,若税法,如经营者违法,则主要以行政执法解决,如规制机关或调控机关执法的违法行为发生后,主要使用行政法的思维,以行政法的范式通过行政诉讼解决纷争。

纵观当今被经济法学者称为经济法的法律、法规产生和发展的历史,不难发现,经济法的法律、法规分别是从民法和行政法中脱胎而来的,因而,按民法、行政法的思维惯性来思考也不难理解。但对已被法学界公认为属于典型经济法的反垄断法案件,在法律实务中,因我国诉讼法只有三大诉讼法,相应地,我国法院只有民庭、行政庭、刑庭的法庭制度设计之故,而被划分为反垄断行政或民事案件,并相应地划归民事法庭或行政法庭按民事程序或行政程序来审理。基于反垄断法实务对理论指导的需要,反垄断法学者在对反垄断法的案例及实施制度的研究中,就把反垄断法的诉讼称为反垄断民事诉讼和反垄断行政诉讼,并按当下民事诉讼和行政诉讼的

① 之所以说这一回答方式是经济法的主流范式,是因为在中国经济法 30 多年的发展中,特别是 1991 年实行社会主义市场经济以来的 20 多年发展中,作为中国经济法启蒙教育——法学本科教育最具代表性的六本教材(杨紫烜:《经济法》,北京大学出版社、高等教育出版社 1999 年版;李昌麒:《经济法学》,中国政法大学出版社 1999 年版;潘静成、刘文华:《经济法》,中国人民大学出版社 1999 年版;漆多俊:《经济法基础理论》,武汉大学出版社 1993 年版;漆多俊:《经济法学》,武汉大学出版社 1998 年版;王保树:《经济法原理》,社会科学文献出版社 1999 年版)在对经济法概念的界定中都是从经济法调整对象,即经济法调整的社会经济关系的视角对经济法予以定义的。这种定义源于中国法学界对部门法的公式化定义。对此,在最新的、由张守文教授主编的马克思主义理论研究和建设工程重点教材——《经济法学》(高等教育出版社 2016 年版)中把这一公式化定义总结为"某法是调整某某社会关系的法律规范的总称"(张守文:《经济法学》,高等教育出版社 2016 年版,第 10 页),并在其后用之对经济法予以定义(其定义可参见该书第 16 页)。

② 对此可参见薛克鹏:《经济法基本范畴研究》,北京大学出版社 2013 年版,第 25 页。

主流范式，即以救济受害者为目的，采取控辩双方对抗制，把损害竞争行为看作侵犯竞争者竞争权的行为，以侵权法的思维方式思考反垄断诉讼问题。由此可见，具体到部门经济法实施的实践和研究，经济法的思维和话语音影全无，有的只是民法与行政法的思维和话语，这不得不说是经济法理论研究不能为经济法实践予以指导的结果。因而，经济法研究需要改变思路，以新的研究范式弥补既有研究范式的不足。

三、思路与范式转化

基于上述对经济法研究现状的认知，对"经济法是什么？"这一问题，以笔者拙见，仍需重新进行探讨。对此，本书拟遵循"社会问题和社会观念决定法的目的或任务，法的目的和任务决定法的规范对象（主体和行为）、规范形式、规范路径，以及法的实施机制和制度秉性"这样的思维路径，以"共同体主义"的"整体主义"思想观念为指导，以社科法学（相对应的是教义法学）为研究方法，结合经济法产生和发展的内部史（影响经济法本身发展的历史）与外部史（影响经济法发展的社会经济史及社会观念史），对经济法的基本理论进行系统研究，并对经济法的法律、法规呈现出的新制度予以新的阐释。

四、研究的基本内容

本研究通过对经济法产生的社会经济背景和观念基础的分析，提出"经济法是社会经济秩序保护法"这一命题。在此基础上，围绕社会经济秩序建构，对经济法基本理论问题进行系统论述，并以这些理论对市场规制法、产业规制法和宏观调控法中具有代表性的法律、法规中的新制度给予新的解释。再通过对经济法观念史的追踪，以及据形式逻辑对定义的基本要求对经济法予以界定。本书内容由以下十五章构成。

第一章讲述"经济法是秩序法的问题之源"。通过分析经济法产生的社会经济背景，说明经济法产生和发展的历程，即19世纪末以来的百余年历程，是社会经历从机械的个体社会向有机的整体社会转换的过程。由于科技革命，生产社会化程度极大提高，使当今社会联系更为紧密，犹如有机体。这意味着，所有人共生于同一经济共同体中，这一共同体犹如有机体，处于其中的个人之间、个人与社会之间的关系是有机连带关系。这决定了个人的生存和发展，以及个人取得的成就、利益或福祉，不仅取决于自己的努力，更与其所处的社会经济体系的发展状况有关。同时，现代国家也经历了从"最小国家"向福利国家或"规制国"的转化,以及国家社会经济职能的扩张。与这种社会经济背景和国家形态变革相对应,这一时代的社会观念也经历着自由主义与反自由主义(包括社群主义、社会主义和民族主义)的相互交锋和相互吸纳,从而在政治哲学上形成了一种新的观念——"自由的社群主义",而在经济学上则形成了"混合经济"观念。这种社会经济现实和新的社会观念使人们认识到,在一国经济已成为有机整体的现代社会,自发的社会经济秩序并非最好的秩序,依法弥补和矫正自发秩序的不足,保护一国社会经济体系持续、稳定、有效发展,对个人的生存和发展,以及对个人利益和福祉的增进具有重要作用。经济法就是在这样的社会经济问题变化和社会观念变迁中产生的。因而,经济法解决的是一国社会经济作为有机整体如何有效发展的问题,而不是具体个人如何活得更好的问题,即经济法是一国社会经济整体发展之法,而不是个人如何更好地生活之法。在现代经济条件下,一国社会经济能否持续有效发展,取决于是否具有良好的经济秩序。因而,经济法所要解决的问题决定了其必须建构和维护良好的社会经济秩序,正是在此意义上,可以说经济法是秩序建构法而非个人权利保护法。

第二章讲述"经济法是秩序法的目的之基"。任何法律都以解决特定类型的社会经济问题为目的,一切社会问题都是人与人之间的关系问题,而人与人之间关系的根本是利益关系,因而,任何法律目的的不同归根结底是其所意欲保护的利益不同。就人的利益而言,任何社会人的利益都由两部分构成:一是私人利益,来自归自己所有的私人物品给自己带来的满足,这种利益在分享上具有排他性、竞争性;二是公共利益,来自公共物品给其带来的满足,这种利益在分享上具有非排他性、非竞争性。这两部分利益在人的利益构成中的权重因社会经济条件的不同而不同。据经验法则,两种不同利益在人的利益构成中所占权重并不是固定的,而是发展变化的。其变化与社会经济的发展存在着这样一种相关关系,即私人利益所占的权重与社会经济发展程度呈负相关,而公共利益所占权重与社会经济发展呈正相关。这意味着,公共利益在人的利益构成中所占权重随着社会经济发展不断提高。19世纪末以前,由于社会经济发展程度不高,由市场机制的自发作用所形成的自发经济秩序,就是良好的社会经济秩序。这意味着,经济秩序这种公共物品依市场机制的自发作用,就能得到有效供给,这种自发的供给使公共利益的重要性难以彰显。加之,自由主义的社会观念把一切利益都看作可归于个人的私人利益,把公共利益等同于社会利益,且认为社会利益是个人利益之和。因而,自由主义观念支配下的法律的主要功能就是保护私人利益。19世纪末以来,随着社会经济发展程度的提高,"市场失灵"频发,使得"社会经济秩序"这种公共物品给人提供的公共利益的重要性得以彰显,公共利益的保护问题成为法律必须思考的问题。而公共利益在经济方面就取决于社会经济秩序,依法建构良好的社会经济秩序是实现公共利益保护之基础。

第三章讲述"经济法意欲建构的经济秩序"。经济法意欲建构的社会经济秩序类似于德国弗莱堡学派提出的"奥尔多秩序",它既是一种近乎自发的秩序,即合乎人和事物的本质的秩序;也是一种公平的、合乎人的尊严的、有运行能力的、持久的秩序;还是一种具有人为建构色彩的、规范性的秩序。弗莱堡学派认为,社会经济要按"奥尔多秩序"运行,就不能让市场过程参与者随意决定经济活动的形式。国家应担负起影响整个社会经济框架和形塑社会经济活动秩序的重任,也就是国家应该奉行一种秩序政策。从近现代社会经济发展史看,社会经济秩序的形成有两条途径:一是在产权界定基础上,在市场的自发作用下形成的秩序,即自发秩序;二是在国家干预下形成的秩序,即人为建构秩序。这两种秩序在促进社会经济有效运转中各有利弊,因而,经济法意欲建构的社会经济秩序就是由自发秩序和人为建构秩序混合而成的混合秩序。这种秩序的形成有赖于经济活动参与者对经济法的遵守。为此,经济法必须根据国内外经济条件及不同的社会经济境遇,分别制定否定性的弹性行为规则及肯定性的刚性行为规则,并不断地在边际上创新,才可能趋近于建立可欲的经济法秩序。经济法秩序是由部门经济法相互配合建构而成的。同时,经济法内的各部门法也是为了实现某一方面的经济秩序的需要而设立的。从总体社会经济秩序的构成看,经济法所意欲建构的经济秩序包括三方面:一是市场的运行秩序,简称市场秩序,主要包括公平竞争秩序和自由公正的交易秩序;二是经济规制秩序,是指公用事业和自然垄断行业的公平服务和良性发展秩序;三是宏观结构秩序,包括宏观的产业结构和区域结构秩序。

第四章讲述"秩序理念下经济法规范的行为"。所有法律对关系的调整都是通过对人行为的规范而实现的,进而形成其预设的法秩序,实现对其意欲保护的特定利益的保护。可见,法的不同主要在于其所规范的行为类型的不同。由于人行为的动机是利益,可以说利益是行为的出发点和归宿,因而,以行为影响的利益属性对利益进行分类是最为基本的分类。以行为影响利益的社会属性为标准,行为可分为私人性影响行为和公共性影响行为。私人性影响行为,指行为影响的利益是在分享上具有排他性和竞争性的私人利益。公共性影响行为,指行为影响的利益是在分享上具有非排他性和非竞争性的利益。公共性行为影响的主体具有开放、无限、不确定的特性,其影响客体具有动态、影响程度不确定的特性。这决定了其对公共利益的损害是不确定的。这意味着,行为影响的利益是难以恢复或难以补偿的。正是公共性影响行为结果的上述特性,决定了对它们的规范不能等同于规范私人性影响行为的传统部门法的规范方式,而需要新的法律领域或新的部门法来规范。经济法就是规范经济领域公共性影响行为(以下简称经济公共性影响行为)的法。经济公共性影响行为作为公共性影响行为的一种,行为作用的对象(主体和客体)和结果决定了该类行为的性质,并主要表现在三方面,即抽象性、双效性和持续性。同时,从经济秩序建构需要的意义出发,经济法规范的经济公共性影响行为可分为三种,即国家干预行为、社会规制行为和抽象经营行为。经济法规范行为的性质决定了其特有的规范方式和规范的内容构成。

第五章讲述"秩序理念下经济法规范的工具——社会责任"。所有法律都是通过规范某种类型的行为而实现其目的的,在法律对行为规范的发展过程中,先后形成了三种不同的规范工具(或规范形式),即义务、权利和社会责任(义务与权利的混合)。经济法产生和发展的历史,以及其所解决的一国整体经济发展问题,决定了经济法是社会责任法。对于社会责任,通过对"社会"和"责任"的语义分析,可以说社会责任就是现代性法律(社会法和经济法)规定的个体对社会整体(共同体)承担的法律责任。其构成从履行时间看,以第一责任(基于社会角色的分内当为之事,是"事前责任"、"前瞻责任"或"实质责任")为主,以第二责任(因第一责任没履行而被法律科责,属于"事后责任"、"回溯性责任"或具体"责任形式")为辅。从履行方式看,是以积极履行为主,以消极履行为辅。从责任的功能看,以激励诱导与威慑相结合。之所以会产生这种责任,从规范分析看主要是因为,当今社会经济发展使一国的经济已成为有机整体,成为共同体,而共同体与其成员及共同体中成员之间的有机依存关系决定了社会成员必须承担责任,及共同体要求社会成员承担社会责任。另外,从政治哲学和伦理观念看,对共同体的理解以与自由主义相对应的被称为反自由主义(在当代西方主要是社群主义)的"共同体主义",以及相应的伦理中的"责任伦理"(而非相对应的"信念伦理")更为恰切。而"共同体主义"和"责任伦理"为社会责任提供了规范基础。从现实的经济法律规定的实证分析看,现今经济法的规定说明，经济法的制度建构就是从人人承担责任、人人对他人承担责任，以及人人都可追究他人损害社会秩序的责任，即从社会责任的三个方面建构经济法律制度的。

第六章讲述"秩序理念下的'多倍赔偿责任'——定性分析"。本章从社会责任的视角出发，对《中华人民共和国消费者权益保护法》《中华人民共和国食品安全法》和国外反垄断法律中的"多倍赔偿责任"的性质进行解释。可以说是用第五章理论对一些经济法中规定的新型责任制度的解释。我国法学界对"多倍赔偿责任"的研究有两种路径：一是民法路径，即基于责任主体与责任对象平等的主体属性，认为该种责任形式属于民事责任，并据其与一般民事责任——损害多少即赔偿多少的补偿型责任承担方式相比较。由于其因承担责任而赔偿的数量超过了受害人的损失，且民法中的赔偿通常是以'零和博弈'（违法所得等于受害者所失）的假设为基础，而将这种责任形式称之为"惩罚性赔偿"。二是经济法路径，即认为这一责任形式是社会责任在经济法责任体系中的体现。这一责任形式的实现路径表现为：通过受害者更易于发现违法信息而激励消费者通过履行社会责任的方式维护自身利益；同时，通过对违法者科以更严苛的赔偿责任的方式，威慑违法者对其造成的社会性损害承担更严格的惩罚性责任——实际上，这一责任并不是为了惩罚，而是出于'激励和威慑'的目的。因而，这种责任是经济法的社会责任，而不应当理解为传统民法思维中的民事责任。其实，根据民法与经济法不同的观念和思维方式，结合这一责任形式的历史演化和主要功能就可以看到，早期的"惩罚性赔偿"责任就是民法思维中的一般民事侵权责任，主要针对具有较大主观恶意或危害后果的民事侵权行为；而在现在的环境法和经济法中就是"社会责任"。这种责任从被害者的角度看，由于其提起诉讼需要成本，而胜诉并不一定能补偿其诉讼成本，但胜诉对违法的遏制，具有较大的社会收益，因而，"多倍赔偿"可使其诉讼成本得到补偿，可激励受害者履行社会责任。而对违法者来说，由于其损害是一种"公害"，因而，只有承担"多倍赔偿责任"才能对其造成的"公害"予以补偿，其目的是使违法者不能从其违法行为中获益，因而，这种责任并无惩罚，只是让其对造成的社会性损害或"公害"承担责任，是一种对"社会"承担的责任，即社会责任。

第七章讲述"秩序理念下的'多倍赔偿责任'——定量分析"。本章从社会责任的视角出发，对《消费者权益保护法》《食品安全法》和国外反垄断法律中的"多倍赔偿责任"的性质进行量的研究，由于对个人提起惩罚性赔偿在我国是以法律明文规定的,而对公益损害赔偿的量没有法律作明确规定,因而,本章主要对公益惩罚性赔偿的量进行研究。本章通过对2017年发生在广东的"毒猪肉案"和"假盐案"的不同判决研究发现,在消费者惩罚性赔偿公益诉讼中有四个问题尤为关键:第一,消费者公益诉讼可否提起惩罚性赔偿? 对此,从惩罚性赔偿适用条件的变迁,以及公益诉讼请求的变化趋势来看,消费者公益诉讼可提起的惩罚性赔偿请求。第二,消费者公益惩罚性赔偿金如何确定? 对此,主要是公益惩罚性赔偿的基准和惩罚系数的确定问题。基于惩罚威慑需要,公共损害的基准宜以违法所得为基准,而惩罚系数,不宜采用《消费者权益保护法》和《食品安全法》对个人提出的惩罚性赔偿金的确定方式,即以法定的固定倍数来确定。第三,消费者公益惩罚性赔偿与公法中的金钱罚的关系如何确定? 对此,基于功能相近,可以并处,但在违法者承担责任能力有限时,纯公益惩罚性赔偿与公法责任以处罚先后为序,而混合性公益诉讼则优先满足公益惩罚金赔偿。第四,消费者公益和私益惩罚性赔偿的关系如何确定? 私益诉讼先于公益诉讼,则主张都可处以惩罚性损害赔偿金,但公益惩罚性赔偿金中减去私益惩罚性赔偿金;若私益诉讼是公益诉讼的后续诉讼,则不主张给予个人惩罚性赔偿金。

第八章讲述"秩序理念下经济法实施的价值定位"。法律目的的实现在于法律功能的发挥,而法律功能的有效发挥取决于法律实施的效果。因而,经济法的实施是经济法理论研究中的重要问题,也是经济法执法实践和司法实践中的重要问题,对此问题的研究主要有两种思路:一是传统的以个人权利为中心,把法律的实施看作争议或纠纷的解决,因而法律实施的重点在于纠纷的对错裁断;二是现代的以秩序建构为中心,把实施看作理想秩序建构的过程。这两种思路实质上决定了两种实施制度的价值定位,从而决定着实施机制和具体制度的设计。经济法产生与演化的过程,以及社会经济发展的历史说明,经济法的产生、发展与社会的有机化程度的提高是同步的。经济法规范经济公共性影响行为,一旦这类行为构成违法,其损害后果就是"公害",具有不确定性、延伸性、难以恢复性,这意味着经济法中的违法行为属于经济"公害"行为。对"公害"行为防范的规则多数是以"规制"为主导的,这决定了经济法属于现代社会规制法。因而,经济法的价值目标是建构秩序,以保护公共利益。与此对应,经济法的实施的价值应与其法律价值相一致,因而,经济法实施秩序的价值应是秩序建构,这种实施在价值上注重社会经济秩序的建构,在功能上主张执法能动与司法能动,积极回应社会在经济发展中形成的"何种秩序是可欲?"这一问题的价值共识,在实施制度构造上主张以执法的事前预防为主、以司法的事后救济为辅。在执法和诉讼的制度模式上选择协商制而非对抗制,因而,具体制度的规定中相关技术专家、经济学家、利益相关者、专业执法机关等多元主体参与协商,建立多元参与协商的执法制度和司法制度。

第九章讲述"秩序理念下经济法的实施机制"。法律的生命在于实施,因此,经济法的实施问题成为部门经济法的热点问题,也是经济法基本理论的重要问题。对这一问题,本章避免就经济法具体的执法和司法形式与传统民商法和行政法的实施形式有何不同,以及是否具有其独特的实施形式进行讨论,而是从社会经济秩序建构需要的视角,对经济法的实施机制进行讨论。从法律实施制度的历史演变中,有关实施中主体间的法律关系的性质看,曾先后产生了两种实施模式,即对抗制和协商制。对抗制实施是个体主义性质的,是以行为属性的单一性和行为损害的确定性为前提假设或前提条件的。而协商制实施是社群主义性质的,是以行为属性的对错混合性和行为影响的不确定性为假设的。这两种实施机制没有绝对的优劣之分,法律规范的行为特性是影响一种法律采用对抗性实施制度或协商性实施制度的主要因素。一般来说,当行为影响的后果具有单一性、私人性、物质性,更适合采用对抗性实施制度;当行为影响的后果具有混合性、公共性和系统性,则更适合采用协商性实施制度。经济法规范的经济公共性影响行为的后果显然属于后者,因而协商制实施机制成了经济法相对可欲的实施机制。虽然,任何法律的实施都包括守法、执法、司法和社会组织的诉讼外纠纷解决制度,经济法的实施也不例外,但经济法实施的协商制的重点和难点在于执法和司法。协商制实施适用于经济法的广义执法,即包括抽象执法和具体执法的执法,由于经济法属于规制法,其规范行为的复杂性,会影响利益的公共性,说明公共参与协商是最为可欲的,经济合作与发展组织(OECD)国家的规制改革也从实证角度证明了协商制实施适于广义的经济执法。同时,从反垄断司法实践看,作为最典型的经济法,从起诉到审理再到裁判,反垄断法整个司法过程都体现出协商制机制的特性。

第十章讲述"秩序理念下经济法的协商制执法"。经济法的执法是经济法实施的重要制度,对经济法执法制度的研究是学术界和实务界关注的热门话题。本章在前两章研究的基础上,认为研究经济法执法问题,首先,是执法模式的选择,即选择协商制执法模式还是对抗制执法模式。这两种执法模式在现代法律执法制度的发展中先后产生,然而这两种执法制度模式并无先验的优劣之分,它们各自都有其适应的由社会经济条件所决定的法律制度要素。选择何种执法模式,关键在于被执行法律本身的目的及其特性。从经济法的目的及其特性看,经济法实施在于通过建构良好的社会经济秩序,以实现对公共利益的保护。而何为良好的社会经济秩序、何为公共利益,并非既存于彼岸等待发现的存在,而是当下人们据社会经济现实,以及自身的认知和观念经协商而达成的共识。这种共识,从"事后诸葛亮"式的评判看,并非一定就是最优,但却是避免灾难性后果的最好方式,也是在当下人们的智识限制下所能作出的最优选择,且从一个长期的历史维度看是一种较优的决定社会经济秩序和社会公共利益的方式。因此,协商制执法是实现经济法价值的较优选择。在此基础上,需要研究经济法执法的内容构成,及其各自在经济法执法中的制度构成。经济法的特性和实施目的决定了其执法是包括抽象执法和具体执法的广义执法,而执法的重心是抽象执法,即规则的制定。就具体执法来讲,以协商制模式构建其执法制度,主要在于构建执法和解制度与行政指导制度。而抽象执法中的协商制构建主要体现在规则制定中的透明性、公众参与制定规则以及规制影响分析中。在构建中国经济法协商制执法制度的过程中,转变执法理念的同时,在规制法的一般规则指导下完善抽象执法中的透明性、保证规则制定中的协商参与、引入规制影响分析工具成为关键。

第十一章讲述"秩序理念下经济法的协商制私人诉讼"。在当下中国的司法体制及诉讼语境下,经济法的诉讼虽然涉及刑事、行政和民事三大诉讼,但从国外有关经济法的诉讼看,最能体现具有经济法特性的诉讼当属市场规制法中的反垄断法私人诉讼。也正是因为其最能体现经济法的特性,因而本章从对反垄断法私人诉讼的研究出发,以期揭开经济法私人诉讼的"神秘面纱"。在我国,市场规制法中的此类诉讼一般都被冠以"某一案件案由的民事诉讼"(如反不正当竞争民事诉讼、消费者民事诉讼),反垄断法中的私人诉讼也与此类诉讼无异,被冠以"反垄断民事诉讼"。但依笔者见,此类诉讼虽然诉讼主体通常与民事诉讼法中一致,都是平权的民事主体,其实质却不同于一般的民事诉讼。前述一些章节的研究告诉我们,经济法属于规制法,其保护的客体是作为公共物品的社会经济秩序,其保护的利益是体现于社会经济秩序中的公共利益,这决定了私人诉讼的目标或价值主要在于维护或建构竞争秩序,而非救济具体受害人。这种诉讼的实质是通过授予私人主体诉讼资格的方式来维护社会经济秩序的。具体而言,利用私人发现违法成本可能较低的特性,通过授予私人主体诉讼资格的方式确保私人主体可以通过诉讼维护自身利益,并以胜诉可得利益为激励引导私人主体提起诉讼,通过私人诉讼威慑违法主体的方式实现对社会经济秩序的保护。现代市场经济中主体间的高度依赖性以及竞争行为的双效性和公共影响性决定了反垄断法私人诉讼虽然冠以"私人"二字,却因其外部性极强,而实际保护的是社会公共利益。因而,这种私人诉讼需要专家、执法机关和利益相关者等参与,通过协商制方式对案件达成共识,并根据这一共识作出合理有效裁判。这意味着,协商制是反垄断私人诉讼制度的较优机制。为此,在诉讼的具体制度设计时,需要通过多元参与的方式引入多元主体参与到具体诉讼中,方能达成体现多方利益的普遍共识。具体而言,在启动阶段,应当确保广泛的诉讼参与资格;在诉讼中,通过专家证人制度、执法机关介入制度等具体制度引入专家和执法机关的介入,确保其经验和专业性判断能够对最终共识的达成有所裨益,并对可能损害公共利益的私人诉权予以限制;在裁决中,法官原则上应当尊重协商形成的行为纠正方案,只在最终裁判中予以理性的有限修正。这种诉讼制度,也是所有经济部门法私人诉讼制度的发展方向。

第十二章讲述"秩序理念下经济法的公益诉讼"。在我国法学界,早期受传统诉讼理论的影响,主要据诉讼主体(被告)的性质及行为内容,把诉讼分为行政诉讼和民事诉讼,与之相应,公益诉讼也被分为行政公益诉讼和民事公益诉讼。但 2013 年我国《民事诉讼法》修订后,公益诉讼便只剩下第五十五条规定的民事公益诉讼一种。然而,从民事诉讼演化的历史看,一般意义上的民事诉讼是私人对造成其损害的其他具体私人提起的诉讼(包括代表人诉讼),其特点是加害人和受害人是确定的,目的在于通过诉讼寻求法律救济,使受害者得到补偿。因而,原告诉讼资格的获得必须是基于具体诉讼上的利益纠纷,即被告行为对原告的利益造成了损害,原告才能获得起诉资格。而公益诉讼是一种不同于群体性民事诉讼(如代表人诉讼)的新型诉讼形式,其特征是违法者的违法行为对不特定人造成损害,甚至有时难以确定具体受害人,这一诉讼形式适用于因损害公共物品(如社会经济秩序、环境等)而引起的纠纷。这种损害的受害者众多,受害范围和程度具有不确定性,对这种损害提起诉讼是通过诉讼威慑违法者的方式维护公共利益。因而,这一诉讼模式在确定原告资格时,并不要求原告与具体诉讼中涉及的利益有直接关系。经济法中纠纷的特点以及我国法律制度环境和社会组织发展现状决定了,在我国,将原告资格授予依法设立并得到许可的专门经济组织（如行业协会、消费者权益保护组织等）具有现实可行性。鉴于我国的法律传统更偏向于大陆法系，因而，在具体的诉讼制度设计中，可借鉴德国的团体公益诉讼与示范公益诉讼相结合的二元诉讼机制。

第十三章讲述"秩序理念下的消费者权益保护法"。本章是前述理论在解释消费者权益保护法中的应用。市场规制法早期大多都脱胎于民法体系，作为民法特别法存在，在该类法的演化过程中，其规制对象的行为外部性极大地增强以致发生了质变，难以在民法体系内实现有效治理，因而才转变成经济法范式的市场规制法。然而，在对市场规制法的研究中，经济法学者不仅面临着实务中此类案件仍以民法理念为指导的强力阻却，而且由于多数经济法学者是受主流的以个人权利为中心的法律观念的训练而成长的，因而，在解释和运用市场规制法时会不自觉地或潜意识地沿用传统民法的思维范式，并以此"规训"消费者权益保护法中的新制度。加之，法律对确定性的追求，使法律制度的变迁多停留在边际上创新，只能是一种渐变（除非爆发革命，因政治制度变革，才会产生法律制度的重大变革）。因而，当下消费者权益保护法的制度内容实际上呈现出民法和经济法两种制度范式，这两种制度范式的不同主要体现在三个方面：一是两种范式对"消费者权益保护法保护的是什么？"这一问题有不同的回答。民法范式认为消费者权益保护法保护的是体现于具体损害中消费者在私人物品中受损的私人利益，经济法范式则认为保护的是体现于消费品交易秩序上的公共利益。二是对"消费者权益保护法以何保护？"这一问题有不同的回答。民法范式因其保护的是私人利益而使权利理应成为保护消费者利益的最佳工具，经济法范式因其保护的是消费品交易秩序上的公共利益而理所应当地以社会责任作为保护消费者利益的最佳工具。三是对"消费者权益保护法如何保护？"这一问题有不同的回答。民法范式以私人主导的事后责任规则通过私人救济的方式予以实现，经济法范式通过以公共执法为主导的事前责任规则辅之以具体诉讼的方式来实现。结合消费者权益保护法的新发展，我们不难得出消费者权益保护法新发展中经济法色彩越来越浓、民法色彩越来越淡的结论，因而，从经济法范式出发解释消费者权益保护法新制度势在必行。

第十四章讲述"秩序理念下税法公平原则的普适性表达"。目前税法界的主流观点认为，税负公平原则的两种表述——量能原则和受益原则是对立的，且量能原则是税负公平原则的普适性表述，受益原则则是在个别情况下对量能原则的违反。通过对社会经济发展演化，以及由此引起的国家职能变迁和公共财政思想变化的历史追踪，我们不难发现，这两个不同的税负公平原则表述实际上并不冲突，其中量能原则适用于"最小国家"时代的财政税法，其性质属于行政法，目的主要是防止公权力对个人财产的恣意侵夺。而受益原则主要适用于调控税法，包括社会调控税法和经济调控税法，其中的经济调控税法才是真正意义上的经济法。这种税法往往体现在税收优惠或减免、新税法的创设和一些税法的消灭（如随着我国农业税的取消，农业税法自然消灭）。若按共同体主义的观点，把纳税人置于共同体中，进一步从量能原则中纳税人的"能"的来源与公共物品效用的关系，以及受益原则的"受益"与公共物品效用的关系看，它们都是政府提供的公共物品效用的对价，只不过分别是对纳税人普遍消费的纯公共物品与一定群体消费的准公共物品按不同的标准支付的对价。可见，量能只不过是一种计量受益的方式，量能原则只不过是转化了的受益原则。另外，从政治经济学分析，量能原则不仅与经济学公平意味着对价的公平观念不符，且与税法得以产生的政治哲学观念冲突，也与当今的代议制民主政治不契合。而受益原则既符合经济学公平理念——价值（价格）与物的效用相对应的对价观念，也符合当下的民主政治观念和民主政治体制，因而，它是税法公平原则的普适性表述。另外，对受益原则的理解，不仅应从税负分担角度，还必须从收入量在私人物品和公共物品的配置，即从财政的收与支的体系考量。且其内容不仅包括通常意义上的"正向受益原则"，还包括"反向受益原则"。

第十五章讲述"秩序理念下经济规制法的研究提纲"。经济规制法是指有关经济规制的法律规范的总称。经济规制属于规制中的一种，规制经济学据规制内容把规制分为经济规制和社会规制，经济规制是指对自然垄断和公用事业领域的规制，因此，经济规制法特指有关自然垄断和公用事业领域法律规范的总称。这一领域是与竞争的市场领域并存的，是关涉国家整体经济发展的重要领域。这一领域的发展和公正交易不能依竞争实现，因而需要特别的法律，这些法律的目的在于建构这一领域的经济秩序，因而是经济法的重要部分。因此，对此领域法律进行研究不仅具有重要的现实意义，也有重要的理论价值，可以完善经济法的体系。据发达国家有关规制法的研究，就规制的主体对象看，经济规制的内容范围主要包括对被规制者的规制以及对规制者的规制。就规制的流程看，包括准入规制、行为规制（定价行为、生产技术、质量标准）。从规制法体现的理念看，经济规制法的理念发生了四个方面的转化：①规制者与被规制者的关系，从对抗管控关系转向合作协商关系；②利益保护方式，从防止损害的消极保护转向激励创造利益的积极保护与消极保护相结合；③主导性规则，从事后责任规则为主导转向事前规制规则为主导；④公平观念，从伦理的抽象公平转向经济公平。

五、对疑议的回答

上述内容虽首次以书籍形式呈现出来，但其中多数观点不仅在笔者近十年来发表的论文中已有体现，而且在相关学术会议上及会议间与学者们的交流中亦有述及，但不论是在相关论文发表前向一些同行的意见征求中，还是会议上或会议间与同行们的交流时，一些观点都不可避免地受到诘难。另外，本书作为国家社会科学基金后期资助项目，在评审时五位专家从不同视角提出了一些疑议，相应地也提出了有价值的修改意见。这些诘难归纳起来主要有三点：一是对"秩序理念"的疑议，即本书的"秩序理念"的意蕴及分析意义何在。二是对本书提出的"经济法是经济秩序建构法，而不是个人权利保护法"的疑议。并提出，经济法不仅保护经济秩序，也保护个人权利，是二者的统一，把经济秩序和个人权利进行对立是不对的。三是对内容片面的疑议。认为本书只是解释了市场规制法的内容，缺乏对宏观调控法的解释，如对财税法、中央银行法等的解释。对此，笔者特做如下简要回答。

（一）秩序理念的分析意义

本书书名中的"秩序理念"特别是"理念"并非纯粹法哲学意义上的，即不是从"思考经济法的政治哲学、伦理学、社会学等的观念"的意义上来讲的理念，而是从经济法的目的或功能指向意义上来说的。更准确地说，是一种把经济法的目的或功能定位为保护或建构社会经济运行秩序，并从保护或建构社会经济秩序的视角来理解经济法的思维路径。但并不是说本书的"秩序理念"完全没有法哲学意味，不过这种法哲学意味是从社会经济秩序作为利益载体的物品属性——公共物品的特性引申出来的。正因为社会经济秩序作为公共物品的特性，以及由此决定所有社会成员对其有所依存，从而使社会成员成为经济共同体的一员，因而，思考经济法的政治哲学以"共同体主义"为基础更为恰当，而共同体主义更强调"责任伦理"。可见，"秩序理念"的分析意义有两个层次：第一个层次是浅层次的思维路径，主要是思维基点或思维出发点的确定；第二个层次是深层次的思维依据,主要是思考经济法的政治哲学和社会观念基础。另外,有评审专家提出,任何法都保护秩序,不是只有经济法才保护秩序。这种观点,从任何法的运行都产生一定秩序这一结果上来讲是对的,但从立法者设立法的目的意义上,却未必如此。因为,一些法律产生的秩序是无意识的结果。就以现存的法律部门来说,以个体主义观念为基础的私法,主要在于通过保护个人权利,依个人间权利的相互制约间接形成自发秩序,这种秩序是什么,在法律发挥作用前是不可描述的,是立法者无意识的结果。而经济法保护的秩序是基于对良好经济运行的认知而理性建构的秩序,本身是立法者制定法律所意欲实现的目标,是可描述的,如竞争秩序、合理的产业结构等。

（二）秩序建构与个人权利保护的关系

本书从经济法产生的社会经济背景,以及由此决定的经济法所要解决的社会经济问题是社会经济持续、有效发展,而社会经济持续有效发展是以良好的社会经济秩序为前提和基础等角度出发,提出"经济法是经济秩序建构法,而不是个人权利保护法"这一命题。这是最难为许多法学者所接受的,因为,目前法学界的学者多是受主流法学理论的熏陶而成长的,在其思维中,主流法学的思维方式打下了深刻的烙印。而当下主流的法学理论是以自由主义政治哲学为基础,以个人权利为中心建立起来的,由此,法学理论主要是围绕着权利而展开的,甚至法学被称为权利的科学。但如果细品权利的意味,不难发现权利只不过是保护个人的以私人物品为客体的私人利益的最优工具,而不适宜保护以公共物品为客体的"公共利益",而社会经济秩序（如公平竞争、良好的产业结构等）是现代社会最为重要的公共物品之一,也是最为重要的经济方面的公共利益的客体,也是经济法意欲保护的。因此,从此意义上说,经济法是社会经济秩序建构法,而非个人权利保护法。这只是从其保护的利益客体的侧重点来讲的,而非对其他法律保护个人权利的否定。同时,也不否定通过对个人权利的保护在一定程度上可实现对一些社会经济秩序的保护。因而,不能对秩序建构和个人权利做非此即彼的理解。但经济法主要是通过建构社会经济秩序而实现对人的公共利益的保护,对个人权利及利益的保护是保护秩序及公共利益的反射结果,可以说是间接保护。而对个人权利和利益的保护,则是以个体主义观念为基础的传统部门法的主要目的和任务,它们对个人权利和利益的保护是直接保护,它们对秩序和公共利益的保护是保护个人的权利或保护个人的私人利益的反射,是间接保护。

（三）理论的适用范围及补缺

本书内容主要是以市场规制法的研究为基础建立起来的,但对宏观调控法,如税法的研究也适用。据此,税法研究应从传统的建立在个体主义观念基础上的行政法范式,即通过对税收机关公权利的控制,以及对纳税人权利的强调的思维范式中解脱出来,以税法,特别是税法中有关经济调控的法律(简称调控税法)是建构良好的产业结构秩序而非保护纳税人权利来思考调控税法的原则和调控税收法律制度。同时,本书在出版之际新增第十四章,主要通过对税法的基本原则之一的税负公平原则的普适性表述的探讨,来说明经济法意义上的税法的公平原则。当然,这只是进一步研究的开始,对宏观调控法中的税法、预算法、中央银行法和金融监管法以经济法观念进行解释及重构,是今后有待深入研究的目标。

第一章　经济法是秩序法的问题之源

自 1992 年市场经济体制确立后的十多年间，经济法的部门法立法缺失及不完善，部门经济法的理论不够深入，致使经济法理论研究缺乏部门经济法研究的支撑。经济法理论研究多是对此前理论研究的修正，其基本思维方式和研究内容范围并没有实质性变化，导致经济法理论研究走向衰落。基于对经济法理论研究走向枯竭的担忧，以及法学是应用之学的学科诉求，近十多年来我国经济法学者大多转入部门经济法的研究。① 当然，也有一些学者仍从事经济法理论研究，但受我国学术研究缺乏批评之传统束缚，其研究对经济法最基本问题的反思与研究仍存不足，多趋于向边沿领域拓展。② 也就是说，研究范围有所拓展，而对基本问题的研究深度并没有太多变化。笔者认为，目前对经济法基本理论的研究仍停留在 20 世纪末至 21 世纪初（世纪之交）的水平。对此可从两方面说明：第一，目前作为经济法启蒙教育的本科教材，不论由谁主编，哪个出版社出版，都大同小异。其基本理论框架和基本观点，特别是研究范式，仍是 20 世纪 90 年代初老一辈经济法学家在经济法教材编写中奠定的基调。③ 第二，有影响的经济法基本理论著作近年来比较少见，据十多年来 CSSCI 引证率的不完

---

① 如王全兴教授主要转向研究劳动法；吕忠梅、郑少华教授主要转向研究环境法；顾功耘、冯果、雷兴虎等教授主要转向研究公司法；张守文、朱大旗等教授等主要转向研究税法；史际春、时建中、王先林、王健等教授主要转向研究反垄断法；徐孟洲、吴弘、岳彩申、胡光志、刘少军、盛学军等教授主要转向研究金融法。笔者也追随这一潮流，近年来主要研究反垄断法和经济规制法。
② 如邱本教授主要研究经济法哲学及方法论；卢代富教授主要研究公司的社会责任；应飞虎教授主要研究信息规制；鲁篱教授主要研究行业协会的法律规制；李友根教授主要从实证角度，通过个案分析，就案件涉及的具体部门经济法的理论予以阐释。
③ 老一辈对中国经济法研究的基调主要体现于杨紫烜、李昌麒、潘静成、刘文华、漆多俊、王保树教授分别主编的五大教材中。之所以被称为五大教材，不仅是因为这五种教材对经济法学教育影响最广，而且，他们提出的五种观点，是所有经济法教材在总论编撰中，凡提及中国经济法学说都无法绕过的。即使是最新的、未来几年经济法教学中最具影响的"马克思主义理论研究和建设工程"教材《经济法学》（高等教育出版社 2016 年版），对经济法的定义，虽有一定创新，但就定义范式来说仍与老一辈相同。

全统计,影响较大的经济法学著作都出版于 2004 年以前。[①] 在十多年来,部门经济法理论研究已有多年积淀,以及既有的经济法理论不能给部门经济法提供支撑已成为共识的前提下,重新探讨经济法的基本范畴、特征、体系与制度结构的时刻,似乎已经到来。基于对经济法理论研究的这一认识,笔者据近年来在研究反垄断法与经济规制法过程中对一些理论的反思和总结,试图将其扩展到经济法的所有领域,提出探讨经济法基本理论的新路径,以期作为引玉之砖,引起更多经济法学者重新探讨经济法基本理论问题。

本章提出经济法是秩序建构法这一命题,意指经济法保护的是一国的社会经济秩序,而非具体的经济活动参与者的权利或利益。这种观念的产生不是笔者的凭空想象,而是基于对作为经济法典型的反垄断法的一个公认原则,即"反垄断法保护的是竞争而不是竞争者"的感悟。且通过反思行政法、民商法这些部门法对社会经济秩序的意义,笔者认为这些法主要是通过对个人权利的保护,并依个人在一定的经济机制中,如在市场机制中行使自己的权利而形成自发秩序。而经济法则是以人类对社会经济运行秩序认知累积的理论为基础,并以当下主流经济学理论所公认的理想经济秩序为其规范意欲实现的目标。因而,经济法的社会经济秩序具有较强的建构色彩,或者说是以理性建构的社会经济秩序为主导的混合经济秩序。

对部门法的研究,首先要追问其所要解决的社会问题,以及是以何种观念来解决社会问题,这是认知该部门法的起点。这是因为,以笔者见,作为一种规范人行为的制度,任何法律都是人为了解决其社会问题经理性思考而设想出的、经检验行之有效的解决办法的规范化。部门法的不同主要取决于其所要解决问题的内容属性,以及由时代所决定并被时代所接受的人们的主流社会观念的不同。可以说,社会问题和社会观念决定着法的价值目标和本质属性,从而决定着该社会法的体系和法的制度构成,以及对法律制度的理解。本章的内容就是沿着这一认知逻辑展开的。基本内容是:以经济法解决的社会问题,即经济法的问题意识为逻辑起点,通过对经济法问题的实质和观念基础的阐释,说明经济法是秩序保护法。

---

① 参见蒋安:《经济法总论研究检视:以近年来法学主流刊物论文为视角》,载《第八届中国青年博士论坛论文集》,上海财经大学法学院 2011 年 9 月。

第一节　经济法的问题意识

一、历史背景与问题意识

这里经济法的问题意识是指经济法所要解决的社会经济问题。社会经济问题不是固定不变的，而是随社会经济发展而变化的，产生于社会经济发展的历史之中。因此，经济法所要解决的问题，即经济法的问题意识只能从经济法产生和发展的历史中去寻找。

（一）经济法的产生

我国经济法界对经济法何时产生虽存有分歧，①但多数观点认为经济法作为一种新型法律制度或新型法律规范，产生于 19 世纪末至 20 世纪初，其制度性标志是 1890 年美国的《谢尔曼法》，以及 1896 年德国的《反不正当竞争法》，至今已有 100 多年历史。而作为一种法学思想或新兴的法观念，其体系化理论的提出是在第一次世界大战之后的 20 世纪 20 年代左右。② 其蓬勃发展，则由 1929—1933 年大危机，以及第二次世界大战后恢复经济需要促成。

19 世纪末，由于生产力的发展，生产社会化程度不断提高，特别是第二次世界大战后，由于第三次科技革命的发生，科学技术被广泛应用于生产和社会经济领域，使现代生产社会化，以及经济生活社会化高度发展。社会化导致的个别生产规模的巨大化，以及分工细化，不仅使产业之间，以及人们之间相互依赖、相互联系的程度增强，而且使个体之于社会整体，以及个体间休戚相关，至为密切，个人福祉提高及利益的实现高度依赖其所处的社会经济体系。可见，生产社会化高度发展的进程，也是社会从机械的个体社会向有机的整体社会的转换过程，或者说是社会有机体的产生与成长过程。因此，可以说 19 世纪末以来的社会经济发展过程，就是社会经

---

① 我国学术界对经济法产生的时限主要有两种观点：一种认为经济法产生于古代社会，另一种认为经济法产生于垄断资本主义阶段，即 19 世纪末 20 世纪初。持第一种观点的主要有关乃凡、杨紫烜等教授，持第二种观点的主要有李昌麒、潘静成、刘文华、刘瑞复等教授。对此可参见杨紫烜：《经济法》，北京大学出版社、高等教育出版社 1999 年版，第 5-7 页。

② 在当今有关经济法史的研究著作，以及流行的经济法教材中，除杨紫烜教授主编的《经济法》（见注①外），都认为经济法产生于第一次世界大战后，即 20 世纪初。这也是国外学者的普遍看法，如日本金泽良雄认为经济法"应以资本主义高度发展为其历史背景"。参见［日］金泽良雄：《经济法概论》，满达人译，甘肃人民出版社 1985 年版，第 2 页、第 83 页。

济从机械的个体社会向有机的整体社会转化的过程。

经济法的产生和发展与社会经济从机械个体向有机整体转化的过程是同步的,且就人类社会发展史的趋势看,由于知识的累积,科学技术发展越来越快,且科学技术在社会经济中的应用程度越来越广泛和深入,对社会经济的影响越来越大,这些致使社会经济呈现一种加速发展的趋势。与之相应,社会有机整体化程度也不断提高,从一定意义上可以说,现代社会历史发展的进程,就是社会从机械的个体社会向有机的整体社会加速发展的过程。

(二)经济法所要解决的社会问题

在有机社会中,个人之间,以及个人与社会之间的关系是相互依存的有机连带关系。这种关系决定了,个人的生存和发展、个人取得的成就,以及个人获得的利益或享受的福祉,不仅与自己的努力有关,更重要的是与其所处社会的经济发展程度有关。[①] 社会经济发展史告诉人们,随着社会的有机化程度的提高,在个人的利益结构中,[②]不同利益的权重发生变化,即个人从政府提供的公共物品中分享到的公共利益所占权重不断提高,[③]加之,个人的能力中具有重要的从公共物品受益的因素,因此,以个人能力和努力取得的利益中亦具有社会公共因素。[④] 近现代世界史说明,在仍存在民族国家的国际社会,在国家间竞争日益激烈背景下,国家的兴盛或衰

[①] 对此国外有学者有近似的看法,指出"个体满足一方面和他们在自由市场上获得酬劳的个人能力相联系;另一方面,和参与社会合作相联系,这种参与的报酬是建立在效用方面相对牺牲平等的原则之上的"。参见[法]马可·弗勒拜伊:《经济正义论》,肖江波等译,中国人民大学出版社 2016 年版,第 26 页。

[②] 现代社会任何个人的利益从归属或分享意义上讲都由两方面构成:其一是私人利益,具有排他性(即归一个人享有或所有就不能归其他人享有或所有)、竞争性(即一个人享有的越多,其他人享有的就越少,因而,就会为多分享产生竞争),这种利益的载体是私人物品;其二是公共利益,具有非排他性、非竞争性,其载体是公共物品。

[③] 就连个体主义者也承认:"无论是比较富裕的人还是比较贫困的人,在与社会交换体系隔绝的情况下,都只能获得非常微薄的收入。个人的'自然天赋'与他置身于其中的社会交换体系密切相关。任何人享有的几乎全部收入都源于由社会互动产生的合作盈余。"([美]詹姆斯·M.布坎南:《宪法秩序的经济学与伦理学》,朱泱等译,商务印书馆 2008 年版,第 268 页)。实用主义者也认为:"个人的成就是同社会环境相联系的,并且是根据社会来评价的,以及(与此紧密相连的一点)意义是社会的,而不是内在的。"([美]理查德·A.波斯纳:《超越法律》,苏力译,中国政法大学出版社 2001 年版,第 17-18 页)。

[④] 常识告诉我们,个人的能力主要取决于两个方面的因素:其一,是个人的智商,这得自遗传,是自然的。其二,是个人所处的社会经济、文化发展的程度,以及与此有关的政治经济体制及法治状况。正因此,有思想家说,历史教导我们"个人的生产力大部分是从他所处的社会制度和环境中得来的"([德]弗里德里·希李斯特:《政治经济学的国民体系》,陈万熙译,北京:商务印书馆,1981 年版,第 98 页)。

亡,关涉个人生活的幸福或沦落。因此,欲谋个人福利之增进,必以国家民族兴盛为前提,就是对此的实证。

可见,在一个国家的国民经济已成为有机体的现代社会中,依法保护国家经济体系健康运行,或者保护国民经济持续、稳定、有效发展,不仅对个人的生存和发展,且对个人利益的增进和福祉的提高都具有重要价值。经济法就是在此社会经济背景下产生的,可见,经济法所要解决的社会经济问题,是一个国家社会经济作为有机体如何持续、稳定、有效发展的问题,是解决不特定的国民从国民经济发展中获得更多公共利益的问题,而不是解决具体个人间的私人物品归属及体现于其上的私人利益不被侵害的问题。可见,经济法是促进一国社会经济整体发展之法,而持续、稳定、有效发展是公共物品。① 正因此,在 20 世纪初的德国,就有学者提出,凡是以直接影响国民经济为目的的规范的总体就是经济法,因而,间接影响国民经济的法律,如民法,则应排除于经济法之外。② 而到了 80 年代,日本有学者也指出:"经济法的规制,一般说来,是从国民经济整体的立场出发而实行的。"③

二、经济体制与问题的表现形式

任何国家的社会经济问题既是该时代社会生产力发展的产物,又与该国的政治体制和经济体制有关。因而,要了解不同体制下经济法的异同,就必须了解不同经济体制下同类社会问题在具体表现形式上的差异。

(一)社会问题与经济体制

前述分析说明经济法要解决的社会经济问题,就是如何为一个国家社会经济持续、稳定和有效发展提供制度保障的问题。这一问题的解决,主要取决于经济法能否更好地为一个国家整体经济发展创造其所需条件。那么,一国经济整体发展需满足什么条件?

现代主要文明国家经济发展的历史,以及现代经济学研究证明,一国社会经济作为有机体,若要实现持续、稳定和有效发展需满足两个条件,即动力和协调。这两个条件的产生在现代经济中有两种不同的生成机制,即人为理性设计的调控机制与市场的自发调节机制。这两种机制在现代社会经济运行中都发挥了作用,但在不同的历史时期,因人们对社会经济发

---

① 需要说明的是,经济法虽不以直接保护具体个人利益为目的,但这并不否定其对个人生活的间接保障,也不否定其终极意义上对个人利益的保护。

② 参见[日]金泽良雄:《经济法概论》,满达人译,甘肃人民出版社 1985 年版,第 6 页。

③ [日]金泽良雄:《经济法概论》,满达人译,甘肃人民出版社 1985 年版,第 51 页。

展的认知不同,以及由此决定的国家的政治经济体制不同,这两种机制的地位和作用在不同国家、不同时代也不相同。与此对应,在 20 世纪,世界上曾产生过两种不同的政治体制,即资本主义和社会主义,相应地产生了两种经济运行体制,即以市场自发调节机制为主导的市场经济体制和以人为自觉地控制为主导的计划经济体制。

随着社会经济的发展,生产社会化程度不断提高,社会经济运行日益复杂,两种不同政治经济制度国家的经济体系,在其社会经济发展中都出现了问题,但表现和成因各不相同。在市场经济国家是"市场失灵",主要表现为垄断、公共物品供应不足、外部性、危机、贫富分化等;而在计划经济国家是"计划失灵",①主要表现为计划中的官僚主义、计划脱离实际、计划生产的产品不合公众的需要、平均主义,以及缺乏激励机制等。然而,两种国家却都出现了大量的资源浪费和经济低效运行现象。以法律解决经济发展中的低效运行问题,分别形成了两种经济法律制度,又相应地形成了两种经济法,即资本主义的经济法和社会主义的经济法。

(二)经济法解决问题的差异与共性

经济法产生于 19 世纪末 20 世纪初自由竞争向垄断资本主义的过渡时期,其发展初期,在发达资本主义国家,整体经济持续、稳定、有效发展的问题,就是如何维护市场经济有效运行的问题,亦即克服"市场失灵"问题。以美国为例,19 世纪末,美国市场的问题主要是垄断组织(其组织形式为托拉斯)对农业经营者及非垄断经营者的剥削,以及对竞争的损害,因而,经济法直到 1933 年前主要体现为 1887 年的《州际商务法》、1890 年的《谢尔曼反托拉斯法》(*The Sherman Antitrust Law*)、1913 年的《联邦储备法》(*Federal Reserve Act*)等一系列纠正市场失灵及弥补市场空缺的规制性法律。② 而在后起资本主义国家,如德国,由于市场经济不发达,市场失

---

① "计划失灵"是笔者相对于"市场失灵"而创设的一个词,现代经济学中常用"政府失灵"与"市场失灵"对应,这是因为,现代市场经济是混合经济,政府的人为调控与市场自发调节共同发挥作用。政府失灵是指在西方现代市场经济条件下,个人对公共物品的需求在现代代议制民主政治中得不到很好的满足,公共部门在提供公共物品时趋向于浪费和滥用资源,致使公共支出规模过大或者效率降低,政府的活动或干预措施缺乏效率,或者说政府作出了降低经济效率的决策或不能实施改善经济效率的决策,其范围限于市场难以发挥作用的领域。而"计划失灵",则指在计划经济条件下,由于计划的制订者缺乏制订计划所需的信息,以及受知识有限性和未来不确定性的影响,致使计划脱离实际,产生的浪费和缺乏激励机制导致效率低下,其范围涵盖整个经济运行。

② 参见[美]马克·艾伦·艾斯纳:《规制政治的转轨》,尹灿译,中国人民大学出版社 2015 年版,第 75-77 页。

灵主要是不正当竞争行为对竞争的损害,加之当时政府干预时间尚短,政府失灵表现得不充分,因而,经济法在保护公平竞争的秩序的同时,还利用政府弥补市场发育的不足。其经济法就不仅包括为克服市场失灵而制定的反不正当竞争法(称为《竞争法》),还有国家为控制一些影响整体经济发展的经济领域而制定的专门立法,如 1919 年魏玛共和国成立后通过的《煤炭经济法》和《钾盐经济法》,以补充市场不足。而在社会主义国家,因经济发展水平较低,"计划失灵"暴露得不充分,加之当时社会主义计划经济限制并力图消灭市场机制,因而,经济法主要表现为计划法——有关计划制订、执行的法律和公有制经济管理法,而对市场机制作用限制法律(表现为对交易的范围及价格限制的法令)和财税法、金融法等都是辅助性的法律。

经济法产生初期的历史说明,经济法虽然是市场经济高度发展,"市场失灵"凸显的产物,即是为了解决"市场失灵"问题而产生的。但因观念不同,当时人们设想出了两种解决"市场失灵"问题的办法:一是保守办法,即通过规制市场和宏观调控,来克服"市场失灵";二是激进办法,即通过实施计划经济消灭市场经济,从而消灭"市场失灵"。与这两种解决办法相对应,世界上出现了两类社会经济制度,即以私有财产权和市场为资源配置基础的资本主义市场经济体系和以公有制和计划经济为资源配置基础的社会主义计划经济体系。相应地建立了两类经济法律制度并付诸实践。可见,资本主义经济法与社会主义经济法并无实质的不同,都是针对"市场失灵"造成社会经济整体难以持续、稳定、有效发展而想出的办法的规范化,其区别只是形式和具体内容的不同。因而,不能因经济法是市场经济高度发展条件下,为克服"市场失灵"和弥补市场空缺而产生的,就得出只有在市场经济体制国家才有真正意义上的经济法,计划经济体制下的经济法不是真正意义上的经济法这一结论。

两种经济体制发展和竞争的历史经验,以及经济学研究说明,市场经济虽不完美(存在失灵和不能)但仍是人类迄今为止所发现的最好的经济机制。人为设计的机制,如计划经济的价值虽不能完全否定,但弊端丛生。总之,两种经济体制,亦即两种调控经济的机制都是实现良好经济秩序的手段,各有其优劣,只有根据社会经济发展的需要而混合使用两种机制,取长补短才能更好地解决社会经济发展中的问题,形成良好的社会经济运行秩序。亦正因此,现代各国经济都是"混合经济"(资本主义始于 20 世纪中叶,因受 1929—1933 年经济危机打击和苏联计划经济高速发展的启示,以及凯恩斯主义的影响,二战后普遍在市场经济中引入政府干预——市场规制和宏观调控。而社会主义国家,则在 20 世纪 80 年代后期,为解决濒临崩溃的经济困难纷纷实行市场化改革)。且是以市场机制为主导的称为市场经济的"混合经济"。这种经济机制决定了经济法的问题,虽主要在于克服"市场失灵",但也要弥补市场不能。对此,我国经济法学界已达成共识。

三、问题的实质

法律问题的根本或实质是利益问题,上述问题如从利益的视角看,实质是随着人的利益构成变化,公共利益保护的重要性彰显问题。

(一)社会变迁与人的利益结构的变化

实质意义上的经济法产生于 19 世纪末 20 世纪初,勃兴于 1929—1933 年大萧条后罗斯福新政的实施,[①]成熟于 20 世纪 70 年代至 80 年代。这一时期,由于第二、第三次科技革命的发生,生产社会化水平高度发展,社会分工日益细化,个别生产者的生产规模巨大化。分工的细化使得生产者之间的依赖性增强,使整个社会经济犹如有机整体,从而使得个体(不论是公司还是个人)的经济成就或经济利益的获得,或者说福利的提高,不仅与自身的能力与努力有关,也与其所处的社会经济秩序、社会经济发展程度等有关。这意味着,人的经济利益构成及其来源发生了重大的变化。而个别生产规模的巨大化,即大规模公司经济的出现,以及社会经济的有机整体化,则使个体的经济行为具有了强大的社会公共属性,即其经济行为影响的人是开放的、不特定的,如大公司的定价、广告、使用的技术等经济决策行为,都影响着众多用户或消费者的利益。

我们知道,人的利益总是存在于一定的客体——物品之上的,其实质是物品的效用给人带来的满足,与经济学有关物品的价值类似,其大小通常可用价值的高低来衡量。经济学从消费角度把物品分为私人物品和公共物品,一般来讲,个人依其能力和努力所获取并归其占有的,在消费上具有排他性、竞争性的物品是私人物品。与之对应,由自然环境,以及由诸多主体互动形成的社会经济秩序(良好的经济结构和市场竞争及公正的交易秩序)、社会经济发展等,在消费上具有非排他性、非竞争性的物品是公共

---

① 有学者指出,产生大量规制法(其中的经济规制法和对竞争秩序的规制属于经济法)的新政时期是美国法律历史上的关键时期之一。参见[美]科尼利沃斯·M. 克温:《规则制定——政府部门如何制定法规与政策》(第三版),刘璟等译,复旦大学出版社 2007 年版,第 8 页。

物品。据此,如果把附着于私人物品上的利益称为"私人利益"(以下简称为"私益"),把附着于公共物品上的、能共时地和历时地给不特定多数人的欲望予以满足的利益称为"公共利益"(以下简称为"公益"),那么,自 19 世纪末至今,即经济法产生和发展的整个历史时期,作为个体人的利益结构发生了变化,即由以前个人的利益主要由单一的"私益"构成,转化由"私益"和"公益"两部分构成。且这种构成不是静态的,而是发展变化的,其变化与社会经济发展程度呈正相关关系,即社会经济发展程度越高,"公益"在人的利益结构中所占的权重越高。

(二)"公共利益"保护问题凸显

既然在现代社会人的利益结构中"公益"所占权重越来越高,且在现代市场经济条件下,市场经济作为有机整体,其持续有效运行即良好的市场经济秩序的维护或持续有效供给,仅靠市场机制自发的作用难以实现;同时,人们的有限理性以及高科技应用本身存在的风险;此外,社会经济中的个体,特别是巨型公司行为具有社会公共性影响的特性,使得如何促成个体作出有益于公共利益的行为(公益促成),以及如何防止个体行为造成公共性损害(公害防止),成为保护"公益"必须解决的问题。经济法就是因应这一问题的产物。

正因此,不论是经济学还是法学,研究者在解释经济法律制度的产生原因或必要性时,几乎都把克服"市场失灵"即使不是作为唯一原因,至少也作为主要原因之一。[①] 同时认为经济法的目的是保护"社会公共利益"。[②]

[①] 多数论著都把矫正市场失灵作为规制性法律制度(包括社会规制和经济规制、反垄断规制,其中经济规制和反垄断规制就属于经济法)产生的重要原因,对此,可参见[美]丹尼尔·史普博:《管制与市场》,余晖等译,上海三联书店、上海人民出版社 1999 年版,第 48-80 页;[美]凯斯·R. 桑斯坦:《权利革命之后:重塑规制国》,钟瑞华译,中国人民大学出版社 2008 年版,第 53-60 页;[美]史蒂芬·布雷耶:《规制及其改革》,李洪雷等译,北京大学出版社 2008 年版,第 19-48 页。

[②] 以经济规制法为例,一般认为经济规制的目的是保护公共利益,但自 1971 年乔治·斯蒂格勒发表了《经济规制的理论》这篇文章后,规制俘获理论吸引了很多公共利益团体以及消费者权益倡导者。(参见[美]马克·艾伦·艾斯纳:《规制政治的转轨》,尹灿译,中国人民大学出版社 2015 年版,第 201 页)据此理论,规制是基于被规制者的需要,其目的是保护被规制者的利益。但即使在当下放松规制的背景下,西方对规制研究的主流观点仍认为规制的目的是保护公共利益。如曾任联邦通信委员会主席的马克·福勒(Mark Fowler)表示:"我信奉的是市场化的管制进路,在这条即将到来的进路中,委员会应该尽可能尊重广播公司关于怎样才能更好地吸引听众的判断,因为这是以公共利益为依归的。"[Mark Fowler, The Public Interest, 61 Fed. B. J. 213 (1982),转引自宋华琳:《美国广播管制中的公共利益标准》,载《行政法学研究》2005 年第 1 期]英国学者迈克·费恩塔克通过对英、美两国规制法的比较研究也得出了相似的结论。(参见[英]迈克·费恩塔克:《规制中的公共利益》,戴昕译,中国人民大学出版社 2014 年版,第 229-272 页)

另外,从实证角度看,在现今国内外各类有关实定的经济法律制度中,一般都规定有不同形式的"公共利益条款"。司法中对由规制引起的纠纷,当法无明文规定时以"公益"为依据的判例也大量存在。① 这说明,经济法保护的是"公益"已成为经济法的主旨。

据此,可以说经济法解决的问题属于"公益"保护问题,可称其是"公益"保护法。而传统法解决的问题是"私益"保护问题,可称为"私益"保护法。需说明的是,传统法如民法和行政法并非不保护"公益",但由于它们秉持自由主义的"公益"观念,决定了它们认为对每个人"私益"(主要体现在个人自由和财产权利)的保护会自发达成对"公益"的保护,因而,其对"公益"的保护主要是保护"私益"反射的结果。

第二节　经济法的观念基础

任何法观念都来源于特定社会的社会、经济、文化观念,同时,法观念本身也是该社会文化观念的一部分,经济法的观念也是如此。就特定社会的观念来讲,其产生固然与其所处历史时期的社会经济发展状况有关,但该社会的文化传统既是其观念的构成部分又影响着甚至还决定着其他社会观念的生成和演变。因而,了解经济法的观念基础,不仅要了解经济法所处时代的社会观念,还必须了解其得以产生的国家的社会、经济、文化观念。

一、社会演化视角的经济法观念

从纵向的历史发展看,任何国家和地区的社会观念都是随着社会经济的发展而不断演化的。这种演化不仅表现为该社会内不同观念内容本身的变化,且表现为各种不同观念在该社会中相对地位的变化,或者说各种不同观念对社会影响程度的变化。

---

① 对此,国外有关实证研究可参考迈克·费恩塔克(《规制中的公共利益》,戴昕译,中国人民大学出版社 2014 年版,第 93-229 页)对英美规制法的规定和案例的比较分析。就国内相关实定法的内容看,一般都在实定法中规定了"公共利益条款",据学者统计,我国实定法中规定"公共利益条款"的公法法律 55 部、行政法规 87 部、立法和司法解释 9 部。从其所列出的法律、法规的内容看多数属于规制法。参见郑永流:《中国公法中公共利益条款的文本描述和解释》,载郑永流、朱庆育等:《中国法律中的公共利益》,北京大学出版社 2014 年版,第 10-25页。该书附录二"公共利益判决书选目"和附录三有关《公共利益判决书选》中的案例也有规制法判例。

（一）两种社会观念

从社会发展的历史来看，人们对有关社会的根本问题——社会的属性、人性，人与社会，以及人与人之间在社会经济活动中的关系的理解或看法上——历来存有分歧，形成了两种截然不同的社会观，即唯名的机械个体观与唯实的有机整体观。这两种观念表现在西方现代社会—政治哲学上就是政治自由主义与反自由主义。① 认识这些社会观念及其在历史中的沉浮变迁，就可窥得经济法据以建基的社会观。

1.唯名的机械个体主义社会观

个体主义社会观，也称为唯名的机械主义个体观，亦称机械主义或原子主义的唯名论②社会观，是自由主义哲学在社会观上的体现。据此观念，社会不是一个客观存在，而是由各具独立性的个体聚合而成的。有个形象的比喻：社会就像一袋马铃薯，个人就是其中的某个马铃薯。这意味着，社会就是由完全独立的个人（即原子式的个人）组成的集合体或复合体，并无自身的不可还原的存在，社会只有其名，而无其实。因而，社会行为或社会利益都可还原为个人行为或个人利益。在这一社会观看来，人是理性的个体，是具有独立意志的、原子式的、孤立的个体。全部社会关系就是人与人之间的关系。这种关系是具有自由意志的、独立的个人按自己的意志建立的，因而，是随机的、可据主体意志控制的关系。这意味着，个人的权利义务仅依个人的意志而产生。③ 就像洛克（Locke）所说："人类天生都是自由、平等和独立的，如不得本人的同意，不能把任何人置于这种状态之外，使受制于另一个人的政治权力。"④因此，人与人之间的关系（社会关系）就如物理中原子之间的关系，是机械的。"并且，这样的个人能依自己的利益和愿望与其他人一再地达成社会生活所需的某种一致（秩序）。这

---

① 西方社会—政治哲学的古典传统基本上是在政治共同体主义（柏拉图—亚里士多德主义路向）与自由个体主义之间的竞争中行进并确立了前者的主导地位。而现代传统则主要是在政治自由主义与反自由主义（主要包括社群主义、民族主义与社会主义）的冲突中确立了主导地位，且现代西方社会—政治哲学的主导精神是自由主义。参见万俊人：《政治自由主义的现代建构——罗尔斯〈政治自由主义〉读解》，载［美］罗尔斯：《政治自由主义》，万俊人译，译林出版社 2000 年版，第 561 页。

② 社会唯名论，是把社会视为完全由独立的个人组成的集合体，并无自身的不可还原的存在，并且这样的个人能以自己的利益和愿望与其他人一再地达成社会生活所需要的某种一致或秩序。这样，社会只是满足人的需要的工具，只具有工具性价值。

③ 有关私法对人，以及人与人关系的学术梳理，可参阅赵红梅：《私法与社会法》，中国政法大学出版社 2009 年版，第 75-218 页。

④ ［英］洛克：《政府论》下卷，叶启芳、瞿菊农译，商务印书馆 1964 年版，第 59 页。

样,社会只是满足人的需要的工具。或只有工具性的价值。"①人与人之间的关系,主要是利益冲突关系。

2.唯实的有机整体主义社会观

唯实的有机整体主义社会观,是一些反自由主义哲学在社会观上的体现,亦称整体主义的唯实论社会观。据此观念,社会不是只有其名,而是一个超越其构成要素之和的客观存在,是本体论②意义上的社会,且如同生物体一样是一个有机共同体。有机共同机体意味着,整体不仅大于其单个部分的总和,并且有自己的目的,社会共同体的行为或公共利益不可还原为个人行为或个人利益。这种社会观认为,人是社会人,且是处于社会分工体系中,并据其在社会分工体系中习得的观念或价值共识而从事行动的、履行一定社会功能的人。人与人,以及人与社会之间的关系是由社会分工体系决定的,人与人之间的关系犹如有机体中细胞之间的关系,而人和社会的关系犹如细胞与有机体的关系,都是有机的、功能互补的相互依存关系。因此,人与人之间,以及人与社会之间存在着一种不能依个人意志而设立的、需要对相互依存的社会体系负责的关系。处于社会分工体系中的人,以及构成社会的各部分之间的关系虽然也有冲突,但主要是功能互补的合作关系。

(二)两种社会观念的地位演化

在西方观念史上,这两种社会观都源远流长,唯名的机械主义个体观,滥觞于古希腊的普罗塔哥拉(Protagoras,约公元前 490—前 419 年),③即使在中世纪强调共同体主义的黑暗时期也没完全中断,从启蒙运动始至19 世纪初,经马基雅维利(Machiavelli)、霍布斯(Hobbes)、洛克、格劳秀斯(Grotius)、斯宾诺莎(Spinoza)、卢梭(Rousseau)、斯密(Smith)、边沁

---

① 于海:《西方社会思想史》,复旦大学出版社 1993 年版,第 167 页。

② 本体是哲学上的概念,意指一种不依其他存在而存在的存在,中国道家思想的"道"与之含义相近。按道家经典《老子》第二十五章所说:"有物混成,先天地生。寂兮!寥兮!独立而不改,周行而不殆,可以为天下母,吾不知其名,字之曰道,强为之名曰大。……人法地,地法天,天法道,道法自然。"也就是说道是万物之根本,是一切之源,而它是一种自然而然的现象。道法自然中的"自然"二字不是指自然界,而是"自"(自在的本身)与"然"(当然如此)的组合,也就是说道是"自然"如此,原来如此,根本不需要效法什么,如同佛教中的对"法"的解释,"法尔如是"。有关"道法自然"中"自然"含义的解释可参见南怀瑾《老子他说》,上海:复旦大学出版社 1996 年版,第 356 页。

③ 普罗塔哥拉所说的"人是万物的尺度"这一名言,依公认的观点,普氏命题中的"人"指的是独立自主的个体,是可以在生命的每一个方面显示出他就是他自己的当然主人,而且凭借着他自己独特的聪明才智和他自己独特的广识通知,去对一切事物做主宰的个人。

(Bentham)、穆勒(Mill)等大名鼎鼎的自由主义者的论证,这一观念成为西方社会的主流思想观念,并在政治哲学的社会契约论中得到明确的体现。19世纪中叶,特别是20世纪以来,有机体主义虽然有所抬头,但机械的个体主义仍是西方社会的主流。① 唯实的有机整体主义观念,则从古希腊的柏拉图(Plato)和亚里士多德(Aristotle),②经中世纪的阿奎那(Aquinas),到18世纪的海德尔(Herder),再到黑格尔(Hegel)的思想中一直都有体现。法国大革命后基于对法国革命的反思,保守主义成为一股主要的社会思潮,以伯克(Burke)为代表的保守主义者以历史主义方法,把社会看作有机整体,以反对原子主义的机械论社会观,对西方社会观念产生了相当大的影响。③ 到19世纪后从法国的孔德(Comte)创立社会学后,有机整体主义的社会观经斯宾塞(Spencer)以及当代功能主义的发展,始终是社会学

_____

① 如在当代西方思想界影响很大的罗尔斯、哈耶克、诺齐克虽然在一些观点上还存有分歧,但从根本上讲都是自由主义的个体主义者。不过应注意的是哈耶克也反对欧洲大陆原子主义式的个体主义,他的个体主义观承认了社会对个体行为或选择的影响,正如他所说的:"的确,'一个文明的'个人可能极为无知,甚至比许多野蛮人更无知,但是他却仍然可以从他所在的文明中获得极大的益处。"([英]弗里德利希·冯·哈耶克:《法律、立法与自由》第一卷,邓正来译,中国大百科全书出版社2001年版,第11页)同时他把欧洲的个体主义称为唯理的个体主义,并认为是一种"伪个体主义",这一流派源于笛卡尔的唯理主义,主要代表是法国的百科全书派、卢梭、重农主义。而他的真个体主义源于大卫·休谟的苏格兰传统,主要代表是亚当·斯密、埃德蒙·伯克和法国人托克维尔等。(对此的详细论述参见[英]F. A. 冯·哈耶克:《个人主义与经济秩序》,邓正来译,生活·读书·新知三联书店2003年版,第5-43页)

② 亚里士多德对有机社会观做了系统论述,且在有机体中给个体留有空间,反对极端的整体主义。亚氏认为,"就其本性而言,人是一个政治动物"(第126页),他把城邦规定为一种至高而广涵的社会团体,在此基础上认为"凡隔离而自外于城邦的人……如果不是一只野兽,那就是一位神祇"(第125页)。同时提出"城邦(虽在发生程序上后于个人和家庭),在本性上则先于个人和家庭。就本性来说,全体必然先于部分"(第125页)。为此他提出了两种论证:一是有机的系统论,以身体为例,如全身毁伤,则手足也就不成其为手足(第125页);一是目的论,万物皆趋于实现其本性,而事物的本性乃是一个发展过程,只待发展到最高阶段才算充分地体现其本性或自然。以树为例,树苗的生长就是为了实现树的本性,并且只有成长为一棵大树时,才能成其为十足意义的树。从个人到城邦可视为由不完到完全、由基本意义到十足意义上的人实现其本性的过程(第125页)。前述的引文及参见均来自[古希腊]亚里士多德:《政治学》,吴寿彭译,商务印书馆1965年版。

③ 保守主义在法学界的著名代表当属萨维尼(1779—1861)。他的政治观中最重要的概念是"民族"——在他看来就是人之所归属的"有机的生命体",只有它是真实的存在。(参见陈爱娥:《萨维尼:历史法学派与近代法学方法论的奠基人》,载许章润:《萨维尼与历史法学派》,广西师范大学出版社2004年版,第45页)他把法律看作由"民族精神"决定的,是"随着民族的成长而成长,随着民族的壮大而壮大,最后,随着民族对于其民族性的丧失而消亡。"([德]弗里德里希·卡尔·冯·萨维尼:《论立法与法学的当代使命》,许章润译,中国法制出版社2001年版,第9页)

中重要的观念之一,且对社会科学各领域,以及政治实践产生影响。① 而在政治哲学领域,19 世纪中后期以来兴起的各种反自由主义思潮中的"共同体"观念,都具有一定的有机整体主义观念,这在历史主义、社群主义,以及马克思主义中都得到体现。②

经济法产生和发展的过程与社会观念演化的历史说明,经济法的产生和发展与有机整体主义观念在人文社会科学领域影响的增强过程是同步的,因而,经济法的社会观念不可能不受有机整体主义观念的影响。

---

① 这种观念在 19 世纪后期也对法律产生了影响,英国著名法学家 A. V. 戴雪(有译为戴西)在其著作中将 19 世纪划分为数个时期,并把 1870 年作为"集体主义"对立法影响的开端。(《英格兰法律与公共舆论》,伦敦:麦克米兰,1963 年,第 64-65 页)(参见[英]卡罗尔·哈洛、理查德·罗林斯:《法律与行政》上卷,杨卫东等译,商务印书馆 2004 年版,第 44 页)而在 19 世纪 20 世纪之交的 20 多年间,这种观念对整个社会科学产生了巨大影响,有学者研究表明,在 1890—1914 年,整个社会科学总体上广泛地借用了生物学隐喻。(参见[英]杰弗里·M. 霍奇逊:《演化与制度论演化经济学和经济学的演化》,任荣华等译,中国人民大学出版社 2007 年版,第 87-121 页)对法学的显著影响就是社会法学派的诞生。如社会法学派在欧洲的创始人之一狄骥,受涂尔干社会理论的影响,把社会关系分为有机连带和机械连带。认为,连带关系是人类的"天赋"。有人类,就有社会;有社会,就意味着有连带关系。连带关系是构成社会的"第一要素",是社会中人们之间相互作用、相互依赖的关系。他的理由是:"人们有共同需要,这种需要只能通过共同的生活来获得满足。人们为实现他们的共同需要而作出了一种相互的援助,而这种共同需要的实现是通过共同事业而贡献自己同样的能力来完成的。"(参见[法]狄骥:《宪法论》第 1 卷,钱克新译,商务印书馆 1959 年版,第 3 页)在狄骥看来,人"是一种对自己的行为只有自觉的实体","是一种不能孤独生活并且必须和同类始终一起在社会中生活的实体"(同前引狄骥书第 49 页)。因此,唯一实在的生活就是能思考、能意识并以一定的目的而行动的各个人之间相互作用的生活。这种相互作用的生活,首先是联合,因为人们有共同的需要,这种需要只能通过共同的生活来获得满足,人们为实现他们的共同需要而作出了相互的援助,这就构成了社会生活的第一要素,形成"同求的连带关系"或"无机的连带关系"。另外,组成社会的人们,又有不同的能力和不同的需要,他们通过一种交换的服务来保证这些需要的满足,每个人贡献出自己的能力来满足他人的需要,并由此从他人手中带来一种服务的报酬,这样便在人类社会中产生一种广泛的分工,这就是"经常分工的连带关系"或"有机的连带关系"。连带关系包括人类的两种属性:社会性和个人性。这两种属性又决定了人类的两对"感觉":合作的感觉与分工的感觉,社交的感觉与公平的感觉。合作的感觉使人们相互援助,分工的感觉使人们各司其职、各尽其力;社交的感觉使人们组成社会或集团,公平的感觉使人们保有个人的自由。与这种法律观念转换相对应,社会规制和经济规制法得以兴起。如有研究表明,英国 1946 年通过的《国民健康保险法案》的产生源于当时普遍存在的"对集体主义的天真信仰",致使在政府根深蒂固的思维中似乎存在着三个极为紧密相关的、但难以言说的想法。第一个想法就是单纯地相信政府比市场在福利提供上更具优越性。第二个想法被哈耶克称之"综合妄想症",即指一个人可以将与社会问题相关的一切事实铭刻在脑子里。第三个想法认为,进步是大趋势。(参见[英]大卫·G. 格林:《再造市民社会:重新发现没有政治介入的福利》,邬晓燕译,陕西出版集团、陕西人民出版社 2011 年版,第 141-143 页)

② 马克思说:"现在的社会不是坚实的结晶体,而是一个能够变化并且经常处于变化过程中的机体。"参见马克思:《〈资本论〉第一版序言》,载《资本论》第一卷,中共中央马克思、恩格斯、列宁、斯大林著作编译局译,人民出版社 1975 年版,第 12 页。

对此,下述大陆法系经济法的产生和发展就可说明,这里不再赘述。即使是自由主义观念甚盛的英美法系,从实证经济法的视角看,也说明了此。①

二、文化影响视角的经济法观念

任何法律现象都是从个别国家出现然后逐渐蔓延开来的,不可能在诸多国家同时出现。一种法律现象在某国的产生,不仅取决于该国社会经济发展所产生的社会经济问题,且与该国的文化观念有关,二者构成了产生该法律想象的土壤和环境。

从现象发生的角度分析,不论是经济法制度的产生,还是经济法思想的开端,学术界一般公认经济法产生于19世纪末20世纪初的德国,发达于二战后的日本,20世纪最后20年以来繁荣于中国。因而,通过对三个国家的社会、经济、文化等观念的分析,可进一步窥探到经济法的观念基础。而从对经济法观念影响的程度看,经济学观念与法学观念最为直接和重要,因此,本部分主要从经济学和法学两种观念出发予以考察。

---

① 以美国为例,其实质意义上的经济法就是经济规制法。在美国,有学者据社会经济发展需要,结合社会观念以及规制的体制目标,对美国规制体制的演化进行了研究。提出美国规制体制经历了四个阶段变化,即市场体制(19世纪末至1929年大危机)、社团体制(1929年大危机至二战结束)、社会体制(20世纪50年代至70年代)和效率体制(20世纪70年代至80年代)。从其内容看,前两种体制时期的规制法多是实质意义上的经济法,体现了两种不同的政治哲学观念即从经济自由主义向社团主义的转化。初期的第一波规制之所以称为"市场体制",是由于这一时期的规制在经济观念上仍信奉自由市场的作用,因而,规制的法律将恢复自由竞争的市场作为基准。其典型的法律当属1890年的《谢尔曼法》。而1929年至1933年大危机时期的第二波规制之所以称为"社团体制",是因为,这时的规制观念深受20世纪20年代的社团主义观念影响(Donald R. Brand, *Corporatism and the Rule of Law: A Study of the National Recovery Administration*, Ithaca, N. Y.: Cornell University Press, 1988. 转引自[美]马克·艾伦·艾斯纳(Marc Allen Eisner):《规制政治的转轨》,尹灿译,中国人民大学出版社2015年版,第5页)。罗斯福当局积极鼓励经济利益的组织化。规制者使经济协会在规制的制定和执行中发挥主要作用。据此,建立了在政府规制下的行业自治体系。通过建立类社团主义安排把利益集团整合进规制过程,他们促进了工业稳定,允许监管者利用被监管者的专业知识和资源,并减少了对抗。

(一)19 世纪末至 20 世纪初德国的观念

整体主义观念在德国的历史文化传统中一直存在,且影响深远。① 下面仅就与经济法紧密相关的经济学观念和法学观念予以探讨。

1. 经济学观念

19 世纪末至 20 世纪初,历史学派在德国经济学中居于统治地位,其中影响最大的是李斯特(List),他的经济学思想不仅体现着德国当时的主流社会经济观念上,而且在此后很长时间内影响着德国的经济政策与有关经济的立法(不限于经济法)。

李斯特所处时代的德意志,不仅社会经济发展落后,且还不是一个统一国家,②而当时的欧洲发达国家如英国和法国,信奉的是亚当·斯密的自由经济主义理论,其在对外经济中倡导自由贸易。对此,李斯特认为亚当·斯密把自由贸易当作理想,以此建立的世界主义政治经济学,实际是为英国利益服务的,并不适用于德国。德国要建立政治经济学,则应实行贸易保护为德国利益服务。在此基础上,他提出了幼稚工业保护理论、国家生产力理论及其衍生理论——工业进步理论。

在李斯特看来,在当时的国际社会,若无保护,一个落后国家在自由竞争下,想要成为新兴的工业国家已无可能,这时比较落后的国家,将不得不屈服于工商业大国与海军强国的威势之下。这样的现实决定了想要强大,

---

① 19 世纪初期,许多德国的思想家,尤其在费希特、谢林、施莱尔马赫甚至黑格尔那里,国家和社会不再被认为是理性的建构,像启蒙运动思想家所说的那样,是个人之间的契约性安排的结果。它们是"超个人的创造性力量,用独特的材料不断构筑成一种精神的整体,依据这种精神整体,再不断地创造出包含和体现这种精神整体意义的具体的社会政治组织和制度"(O. Gierke, E. Troeltsch, *Natural Law and the Theory of Society*, 1500—1800, Boston: Beacon Press, 1957, p. 204.)。齐美尔写到社会这个"有机整体"时指出,"可以说获得了一种高高在上(于个人)的地位"(转引自[英]史蒂文·卢克斯:《个人主义》,阎克文译,江苏人民出版社,第 18-19 页)。有学者研究认为,"德国具有强烈的整体主义情绪"(第 115 页),即使到了 19 世纪末 20 世纪初,个体主义已成为西欧的主流观念,德国的观念依然"实际上是个体主义与整体主义的独特组合,根据情况其中一个原则优先于另一原则:在共同体,甚至国家方面,是整体主义起主导作用,在文化与创造方面是个体主义起主导作用"(第 116 页)。德国有人认为,"整体主义,或者说建立在整体主义之上得到的观念,被认为是雅利安种族所特有的特点或垄断权"(第 127 页)。这里的三段引自[法]路易·迪蒙:《论个体主义:人类学视野中的现代意识形态》,桂裕芳译,译林出版社 2014 年版。

② 直到 19 世纪中期,德意志还只是由大大小小数百个城邦组成的松散的邦联国家,在欧洲人的眼中只不过是一个地理上的称谓,而远非一个国家的概念。长期的分裂严重阻碍了德国的经济发展和工业化进程,使德国远远落后于周边国家如法国、英国。因而,德意志必须走向统一成为当时诸多有识之士的共识。从 1862 年俾斯麦开始担任普鲁士首相兼外交大臣时起,通过自上而下的王朝战争,1870 年德国的统一最终得以实现。

后起之国对本国的"幼稚工业"就必须进行保护。① 但仅仅保护还不足以使一个国家强大,其根本还在于发展自身。而发展的核心在于提高国家的生产力,因此,他提出了"生产力理论"。认为"财富的生产力比之财富本身,不晓得要重要到多少倍;它不但可以使已有的和已经增加的财富获得保障,而且可以使已经消失的财富获得补偿。个人如此,拿整个国家来说,更加是如此"②。可见,幼稚工业保护论只是其经济学理论的一个铺垫,他的最终落脚点在于探寻创造财富的原因,以及在发展工业的过程中提高国家力量的强调上。贸易保护,只是使德国迅速成为工业强国的一种最为有效的手段。而当时,国家生产力的发展水平主要体现在国家工业进步的程度上,于是"工业进步"成为其国民经济学的又一核心范畴。在此基础上,李斯特对大工业在发展过程中的特性——整体性进行了探讨,提出一切工业部门之间是交互作用、密切相关的,"一个部门有了改进时,就为其他一切部门的改进做好了准备,起了推进作用;忽视了任何一个部门时,其他一切部门必然要感受到由此发生的影响"③。据此,一个必然的逻辑结论就是:国家对经济的干预是一国社会经济发展所必要的。④

同时,李斯特也意识到国家干预可能包含的负面作用,于是他强调,国家干预并不是"统死"私人经济。干预的原则是,"它对个人怎样运用他的生产力和资金这一点,并不发号施令……这是由个人自己决定的事情,它是决不过问的。……关于国民个人知道更清楚、更加擅长的那些事,它并没有越俎代庖;相反地,它所作的是,即使个人有所了解,单靠他自己的力量也是无法进行的那些事"⑤。如修筑铁路、公路、运河、桥梁等基础设施;

① 参见[德]弗里德里希·李斯特:《政治经济学的国民体系》,陈万熙译,商务印书馆1981版,第155-158页。
② [德]弗里德里希·李斯特:《政治经济学的国民体系》,陈万熙译,商务印书馆1981版,第118页。
③ [德]弗里德里希·李斯特:《政治经济学的国民体系》,陈万熙译,商务印书馆1981版,第323页。
④ 在李斯特看来,除了德国生产力发展水平落后于英法两国是国家实施干预政策的依据外,干预论得以成立的内在根据还体现在以下三方面:首先,私人经济本身固有的弊端与工业发展的经济整体性矛盾。李斯特认为,私人企业的能力是有限的,其眼界也很少跨越本企业的范围,往往又局限于自己眼前的利益。李斯特指出,私人经济同国家经济发展的整体、长远利益有时会不一样,因此,放任自流并不能总会提高国家的福利和实力。其次,私人经济的发展离不开"由国家整个国家资本和技术所构成的联合力量"的保护和扶持。最后,个人只有通过国家才能形成生产力。
⑤ [德]弗里德里希·李斯特:《政治经济学的国民体系》,陈万熙译,商务印书馆1981版,第146-147页。

为推进本国制造业的发展,实行贸易保护政策;制定各项有关促进生产力的法规;等等。他还根据当时社会经济发展的具体状况进一步提出:"国家在经济上越是发展,立法和行政方面的干预必不可少,就处处显得越加清楚。只要同社会利益无所抵触,一般来说,个人自由是好事;同样的道理,个人事业只有在与国家福利相一致的这个限度上,才能说行动上可以不受限制,但如果个人的企图或活动不能达到这种境地……私人事业在这个限度上就当然需要国家整个力量的帮助,为了它自己的利益,也应当服从法律的约束。"①笔者认为,二战后指导德国的社会经济政策的主流经济思想——秩序自由主义,在一定意义上就是李斯特思想的延伸。②

李斯特的理论对 19 世纪后半叶统一后的德国的迅速崛起起着巨大的作用。正是在其思想的指导之下,德国政府于 1880 年后,开始有意识地指导并制定法律、法规扶持重工业的发展,这些政策和法律措施使德国在 30 多年内一跃成为世界强国。

2. 法学观念

从法的一般观念来讲,近代以来,虽然德国法的主流观念继受于罗马法,但不可能不受其日耳曼法传统观念的影响。这两种法律传统的主要不同在于,"罗马法为个人的,而日耳曼法则为集团的","日耳曼法上并无所谓'人'之抽象的概念。凡国民之一员,皆具有取得国法上权义之资格。凡团体之构成员,亦皆有取得其团体中权义之资格。且团体不惟为个人之总合,且系独立享有人格之实在体,而非法律抑制之个人。其各个人与其个人之地位外,更各有其团体构成员之地位。成员之资格,与团体之人格,其关系盖在不即不离之间。团体之目的及利益,非仅为其自身之利益及目的,且亦为构成员全体之目的及利益。无论团体个人,皆于为自己生活而外,更兼为他人而生活"。③

---

① 〔德〕弗里德里希·李斯特:《政治经济学的国民体系》,陈万煦译,商务印书馆 1981 版,第 150-151 页。

② 秩序自由主义学派又称为弗莱堡学派,其主要代表人物包括沃尔特·欧肯(Walter Eucken)、威廉·洛卜克(Wilhelm Röpke)和路德维希·艾哈德(Ludwig Erhard)。这个学派属于古典自由主义传统,但是他们不赞同许多经济学家的观点,即市场具有自我纠错的功能,认为工业垄断是一种永恒的危险。他们批评自由放任的经济学,相信自由不但奠基于市场之上,而且建基于一种建设完备的法律制度和道德规范之上。例如,欧肯就指出:"不能让经济制度自行运行。所以不存在什么回归放任自由这样的问题。"(巴里:《社会市场经济学》,载《社会哲学和政策》1993 年,第 13 页。)可见,在对立法和国家干预对市场经济发展的意义的认识上,秩序自由主义者与李斯特是相通的。这种观念从政治哲学看,属于公民共和主义。

③ 李宜琛:《日耳曼法概说》,中国政法大学出版社 2003 年版,第 12-13 页。

　　我们知道,在经济法的发展历史中,一个最为重要的主体或因素始终是国家,因此,法学思想中有关国家的观念是经济法的重要观念基础。而德国公法中始终存在着有机整体的国家观念,这从德国公法思想史上不难看出。

　　1870 年统一前的德国,是一个松散的德意志邦联,由众多城邦共同组成,而非一个统一的国家。其工业化的进程和经济的发展水平,远远落后于周边的法国、英国等国家。因而,统一国家和发展经济成为当时德国众多有识之士的共识。19 世纪中期前后,德国思想界基于对法国革命的反思,兴起了一股反启蒙、反理性、反绝对主义的思潮。这一思潮与反拿破仑的民族情绪相结合,加之,19 世纪自然科学领域不断告捷,使得生物学进化论影响增强,在这一知识文化背景下,德国公法界形成了一种思考国家理论的新范式。这一新思考范式,不仅体现在政治浪漫派学者,如缪勒(Mueller)、施勒格尔(Schlegel)以及格林兄弟(Brüder Grimm)等的思想中,而且体现在保守主义者,如毛伦布莱希(Maurenbrecher)、福尔格拉夫(Vollgraf)以及著名的施塔尔(Stahl)等的思想中,即使在自由主义者的思想阵营里,也产生了"历史—有机的"思想路线。

　　这种思想认为,以"有机"发展思想和历史生成物的观念理解国家,优越于以没有生命的、人为的和革命的理性建造的产物来理解国家。据此,国家通常被看作"一个民族内部和外部全部生活的内在联系,是一个有着巨大能量的、永不停息的、生机勃勃的整体"[1]。从此,以前把国家比喻为"机械"或者"钟表"的主流观念逐渐被抛弃。且从 19 世纪中期以后,以生物学理解动植物的方式理解国家的思想潮流变得越来越强大,[2]这从当时一些著名法学家的思想中不难发现。如 H. 舒尔策(Hermann Schulze),为回应格贝尔(Gerber)的《德意志国家法体系的基本特点》,于 1865 年和 1866 年之交所写的方法论文章中,就体现了这种国家观念的转变。此后,在他的一系列著作中,都"把国家看作鲜活的有机体和'更高的整体人格',主权归属于国家,国家目的的学说(创造法律秩序、促进所有需要共同促进的目的),君主立宪制中的主权受法律约束"。[3] 再如作为历史学派"第三代人"的杰出人物的基尔克(Otto Von Gierke),虽在政治立场上具有一定的自由主义倾向,但其思想受乐观的哲学唯心主义、历史学派以及有机国

---

① 转引自[德]米歇尔・施托莱斯:《德国公法史》,雷勇译,法律出版社 2007 年版,第 156 页。
② 参见[德]米歇尔・施托莱斯:《德国公法史》,雷勇译,法律出版社 2007 年版,第 176 页。
③ 参见[德]米歇尔・施托莱斯:《德国公法史》,雷勇译,法律出版社 2007 年版,第 434 页。

家学说的影响,提出了"社会法(Sozialrecht)"范畴,并以此理解国家这个整体的社团性共同生活,提出国家是"连续的、有鲜活意志和行为的统一体,是由全体人民联合而成的"。①

1870 年国家统一后,由于经济的发展,德国进入了一个崭新的时代。耶利内克(Jellinek)是那个时代"无可争议的、一直是最有声望、最有影响的国家法导师"(勒尔森语)。② 其思想主要体现于 1900 年出版的《一般国家学说》一书中。在国家观念上,耶利内克不仅持"两面论",区分了作为"社会现象"的国家和作为"法律概念"的国家,且把国家当作社会有机体,并赋予它可以经验理解的现实性,同时把它理解成由意志决定并具有意志能力的"法律有机体",此种观念在当时德国其他法学家的思想中也有体现,如 B. Schmidt③,他们不仅在"两面论"上,而且在其他问题上都有相似性(赋予国家"法律有机体"资格,国家是法律的创造者,基于社会认可的法律形成说等)。

上述有关国家的主流法律观念,使"国家为社会提供一个'空间',保障安全和秩序,并防止危险,但又尽可能节制地进行干预,随着关税保护、社会保险、社会法、竞争法、交通法和科技法的出现,干预国家产生了。直到划时代的 1914 年为止,它以不显眼的方式不断扩张,战争管理法使它获得了一个新的强劲推动力。和自由主义告别对在传统上以国家为指向的德国社会来说并非难事,这促进了国家权力的稳固和庞大官僚体制的建立"④。与此相关的是公法、社会法和经济法领域的法律、法规的大量涌现,这尤其为行政法、经济法提供了最为强大的动力。

另外,1848 年"三月革命"以后,在政治上建立"法治国"的普遍要求已不受怀疑,同时,建立"法治国"在经济上还有用。正如施塔尔所说的,"国家应该是法治的国家,这是解决问题的办法,事实上也是新时代发展的动力。它应该以法律方式像对其人民的自由范围一样,对它施加影响的道路和界限进行准确确定,并加以连续不断的保护,它应该直接地、刻不容缓地实现(强制)有关国家的道德思想,因为这属于法的范围。这是'法治国'的

① Otto Friedrich Von Gierke, *Das Deutsche Genossenschaftsrecht*:*Bd. Rechtsgeschichte Der Deutschen Genossenschaft*, Berlin, 1868, p. 175.
② 参见[德]米歇尔·施托莱斯:《德国公法史》,雷勇译,法律出版社 2007 年版,第 612 页注释 163。
③ 参见 B. Schmidt, *Der Staat. Eine öffentlich - rechtliche Studie*, Leipzig, 1896, p. 106.
④ [德]米歇尔·施托莱斯:《德国公法史》,雷勇译,法律出版社 2007 年版,第 621 页。

概念"①。

（二）明治维新后日本的社会经济状况及观念

日本的地缘特性，以及历史上在与他国交往中主要都在受益而很少受到伤害，决定了其观念是以早期吸收的中国传统儒家观念为基础融合现代西方观念的产物。

1. 日本的传统社会观念

日本是一个资源匮乏、自然灾害频发的岛国，因而，日本人存在着一种为生存而寻求出路的忧患意识，而这依靠个人是难以实现的。加之明治维新前，日本是一个封闭、经济发展落后的国家，其主要受中国文化的影响，并从与中国的文化交流中获得了巨大的好处，因而，日本人具有不拒斥外来文化的心性。② 正因此，1868 年明治维新后，作为一个经济发展相对落后的国家，为回应西方，日本推行"殖产兴业、文明开化、富国强兵"的政策，并很快接受了西方文化。这就使得日本作为非西方世界中的一个例外，在从未丧失其政治独立的情况下，通过循序渐进地导入西方的各种文明制度，得以推进其近代化的进程，日本文化由此形成了新的传统。但因长期受中国儒家思想的影响，儒家的色彩在日本文化中始终存在，这主要体现在日本人的"集团意识"中，正是在此意义上，可以说日本是一个以群体为本位的社会。

"集团意识"主要体现于日本人对团体（社会）与自身关系的认识上。日本人普遍认为"团体"是最重要的，他们相信"集团具有超过自己的超人的力量"，在这种意识支配下，日本人不甚强调个体的特殊作用或突出的方面，个人被埋没于集团之中。因此，在日本人看来，自己总是某个整体的一部分，这个整体是利益公共体，甚至是命运共同体，自己与这个整体息息相关，这也是日本人把公司称为"会社"——大家赖以生存的集团的意思——的原因所在。③

2. 日本的现代社会观念和法律观念

日本民众的一种集体精神特征就是集团意识，它不仅对日本人的成长有很大的影响，且深深影响了日本文化甚至整个日本民族的发展。当然也影响了日本法律文化及制度的产生和发展，使得日本在近现代继受西方法

---

① ［德］米歇尔·施托莱斯：《德国公法史》，雷勇译，法律出版社 2007 年版，第 359 页。

② 参见［日］吉田茂：《激荡的百年史：我们的果断措施和奇迹般的转变》，孔凡、张文译，世界知识出版社 1980 年版，第 12-14 页。

③ 参见杨波：《浅谈日本人的"集团意识"》，载《作家杂志》2008 年第 3 期，第 190-191 页。

律制度,以及接受西方法律思想时,融合了这一文化传统,形成了日本独特的法观念。这种法观念尤其突出法过程的特征,主要体现于日本传统思维结构中的社会秩序和规范,集中表现在"义理"观念上。由于义理含有人类必为之事的含义,这意味着,行为人承担责任、履行义务并不等待对方的要求,而在于行为人的自觉自发。因此,义理观念秩序原理的最大特征在于,并不预想存在规制人们之间关系的一般规则。其背后实质上持有这样的秩序观,即一种双方当事人利害一致、和谐支配一切的秩序观,通常不会出现应"为"的争讼。① 在这种法文化支配下的法律制度,不仅使日本传统秩序原理幸存下来而未被破坏;且具有以官僚体制为核心的国家的强烈主导性,维持秩序优先于保护国民权利的特性。② 二战后,日本虽然深受美国文化的影响,但其法律文化中的上述特性依然存在。

另外,日本在明治维新后,"不论是激进的资产阶级民权主义者,还是谨慎的政治领导者,都清醒地认识到,既然要实现文明,走西方资本主义强国的路,那么搞资产阶级的立宪政治,将是不可将避免的历史趋势"③。因此,1889 年,日本仿效西方发达国家颁布了明治宪法,即《大日本帝国宪法》。这标志着日本开始走向现代法治国家,同时意味着法治国家理念在日本的确立。

(三)20 世纪 80 年代以来中国的社会经济状况及观念

经济法在中国的产生,虽然可追至 20 世纪初④但真正具有大量实定经济法律、法规,且引起法学界诸多学者广泛关注研究,则是 20 世纪 80 年代初。因而,中国经济法的观念只有从这时期中国的主流社会经济观念中探寻。80 年代的中国实行的是社会主义政治经济制度,这一背景决定了思考中国 80 年代经济法的观念,除了现代西方主流的自由主义经济和社会观念,以及法治观念外(这种观念已成为我国法学的主流观念,在此不再赘述),还有两种思想观念是不可回避的,即中国传统法观念和社会主义法观念。

---

① 〔日〕六本佳平:《日本法与日本社会》,刘银良译,中国政法大学出版社 2006 年版,第 28 页。
② 〔日〕六本佳平:《日本法与日本社会》,刘银良译,中国政法大学出版社 2006 年版,第 36 页。
③ 武寅:《论明治宪法体制的形成背景》,载《日本问题研究》1995 年第 1 期,第 31-38 页。
④ 中国经济法产生最早可追到 20 世纪 20 年代末,即经济法在德国和日本形成之初就对中国产生了影响,如 1929 年国民党立法院制定的《训政时期立法工作按年分配简表》中就有"经济立法规划"项。

1.中国传统法观念

中国传统文化"本身上始终把握着人文主义、民本思想而不曾放松一点。因而在中国法系的本质上虽有'国法',而仍同时重视'天理',重视'人情'"①。表现在法律中有八个方面:②第一,礼教中心。儒家学说是中国法系的中心思想,其最重视礼教。儒家虽承认一个社会不能没有法,但认为法律是为道德服务的,即"礼以德教为主,法以礼教为务",使法律礼教化。第二,义务本位。中国法系固有之义务本位不同于西方过去之义务本位,以及其他法系,如埃及法系、希伯来法系、印度法系、伊斯兰法系所表现之或系对教会之片面的义务本位,或系对君主方面之单独义务,独增个人之痛苦,难达社会之公平。其义务之本位,表现为社会各个阶层相互之间之义务,并非对某一方面,而单独负其片面义务。③ 礼教之本在于人伦,所谓的天下之达道者五,君臣、父子、兄弟、夫妇、朋友之交。彼此间互有其情分,各有其义务。礼是实践道德上义所当为的一种任务,希望其自动地实现出来。以义务为本位,可以说是以社会(社会责任)为本位,特别重视人与人的关系。第三,家族观点。家族国家化,国家家族化,这在政令上得到了充分表现。第四,养化措施。有人称之为抑强扶弱的法律。像田地方面的禁止强梁兼并,商业方面的严防私人资本集中而以笨权政策,贸易为国营法令的所本。养化也体现了对刑律的态度,认为刑罚是对犯人所施行的防御手段,目的在于保护国家社会的安宁,而不是威吓、报复。第五,仁恕精神。如幼弱、老耄、愚蠢犯罪,减、免刑或赦其罪,称作"三纵"。不识、遗忘、过失往往减其刑,称作"三宥"。第六,灵活运用。第七,减轻讼累。第八,法官责任。

2.社会主义法观念

作为一种思想观念,社会主义最先于 19 世纪 30 年代至 40 年代由空想社会主义者提出,19 世纪中后期趋于完善,即科学社会主义形成。其作为一种思想或意识形态,总是把个人置于社会共同体中,因而,个人的个性理想不能离开社会共同体去寻找。社会共同体不是一种人与人之间的直接关系,而是人通过共同的使命而实现的一种结合,即一种共同事务的、共

①　范忠信等:《中国文化与中国法系:陈顾远法律史论集》,中国政法大学出版社 2006 年版,第 25 页。

②　参见范忠信等:《中国文化与中国法系:陈顾远法律史论集》,中国政法大学出版社 2006 年版,第 26-32 页。

③　参见范忠信等:《中国文化与中国法系:陈顾远法律史论集》,中国政法大学出版社 2006 年版,第 41 页。

同劳动的、共同斗争的、共同成就中的结合。于是,就产生了一个社会主义世界观公式:共同体中的个性,劳动成就中的共同体。共同体要求其内部成员相互间的关系彼此为同志关系;对于每个成员共同体要求其具有共同意识。①

在20世纪社会主义实践中,社会主义国家的经济形态都以第一个社会主义国家——苏联为模版,采用生产资料公有制、计划经济体制和按劳分配制度,我国在1979年以前也实行这种经济制度。这种制度体现在法律制度及法理念上主要有四个特点:第一,在法益保护重心上,注重对社会公共利益的保护。第二,在法的基点定位上,强调社会本位,因而,重视个人的义务或社会责任。第三,在法的功能选择上,注重控制而非利用市场,因而,对市场行为控制得严,规制的范围广。第四,在法的实施上,重执法而轻司法。

通过上述对经济法产生、发展影响最大的几个国家的社会观念的分析说明,经济法产生和发展于那些因自然的、历史的原因而具有整体主义观念的国家。因此,经济法产生的观念基础是整体主义观念和对法治的信奉。对于法治,本书不作赘述,下面仅就经济法的整体主义观念予以补充说明。

三、经济法中合理的整体主义

经济法的观念是经济法产生和发展时期社会观念的产物,也受其所在国家的法观念影响。因而,了解经济法产生的时代观念,以及经济法较发达国家的社会观念和法观念,并据这些观念对人的属性的认知,是确立经济法观念的前提基础。

(一)合理的整体主义

通过上述对经济法产生和发展时期的社会经济变化和社会观念变迁,以及经济法律、法规发达和经济法研究繁荣国家的社会经济问题和社会观念的研究说明,经济法的社会观是整体主义社会观。不过,还需要说明的是,由于整体主义观念并非一成不变的,其在与个体主义观念交锋中也在不断吸收个体主义的合理因素。且社会观念体现于法观念中有其本身的特性,并从法的本位、宗旨、法益等方面得以表现。下面通过对经济法学界

---

① 参见[德]古斯塔夫·拉德布鲁赫:《社会主义文化论》,米健译,法律出版社2006年版,第5-11页。

有关经济法的本位、宗旨、法益等的公认观点的分析，①笔者认为，经济法的整体主义是合理的整体主义。

这里的合理的整体主义是与极端的整体主义相对应的，其基本含义是指在坚持整体主义的内核，即把社会经济看作一个有机整体，有自己的目的和意志，整体被视为大于单个部分的总和，所有的人都依赖并处于这个整体，所有的人都处于社会分工的体系中，履行一定社会功能，且功能互补形塑着社会公同体的同时，承认作为构成社会基本要素的人具有相对的独立性及个体特性。社会虽然决定着个人选择的方向和选择的偏好，但并不直接替代个人作出具体选择。因此，个人不是社会的一个被动的部件，而是具有能动性的不可取代的、具有特定功能器官的构成要素，其行为选择和价值取向会影响整体的运行。犹如动物不同器官的构成要素，虽不能脱离于动物肌体的具体器官，且依存于肌体器官功能而发挥其功能，但它们有各自相对独特的属性，其功能如何关乎动物健康。

在思想史上，承认社会中人的人格相对独立性，以及人的相对独立性的合理的有机整体主义社会观自古有之，最早可以溯及古希腊亚里士多德对柏拉图极端整体主义观念的反对，后来海德尔对此做了较系统明确阐述。"（海德尔认为）社会不是按机械原则构成的，而是一个不断成长的有机体，它由各个不同的部分构成，每一个部分都有其个体特性，但彼此又相互依赖、不可或缺。社会由个体组成，但不可仅仅归结为个体；个人也不能仅仅被视为社会的一个被动的部件，因为个人有其独立的、不可还原的、不可取代的价值。这样，海德尔的有机论就不同于保守主义的有机论，后者反对个体原则并把社会机体各部分的差异性归结为分配给不同社会群体的各种功能的差异性。不过，无论如何社会是个人的自然状态；从他一降生，他就生活于共同体之中，家庭、宗族、民族、国家等等。"②黑格尔也有近

---

① 在经济法学界一般公认经济法是社会本位法，其法益或基石范畴是社会整体利益或社会公共利益，其宗旨是通过国家必要的干预（何为"必要"没有一个定数，皆视社会经济发展的需要，即从社会经济整体长远发展看需要国家干预什么就干预什么，而不是国家可以任意地想干预什么就干预什么，这也是李昌麒教授"需要国家干预说"的"硬核"），实现社会经济的协调、稳定、持续发展。
② 于海：《西方社会思想史》，复旦大学出版社1993年版，第150页。

似观念,并据此观念对法律提出了一些独到的见解。① 其实,哈耶克的真个体主义观是在坚持个体主义内核的同时,对有机共同体主义的有限的承认。② 只不过合理的整体主义更强调人的社会属性,而哈耶克的真个体主义更强调人的自由独立的个性,但两种观念都不否认人的本质属性中具有的社会性与个体特性(二重性)。

(二)人的属性与经济法观念

当今不同观念对人的本质属性的二重性的肯定,意味着,我们不得不承认人与人之间的社会关系也具有二重性,作为社会关系调整器的法亦因其调整的社会关系类型不同,有与之对应的本质不同的两种法。对此,德国法学家祁克(Gierke)指出:"与人的本质一样,在法律上也存在个人法与社会法的差别。这是因为,人作为个人在其是一种独立的存在体的同时,也是构成社会的成员。"因此,"个人法是从主体的自由出发,规律个人相互平等对立的关系的法律;社会法将人视为拥有社会意志的成员,将人视为整体的一分子。……所以,社会法是从对主体的拘束出发,规律有组织的全体成员的法律。"③由此可见,经济法作为社会经济有机化整体程度高度发展的现代社会新兴的部门法,其社会观念是合理的整体主义。

经济法产生的时代的社会经济特性,以及由此决定的其所解决的社会

---

① 黑格尔崇尚社会整体主义,反对社会原子主义。但他仍然肯定个人的自主性,并不主张将这种自主性完全消融在社会整体之中。同时,他从未将个人与社会关系问题简化为二择一的问题:不是站在个人一极,就要站在国家与社会整体一极。即在个人与社会、整体与个体的关系问题上,他提出了一种辩证超越的观点。以此来看待立法,他认为:"整个立法和他的各种特别规定不应孤立地、抽象地来看,而应把他们看作一个整体中依赖的环节,这个环节是与构成一个民族和一个时代特征的其他一切特点相联系的。"[德]黑格尔:《法哲学原理》,范扬、张企泰译,商务印书馆1961年版,第5页。

② 哈耶克的真个体主义既反对源于笛卡尔的唯理主义的、把人看作孤立的或自足的个人存在的观念,又反对不折不扣的、把社会看成靠人的理性可直接理解的自成一类的实体,一种可以独立于构成它们的个人而存在的整体主义(或称集体主义)观点。它是以一种人的整体个性和特征都取决于他们存在于社会之中这样一个事实为出发点的观点。参见[英]F. A. 冯·哈耶克:《个人主义与经济秩序》,邓正来译,生活·读书·新知三联书店2003年版,第11-12页)不仅如此,哈耶克在社会观上有时也是一个整体主义者,他认为"经济体制是由价格机制来协调的,而社会不是一个组织,而是一个有机体"(F. A. Hayek, *The Trend of Economic Thinking*, Economica, May,1933. 转引自[美]罗纳德·哈里·科斯:《企业、市场与法律》,盛洪、陈郁译校,格致出版社、上海三联书店、上海人民出版社2009年版,第35页)。

③ [日]石田文次郎:《祁克》,三省堂1935年版(日文),第76页。转引自何勤华:《历史法学派述评》,载许章润:《萨维尼与历史法学派》,广西师范大学出版社2004年版,第38页。要注意的是,祁克这里的社会法是与公法和私法相并列的第三法域意义上的社会法,而不是狭义的部门法意义上的社会法。

整体问题,决定了用合理的整体主义观念或整体主义方法论思考经济法的理论不失为一个较恰当的范式。

第三节　经济法是社会经济秩序法

本节所用的"社会经济秩序法"中的"秩序",不仅是从法的直接目的而非法运行的结果意义上来讲的,因为任何法律从运行结果来讲都会形成秩序,但这种秩序可能是该法无意识的结果,而非其意欲建构的使然;而且是从法律保护利益的客体,亦即法律关系客体的意义上来说的,是与以个体主义观念为基础的个人权利本位法对应的一个概念。这意味着,这里的"秩序法"是指,经济法规范的价值目标直接指向建构或保护一种良好的社会经济秩序,而不是指向对个人的人身和财产权利的保护,当然,间接可以保护个人的人身和财产权利。如果说,个人的人身自由和财产是人作为自然人生存和发展所必需的,对此授予个人权利予以保护不仅必要,且有效;那么社会经济秩序就是人作为社会人生存和发展的前提条件。社会经济秩序是社会公共利益的载体,以此为经济法的保护客体,有利于提高所有个体人的总福利。因而,作为社会经济秩序的保护法,经济法的特性主要体现在以下四个方面。

一、经济法的价值定位:风险防范与秩序建构

基于对经济法中违法行为所致损害客体——经济秩序的公共物品属性,以及由此决定的损害主体的不确定性、损害量的不可计量性、违法所得与损害(损害巨大)的极端不平衡和个体能力有限使补偿的不可行性的认知,加之,受经济法的价值目标和功能预设的指引,经济法属于规制型法,其运行目的在于防范导致整体经济领域系统性风险发生的行为,以及建构或维护理想的经济秩序。在现代市场经济下,整体经济运行秩序主要包括三大秩序:①一般市场的公平交易秩序,即在公平竞争、自由竞争、信息充分披露条件下形成的市场交易秩序;②特殊市场秩序,主要是指自然垄断和公用事业,以及金融业的秩序,这一秩序是建立在行业能有效发展和给社会提供普遍服务前提下的市场秩序;③经济结构秩序,主要包括合理的产业结构和良好的区域结构。

二、经济法本位规范的选择:基于经济秩序建构需要

与建立在自由主义的个体主义基础上的个人的权利源于人作为人的本质不同,经济法赋予主体的权利是基于社会经济秩序建构的需要,它既是权利,也是义务,更准确地说是社会经济主体履行社会责任的(资格)手段或工具。其价值是以社会经济秩序为根本的,是秩序性价值。所谓秩序价值就是指主体的权利的行使、义务的履行以建立或维护一种理想的社会经济秩序为目的,这是由主体作为社会一员的社会性所决定的,因而,其权利是一种社会性权利,这种权利行使的结果并非权利人的私人利益,因而,其法规范的行为不是对权利人具有特别损害的行为,而是损害社会经济秩序的公共有害性行为。其所涉及的行为影响范围是一定社会内的社会经济运行秩序,该经济秩序决定了其必须建立一种协调、和谐的社会运行机制,而在这一机制之下,局部的利益牺牲、个体利益受到一定限制是不可避免的。可见,经济法中的权利与私权利是对应的,"私权利则以生存为根本的价值取向,私权利的主体所追求的是自身的存在,是要造就一种自我"①。

三、经济法的实现方式:以事前预防为主

法律的实现是法律实施的结果,任何法的实施都包括公共实施和私人实施,其中,公共实施主要表现为执法,私人实施主要表现为私人诉讼。经济法的实施是以专门经济机关的执法为主导,以相关私人主体提起诉讼为辅助而构成的实施机制。这是由经济法违法行为损害结果的特性,即损害的不确定性、扩散性、巨大性,以及违法所得与违法造成的损害(包括对个体与整体的损害)的极端不平衡,使补偿具有不可行性等所决定的。因此,对该种违法行为造成的损害的防止,最好是在该行为没产生损害前予以预防,这比事后救济更为可行。而专门经济机关制定规则,并据此在违法者具有违法苗头时,通过执法予以制止是最好的防治手段,因此,经济法的实施以执法为主导。另外,为了把潜在有害行为导向有益行为,通过多元主体(利益相关者)参与协商,在何为有益于公益的行为上形成共识,是经济法协商制司法(诉讼)采取的模式。

四、经济法的实施机制:多元主体的参与合作

人只有有限理性,同时社会分工加剧了人的知识和认知能力的局限

① 关保英:《行政法时代精神研究》,中国政法大学出版社 2008 年版,第 152 页。

性。而科学技术在社会经济活动中的广泛应用，导致社会关系日益复杂，不仅使人的行为风险增强，而且产生了人们对风险的认知差异。经验证明，专家对风险的认知虽不一定被公众所广泛接受，但通常更具科学合理性。① 因而，法律作为防范风险行为产生损害，以及促成有益社会行为的发生的规则，需要建立专业机构并予以授权，以便利用专家的专业知识，发挥其能动性。当今规制法（主要是经济法、环境法）中大量出现的执法司法化以及在司法中呈现的能动性②就是对此的回应。这意味着，经济法上的私人诉讼不同于传统的民事诉讼，它不是以解决纠纷为目的的，即不是纠纷解决模式，而是以秩序建构为目的的。

"秩序建构"这一名称，本身就昭明了经济法诉讼的价值目标不在于解决特定主体间的争议，而在于建构整体经济运行秩序。这种诉讼模式的选择基于两种认识：第一，它建立在这样一种深刻意识之上，即对现代市场经济最大的威胁并非来自一般经营者对具体个人经济利益的侵害，而是来自大规模经济组织的抽象性经济行为，以及现代国家相关职能部门的不当决策和规制行为对经济秩序的破坏，以及由此引发的对不特定主体的社会性侵害。第二，公共性行为的风险产生于对产业结构、市场竞争秩序和交易秩序的破坏。面对这种新的经济秩序重构诉求，传统的以救济受害人为目的司法及其损害赔偿、罚款或是追究刑事责任等责任形式都无法充分解决问题，因而，需要新式的综合遏制行为的责任形式。

---

① 参见戚建刚：《风险认知模式及其行政法制之意蕴》，载《法学研究》2009 年第 5 期，第 100-110 页。

② 在司法理论与实践中，存在着"司法能动主义"与"司法克制主义"之争。司法能动主义，滥觞于美国的宪法诉讼，并随着 20 世纪 50 年代民权运动的刺激而成长。在理论上则是随着大陆法系的自由主义法学、利益法学对历史法学、概念法学的反思批判，以及英美法系中社会法学的兴起，把司法从自动售货机式的机械适用法律的状态中解放出来，从而促成"司法在某种意义上具有能动地发展法律的功能"的观念在人们心目中形成（参见［美］伯纳德·斯瓦茨：《美国法律史》，王军译，中国政法大学出版社 1997 年版，第 283 页）。它基于对社会经济生活的变动不居和复杂性，以及制定法规定的原则性、滞后性及缺陷的承认，强调通过司法对法律进行创造和补充，对社会生活的变动进行及时、积极的回应，以实现实质正义。与此相对，司法克制主义则基于对社会生活的稳定性的一面，以及对人的理性认知能力的信任和自利本性缺陷的认知，强调尽可能地按照立法者的意图解释法律，反对法官将个人的价值判断适用于案件的裁判。虽然二者都承认，对政策形成一定程度的影响是裁决法律问题时不可避免的结果，但在法官怎样积极和广泛地追求政策决策机会的问题上它们是存在分歧的。参见［美］克里斯托弗·沃尔夫：《司法能动主义：自由的保障还是安全的威胁？》，黄金荣译，中国政法大学出版社 2004 年版，第 3-7 页。

第二章　经济法是秩序法的目的之基

目的是法律的创造者,而法的目的是由所要解决的社会问题和社会观念决定的。第一章讲述了有关经济法产生的社会经济背景,以及当时社会观念的转化:人的利益结构发生了变化,公共利益保护彰显,而就国内法来讲,经济领域的公共利益在经济法中的载体或客体是经济秩序,因而,要实现对公共利益的保护,须以保护一国的社会经济秩序为基础。这意味着,保护经济秩序只有工具性价值,即经济秩序是实现公共利益保护的工具,而经济法的目的则是保护公共利益。正因此,在经济法界,虽然在对经济法的界定中,对经济法本质特性的提炼上存在分歧,但几乎所有的定义都把社会公共利益作为其主旨或法益而彰显其中,①并且在经济法的本位问

---

① 李昌麒先生倡导的"需要国家干预说"认为:"经济法是国家为了克服市场失灵而制定的调整需要由国家干预的具有全局性和社会公共性的经济关系的法律规范的总称。"其中的"全局性和社会公共性的经济关系",就"揭示了经济法是以'社会本位'作为存在基础的",其"社会本位"指"以维护社会公共利益为出发点"(参见李昌麒:《经济法学》,中国政法大学出版社 2002年修订版,第 41 页、第 62 页)。杨紫烜先生倡导的"国家协调说"认为,经济法的调整对象是国家协调本国经济运行过程中发生的经济关系,包括企业组织管理关系、市场管理关系、宏观控制关系和社会保障关系,而"政府对市场进行管理、监督,要从社会整体利益出发来考虑"(参见杨紫烜:《经济法》,北京大学出版社、高等教育出版社 1999 年版,第 168 页。潘静成、刘文华及史际春等先生倡导的"新纵横统一说"在对经济法调整的四种纵横关系作概括列举后,认为经济法的本质属性是"平衡协调","所谓平衡协调,是指经济法的立法和执法从整个国民经济的协调发展和社会整体利益出发,来调整具体经济关系,协调经济利益关系,以促进、引导或强制实现社会整体目标与个体利益目标的统一"(参见潘静成、刘文华:《经济法》,中国人民大学出版社 1999 年版,第 55 页)。王保树先生倡导的"社会公共性说"认为:"经济法仅以具有社会公共性为根本特征的经济管理关系为其调整对象",而"具有社会公共性"的经济管理关系"表现为一种普遍性的措施,着眼于社会整体,而不是着眼于某个个体,着眼于社会整体的市场管理和宏观经济管理"(参见王保树:《经济法原理》,社会科学文献出版社 1999年版,第 30 页、第 35 页)。漆多俊先生倡导的"国家调节说"认为,经济法的调整对象是在国家调节社会经济过程中发生的各种社会关系,而"维护社会总体效益,是国家所有的经济调节行为以及全部经济立法和实施活动都必须追求的目标,遵循的原则,环绕的中心,体现的灵魂"(参见漆多俊:《经济法学》,武汉大学出版社 1998 年版,第 74 页)。基于以上主流观点,可以说经济法在调整对象上达成的共识之一就是:"经济法所调整的经济关系是在国家为了社会整体利益而施加影响于经济运行过程中产生的"(参见肖江平:《中国经济法学史研究》,人民法院出版社 2002 年版,第 79 页)。

题上一致认为：经济法是社会本位法。① 这就意味着经济法是以维护社会公共利益为核心而建立起来的。可见，公共利益是经济法最为重要的范畴，是研究和认识经济法时无法绕过的。亦正因此，经济法学者对此进行了较多、较系统的探讨，提出了许多建设性的见解。

但是，就探讨中所遵循的方法论讲，多数探讨仍是以当今法学中的主流观念——以个人权利为基础的个体主义为主，因而，把经济法这一新兴的有关整体经济发展的规范（应该用整体主义观念理解的法学部门的重要范畴），常常自觉或不自觉地以个体主义来说明，从而抹杀了公共利益在经济法中有别于传统私法及公法的特殊含义。不仅不利于揭示经济法保护的法益——公共利益的本质，也会导致对一些实定经济法中把对弱势一方利益的保护看作对公共利益的保护的观点感到费解。最终，公共利益理论因缺乏对现实的解释力而失去对现实经济法实践的指导作用，这样的理论也就因失去存在的意义而逐渐走向枯萎。

基于以上认识，本章借用公共经济学、政治哲学和法学取得的成果，从经济秩序与公共利益的关系视角，以整体主义方法论对经济法上的公共利益，从含义、特性，到在经济法上的具体表现及如何实现予以探讨。

第一节　经济法公共利益的含义

关于公共利益，国内外法学界已有广泛的讨论，学者们的观点五花八门、莫衷一是，以至目前国内外学者普遍认为：公共利益是不确定的法律概念。这种现象的产生，依拙见主要有三方面的原因：第一，既有分析方法存在缺陷。第二，学者们所持的观念不同。第三，分析的内容或路径不同。② 下面在对既有分析方法所存缺陷进行反思的基础上，通过分析两种不同观念在公共利益研究的不同路径中的分歧，说明经济法上的公共利益。

---

① 有关经济法是社会本位法的观点，是经济法界最为一致的看法，这不仅见于学者们对经济法本位的直接论述中，且在关于经济法与民法或民商法的关系的论述中，几乎都把"经济法是社会本位而民法或民商法是个人本位"看作这两个法律部门的根本区别。

② 法学界对公共利益的探讨包括两方面内容，即公共利益如何界定，以及由谁来判断什么是公共利益。与此相应，目前研究主要有两条路径：一是公共利益的实体论思路，通过对"公共"和"利益"内涵和外延的界定，将公共利益的本质特征确定下来；二是程序论思路，通过程序完善尽可能使公共利益由相关的公众决定，以消解决定主体与受益主体间的张力。这实则把"什么是'公共利益'的问题"转化成了"由谁来决定'公共利益'的问题"（参见郑永流、朱庆育等：《中国法律中的公共利益》，北京大学出版社2014年版）。

一、既有分析的缺陷

综观法学界对公共利益所做的大量研究,就既有分析看主要存在两个缺陷,即本质和现象的混淆,分类标准的缺失。正因此,公共利益概念使用混乱。

(一)本质和现象的混淆

从目前法学界对公共利益的研究看,多数学者把对公共利益本体的界定与公共利益的具体表现形式相混淆,①从而把公共利益具体表现形式的多样性看作公共利益本身的不确定性。这是因为,法学主要是应用之学,其探讨势必重视对实定法规则及案例的分析。而在实定法的规定中,往往并不对公共利益的含义予以界定,只对公共利益在特定领域的具体表现形式予以描述。如《中华人民共和国宪法》(以下简称《宪法》)第二十八条使用的"社会秩序"、四十条使用的"国家安全",《中华人民共和国合同法》第七条使用的"社会公德""社会公共利益""社会经济秩序"。由于规制的法律、法规繁多,因而,在各种实定法中被视为公共利益的具体表现形式就五花八门,而案例作出的裁判也是以相关法律有关公共利益的具体表现形式的规定为依据的,其依据的公共利益五花八门就不难理解了。

(二)分类标准的缺失

从目前法学界使用的各类利益定义看,利益的分类主要以利益主体构成的特性为标准而非以利益本身的特性为标准。据此,利益被分为个人利益、团体利益、国家利益、社会利益四类。个人利益,即作为自然人的个体所享有的利益;团体利益,即由社会经济体系中具有相同角色的个体共享的利益,如消费者的利益、经营者的利益等;国家利益,从国际法讲,把国家拟人化为一个实质主体,国家利益就是归一个国家享有的利益;社会利益,即作为社会成员都可分享的利益。由于缺乏据利益本身特性把利益分为公共利益和私人利益的划分标准,通常把公共利益等同于社会利益,把私人利益等同于个人利益。同时,目前法学也没有对公共利益本身予以分类。

---

① 对此,有学者指出"或许关于公共利益的大量讨论都会牵扯进一种错误的'具体化'"。参见[英]杰弗里·托马斯:《政治哲学导论》,顾肃、刘雪梅译,中国人民大学出版社 2006 年版,第273 页。

二、两种观念的分歧

对公共利益认知的分歧,实质上是自由主义(个体主义)与反自由主义(整体主义)观念在公共利益观念上的表现。这种分歧在对公共利益分析的实体论和程序论中都有所体现。

(一)实体论分歧

对公共利益的实体论研究,就是从本质方面对公共利益的含义予以界定,因此,因社会观念不同其界定也就不同,其中最根本的不同就是个体主义与整体主义观念的不同。

1.个体主义的公共利益

个体主义的公共利益观,并非统一和不变的,早期以及现今一些信奉自由至上主义的个体主义者认为公共利益就是个体利益的总和。正如边沁所言,"个人利益是唯一现实的利益","社会利益只是一种抽象,它不过是个人利益的总和";又如,斯堪的纳维亚法律现实主义代表人物之一、丹麦法学家阿尔夫·罗斯(Alf Ross)认为,"所有人类的需要都是通过个人来体验的,社会的福利就等于其成员的福利"[1]。现今个体主义的主流观念是道义论自由主义,他们虽承认公共利益,但却是从自由民主政治的视角,按多数决原则,把"公共"界定为社会中的多数人,提出公益是"一个不确定之多数(成员)(unbestimmte größere personenmenge)"所涉及的利益的。另外,他们在对"公共"的进一步理解上又具有一定的非自由主义观念,如德国学者纽曼(Neumann)基于对公共之概念的理解,提出了"公共性原则",也就是开放性,任何人可以接近之,不封闭也不专为某些个人所保留。[2]

2.整体主义的公共利益

整体主义的公共利益观,也非统一和不变的,但它们存在一些共通之处,表现在对公共利益的解释或界定上都包括相互联系的两方面:利益主体的构成和利益分享的特性。整体主义者都认为从主体构成看,公共利益分享主体的构成具有共时的非特定性与历时的开放性。从分享特性看,公共利益的分享具有非排他性(一个人享有并不能排除其他人享有)与非竞争性(一个人享有并不减少其他人的享有)。

---

[1]　转引自孙笑侠:《论法律与社会利益》,载《中国法学》1995 年第 4 期,第 53 页注释②。

[2]　参见陈新民:《德国公法学基础理论》上册,山东人民出版社 2001 年版,第 186 页。

(二)程序论分歧

对公共利益的程序论研究,即在现实立法和私法中,通过什么程序来决定何为公共利益。其实质是对现实中一些"准公共利益"应不应以公共利益对待而用以限制个人权利的探讨。对此,个体主义与整体主义提出了不同的程序。

1. 个体主义的公共利益决定程序

个体主义的程序遵循的是民主程序,也称选举民主、票决民主或投票民主程序。其基本内容就是有关重大公共事务的决定,采取投票的方式,按照少数服从多数的原则来决定。据此,对于什么是公共利益的决定,就由利益相关者以投票的方式按票数之多少来决定。这种把多数人的观点视为公共观点的观念,直到目前,仍是主流。

依此程序决定的公共利益,在实践中不仅可能造成多数对少数的掠夺或侵害,且从长期看可能损害公共利益,显然不妥。① 对此,即使秉持自由主义观念的学者如公共选择学派的阿罗(Arrow)、布坎南(Buchanan)和奥尔森(Olson)等,也都认识到该制度的致命弱点,他们对投票悖论、多数人暴政以及少数利益集团的游说等的论证,就说明了此。

2. 整体主义的公共利益决定程序

反自由主义(整体主义)的程序遵循的是商谈民主或协商民主(审议民主)程序。② 其基本内容就是有关重大公共事务的决定,采取由利益相关者理性商谈的方式,由商谈达成的共识来决定。这意味着,"不能认为正确的决策像真理一样位于'彼处',相对独立于发现它的过程与程序。……一些协商理论家认为程序而非结果,决定着民主合法性;另一些协商理论家

---

① 当前西方以个人权利为基础的民主,其侧重点在于给个体主义的社会提供一种公共事务的政治程序。因此,其根本出发点是把个体(个人)的私利欲求放在首位,其功能在于解决"程序合法性与民意合法性问题,这不是一个价值问题"(参见蒋庆、盛洪:《以善致善》,上海三联书店2004年版,第58页)。而公益恰是一个价值问题,因而,以这种程序决定公共利益显然不妥。

② "当下民主制度的批评者,从社群主义(communitarians)到激进的民主论者(radical democrats),所持看法都非常的一致。他们认为,目前的安排损害了民主最重要的原则:现今的政治实践建立在可致社会分裂的自利性的政治理论之上,它们不去改变社会和经济权利的不平等分配的状况,使贫者和无权者长期处于不利的地位;并且,它们预先假定的制度,依靠的几乎都是纯粹集合性的、片断式的、僵化的决策形式,使得对社会和经济进行更新的深层机构性问题无法得到解决。根据这些诊断开出的药方都一样,即公共协商(public deliberation)。"([美]詹姆斯·博曼:《公共协商:多元主义、复杂性与民主》,黄相怀译,中央编译出版社2006年版,"前言"第1页)因此,此处把协商民主视为反自由主义的民主。

认为协商要么建构了，要么发现了共同利益"①。协商民主理论认为，民主不仅仅是一种公共事务的决策程序，它还是现代社会中人与人之间的一种交往机制，在这一交往机制中，任何一方都平等地、不抱优势地与他人自由交往，并通过反复沟通形成公识，依此决定的公共利益，才是真正的公共利益。

依此程序决定公共利益主要存在着三方面难题：②第一，在现实的实践上，协商程序本质上适于小而慢的团体决策，对大的团体，且须在有限时间内作出决策显然不适用。第二，协商民主假定从协商过程中能产生类似于普遍意志的东西，但社会理论告诉我们这是幻想。第三，协商民主并不是在多元社会中达成集体决策的公正方法。其原因在于参与协商主体的理性有限和政治能力不足，协商意识的缺失和协商伦理的沦丧，协商的共同价值原则匮乏和共同利益基础薄弱，公正的协商制度和程序的匮乏和协商场所的不足，强势力量对协商的掌控和派系力量对社会共识的漠视等。③ 虽如此，但由于其具有克服选举民主的优点，因而当今一些西方政治思想界的领军人物，如罗尔斯（Rawls）、吉登斯（Giddens）、哈贝马斯（Habermas）等纷纷表明自己对协商民主的支持态度，且积极倡导协商民主。

三、经济法中的公共利益

上述公共利益研究中的分歧告诉我们，要对经济法的公共利益做清晰界定，不仅要澄清利益划分的标准，更要说明阐发公共利益的观念。

（一）利益划分标准的厘清

就分类标准看，利益分享特性标准旨在区分公共利益与非公共利益，且我们知道法律是社会关系的调整器，因此，在经济法公共利益的界定中，以利益主体在利益分享中的关系为标准更为恰当。据此，与公共利益对应的是私人利益，而非个人利益。个人利益就是归个人分享的利益，既包括归个人享有的，具有排他性、竞争性的私人利益，也包括归个人分享的，具有非排他性、非竞争性的公共利益。即个人利益由公共利益和私人利益两

---

① ［美］詹姆斯·博曼：《公共协商：多元主义、复杂性与民主》，黄相怀译，中央编译出版社 2006
年版，第 6 页。
② 参见戴维·米勒：《协商民主不利于弱势群体》，载［南非］毛里西奥·帕瑟林·登特里维斯：
《作为公共协商的民主：新的视角》，王英津等译，中央编译出版社 2006 年版，第 140-142 页。
③ 参见王洪树：《协商民主的缺陷和面临的践行困境》，载《湖北社会科学》2007 年第 1 期。

部分构成。由于公共利益的非排他性、非竞争性,加之早期其在个人利益中的权重较小,以及受迁徙自由所限,其对每个人利益的重要性往往易被忽视。因而,在分析个人利益时其所包含的公共利益部分往往被人们所忽视,导致常常把"私人利益"和"个人利益"混同。

后一标准是在把私人利益与个人利益混同的情况下,把私人利益与不同类型公共利益对应。其中群体利益、国家利益、社会利益都属于公共利益,只不过是从公共利益辐射的主体构成的类型或范围的广度对公共利益的类型描述。也正因此,在现实法律规定和研究中通常不区分"公共利益""社会利益""国家利益""社会福利"等。① 这类划分在研究公益本体时没有多大意义,且在实证法中又不是某一具体经济法律中公益的具体表现形式,只是公共利益的不同表述,只会造成用语紊乱,依拙见立法及研究中宜慎用之。

但有必要提出另一种对公共利益的类型划分,即据公共利益的客体类型——纯公共物品或准公共物品,②可把体现于其上的公共利益分为"纯公共利益"与"准公共利益"。正是准公共利益,以及现实中一些公私混合物品,如商业中心、私立学校等,它们所含公益公共利益的程度难以衡量,因而,对此是否以公共利益予以保护,或者能否以此对私权进行限制成为法律上的难点,公共利益的程序论所解决的就是这个问题,而非公共利益是什么的问题。

(二)公共利益的观念

虽然因上述原因,目前在公共利益观上仍存在分歧,但在论辩过程中也形成了一定的共识。这些共识是吸收了一些自由主义合理性成分的非自由主义的观点。这些观念也体现在现今的经济法中,我们可称其为经济法的公共利益观。对此可从三方面分析。

1.语义分析

公共利益是一个由"利益"及"公共"复合而成的概念,因此,对其含

---

① 在法律文本及学者们的用语中,公共利益通常是与公益、社会公共利益、社会利益、社会福利、国家利益、国家整体利益等概念在相同或近似意义上使用的。其用法及类似表述有近 20 种。参见郑永流:《中国公法中公共利益条款的文本描述和解释》,载郑永流、朱庆育等:《中国法律中的公共利益》,北京大学出版社 2014 年版。

② 纯公共物品是指在消费上具有完全的非竞争性和非排他性的物品,如环境、市场秩序等。准公共物品是指在消费上具有有限的非竞争性和局部的非排他性的物品,即超过一定的临界点,非排他性和非竞争性就消失,拥挤就会出现。包括公益物品,如教育、道路、图书馆、公园、博物馆等,以及公用事业物品,也称自然垄断产品。

义必须从"利益"及"公共"两方面来把握。另外,需特别强调的是,对"公共"的理解必须从经济学的公共物品,以及方法论的合理的整体主义来把握。

(1)利益的意蕴。利益是一个内容不确定的动态价值。利益最简单的解释就是客体给主体的"好处"或"功用",与其相对立的概念是"弊"或"害"。① 自从利益法学对利益的强调之后,利益就成为法学研究中一个常被提及的词语。按利益法学派的代表赫克(Heck)的观点,"利益",是指人们在生活中所产生的各种欲求。这些欲求不仅意味着人们"实际的需要,还包含着那些在受到刺激时,可能进一步向前发展的隐藏在人们心目中的潜在欲求。因此,利益不仅仅意味着各种欲求,还包含着欲求的各种倾向,以及各种欲求得以产生的条件②。庞德(Pound)作为美国社会学法学派的代表人物对此也提出了自己的观点,他认为利益是"人类个别地或在集团社会中谋求得到满足的一种欲望或要求"③。日本著名宪法学者美浓部达吉则提出了一个较全面的概念,他认为:"所有满足人类价值感情的东西,可以称为'利益'。于这种意义上的利益,不用说不是含有单纯经济的利益(物质的利益),而又不是含有适于人类的福利的意味。总之,于各时代思想上,人类觉得对于她有价值的一切的东西,——无论其为外界的事物,或为人类内部的状态——都是属于此种意义的利益。"④

可见,利益的本质就是客观的、具有能满足人们某种欲求属性的客体给主体——人所提供的某种满足,犹如经济学中的价值。因而,利益具有质的规定性和量的规定性。从质的规定性看,它是主体(人)对客体的属性的正面价值评判,即有益的价值判断,是主观见之于客观的东西。而从量的规定性讲,某种客体对主体带来的利益的大小取决于个人的主观偏好。正因此,在德国公法界一般认为,利益"存有价值判断(werturteil)或价值评判(wertschätzung)等等。故利益也者,实乃离不开主体对客体之间所存在'某种关系'的一种价值形成(wertbildung),换言之,是被主体所获得

① 参见《辞源》,商务印书馆1998年版,第188页。
② Philipp Heck,*The Formation of Concepts and the Jursprudence of Itterests* select from "the Jursprudence of Itterests",Magdalena Schoch(translated and edited),Harvard University Press,1948,p.130. 转引自吕世伦:《现代西方法学流派》上卷,中国大百科全书出版社2000年版,第301页。
③ [美]罗·庞德:《通过法律的社会控制　法律的任务》,沈宗灵、董世忠译,商务印书馆1984年版,第35页。
④ [日]美浓部达吉:《宪法学原理》,欧宗祐、何作霖译,中国政法大学出版社2003年版,第23页。

或肯定的积极的价值(positive wertung)。如此,利益即和价值(感觉)产生密切的关联。价值的被认为有无存在,可直接形成利益的感觉,这一切,又必须系乎利益者(interessenträger,即主体)之有无兴趣的感觉(gefühlder lust oder unlust),所以,利益概念无异于价值概念(wertbegriff)。而价值判断是人类所运用进行的精神行为(geistestätigkeit),是主体对客体所作价值评判后所得到(积极的)结果(gut)"①。这种基于主观价值(判断)的利益,对具有相对独立意志的个人来说,即使假定每个人有相对稳定的价值偏好,但终因不同人的不同偏好而产生对同一客体的不同评价,因而,利益具有不确定性。

当然,我们不能忽视人的偏好形成具有一定的客观性。毕竟人作为社会存在,都毫无例外地处于一定的社会联系和关系之中。人的本质是一切社会关系的总和,而社会关系是变化的,因而,人的本质随社会关系的变化而变化。这意味着,人的价值偏好并非纯主观的,而是打上了不同社会和时代的烙印,受时代和社会的客观事实所左右。但社会客观事实是发展变化的,这就决定了利益的内容,需以变动中之社会观念、意识形态和政治现实来充实。因此,利益内容的形成,以及利益大小的认定,必然随着发展的及动态的国家社会情形而有所不同。而人所处社会的政治、经济、文化及意识形态等客观环境是变动不居的。因此,利益的内容是动态的,具有不确定性。

以上从两方面分析了利益内容的动态性、不确定性,这在实定法欲将利益内容予以成文化的表述中表现得尤为突出。因为,法律的主要目的之一"就是通过把我们所称的法律权利赋予主张各种利益的人来保障这些利益的"②。而那些利益应被赋予法律权利予以保护,"是无法一以贯之而予以测定的,是弹性的、浮动的受到一些判断利益的要素所决定,也是在人的社会中,与人们的好、恶感觉息息相关的价值决定要素所决定。此正如T. Läufer 氏所称的,利益这个概念,无一定之成型(dasein,实体),如同价值概念,因此,简言之,利益是价值判断的结果,是人们以感觉肯定其存在之实益,也是民所好之的不定对象,由此可见利益之不确定性及多面性"③。

---

① 陈新民:《德国公法学基础理论》上册,山东人民出版社 2001 年版,第 182-183 页。
② [美]罗·庞德:《通过法律的社会控制 法律的任务》,沈宗灵、董世忠译,商务印书馆 1984 年版,第 42 页。
③ 陈新民:《德国公法学基础理论》上册,山东人民出版社 2001 年版,第 183 页。

（2）公共的意蕴。对于公共的概念，许多学者是以主体构成的特性界定的，认为"公共"就是社会中不确定的多数人。如德国学者纽曼（Neumann）在把公共利益看作"一个不确定之多数（成员）"（unbestimmte größere personen menge）所涉及的利益的基础上，提出了理解"公共"概念的"公共性原则"，即公共就是开放性，任何人可以接近之，不封闭也不专为某些个人所保留。这种解释其实已经具有整体主义的意味，但同时，他对"公共利益"又主张以受益人之多寡的方法来决定，又有个体主义的强调"公共"之主体构成在数量上的"多数"特征。对此，有学者认为这种以过半数（多数人）的利益作为（可排斥私益的）公益之基础，也符合多数决定少数、少数服从多数的民主理念。因此，把多数视为公共，直到目前，仍是在一般情况下，广为被人承认的标准。[①] 我们知道，当今西方的民主政治本身就是建立在自由主义的个体主义基础之上的，所以这种基于民主原则，以"多数"作为公共或社会整体的，以人数多少决定"公共"的"数量决定论"，是不符合整体主义的有机共同体观念的。毕竟社会作为有机体与个体是质的差别，而不是量的问题，因此，再多的个体仍是个体，其"公共"只不过是聚合起来的大的个体，而不是有机整体性的公共。

据此，从语义分析角度可把"公共利益"界定为：为共同体成员所意欲的，能共时性和历时性地为不特定的社会成员带来的好处或提供的满足。

2. 实体论分析

现今所有公共利益概念的界定都与"共同体、普遍福利、人性尊严以及维护支撑持续性社会秩序之条件"[②]紧密联系。以法学的观点看，这些共识实质包含着公共利益界定的三个要素，即主体、客体和内容。

（1）公共利益的主体是"共同体"。"共同体"不是当下在场的、同质（功能和能力相同）的众多个人之和，而是由开放的、具有不同功能的个体互动构成的有机整体。经济法中的共同体是指一个国家的国民经济或经济体系，这个体系就是一个社会经济共同体。在市场经济条件下，一国经济作为有机整体，意味着其并非同质的市场主体的总和，而是由具有不同能力的。

（2）公共利益的客体是"公共物品"。"公共物品"表现形式多样，如经

---

① 参见陈新民：《德国公法学基础理论》（上册），山东人民出版社 2001 年版，第 186 页。
② ［英］迈克·费恩塔克：《规制中的公共利益》，戴昕译，中国人民大学出版社 2014 年版，第 50-51 页。

济法学者研究中常常提到的社会经济秩序、社会经济发展、竞争秩序①、经济结构,以及一些具有较强外部性的私人利益(如个人竞争中的利益)等。

(3)公共利益的内容具有"公共性"。借用经济学观点就是对其分享具有非排他性和非竞争性,而法学则表述为普遍性。②

据此,从实体论角度可把"公共利益"界定为:体现于公共物品之上的,开放地为共同体所有成员(不特定主体)非排他和非竞争地分享的利益。③

3.程序论分析

主体间在公益上的关系中相互依存的事实,以及公民共和主义观念决定了,现今经济法中公共利益的决定程序是以协商民主为主的,主要强调通过利益相关者、专家等的广泛参与,通过协商达成共识,来决定具体时空中的公共利益,而非以可交易、妥协的票决民主为主来决定公共利益。但由于受时空、主体的能力和道德等限制,辅以票决民主仍有必要。因而,经济法的公益决定程序,是以协商民主为主,以票决民主为辅的混合民主机制。

据此,从程序论角度可把"公共利益"界定为:经协商民主程序,通过协商而被参与各方公认的、为各方主体共同所意欲的利益。

---

① 如有学者说,"公共利益就是指包括产业利益在内的国民经济的健康发展,或指保护经济上的弱者",是指"以自由竞争为基础的经济秩序本身,妨碍这种经济秩序的事态,就是直接违反公共的利益"([日]丹宗昭信、厚谷襄儿:《现代经济法入门》,谢次昌译,群众出版社1985年版,第91-92页)。

② 我国有学者把社会利益和公共利益作为同一意义使用,认为"社会利益具有整体性和普遍性两大特点。换言之,社会利益在主体上是整体的而不是局部的利益,在内容上是普遍的而不是特殊的利益"(孙笑侠:《论法律与社会利益:对市场经济中公平问题的另一种思考》,载《中国法学》1995年第4期,第53-61页)。实证法中的体现如欧盟竞争法确立的"利益普及原则",如罗马条约第五十八条第三项规定企业联合对产品之生产或分配之改善,或技术或经济进步之促进有贡献,须确保使用者能公平分享其所导致之利益,始能例外不受同条第一项之处罚。在法国平面玻璃案中,委员会表示:"企业联合产生有利之效果,包括生产力提升,及成本降低,惟若欲适用第五十一条第二款,必须进一步探究该成果是否非为成员企业独占,而将其重要部分公平地与其顾客及整体经济社会分享。"(Avis 23 nov. 1957, Verreplat, J. O. DOC. ADM. , 1960, n11, p. 218.)对此原则的详细论述可参见刘水林:《反垄断法的挑战——对反垄断法的整体主义解释》,载《法学家》2010年第1期,第85-97页。

③ 这种观点可参见刘水林:《经济法是什么:经济法的法哲学反思》,载《政治与法律》2014年第8期,第87-102页。国外有学者在论述"共同利益"时提出近似观点,认为"共同利益是一种如果被一个人消费仍然可以被其他人消费的利益……'公共益品'——清洁的空气、防御和国内和平,均是一些恰当的例子"([英]杰弗里·托马斯:《政治哲学导论》,顾肃、刘雪梅译,中国人民大学出版社2006年版,第272页)。近期国内学者亦有近似观点,如有学者认为,公共利益及类似的表述尽管意思不尽相同,"但一般的理解指向社会成员中不特定多数人的共同利益"(参见郑永流、朱庆育等:《中国法律中的公共利益》,北京大学出版社2014年版)。

第二节　经济法公共利益的特性

据第一节从不同视角给出的公共利益的定义,比照两种观念对公共利益的理解,以经济法的整体主义观念理解的公共利益具有以下特性。

一、构成的特性

公共利益从其构成看具有不可分性,这是由其主体和客体的特性决定的,对此可以从主体和客体两方面来理解。

(一)主体的不可分性

公共利益属于共同体的利益,其主体是共同体。而共同体是一个由处于不同经济领域、具有不同功能的个体,按其所处领域的功能互补构成的有机关系体系,且这种有机关系体系是随时间推移而不断发展和完善的。也就是说共同体是有机体,是随历史发展而成长的。它虽以人为构成要素,但每个人都处于因分工而具有不同功能的一定的经济领域中,因而,所有主体并不是同质的、无差别的,而是相互依存的。是以,共同体不能简约为部分,也不是个人之和。这种利益主体的整体性、不可分割性,决定了公共利益是不可分的。

(二)客体的不可分性

公共利益的客体是公共物品,在现代市场经济体制下,由于现代经济是混合经济,经济法的客体——经济秩序就是由市场自发秩序和国家干预的人为建构秩序混合而成的混合秩序,具体内容包括:市场秩序、产业结构和区域结构构成的结构秩序,以及公用事业和自然垄断行业的发展和公正服务秩序等构成的秩序体系。其中市场秩序是市场主体因竞争或公正交易所产生的公共利益的载体。而作为经济法客体的经济秩序,是一种动态的关系状态,而不是静态的实体物,因而,是不可分割的。这种客体的不可分性决定了公共利益的不可分性。

二、分享的特性

分享的特性主要体现在分享方式的非排他性和非竞争性,分享主体的开放性和不确定性,以及分享主体历时的延续性上。

(一)分享的非排他性和非竞争性

受公共利益客体——公共物品在消费上具不可排他性及非竞争性的影响,公共利益在方式上也具有不可排他性及非竞争性。这就是说,作为社会构成要素,任何个体在公共利益的分享上都不能被排除,而且,增加一个人对公共利益的分享并不减少其他人受益的数量。① 例如,社会经济秩序或社会经济的发展是一种社会公共利益,一旦良好社会经济秩序得以形成或社会经济得以有效发展,就不能排除任何经济活动参与者从这一良好的经济秩序,或从社会经济发展中获得利益。同时,当一个人从良好的经济秩序或社会经济发展中获益时,并不减少其他任何人获益的量。

(二)分享主体的开放性和不特定性

公共利益的受益对象虽然说是全体社会成员,但因所有的公共利益都有其利益的辐射范围,且利益辐射强度随距公共利益源越来越远而不断减弱。因而,真正的受益主体只能是在其利益辐射范围内的成员。

但在公共利益的辐射区域内,同样的公共利益是对社会全体成员开放的,任何人随时都可自由分享,这决定了受益的具体个人是不确定的。如体现于公平竞争秩序之上的利益是一种公共利益,虽然从终极意义上讲所有社会成员都从公正的竞争秩序带来的经济繁荣中获得利益,但就具体个人最终获益来看,只有进入市场从事交易活动的人才能受益。也就是说,这种公共利益的辐射范围是竞争的市场领域,这种公共利益对所有的经济活动参与者是开放的,而能否从这一秩序中获益,以及获益多少,就在于其是否进入市场,以及对市场利用的程度。进入市场的主体是流变的,具有不确定性,因而,受益者是流变的,即利益主体具有不确定性。

(三)分享主体历史的延续性

公共利益的抽象主体是共同体,这种共同体按整体主义观念是由具有不同功能的部分按照功能互补构成的有机体或有机系统,这意味着,这种功能互补的结构体系是随时间推移而不断成长和完善的,是历史地成长

---

① 需要注意的是,这里的不减少他人获取利益的量是从对他人获取利益的影响角度来说的,但这并不意味着每个人从同一公共物品上所获取的利益是相同的,因为,一个人从一种物品上所获利益的大小,不仅与该物品的使用价值有关,且与该人所具有的能力以及该人的偏好有关。一般来说,一个人对利用某物的知识和技能越强,该物对其价值就越大,即该物对利用者的利益越大,如一件乐器对一个会使用乐器的人带来的利益显然大于不会使用乐器的人。另外,在能力相同的人之间,同一物品给人带来的利益的大小还与人的偏好有关,如一件乐器对两个都会使用的人来说,对一个喜欢音乐的人带来的价值显然比不喜欢的人大。

的。它虽以人为最基本的构成要素,但每个人都处于构成社会并具有特定功能的某一部分(行业或领域)中,因而,社会不是部分之和,更不是个人之和,社会不能简约为个人。"个体人"具有一定的独立性,但作为处于特定社会中的"社会人",个人只是构成整个人类共同体的一个细胞。

因此,现时社会中的全部人非该社会的人类共同体,公共利益的创造者及享受者虽终归处于社会中的个人,但不仅仅指当代人。如作为社会公共利益载体或表现形式的社会经济秩序、环境、科学文化知识及道德、法律、惯例等,处于社会中的每一代人都承继了前人累积创造的利益,并从中获益,同时又添加了自己的贡献而造福后代。这就是说,社会公共利益的主体是具有历史持续性的主体,体现的是生生不息的一定社会的人类,当代的人只是该社会人类成长过程中瞬间的承载体,既有权利继承其前的历代人累积起的各种社会财富并从中受益,又负有保存这些财富并使之增殖的社会(共同体)责任。这种基于社会有机体观念,而认为当下的人应为后人着想的观念早已有之,[①]只是近三四十年来,以"可持续发展观"呈现出来,并被许多国家的法律普遍接受。

三、生成的特性

经济法保护的公共利益的客体——社会经济秩序本身的特性,决定了其生成取决于主体间的互动和历史的积淀。

(一)主体间守规互动性

经济秩序的含义本身就意味着它是经济活动参与者按照行为规范互动形成的关系状态。这种经济法规范是在一定的价值共识基础上形成的,规范的约束力(不论是外在的还是内在的)使得行为者可以预期其他参与者也会遵守,或预期通常情况下多数人都会遵守。由于规范既有自发生成的,如经济习惯、经济道德,也有人为建构的,如基于对竞争的市场是最为有效的经济运行方式的认知,而人为建构的经济法律制度(反垄断法、反不正当竞争律制度)。可见,一些法律制度既是秩序产生的前提,本身又是基

---

① 日本宪法学家美浓部达吉把国家作为有机体并对其特性做了论述,笔者认为他的"国家"实际指的是以国界为范围的社会,据此,他对国家作为法主体特性的论述也可用于社会。他认为:"国家为一有机体的思想,从古就颇为盛行了。""现在的国家,乃是过去几代的思考与活动的结果,又为发生将来几代的前提,非单为现代的国民各个人的集合体。约言之,国家为有永续的存在之一团体,其自身为目的之主体。"(参见[日]美浓部达吉:《宪法学原理》,欧宗祐、何作霖译,中国政法大学出版社 2003 年版,第 91 页,第 310-311 页)

于理想秩序建构的需要而被创设的。可以说,经济法律、法规是经济秩序的外在表现,经济秩序又是人遵守经济法律、法规互动的结果,是主体间守规互动的关系状态。

(二)生成的历史积淀性

公共利益的含义本身就意味着,任何公共利益都与一定社会的科技、教育、文化、经济发展状况,以及建基于其上的价值共识、道德、法律等制度规范有关,它们有的是公共利益的客体,如科技、教育、文化发展水平,社会经济秩序的好坏。而这些既不是个别人意志可以影响的结果,也不是当代人能凭其理性所能建构的,而是该社会在长期的历史演化过程中逐渐累积生成的结果,这在一个历史传统悠久的社会中表现得尤为突出。制度经济学对道德规范的研究表明,对一个"存在了几千年的社会,肯定不是每一个、每一代人生下来都要通过一个刚才我说到的重复博弈的过程,然后才发现对自己长久有利的道德规范,必须是从父母、上辈、老师那里学到传统积累下来的规范,没有必要再重新走一遍那个过程"①。教育、科技和文化的发展,以及价值共识及法律制度的形成也是如此。

即便是后发国家,缺乏深厚的历史文化传统,其科技、文化、道德等深受西方发达国家影响,其法律和政治经济制度也主要移植于发达国家,也不能否定是历史积淀的结果。其原因有二:第一,撇开这些社会资本(亦是公共物品)不存在纯粹移植的可能不谈,②就西方发达国家的这些成就来讲,其本身也是人类历史积淀的结果。因而,移植也罢,借鉴也好,都是把人类在一定时空取得的对人类有益的成果——公共物品向更广的时空扩散。第二,就移植本身来说,任何文化、价值观或制度要在输入的国家发挥作用、产生影响,其前提是能被输入的国家所广泛接受。接受必然需要一个消化、理解的过程,而在消化和理解过程中,接受者就不可避免地融入了自己的"前见","前见"往往具有浓厚的本土性,这决定了移植的过程,也就

---

① 蒋庆、盛洪:《以善致善》,上海三联书店 2004 年版,第 63 页。这种观念最早体现在保守主义思想中,在保守主义者看来,"制度、道德、语言、法律、国家等等是一种累积性发展的结果"(朱德米:《自由与秩序》,天津人民出版社 2004 年版,第 156 页)。

② 社会资本多为社会、文化科学累积的结果。而"研究社会、研究文化的'科学',向来没有独立于民族的自我意识之外"(王铭铭:《漂泊的洞察》,上海三联书店 2003 年版,第 73 页)。即使移植亦不例外,因此,不受民族文化、价值侵染的纯粹的社会资本移植是不存在的。

是"本土化"的过程,本身就是一种传统的延续。① 这一过程也不是短时间所能完成的,近代以来,东西方文化撞击后中国近百年的政治经济体制变迁,以及法治历程就说明了此。

四、存在形式的特性

利益作为客体对主体带来满足感,意味着,它是可以免除人的缺乏感,而给予人满足感之内部的或外部的事件或状态,可见其由内部与外部两方面构成,表现形式或载体(客体)包括有形的事物和无形的状态。就其外部来说,一般多为有形的,而内部则多为无形的。上述有关公共利益的特性决定,它在经济法中的表现形式或载体上多为状态。这里的状态不是一般物理意义上的形态,而是经济秩序特定的秉性,对此,可概括为以下两点。

(一)结构均衡的状态

这种经济秩序状态是由多种因素或力量相互作用而形成的一种关系状态,如竞争秩序,就是一种竞争关系状态,是由一个社会市场经济体系中不特定的主体,依市场规则互动形成的关系状态,是一个社会的市场发育状况、市场法律制度、市场道德等各种因素综合作用的结果。

(二)动态变化的状态

这种关系状态不是静止的,而是发展变化的,是动态的,但具有相对稳定性。这在一国社会的产业结构和区域结构秩序中表现得尤为明显,犹如迈克尔·欧克肖特(Michael Oakeshott)论述权威时所说:"它是稳定的,因为虽然它运动,它不是完全运动;虽然它静止,它不是完全平静。"②因此,其变化往往难以被察觉,这与其生成的历史累积性有关。

五、实现方式的特性

共同体虽然是有机整体,但毕竟不是生物,更不像人一样具有自主思维能力,因而,它不能自行表明与自觉地维护自己的利益。共同体存续的

---

① 其实在日趋全球化的当今社会,不只存在发展中国家吸收、借鉴发达国家文化、制度的"本土化"问题,发达国家之间也存在文化、制度相互吸收、借鉴的"本土化"问题。可以说"本土化"是不同文化、制度的撞击或交流中不可避免地要发生的现象,其本身就是一种传统的延续。如同王铭铭先生在探讨中国人类学对国外人类学的借鉴时所说的那样,"本土化"的"号召""倘若不是多余,那么,也只能是一种传统的延续"(王铭铭:《漂泊的洞察》,上海三联书店2003年版,第73页)。

② [英]迈克尔·欧克肖特:《政治中的理性主义》,张汝伦译,上海译文出版社2004年版,第53页。

恒久性则意味着,其代表只能是具有永续性的按一定规范组织起来的法人组织体(国家)。因而,其对自身利益的保护多是通过组织体来实现的。

一般来说,公共利益也是社会共同体公意之所在。然而,共同体的公意并不会完全自动地彰显于现实社会,而是犹如欧克肖特所说的,共同体的政治追求大多源于共同体的历史经验或传统中的暗示。"既然是暗示,当然不可能是纯粹经验的概括或归纳,不是什么'逻辑蕴涵'或'必然结果',而是需要通过对历史经验的体悟和历练加以显明和阐发。"①为使作为共同体代表的组织机关能准确显明和阐发社会公意或公共利益,且使该组织真正依共同体的意志或利益而行为,经济法不仅直接对这些组织的组织机构及其相互关系、组织决策的程序、人员的任职资格等进行了详细规定,使其具有发现和较准确表达社会公意和公共利益之能力,并授权其立法以显明或阐发社会公意或公共利益,从而使"社会有机体的意思的统一,依法而始保全"②。以防止理性的执事人因理性有限导致决策错误,或者因超越权限或滥用职权造成损害,以实现对社会公共利益的维护。

据此,可以说现代文明国家的社会,是一个依照法律组织起来的社会,社会的复杂化及其公共利益表现形式的民主协商化,使作为社会的代表日益以公共组织的形式呈现,且组织机制日益完善,也日益复杂。

第三节　公共利益的内容及其在经济法中的表现

公共利益客体的多样性决定了其内容丰富繁多,分析问题的视角和目的不同,所研究的内容就不同。基于现代社会市场经济秩序建构的需要,下面主要从资本的视角对公共利益的资本表现形式作一探究。之所以从资本视角进行探究,是因为在影响市场经济的诸多要素中,资本对市场秩序、产业结构、经济发展起着举足轻重的作用。资本主要指社会资本、人力资本和物质资本,每一方面又有不同的具体内容,且多在经济法中有所体现并予以一定的保护。

---

① 张汝伦:《译者序》,载[英]迈克尔·欧克肖特:《政治中的理性主义》,张汝伦译,上海译文出版社 2004 年版,第 10 页。

② [日]美浓部达吉:《宪法学原理》,欧宗祐、何作霖译,中国政法大学出版社 2003 年版,第 93 页。

一、公共利益的内容构成

公共利益的物化形式就是其客体存在形式,表现在资本形式上主要就是社会资本、人力资本和物质资本,下面就从这三种表现形式对公共利益的内容作初步分析。

(一)社会资本

"社会资本"一词的最早提出者是法国著名社会学家皮埃尔·布迪厄(Pierre Bourdieu),其于 1980 年在《社会科学研究》杂志上刊发了《社会资本随笔》,短文中正式提出,社会资本是指"实际的或潜在的资源的集合,这些资源与由相互默认或承认的关系所组成的持久网络关系有关,而这些关系或多或少是制度化的"①。其后,一些人文社会研究者(主要是经济学家和社会学家)纷纷发表个人看法,使社会资本的概念愈益精准。其中社会学家罗伯特·普特南(Rohert Putnam)的界定具有代表性,且具有较强的说服力,他指出,"社会资本……指的是社会组织的特征,例如信任、规范和网络,它们能够通过推动协调的行动来提高社会的效率"②。但直到目前,其概念在学术界仍存有分歧,并无定论。尽管如此,在社会资本理论上还是取得了一定的共识,笔者认为主要体现在两点。第一,这一理论兴起于市场失灵和政府失灵这一社会经济背景。因此,常被认为是解决现实复杂的社会经济运行中集体行动产生的个体利益与社会利益冲突的一种方式,至少是一种弥补政府与市场缺陷的方式。其功能在于促进社会经济和谐发展,有益于提高整个社会经济的绩效。第二,通常都认为,它是在人类的历史发展中累积起来的一系列知识、价值信念、社会规范及制度等,有益于促成人们之间形成和谐的良性关系。

基于以上对社会资本的基本认识,结合研究需要,本书关于"社会资本"的观点与美国经济学家斯蒂格利茨(Stiglitz)的观点类似,即"社会资本包括隐含的知识(tacit knowledge)、网络的集合、声誉的累积以及组织资本,在组织理论语境下,它可以被看作处理道德陷阱和动机问题的方法"③。对这一列举式定义作一定拓展,可以说社会资本就是一定的社会在长期历史发展中累积的全部知识、价值共识、习惯及道德规范、非正式沟

---

① 转引自曹荣湘:《走出囚徒困境:社会资本与制度分析》,上海三联书店 2003 年版,第 295 页。
② 转引自曹荣湘:《走出囚徒困境:社会资本与制度分析》,上海三联书店 2003 年版,第 295 页。
③ [美]J.斯蒂格利茨:《正式和非正式的制度》,武锡申译,载曹荣湘:《走出囚徒困境:社会资本与制度分析》,上海三联书店 2003 年版,第 115 页。

通网络、①经营者在社会经济活动中的角色、政府或社会组织制定的规范及据此形成的一般信任关系等。正是存在着这些社会资本,在宏观上,增强了公民参与,提高了社会的凝聚力,从而加强了民主治理,提高了经济政策的质量,促进了公共管理的效率;在微观上,促进了人际信任,有利于建立和谐的社会关系,从而减少了不确定性和交易成本,利于契约的实施及方便了信贷,提高了交易效率。② 这些功能及有益之处也是称其为社会资本,以及视其为公共利益的原因所在。

(二)人力资本

"人力资本"一词,最早出现在经济学中,人力资本理论的奠基者和创始人之一,是著名经济学家、诺贝尔经济学奖得主西奥多·舒尔茨(Theodore Schultz)。他注意到人力资本问题是在 20 世纪 40 年代末 50 年代初,并在研究农业经济问题时提出了人力资本理论。从 60 年代开始,他发表多篇论文系统地阐述了人力资本理论,被誉为"人力资本理论之父"。他所提出的"人力资源是社会经济发展的主要动力"命题,不仅对整个经济学理论的发展具有重要意义,且对 70 年代后许多国家的社会经济政策和实践产生了重大的影响。

舒尔茨提出的人力资本的含义极其丰富,他从不同视角对人力资本予以定义,主要有以下四方面内容。第一,人力资本体现于人身上,表现为人的知识、经验、技术和技能熟练程度等人的能力和素质。第二,人力资本是通过人力投资而获得或形成的。这种投资包括:①用于教育和职业训练的费用;②用于医疗和保健的费用;③用于为获得或从事更好的事业而进行流动和迁移的费用;④用于从国外迁入的移民的费用。第三,在人的素质既定的条件下,人力资本的总量可表现为从事劳动的总人数与劳动力市场上的总工作时间。第四,作为资本的一种形式,个人及社会对其投资都会产生收益。③

从人力资本含义的上述内容看,人力资本是一种二元利益载体,体现着二元利益,具有私人性与社会公共性两方面属性。一方面,就私人性来

---

① 网络在社会资本理论中特指人际关系网络,是社会资本的重要构成之一。它是一种多线路的联系,联系中的每个人都共享着多种利益。它是每个人开拓自身资源、利用社会资源的必然渠道。

② 参见[美]斯蒂芬·克拉克:《增长与贫困》,龙虎译,载曹荣湘:《走出囚徒困境:社会资本与制度分析》,上海三联书店 2003 年版,第 271-294 页。

③ 参见吴珠华:《译者序》,载[美]西奥多·舒尔茨:《对人进行投资:人口质量经济学》,吴珠华译,首都经济贸易大学出版社 2002 年版,第 xiv 页。

讲,人力资本的承载者是具体的个人,表现为个人的知识、经验、技能和技术熟练程度等个人的能力和素质,是个人劳动时间价值提高的决定性原因,①其大小可表现在人力资本所有者依其取得的收入(利益)上,这意味着,它能给人力资本的拥有者带来利益。另一方面,就社会性来讲,人力资本投资的高收益率能对人的经济行为产生激励,促使多数人重视对自身人力资本的投资,这不仅提高了一个社会整体的科技知识、经验、技能及技术熟练程度,从而提高了整个社会的生产率,而且,人们素质的普遍提高也直接导致社会资本增加,可节约整个社会的交易费用。最终会促使整个社会经济高速增长和国民福利大幅度提高,②这亦即公共利益的增加。

(三)物质资本

物质资本是指能在经济活动中用以谋利的物质及其符号化——货币,是资本最古老、最基本的表现形式,它也是人们通常在经济活动中所说的资本。正因此,有辞典把资本定义为"用来生产或经营以求牟利的生产资料和货币"③。现今,虽然社会资本、人力资本已被社会学和经济学界广泛接受,但它们只是 20 世纪中叶后,社会学家及经济学家据原初物质资本的含义及功能而对可以给人或社会带来利益的社会存在或社会现象的一种隐喻。因此,对物质资本的意蕴、功能、特性等的理解,不仅可以使我们了解其作为公共利益表现或客体的原因所在,且利于我们对社会资本、人力资本的理解。

对资本的理解在学术史上主要有两种观点:一种观点侧重于资本的存在方式或外在表现形式,认为资本就是生产资料或货币。这是基于"货币是资本的最初的表现形式"④这一认知,以及对生产资料在增加收入中的作用的认识。而生产资料可增加财富的作用在人类社会的早期就已显露,因此,英国学者托伦斯(Torrens)断言:"在野蛮人用来投掷他所追逐的野兽的第一块石头上,在他们用来打落他用手摘不到的果实的第一根棍子

---

① 参见[美]西奥多·舒尔茨:《对人进行投资:人口质量经济学》,吴珠华译,首都经济贸易大学出版社 2002 年版,第 21-45 页。
② 参见[美]西奥多·舒尔茨:《对人进行投资:人口质量经济学》,吴珠华译,首都经济贸易大学出版社 2002 年版,第 67-95 页。
③ 中国社会科学院语言研究所词典编辑室:《现代汉语词典》(修订本),商务印书馆 1996 年版,第 1662 页。
④ 马克思:《资本论》第一卷,人民出版社 1975 年版,第 167-168 页。

上，我们看到占有一物以取得另一物的情形，这样我们就发现了资本的起源。"①另一种观点侧重于资本的实质，亦即生产资料和货币成为资本的原因，认为"构成资本的不是物质，而是这些物质的价值"②，而且"是一个永久的、增多的而不再消失的价值"③。对此，马克思在批判地吸收当时所取得的理论成就的基础上，出于为无产阶级服务的目的，提出"生产资料和生活资料，作为直接生产者的财产，不是资本。它们只有在同时还充当剥削和统治工人的手段的条件下，才成为资本"④，这意味着"资本不是一种物，而是一种以物为媒介的人和人之间的社会关系"⑤，是一种历史的生产关系。⑥

透过上述理论纷争，"物质资本"这个词的意蕴可从以下几点理解：第一，资本首先是人们已经创造出来的、可用于生活消费但还没有被消费，而是被累积转化成能创造财富的物质形态。通常表现为建筑物、生产工具、道路等，资本的量不是简单地指资本物的数量，而是指价值量，是质和量的统一。其大小与资本物的质（主要指技术成分及性能）和量有关，通常可以用以货币量衡量的交换价值量来表现。第二，物质资本作为凝结有社会生产力的生产要素，必须在社会生产中与其他生产要素结合，以实现使其价值得以保存并增殖的意欲。第三，物质资本的保存与增殖都必须经过不断的运动，主要是通过与其他要素结合的生产过程或流通过程实现增殖。这三方面从形式和实质、动态和静态的不同视角对物质资本的含义做了说明，即从静态的、形式的角度看，资本就是积累起来的具有价值的物或货币；从动态的、实质的角度看，人们放弃目前的消费或享受，即作出当前牺牲而累积财富使之转化为资本，是意欲未来通过参与经济活动而实现其价值增殖。

据此，不难发现物质资本就是人们有意地花费一定代价保有或促成的一种存在或存在物，以便能在未来一定的时期内，持续地获得更多的收益。资本具有四个特性，即经济学认为的三种："(1)时间的延续性；(2)为了未

---

① ［英］罗·托伦斯：《论财富的生产》，转引自马克思：《资本论》第一卷，人民出版社1975年版，第209页注(9)。

② ［法］让·巴·萨伊：《论政治经济学》，转引自马克思：《资本论》第一卷，人民出版社1975年版，第175页注(11)。

③ ［法］西斯蒙第：《政治经济学新原理》，转引自王亚南：《资产阶级古典政治经济学选辑》，商务印书馆1979年版，第654页。

④ 马克思：《资本论》第一卷，人民出版社1975年版，第835页。

⑤ 马克思：《资本论》第一卷，人民出版社1975年版，第834页。

⑥ 《马克思恩格斯选集》第一卷，人民出版社1972年版，第362-363页。

来的收益有意地作出当前的牺牲；(3)可让渡性"①，除此之外，笔者认为还要加一个，即社会性。因为若离开一定社会的经济体系，任何不与他人的要素结合的物质是不会增殖的，也就不能成为资本。

物质资本在市场经济社会中有两大类，因而，可以说由两部分构成，一部分是公共资本品。如道路、码头、保护良好的自然环境等以公共物品形式存在的物质资本，以及以货币形式存在的公共财政收入或其他收入，用于社会整体未来发展之需，可以为社会整体带来更大的利益，这种利益就是公共利益。另一部分是归私人所有的物质资本，即归个人（或企业）所有的各种生产资料及货币。这部分资本一般直接为所有者带来利益——私人利益，但资本具有的社会性决定了其具有较强的正外部性，其中，物质资本中凝结的技术知识具有很强的外溢效应，能给整个社会带来利益——公共利益。而物质或货币资本的使用本身需要与社会的其他要素结合，可使其他生产要素生产效能得以发挥或利用，有利于促进整个社会经济的发展，增进公共利益。可见，物质资本不论其性质是公共的还是私人的，都是公共利益或准公共利益的载体，都在不同程度上体现着公共利益。

二、公共利益在经济法上的表现及实现

上述对有关社会资本、人力资本与物质资本的理论分析告诉我们，它们不仅是当下社会公共利益的客体或物化形式，更是创造或增进未来社会公共利益的基础。因此，法律对社会公共利益的保护就需要通过对三种资本的存量保护及增量促进来实现。对此，经济法从宏观调控与对微观的经营行为的规制两方面予以体现，并通过设立特定组织及程序予以实现。

(一)公共利益在经济法上的表现

社会公共利益在经济法上的表现可以从以下三方面分析。

1.社会资本上的公共利益

就社会资本来看，经济法上的公共利益就是存在于经济秩序中这种公共物品，亦即公共资本品上的利益。这是因为，社会资本的方方面面作用于一个国家经济的最终结果就是形成该国的社会经济秩序。一般来说，一个国家的社会资本的丰裕程度与该国社会经济秩序的良好程度呈正相关。而在生产社会化程度较高的现代社会，迄今为止，经验证明人们所能发现

① [美]肯尼思·阿罗：《放弃"社会资本"》，曹荣湘译，载曹荣湘：《走出囚徒困境：社会资本与制度分析》，上海三联书店2003年版，第225页。

的最好的经济秩序是"混合秩序",即由市场和政府共同作用而形成的秩序。

市场自发调节产生的秩序,即自发秩序的根本是一种公平交易秩序(包含公平竞争)。正是公正交易中竞争的外在压力和追求利益的本性,不仅给经济主体以激励,使经济运行及发展获得了动力,而且自发地调节社会资源(人、财、物)在社会各部门、各地区的分配,使产业及区域结构趋于合理,也就是说公平交易具有动力和协调的功能。但市场也会失灵(主要表现就是经营者利用信息偏在侵害消费者利益、不正当竞争、垄断等),市场也有无能,即市场有其不能发挥作用的领域(主要有公共物品供应不足、社会分配不公、外部性的难以克服、产业结构和区域发展平衡调节滞后、经济周期波动等)。① 而市场本身又不能克服自身的缺陷恢复公平交易秩序,为此,国家作为一定区域社会的代表,运用人们取得的对市场作用有限性的认知,利用法律对市场行为予以规制,以克服市场缺陷,恢复及建立公平交易的秩序。而对于市场无能,也是以国家作为社会的代表,据既有的知识和经验,通过法律设计公众参与程序,以发挥人的理性,从宏观上对经济进行调控,并与市场调节相互补充,以形成良好的经济秩序。

现代市场经济的运行秩序就是依靠市场自发调节和政府干预形成的,在这两种秩序的形成方式及制度保障中,虽不能否认社会的道德规范、习惯等制度的作用,但经济法的作用更为重要。正因此,在经济法中有学者指出,"公共利益就是指包括产业利益在内的国民经济的健康发展,或指保护经济上的弱者",是指"以自由竞争为基础的经济秩序本身,妨碍这种经济秩序的事态,就是直接违反公共利益"。②

2. 人力资本上的公共利益

从人力资本看,经济法中的公共利益主要体现为对弱势群体或弱势产业的保护而形成的良好的社会经济秩序。对于弱势群体,学术界目前还没有一个准确的定义,多为列举式描述,即指孤寡老人、残疾人、贫困学生、下岗工人、进城打工者、一般企业职工、多数农民以及那些在社会平均收入之

---

① 在经济法及经济学中,一般会将此处的市场失灵与市场无能统称为"市场失灵",当然在经济学中还是有人将它们区别对待。"失灵"意味着市场本身具有的功能因自身的一些原因而丧失,如市场的竞争功能,就因垄断、不正当竞争、经营者利用经济优势或信息偏在对消费者利益的侵害等而丧失。正如人的胃,具有消化功能,但胃病会导致消化功能衰退或丧失一样。而"无能"则是本身不具备某一功能,如市场不具有提供充足的公共物品、克服外部性、公平分配社会财富、优化经济结构等功能,正如人的胃不具有思维能力一样。

② [日]丹宗昭信、厚谷襄儿:《现代经济法入门》,谢次昌译,群众出版社1985年版,第91-92页。

下的城市居民。其实际是悄悄地将弱势群体和中低收入人群画上了等号。① 如此来看,弱势群体包括两类,一是身心的自然缺陷导致的收入困难,致使其生计及发展难以维持的人群。二是社会经济角色差异,使其处于不利的经济境遇且难以转变其社会经济角色的人群。在社会法和经济法中,第一类通常依社会保障法予以保护,第二类主要依经济法及劳动法予以保护。

上述分析说明,经济法意义上的弱势群体只是指在社会经济体系中,因所处领域、扮演的经济角色不同,以及经济实力的差异等因素,在社会经济活动中基本经济权益易被侵害的某类经济角色群体。如在市场经济体系中,消费品交易关系中的消费者、竞争关系中的小企业、劳动力市场交易中的劳动者、产业结构关系中弱质产业的从业者等。经济法通过对这些弱势群体的保护,旨在形成良好的经济秩序。如体现在反垄断法、反不正当竞争法、消费者权益保护法等市场规制法中就是旨在形成公正的交易秩序;而体现在中小企业促进法、农业法、财税法、金融法中有关对中小企业、弱质产业的扶持的规定上,则旨在形成良好的经济结构秩序。

在经济法学界,多数学者持有目前法学界的主流观念——个体主义观念,认为经济法的保护就是对弱势群体的倾斜,就是为了保护弱势群体的利益。因此,一些学者认为经济法保护的就是群体的局部公共利益而非整体的公共利益,且有一些学者认为群体利益就是公共利益。保护群体利益的观点存在着否定经济法是社会本位这一共识的危险,而把群体利益等同于公共利益实质上混淆了局部公共利益与整体公共利益,这一混同源于个体主义的"个体利益的普遍化就可转化为公共利益"的观念。因此,从共同体主义的整体主义观念看,这两种看法都不能赞同。以整体主义观念来看,把弱势群体利益作为整体公共利益的一种表现需要从两方面来说明。第一,从本体论讲,构成社会经济有机共同体的各产业,以及各类经济关系都是由强弱不同的经济个体构成的。如从所有国家社会经济发展史看,不同产业在社会经济发展的不同阶段,其在整个经济体系中的地位是不同的。如从经济运行中的各种经济关系看,不同类型主体对关系是否公正良好的影响也各不相同,这从市场体系中的同业竞争者、经营者与消费者的关系中不难说明。在这样的经济结构体系和经济关系体系中,不同类主体的利益虽有冲突,但共同地依存于同一有机体系中。这意味着,损害弱者

---

① 钟伟:《谁是弱势群体?》,载《全景网络证券时报》2002年11月2日。

的权利或利益,最终会损害整个体系的有效运行,并最终损害处于这个体系中的所有人(包括强者)。第二,从价值论讲,弱势群体是经济共同体人力资本载体的重要部分,保护他们的利益,不仅有利于保障整个社会人力资本存量不减少,且可以促使其增加。事实上,一些产业促进性经济法规定的对职工的培训、对农民的农业科技知识传播以及对农业的科技扶植等,都增加了整个社会的人力资本。而人力资本外部性所具有的公共利益属性说明,对弱势群体利益的保护不仅仅是对群体利益的保护,也是对整体公共利益的保护。

3.物质资本上的公共利益

上述物质资本作为公共利益客体的论述说明,即使是私人资本,由于其资本中体现的技术知识具有公共性,从而使其承载有公共利益。但作为经济法研究的公共利益的客体,物质资本指的是公共资本品,主要包括基础设施、公用事业等。当然,它们作为公共物品,"对所有涉及的消费者都必须提供同样数量的物品"①,既是公共消费品,能给所有人直接带来满足,同时也是公共资本品,对所有从事经营活动的经营者来说,离开了它们就难以从事生产经营活动。如公路,日常生活中的出行,任何人无论驾驶何种交通工具都可使用,同时也影响所有经营者的原材料运输成本或产品交易成本。这种物品有两个特性,即享用或消费的不可排他性和非竞争性。这种特性使该类物品的分享或消费产生"搭便车"现象,致使个人没有提供的积极性,从而使市场不能有效供应。因此,公共物品一般都由公共机关——政府提供,或由政府对公用事业进行管制,以保证这种物品公平有效地供应。

在经济法中,基础经济设施供应的保障,主要体现于计划、预算对相关基本建设投资的审批程序、资金使用方式等的规定中。而对公用事业管制的规定,则体现在有关铁路、电力、电信等经济规制法中。

(二)公共利益在经济法上的实现

"共同体"是公共利益的主体,而共同体毕竟不是生物体,没有自主思维能力,不能自行言明与维护自己的利益。公共利益通常是由特定的组织体代为表意与维护的,这一组织体在现代条件下只能是国家。因为,国家本身是应一定区域社会公共生活需要而产生的,虽然不能否定国家具有为

① [美]H.范里安:《微观经济学:现代观点》,费方域等译,上海三联书店、上海人民出版社 1994 年版,第 723 页。

统治阶级服务的属性,但也不能无视现代国家具有很强的社会属性,而且现代国家的主要属性是其社会性。纵观国家属性演化的历史进程,不难发现,国家属性的演化经历着统治工具属性的不断衰减和提供社会服务属性的不断增强的过程。这就使得,相较于其他任何社会组织体,国家作为公共利益的代表,更具超然性,因而,其作为公共利益的代表具有正当性与合法性。

公共利益或共同体意志的表意在现代社会不仅主要是由国家的立法机关或法律授权的其他机关以法律、规章等形式体现的,且"有机体的意思的统一,依法而始保全"①。这是因为,立法机关是由社会全体成员(人民)的代表组成的,法律的制定具有严密的程序,以保证其充分体现共同体意志与利益。而就法的内容本身来说,现代法律一般也"是被理性发展了的经验,同时是被经验检验过的理性"②。因此,法律不只是对当代社会人的利益与意志的体现,也是对该社会当代人和后代人作为共同体的公共利益的体现。这在经济法的自然资源法(如我国的《土地管理法》《森林法》《水法》《渔业法》《矿产资源法》《草原法》等)、能源法等法律、法规中表现得尤为突出。这就使作为社会代表的国家,通过法律体现共同体意志、表意公共利益具有合理性。

公共利益载体的公共物品属性,使其虽对处于该社会中的所有成员都有益,但理性人的本性决定了大多数人只想"免费搭乘",而疏于创造和维护,甚至有的个人为满足私利而滥用或损害公共物品。③ 为此,必须对这种滥用公共物品,以及损害公共利益的行为予以遏制、纠正甚至惩罚。在其他主体缺乏维护公共利益的途径,或维护公共利益的激励不足时,国家作为一定社会共同体的代表,作为合法暴力机器,需要化身为公共利益的守护者发挥积极作用,即公共利益的创造和维护主要由国家执行。

可见,作为公共利益或共同体意志的代表,国家在公共利益或共同体意志的表达及维护中发挥着不可替代的重要作用。但是,尽管国家在公共利益创造和维护中具有有效性、合理性、合法性等优点,也无法忽视其存在

---

① ［日］美浓部达吉:《宪法学原理》,欧宗祐、何作霖译,中国政法大学出版社 2003 年版,第93 页。

② ［美］罗・庞德:《通过法律的社会控制　法律的任务》,沈宗灵、董世忠译,商务印书馆 1984 年版,第 90 页。

③ 一般来说,当个人从社会整体利益的维护中获益甚微时,就没有维护社会整体利益的激励,而当从损害社会整体利益中获得的利益大于不损害时所获得的利益时,就有了损害社会整体利益的激励。

一定的弊端,具体而言有以下三点:第一,权力滥用。我们知道,国家是由各种不同的公共机关构成的,而机关不是由自然人按一定程序或机制运作的,与公务人员个人利益并不相同,机关本身有自己相对独立的利益。因此,如对公务人员权力的行使约束不当,就会出现权力滥用、"假公济私"等各种损害公共利益的现象。正因此,政治学家莫里斯·菲奥利娜(Morris Fiorina)指责"历史为这些披着公共利益羊皮而有特殊利益的狼提供了太多的例子"①。第二,缺乏激励。即使对权力约束得当,公务人员不滥用权力"假公济私",但由于从维护整体利益中公务人员并不能直接获益,因而,他们也没有维护公共利益的激励(动力)。第三,制度漏洞。阿罗不可能定理说明,"我们可能设计出来的任何集体选择机制必然是不完善的"②,这亦被历史经验反复证明,这意味着,制度总会存在漏洞。正因此,在代议制民主下,立法机关通过一定程序以法律表达公意及社会公共利益,以及在赋予司法机关、行政机关权力使其按一定程序对社会整体利益保护的过程中,难免出现偏差,导致实际结果与社会公共利益的偏离。历史上及现实社会中出现的"恶法",以及"有法不依"情况的存在就说明了此。

上述论证说明,在国家作为社会共同体代表创造和维护公共利益的机制中,仅靠国家内部制度的完善来完全消除这些弊端是不可能的。因此,必须从国家或政府的外部寻求其他代表公共利益的机制作为补充,弥补与纠正国家作为公共利益代表机制的不足。这种补充在经济法中主要表现在立法、司法、执法中引入参与协商制,通过公民及社会团体广泛参与协商,以及民主监督等方式,促使国家或政府作为公共利益代表的优点得以充分发挥,并尽可能减少这一机制的缺陷。在现实经济法实践中具体做法有以下几点。

第一,在经济立法活动中建立参与协商制定法律、法规的机制。在现代法治社会,立法民主是一项立法原则,这一原则体现于参与立法的代表是由人民选举产生的,还表现在立法活动中,国家机关通过各种方式使公众参与并广泛听取公众意见。如在我国《立法法》有关立法程序的规定中,就有以座谈会、论证会、听证会等形式听取意见,以及公布草案征求意见等制度。这一原则也在相关经济法中得到遵守并予以制度化。例如,我国

① 转引自[美]乔·B.史蒂文斯:《集体选择经济学》,杨晓维等译,上海三联书店、上海人民出版社 1999 年版,第 7 页。

② 转引自[美]乔·B.史蒂文斯:《集体选择经济学》,杨晓维等译,上海三联书店、上海人民出版社 1999 年版,第 181 页。

《价格法》第二十三条规定的价格听证制度,其目的就是在征求有关专家、利益相关者意见的基础上,给政府合理定价提供参考,以便制定出符合社会公共利益的"公平价格"。其实质是在承认有关政府部门的有限理性,以及怀疑政府定价能否真正体现公共利益的前提下引入的一种补充机制。

第二,在经济执法与司法过程中,如在执法中,赋予任何单位、个人告发违法行为的权利,启动执法、监督并促使执法机关及时行使权力,以便及时遏制违法行为,维护公共利益;在司法中,根据社会成员在经济活动中的角色与功能差异,赋予一些社会成员特别的社会经济权利(诉权),使其从维护自己权益的立场出发,及时启动诉权,通过惩罚违法行为,间接维护公共利益;如在消费者权益保护法、反不正当竞争法等市场规制法中,赋予受害消费者、经营者诉权等,目的在于通过消费者、经营者维护自身权利的外部性效应,间接实现对"公正交易秩序"这一公共利益的维护。这些制度化的机制的实质,就在于利用私权对政府机关怠于行使公权或因资源有限难以发现违法行为而难以维护公共利益时予以督促或辅助,可以说是一种补充机制。

第三,法律救济中,在一定条件下,赋予特定社会组织诉权。[①] 2013 年前,对违反经济法而侵害社会公共利益的行为,我国只能以国家机关(检察院)提起公诉,或者由相关行政机关予以行政处罚。但是由于检察院启动诉讼程序的特殊要求,以及受其发现违法信息不足所限,加之缺乏激励,检察院启动救济程序有一定局限或缺陷。于是,经济法法学界对经济违法行为的司法救济中引入"公益诉讼"给予了关注及研究,认为我国在经济法的司法中,应借鉴国外的"公益诉讼"制度,或借鉴公司法中的派生诉讼制度,在一定条件下赋予作为公共利益代表的社会成员个人、社会组织诉权。随着 2012 年《民事诉讼法》的修订,其中第五十五条规定了公益诉讼,随后在 2013 年《消费者权益保护法》的修订(2014 年实施)中引入了这一制度。

总之,经济法上公共利益的表现形式是多样的、复杂的,其实现主要是以国家为代表,以社会组织为补充,通过一定的制度化机制,以及一些制度

---

① 参见李友根:《社会整体利益代表机制研究》,载《南京大学学报》(哲学·人文·社科版)2002 年第 2 期。可进一步参考吴经熊:《罗斯科·庞德的法律哲学》,翟志勇译,载翟志勇:《罗斯科·庞德:法律与社会》,广西师范大学出版社 2004 年版,第 151-163 页。法官所能关注的唯一公益,就是要求人们对个人能够合理信赖的那些规则予以遵循。[英]弗里德利希·冯·哈耶克:《法律、立法与自由》第一卷,邓正来译,中国大百科全书出版社 2001 年版,第 134 页。

化的社会实施机制做补充而达成的。且从发展趋势看,随着经济社会化和民主化进程的不断加深,作为补充的社会性机制的形式也日益发达和多样,作用也日益重要。因此,经济法实现中,完善公共利益的代表机制,特别是完善社会性的补充代表机制,是经济法今后相当长时间的重要课题之一。

第三章 经济法意欲建构的经济秩序

良好的社会经济秩序既是经济法的客体,也是经济法的最基本价值。之所以说它是经济法的客体,是因为它是经济法保护的公共利益的载体,是经济法主体权利义务指向的对象。之所以说它是经济法的最基本价值,是由于任何法律,不论立法者在立法时是否有意,其运行的结果必定产生一定的秩序。而这种秩序却是人在社会生活中所意欲的,能给人提供满足。因此,秩序是法的最基本的价值之一。正是在此意义上,有学者认为,"与法律永相伴随的基本价值,便是社会秩序"①,这意味着,所有部门法都会自觉或不自觉地产生一定的社会秩序,经济法也不例外。不过,不同部门法因所解决的问题不同、建基的社会观念和认知社会的方法论不同,其对秩序的追求也就有所不同。

那么经济法秩序是有意识的结果还是无意识的结果?其内容包括哪些?其如何生成与变迁?其如何形构?其实现需要满足什么条件?对这些关涉一国社会经济运行秩序的基本问题,经济法学界还缺乏系统研究,本章就以这些问题为导向,对经济法所意欲建构的一国社会经济运行秩序予以探讨。

第一节 社会经济秩序与经济法秩序

经济法所意欲建构的社会经济秩序(以下简称经济法秩序)是社会秩序的一种,它具有一般秩序所具有的一般属性,因而,只有了解社会科学有关秩序的一般观点,弄清秩序的含义,以及对它的认知分歧,才能进一步理解经济法秩序。

一、秩序的几种含义及评析

弄清在秩序含义认知上的几种观点,以及对既有秩序的分析是研究经

---

① [英]彼得·斯坦,约翰·香德:《西方社会的法律价值》,王献平译,中国法制出版社2004年版,第45页。

济法秩序的前提和基础。因此,在这一部分将对秩序的几种含义作一说明,并予以评析。

(一)秩序的几种含义

秩序是法律的基本价值之一,因而,许多法学家对此作过论述。例如,法理学派的代表人物博登海默(Bodenheimer)对秩序含义的阐发,是通过比较秩序与无序来说明秩序的含义的。他认为,秩序"意指在自然进程和社会进程中都存在着某种程度的一致性、连续性和确定性,无序概念则表明存在着断裂(或非连续性)和无规则性的现象,亦即缺乏智识所及的模式——这表现为从一个事态到另一个事态的不可预测的突变情形。历史表明,凡是在人类建立了政治或社会组织单位的地方,他们都曾力图防止出现不可控制的混乱现象,也曾试图确立某种适于生存的秩序形式。这种要求确立社会生活有序模式的倾向,绝不是人类所作的一种任意专断的或"违背自然"的努力。……人类的这种倾向乃深深地根植于整个自然结构之中,而人类生活则恰恰是该结构的一个组成部分"[①]。

就经济秩序而言,通常是以秩序生成与社会主体意识之间的关系为标准,分别界定的,学界有如下两种看法:第一,自发的事实经济秩序,即指历史上各种个别的、具体的、不断变化的、现实存在的事实经济秩序,是自发产生的、人们事实上生活于其中的、不一定令人满意的各种经济秩序。第二,人为建构的"经济的秩序",亦即德国学者所称的"奥尔多秩序"。欧肯(Eucken)是"奥尔多秩序"的提出者,在他看来,"奥尔多秩序"既是一种合乎人和事物本质的秩序,也是一种公平的、合乎人的尊严的、持久的、有运行能力的、有用的秩序(笔者认为,这是客体意义上的秩序)。它还是一种规范性的秩序(即法律价值意义上的秩序),值得人们去争取。弗莱堡学派在继承发展这一秩序观的基础上提出,要使社会经济依循可欲的秩序——"奥尔多秩序"运行,就不能自由放任,让市场活动的参与者随意决定其经济活动的形式。因而,需要国家担负起勾勒出整个社会经济运行的大致框架,亦即形塑社会经济活动秩序(国民经济运行秩序)的重任,也就是国家

---

① 〔美〕E.博登海默:《法理学:法律哲学与法律方法》,邓正来译,中国政法大学出版社 1999 年版,第 219-220 页。

应该奉行一种秩序政策(ordnungspolitik)。①

　　从以上秩序特别是经济秩序的概念中可以看出,关于经济秩序的生成,现代学者们虽不否认市场机制自生自发作用的必要性,但同样也没有否认利用人类积淀的有关社会经济运行的知识、适度的理性设计在可欲的经济秩序形成中的作用。甚至有学者认为:"社会秩序并不会自发出现,它也不能脱离有意识的努力而存在。"②即认为所有秩序(包括经济秩序)都是理性人依其理智设计的结果,是由某个人或某些人作出的刻意安排。并据此提出,在社会中,秩序的形成必须以一种命令与服从的关系或以整个社会的等级结构为基础。③

　　当代著名的自由主义经济学家哈耶克(Hayek)则不同意弗莱堡学派的秩序观念,认为这是对"秩序"一词的误解。他把秩序界定为:"一以贯之地意指这样一种事态,其间,无数且各种各样的要素之间的相互关系是极为密切的,所以我们可以从我们对整体中的某个空间部分或某个时间部分(some spatial or temporal part)所作的了解中学会对其余部分作出正确的预期,或者至少是学会作出颇有希望被证明为正确的预期。"④在此基础上,他进一步把秩序分为人为秩序与自生自发秩序两种:人为秩序也可称为人造秩序或外部秩序,是指源自系统外部的秩序或安排,由一个权威意志设计,并受其指导或控制而产生或确立起来的秩序,因此,是一种人为建构的秩序;而自生自发秩序,也称内部秩序,是指源于系统内部的自发生成的秩序,是许多人自发行动交互作用的自然结果,而不是一个权威意志刻

---

①　弗莱堡学派的秩序政策是指:国家必须确定经济主体都必须遵守的法律和社会总体条件,以便使一个有运作能力和符合人类尊严的经济体制得到发展。国家必须为竞争秩序确定一个框架,并不断保护这个框架。在保证自由进入市场和防止垄断行为的条件下,市场过程的参与者可以自主作出决策。同时,市场则把各个市场参与者的计划协调成一个国民经济的整体过程。有关弗莱堡学派的秩序政策的含义和欧肯及其学派的秩序思想,可参见冯兴元:《译者的话》,载〔德〕何梦笔:《秩序自由主义:德国秩序政策论集》,董靖、陈凌、冯兴元译,中国社会科学出版社 2002 年版,第 2-5 页。

②　〔美〕爱德华·B.麦克莱恩:《庞德论法律》,张世泰译,载翟志勇:《罗斯科·庞德:法律与社会》,广西师范大学出版社 2004 年版,第 166 页。

③　持有此种秩序观念的人不在少数,霍布斯就是其中一位,他曾说过,"在没有一个共同权力使大家慑服的时候,人们便处在所谓的战争状态之下"(〔英〕霍布斯:《利维坦》,黎思复、黎廷弼译,商务印书馆 1985 年版,第 94 页)。他说的战争状态就是无序状态。这意味着,只有当个人慑服于一个共同的权力时,才能结束这种无序的战争状态,组成一个有序的社会。

④　〔英〕弗里德利希·冯·哈耶克:《法律、立法与自由》第一卷,邓正来译,中国大百科全书出版社 2001 年版,第 54 页。

意设计及控制的结果。① 也就是说,"自发"只是针对具有权威的人的"刻意设计"而言的,并不排除人的行为的作用,即并非与人的行为无关,可见,这种秩序处于"自然"与"人为"之间。

(二)对既有秩序含义的评析

通过梳理上述各种学者对秩序概念的不同界定,结合他们各自的论证,不难看出,不同观点之间虽然存有分歧,但分歧的根本不是对秩序的概念界定,而是不同社会观念(整体主义与个体主义)对秩序生成的途径,以及在社会秩序中何种秩序占主导地位的认识的不同。为寻求全面理解经济秩序的观点,我们本着求同存异的态度来审视不同的秩序观,不难发现,不同的秩序观存有许多共同之处,概括地讲主要有以下几点。

第一,不同的秩序观都旨在通过对秩序的一般界定来寻求对社会秩序的界定。可见,对社会秩序的界定是不同学者研究秩序的重心或旨归。而社会秩序不论从哪方面来说,其基本的意蕴都指向人们在社会活动中的行为结构或行为模式,即社会秩序就是人们的行为秩序。

第二,社会秩序的形成,是人们的社会行为受一定的规则规范的结果。这些规则是基于不同观念产生的,如有的依普遍意志、共同观念而产生,有的依相互利益、共同习惯所产生。其中一些是为实现公共目的而人为建构的产物,一些是社会演化的结果。也就是说,社会秩序有互利互惠的、非依特权而自生自发的秩序,也有依权威意志而人为设计的等级秩序。但需要强调的是,这两种依不同规则而产生的秩序并非对立的,也不是互不相容的,它们在形构社会总秩序中的功能是各不相同的,有时是互补的,在当今复杂的共同体社会中,所有的社会秩序总是由这两种不同秩序交织混合而成的。

第三,正是人们的行为符合社会规则(在现代法治社会特指法律)生成了秩序,使行为在互动中产生的行为格局或关系的变动具有一定的连续性、一致性和确定性,从而使人的社会行为具有可预测性。也正因此,"不管是激进派还是保守派,人们都普遍看重秩序。至少其中部分答案就在于,他们希望人类行为都追求基本或主要目标,从而具有较大的可预见性"②。这既是社会秩序的体现,又是社会秩序的价值或意义所在。

---

① [英]弗里德利希·冯·哈耶克:《法律、立法与自由》第一卷,邓正来译,中国大百科全书出版社2001年版,第55-56页。

② [英]赫德利·布尔:《无政府社会:世界政治秩序研究》,张小明译,世界知识出版社2003年版,第6页。

二、本章的秩序观及经济法秩序意蕴

在上述不同秩序含义分析的基础上，本部分对本书秩序观念的选择予以说明，并结合经济法的目的与特性，对经济法意欲建构的社会经济秩序的含义予以阐发。

（一）一般秩序观的选择

从上述不同秩序观的叙说中可以看出，持不同观念的学者们在对秩序含义的界定上，虽存有诸多共识，但因研究视域不同，各自所持的社会观存在差异，其"秩序"概念的意指还是有所不同的。如果不申明自己的秩序意蕴与秉持的秩序观，势必造成在经济法秩序研究中，对秩序概念使用的混乱。基于此，根据上述不同秩序界定中取得的共识，结合笔者对秩序含义的体悟和对社会经济秩序研究的偏重，本书的秩序将在这样的意义上使用，即一般的社会秩序，意指一定社会的人们为追求基本的或普遍的社会生活目标，在行为或活动过程中遵循基于共同意志或价值共识和习惯而产生的规则，并由此而形成的人类活动的格局或布局，或者人类行为关系的结构状态。处于这种关系结构状态或者格局或布局中的人类行为，常常表现为符合一定模式的、可识别的重复行为，从而使人们相信，他们未来可以依赖的行为模式，以及人们的行为能被合理地预见。这个一般秩序概念包括几层相互联系的含义，对此含义的理解，我们不妨对上述秩序概念的内容予以倒置，即从秩序概念的最后一层含义逐一前溯予以解析。

第一，秩序的形式。任何秩序都是以符合一定可识别模式的重复行为表现出来的，即秩序总是表现为符合一定可识别模式的重复行为。从而，秩序能使人们相信，他们可以依赖的未来行为模式，以及行为能被合理地预见。

第二，秩序的实质。任何秩序的本质都是一种人类活动的格局或布局或人类行为关系的结构状态。这种行为结构状态，或者活动的格局或布局虽然是人类行为互动的结果，但这种结果是一种由各种社会因素决定的均衡态势，这种态势随社会的变迁而变化。因此，社会秩序是变动的而不是静止的。

第三，秩序的形成。从终极意义上讲，任何秩序的产生都是该社会的人们遵守一定的行为规则的结果，这意味着，秩序的生成与维续都以一定规则（包括正式的与非正式的）的存在为前提。在当今人们交往半径急剧扩张、社会关系日益复杂的背景下，秩序的生成主要依赖正式的规则。而在法治社会,法律制度是最主要的正式的社会规则,因此,有法学家说,"秩序的维续在某种程度上是以存在着一个合理的健全的法律制度为条件的"①。在此意义上说,制度规则是秩序的外在表现形式,秩序是制度规则作用的结果。②

第四,秩序的基础。秩序的基础是规则,而作为秩序基础的规则是多种多样的,按形成方式来说有两种,即在长期的社会博弈中自发演进形成的内部规则,以及为实现特定目标而人为建构的外部规则;按规则呈现方式来讲,则有明文宣示的正式规则与默会的或潜在的非正式规则;按规则的拘束力讲,有他律的规则与自律的规则。所有规则在社会秩序的形成中都有其作用。

第五,秩序生成的途径。总的来说,讲秩序是人们为遵循规则而形成的行为习惯,但是,因社会状况不同,社会规则各异,人们遵循社会规则的方式不同,由此导致秩序生成的途径也不同。具体可分为两大途径:一是自生自发的途径。这种途径发生于人们为实现基本的社会目标,而自觉自愿遵循一般的行为规则所形成的秩序。二是人为建构的途径。一般发生于为实现特定的、具体的社会目标,而由某一种社会权威机关制定的命令性规则,并以强制力使人们遵守而形成的秩序,③如此形成的秩序就是人造秩序。这两种秩序各有其优势,不能简单地、抽象地说哪种秩序更优。而在现实社会运行中总是并存着这两种秩序,可以说,社会秩序是由这两种秩序融合而成的,所以,我们必须学会依靠它们来生活。据此,笔者更愿意选择混合秩序的观念。

(二)经济法秩序的意蕴

如果接受笔者对社会秩序含义的上述理解,就不难认同笔者对经济法秩序持有的如下看法,即经济法秩序就是一定经济体系中的经济活动参与者,为了追求基本的或普遍的社会经济生活目标,在参与经济活动过程中由于其行为遵守经济法律、法规而产生的经济活动的格局或布局以及形成的社会经济关系的结构状态。处于这种经济格局或布局,或者说处于这种

---

① [美]E.博登海默:《法理学:法律哲学与法律方法》,邓正来译,中国政法大学出版社1999年版,第318页。

② 正如诺思(North)指出的,制度提供框架,人类得以在里面相互影响,制度确立合作和竞争关系,这些关系构成一个社会,或者更准确地说,构成一种经济秩序。

③ 所谓否定性行为规则是指规则只禁止人们不能为某种行为,凡规则不禁止的行为,行为人都可据其自由意志而任意为之。相反,肯定性规则则对人们应从事的行为予以规定,凡规则没规定的行为,行为人均不可为之。

社会经济关系的结构状态中的人类行为，通常符合一定可识别的行为模式，从而使人们对未来的行为模式及行为后果有合理的预见。

可见，经济法秩序的实质是一种经经济法调整（或规范）后的社会经济运行秩序，只不过这种社会经济运行秩序是经济活动参与者遵守经济法律、法规的结果，或者说是有赖于经济法律、法规的实现而形成的。它不同于经济法律制度秩序或经济法律规则秩序，经济法律制度秩序或经济法律规则秩序指的是，由各种经济法律制度或经济法律规则构成的内部严密一致的制度或规则组合，主要是经济法律制度演化的结果，但也会受立法者的理性的影响，主要表现为借鉴外国立法经验创制本国经济法律制度或经济法律规则，以及利用当时研究取得的共识，修改或完善既有的经济法律制度或经济法律规则。

经济法作为促进一国国民经济持续稳定发展之法，其目标旨在创造一个公平、有效的社会经济运行秩序。对国家的社会经济秩序的追求，决定了经济法规范的行为主要是经营者和政府经济调控和规制机关的对社会经济秩序具有较强影响力的经济行为或经济活动，这种经济行为或经济活动由于其作用于社会经济秩序，而社会经济秩序属于公共物品，是社会公共利益的载体，因而这种行为或活动属于公共性经济行为或公共性经济活动，其含义和特性将在后面设章详细论述，这里暂且搁置。

其规范行为的特性决定了经济法调整的经济关系是社会公共性经济关系。这种关系的特点有二：①经济行为主体与开放的、不特定的其他经济主体间的关系，属于一对多的关系，而非一一对应的相对关系。②这种关系是网状关系或网络关系，而非线性的纵横关系。这种关系主要有两类：①由政府经济管理机关的抽象或准抽象行为（制定规则和执法裁决）而产生的对经营者和消费者（包括生产消费和生活消费，现实的消费者和潜在的消费者）的影响关系。②由经营者的抽象经营行为，即针对不特定主体（包括不特定的经营者和不特定的消费者）作出的行为，如定价行为、质量行为、广告行为等产生的关系。

上述经济法规范的行为和调整的社会经济关系的内容决定了经济法的规则主要包括两个方面：第一，规范经济活动参与者的抽象经营行为或一般经济活动的规则，在现代市场经济活动中主要指市场经济中经营者的抽象经营行为或一般经营活动的规则。第二，规范政府经济机关的抽象干预行为和准抽象执法行为的规则，主要表现为经济法中的授权性规则和组织、程序性规则。因为一国经济的有序运行，需要一个代表国家履行职能的经济组织(机关)来协调,而经济组织(机关)总是由具体的人操纵的,为使该经济组织(机关)作出的经济决策更加科学合理,避免人的有限理性所造成的决策错误对国民经济带来的灾难,以及防止人的自利性造成的对国民经济的损害,最有效的办法就是通过法律限制其权力的行使范围(主要在于防止作恶,属传统法的控权做法),对组织机构构成人员进行专业要求或限制,以及对决策程序予以规制,如在程序中要求作出决策时必须有利益相关者参与。这种需要决定了,经济法对政府决策规范的规则或制度,从需要其发挥功能的角度讲是二元结构的,即由规范行为的规则以及规范组织构成及决策程序的规则构成。

当以上两方面规则不论是基于自律还是迫于强制而被经营者或政府经济机关的执事者得以遵循时,就会形成或有助于形成经济法所意欲的社会经济运行秩序。当经济活动主体自愿地服从经济共同体内存在的正式的一般规则(市场经济中主要是指有关产权和经营自由的法律)或非正式的行为规则或制度(主要指商业道德和惯例),就产生了自发的经济秩序,就市场经济来说,就是在遵循一定的私有财产权和经营自由权(市场经济的基本法律规则)下,由市场机制自发作用形成的市场经济秩序。在授权范围内,通过对有关组织构成、组织成员的专业要求以及决策的规制产生的秩序就是人为建构秩序,其在市场经济中的具体表现就是经济部门依法律的授权,以及依其决策时的主流认知和社会经济发展现实,就国家一定时期的理想秩序制定具有可操作性的规则,如依产业发展现状制定有关产业政策。据此,通过法律、法规及实施细则的被遵守而形成的经济秩序,就是理性建构秩序,或人为建构秩序。经济法的总的秩序就是由自发经济秩序和人为建构秩序混合而成的混合秩序。

第二节　经济法秩序的生成途径

从近现代社会经济发展史看,社会经济秩序的形成有两条途径:①在产权界定基础上,市场经济条件自发形成的秩序,即自发经济秩序。②在一定社会经济目标指引下,国家依法干预经济而形成的秩序,即人为建构秩序。弄清它们的含义及各自的利弊,是决定经济法秩序追求的前提。

一、生成经济法秩序的两条途径及各自的优势

社会经济秩序形成过程中自生自发与人为设计两条途径的并存,本身

意味着每条路径都存在着不完美之处,对建立秩序的两条途径的含义及其各自的优劣进行了解,是建构良好社会经济法秩序的前提。因此,本部分首先对建立经济法秩序的两条途径予以介绍,然后对它们的优劣进行分析。

(一)生成经济法秩序的两条途径

从社会经济功能来看经济法主体的构成,其最大特性是二元结构性。也就是说,经济法的主体因在社会经济运行中扮演的角色不同、功能不同,以及由此决定的行为动机在经济秩序形成中的作用的差异,使其拥有的权利(权力)及承担的义务具有质的不同。据此,经济法的主体可分为两大类:①经济活动的直接参与者,即直接从事社会经济活动的人,在市场经济中就是直接从事经营活动的人(包括自然人和法人),即经营者,笔者称之为"功能个体"。②作为社会经济代表者的各种政府经济机关及非政府的社会经济组织。其中政府经济机关,主要就是从事宏观经济调控、市场规制和经济规制的各种政府经济机关。而社会经济组织则是指代表市场主体的非政府的社会经济组织,笔者称其为"有机经济整体"。① 这两种主体的经济行为或经济活动,经济法用两种不同的规则来规范,相应地,经济法秩序的建立就是遵循这两种制度的结果,可见,经济法秩序按其生成途径可分为以下两种。

1. 自生自发秩序

经济法律、法规产生和发展的历史表明,一些经济法律、法规的形成是通过对国外一些规则的借鉴而产生的。而被借鉴的这些规则,主要是国外经长期经验证明有效的、为许多国家经济主体普遍承认的规则。这些规则一般是在一定经济机制(如市场经济机制)中经济主体长期的博弈中形成的,已被在该经济体制下从事经济活动的经济主体所普遍接受,且认为从长远看遵循这些规则对大家都有利。因而,这种规则一般会被经济主体自觉地遵守。这种以经济主体自发自愿服从规则的方式建立的秩序,是一种

---

① 有关经济法主体的二元结构性的详细论述可参见刘水林:《经济法基本范畴的整体主义解释》,厦门大学出版社 2006 年版,第 203-214 页。当前有关经济法主体构成的观点,有学者提出从政府(政府经济组织)与市场(市场主体)的二元结构向"政府—社会中间层—市场"三元结构转化,其中的社会中间层是指行业协会、消费者协会等非政府的社会经济组织。这一理论最初由王全兴教授与管斌教授提出,对此可参见王全兴、管斌:《社会中间层主题研究》,载漆多俊:《经济法论丛》第五卷,中国方正出版社 2001 年版,第 42-109 页;王全兴、管斌:《经济法学研究框架初探》,载《中国法学》2001 年第 6 期。此后得到了多数经济法学者的响应,对此详细梳理可参见孟庆瑜:《范思与前瞻:中国经济法主体研究 30 年》,载《云南大学学报》(法学版)2009 年第 1 期。

自生自发的秩序。这种秩序的特性就是非特权性、非等级性、互利性、无目的性,亦即自生自发性。这种可预见的行为秩序或行为模式的出现是各自独立、平等的主体各自追求自身目标而非共同目标的结果。

2. 人为建构秩序

制度经济学告诉我们,在制度的演化中,一些制度是强制性制度变迁的结果,经济法律制度的变化也是如此。这意味着,在经济法律、法规的发展演化中,一些经济法律制度是依一个权威意志(在法律发展中,这个权威意志就是立法者)理性设计的结果。遵守这类经济法律制度形成的秩序就是理性设计的经济法秩序。在实践中,一些经济法律制度就是直接凭借外部权威,即靠立法机关以社会精英对社会经济发展的认知制定法律,[①]建立经济秩序以实现确定的共同目标,依此途径建立的经济秩序就是人为设计的经济秩序。这种经济秩序的特性具有权威性、等级性、目的性。这种可预见的行为模式或行为秩序,是由一定的权威意志为实现其意欲的结果而有意识地设计的。

(二)两种秩序的优势

从实践看,在市场经济社会中,自生自发秩序在现代市场经济秩序的形成中占主导地位,但在现代市场经济发展过程中,人为建构秩序的作用和权重呈现出逐渐增加的趋势。自生自发经济秩序在市场经济发展的早期几乎就是当时社会经济秩序本身,也就是说自生自发秩序的典型就是自由资本主义时代的经济秩序。这时国家对社会经济几乎不干预,市场主体也没有支配相关市场交易的经济力量,经济秩序依市场竞争机制作用的自发调节形成。这种经济秩序是市场主体服从的规则,多是长期的市场交易中通过博弈形成的共识,主要体现为共同体内私法的一般交易规则。由于在竞争和交易中各主体是平等的,服从着同样的规则,没有一个主体是作为指挥他人的权威而行动的,因而,在市场交易中,交易者之间并无公共的目标,由此生成的秩序不是某一权威意志的结果,而是无意识的结果。

但随着市场经济的发展,"市场失灵"的出现,国家对社会经济的干预不断加深。我们不难发现,在现代市场经济中,存在着经济秩序由一个权

---

① 从对行为的约束程度来讲,法律规则可分为弹性规则与刚性规则,与此对应,法律的调整也可分为弹性调整与刚性调整。弹性调整是指法律的约束留有一定的回旋余地,允许当事人在一定范围内选择。刚性调整则不留回旋余地,当事人必须遵守。有关弹性调整与刚性调整的定义及特性可参见王全兴:《经济法基础理论专题研究》,中国检察出版社 2002 年版,第 137-141 页。

威机构的"有形之手"理性设计的问题。这不仅体现在一些为实现一定时期国家的社会经济计划，并因执行计划而产生的秩序，也体现在产业促进法、地区开发法中。在这些法律中，专设或授权特定的经济机关依法定程序执行相关宏观调控法律，由此形成权威意志意欲实现的秩序。如以税收的减免等优惠而生成意欲的产业结构、区域结构秩序，以及通过对自然垄断和公用事业的准入、定价、服务质量等设置限制，以维护这些特殊市场的交易秩序。而且，这种人为建构秩序也可从国家制定的一些特别对策法，如在各国反垄断法中对不景气卡特尔豁免的法律、法规中得到体现，这些法律、法规作为权威意志的体现，目的就是恢复经济秩序。

　　可见，两种经济秩序各有其生成的社会经济土壤，这意味着，面对的社会经济土壤不同，它们各自在总体经济秩序中的影响力或地位就不同，不能笼统地说哪一种秩序对整体秩序的影响力更强，哪一种影响力更弱。一般来说，在社会经济发展水平较低、社会经济关系相对简单的场合中，在相关经济信息较充分和经济目标明确的情况下，依权威机构的意志根据理性制订计划或发布有关强制性行为规则来协调主体的行为，以形成意欲的秩序具有一定的优越性，即依靠计划秩序或组织秩序协调所有主体的行为具有一定的优越性。而在社会经济发展水平较高、社会经济关系复杂、相关决策信息不充分的条件下，由于人类的理性有限，人类的智识远不足以知晓和掌握社会经济发展的所有细节，这决定了人们不可能设计出较优秩序的规则。因此，依靠自生自发秩序的方法则相对有益。①

―――――――――――

① 哈耶克在吸收了奥地利经济学派的学者卡尔·门格尔等人的观点，强调自发的行为秩序及规则秩序与计划好的人造行为秩序及规则秩序之间的差异的基础上，出于反极权主义的动机，极力推崇自发的行为秩序和规则秩序在现代社会经济秩序形构中的意义，但他并没有完全否定人造的行为秩序和规则秩序在经济秩序形构中的意义。对此，从他所说的这样一些话中就不难看出："组织在这里遇到了任何试图把复杂的人之活动纳入秩序之中的努力所会遇到的问题：组织者肯定会希望个人以合作的方式去运用该组织者自己并不拥有的知识。只是在最为简单的那种组织中，人们才可以想象由单一心智支配所有活动的所有细节。然而，确凿无疑的是，任何人都不曾成功地对复杂社会中所展开的所有活动做到全面且刻意的安排。如果有什么人能够成功地把这样一种复杂社会完全组织起来，那么，该社会也就不再需要运用众多心智，而只需依赖一个心智就足够了。"（［英］弗里德利希·冯·哈耶克：《法律、立法与自由》第一卷，邓正来译，中国大百科全书出版 2001 年版，第 71 页）之所以如此，在他看来是因为："人类的智识远不足以领会复杂人类社会的所有细节，我们没有充分的理由来细致入微地安排这样一种迫使我们满足于抽象规则的秩序。"（F. A. Hayek, *Kinds of Rationalism*, in F. A. Hayek, *Studies in Philosophy*, *Politics and Economics*, London: Routledge & Kegan Paul, 1978, p. 88.）而德国的柯武刚与史漫飞教授虽持有与哈耶克相近的观点，但明确指出了人造的行为秩序与规则秩序的优势所在。对此可参见［德］柯武刚、史漫飞：《制度经济学》，韩朝华译，商务印书馆 2000 年版，第 172 页。

但上述对两种社会经济条件下有关应以哪种秩序为主导的观点并不是绝对的,也就是说即使在社会经济关系或社会经济事务不复杂的社会中,在目标明确和相关信息较充分的情况下,自生自发秩序对整个秩序的影响亦有不可忽视的作用。同时,即使在社会经济关系或社会经济事务复杂、信息不充分的社会经济条件下,理性设计的人造秩序,亦即计划秩序对整个社会经济也有重要意义。①

(三)两种秩序的局限性

1. 人为建构秩序的局限性

人为建构秩序的有效运行有其条件,是否具备这些条件,以及制约这些条件生成的因素是影响这种秩序良好运行的关键。

(1)人为建构秩序良好运行的条件

人为建构秩序是由一定的权威依其意志为实现意欲的结果而有意识地设计的,这就意味着,这一秩序总是预设了一定权威的存在,这一权威依其意志预先设计计划方案,并向各种行动者发布如何行动的明确指示以实现诸多行动者之间的协调。正如一个工厂按其生产计划向不同的员工分派具体任务对他们的生产活动予以协调,或者一国的特定经济主管机关,按经济法规有关组织部门内部分工及各自的职权、职责对日常管理工作进行协调。

人为建构秩序中对诸多人的协调效果如何,亦即秩序是否能依权威者意志所意欲而生成,主要与以下三个条件密切相关:①权威者所拥有的从事相关协调所需的知识,以及获取协调各种活动所需信息的能力;②权威者(领导者)领会、运用和交流相关协调领域的专业知识及信息的能力;③权威者知悉各类主体是否努力工作,并相应作出恰当奖惩的可行性。

---

① 英国哲学家大卫·休谟据自己的人性观,通过对不同规模社会集团的研究认为:"人的本性一般总是比较喜欢现成的而不是比较遥远的事物,这使他们对事物的需要只是停留在他们的目前状况而不是其内在价值上。没有比这一点更能导致人们的行为犯致命的错误。两个邻居可能会同意给他们共同拥有的草地排水;因为他们很容易知道彼此在想什么;而且每个人都知道,如果他不干了,整个计划就会泡汤。但要 1000 个人同意采取这样的行动是非常困难的,几乎是不可能的;因为要制订这么复杂的计划是艰难的,而要执行更是难上加难;而且每个人都会寻找借口摆脱这些麻烦和开支,希望把全部负担推到别人身上。政治社会可以轻而易举地解决这些难点。地方行政官员从他们相当一部分市民的利益中发现了直接的利益。他们不用同其他人商量,自己就能制订计划来增进这一利益。而且由于执行过程中任何一部分的失败都会间接地影响到整个计划的成败,他们会防止失败的发生,因为这不管直接或间接都有损于他们的利益。这样就造起了桥梁、开设了港口、筑起了工事、挖掘了运河、装备了舰队、训练了军队,尽管人还是具有人性弱点的人,但在完美政府巧妙的干预下,他们变成了一个在一定意义上不再具有这些弱点的实体。"(转引自[美]曼瑟尔·奥尔森:《集体行动的逻辑》,陈郁等译,上海三联书店、上海人民出版社 1995 年版,第 55 页注 53)

（2）人为建构秩序难以有效运行的原因

历史经验证明，在一个复杂和开放的系统当中，如在一个国家的国民经济体系这种复杂系统中，上述三个条件很难同时具备或满足。对此，哈耶克已作了论证，亦被理论界所广泛认同。因此，从一个国家看，良好经济秩序的生成，仅靠来自中央的计划协调是难以实现的，其经济运行必然出现困难，原因如下。

第一，良好的人为建构秩序，需要良好的计划。面对复杂的社会经济系统，很难保证制订的计划一定是良好的。因为，在现今复杂的社会经济体系中，虽往往被人们忽略，但却实际存在着劳动分工，以及与之类似的"知识分工"。① 知识的分工，意味着任何人只掌握总体知识中的很小一部分知识。且显见的事实是，随着社会的发展，知识总是处于不断地演进和分化中，从而导致个体吸取新知识的速度远远慢于知识总量的增加速度。因此，相对于总体的知识，个人所拥有的知识将日益微小，一个必然的结果就是，任何人在面对复杂社会经济现象时都处于"有知的无知"状态。所以，对复杂开放的社会经济系统制订计划，且不说计划所需的复杂信息不可能完全获取，权威的计划制订者在知识上的局限性，以及由此导致的对社会认知的局限性，就注定其不可能突破瓶颈。

第二，人为建构秩序的生成，有赖于被协调者对计划的理解与服从的意愿。在复杂的社会经济系统中，计划不仅常常会被扭曲，且使人们自觉服从的动力难以维续。② 而当失去自觉服从计划的动力时，就不得不以惩罚作为秩序维续的动力机制。而惩罚是以发现不服从或违规行为为前提的，于是，就不得不委托监督机构代为检查监督，"当委托—代理问题四处蔓延时，检查违规行为绝非易事"③。这意味着，不仅难以获取违规行为的信息，从而实施有效的惩罚使人为建构秩序得以实现，而且即使可能获取违规行为或不服从行为的信息，也存在成本巨大的问题，由此所形成的秩序也就不是权威者所意欲的秩序。另外，人为建构秩序维续的动力机制依

① 有关知识分工及其导致的对社会经济认知状况的详细论述，可参见［英］F.A.哈耶克：《经济学与知识》一文，载［英］F.A.哈耶克：《个人主义与经济秩序》，邓正来译，生活·读书·新知三联书店 2003 年版，第 52-81 页。

② 经验证明，服从计划的动力一般来自公共的宣传机构的道德说教和持久的"觉悟运动"，这样的动力一般来说在一个大团体中很难在多数成员中持久维续。

③ ［德］柯武刚、史漫飞：《制度经济学》，韩朝华译，商务印书馆 2000 年版，第 175 页。曼瑟尔·奥尔森的研究也说明，随着集体规模的扩大，"搭便车"即不劳而获的问题会越来越严重，因为对任何人的监督变得愈来愈难。（对此的详细论述可参见［美］曼瑟尔·奥尔森：《集体行动的逻辑》，陈郁等译，上海三联书店、上海人民出版社 1995 年版，第 35-38 页）

赖于惩罚,使得人为建构秩序的生成总是与权力的强制运用相伴,这必然对自由构成限制,从而限制人的创造性,使秩序价值受损。

第三,计划的生成,有赖于对未来稳定性的预期。在科学技术日新月异的现代社会,社会经济条件总是变动不居的,与之相应,人们应对变化了的经济条件的经济行为方式也处于变化中,人们互动形成的实际经济秩序难免与计划秩序偏离,为使人为建构秩序更为合理,依原有计划设立的规则就需变迁,新规则的创制就势在必行。经验表明,依靠市场的自生自发机制,以及以人为的干预为辅助所形成的混合经济秩序,比纯粹的依计划建构的人为建构秩序更有优越性。这就是说以自生自发秩序为主导的经济秩序比纯粹人造的计划经济秩序更具优越性。

2. 自生自发秩序的局限性

自主自发秩序的有效运行也有其条件,是否具备这些条件,以及制约这些条件生成的因素是影响这种秩序良好运行的关键。

(1)自生自发秩序有效运行的条件

20 世纪 80 年代末东欧的巨变暴露了依权威意志建构的人造社会经济秩序(计划经济秩序)在实践中的缺陷,加之,一些当代著名的自由主义思想家对理性建构秩序必然失败的论证,[①]以及对自由主义的修正,使自由主义的个体主义政治哲学得以复兴,从而使许多人转而对自生自发秩序(在社会经济领域主要指以自由竞争为基础的市场秩序)大加推崇,以至于在法学和经济学界有许多学者鼓吹自由主义,并试图以自生自发秩序代替人为建构秩序来解决当代各国的社会经济问题,如用对污染征税代替对污染的直接控制。[②] 那么,自生自发秩序就是完美无缺的吗? 对此,埃莉诺·奥斯特罗姆(Elino Ostrom)等学者研究发现,自生自发秩序在很多情况下要么无法实现,要么从整个社会的观点来看会导致不良的局面,[③]只

[①] 主要代表是作为社会思想家以及经济学家的哈耶克,其有关此的观点主要体现于其《通往奴役之路》与《致命的自负》两部著作中。

[②] 其主张的机理在于,靠法律规定对污染或排放物征税,其税的数量定在与其外部损害量相等处,从而使厂商排污的边际成本提高到边际社会成本,这样,追求利润的厂商就会被看不见的手引向与直接控制所设定的污染量相等的污染量的点。对此的详细分析可参见刘水林:《法律经济分析方法论的一个研究提纲》,载《法律科学》2003 年第 2 期。

[③] 参见[美]弗朗西斯·福山:《大分裂:人类本性与社会秩序的重建》,刘榜离等译,中国社会科学出版社 2002 年版,第 271 页。对此,也可从德国学者有关战后德国市场秩序政策的论述予以说明,正如德国学者 Boehm 所言:"市场秩序不是作为一种天赐之物自行建立和自我表现实施的秩序,而是一种需要养护的栽培之物。"(转引自[德]维克托尔·凡贝格:《秩序政策的规范基础》,载何梦笔:《秩序自由主义:德国秩序政策论集》,董靖、陈凌、冯兴元译,中国社会科学出版社 2002 年版,第 46 页)

有在某些特定条件下才能产生作用。也就是说,自生自发秩序与人为建构秩序相同,其生成同样依赖于一系列的条件,且任何社会并不必然具备这些条件。同时,自生自发秩序还有一些其自身不能克服的缺陷,即自生自发秩序也有其局限性。①

就社会经济运行秩序来说,仅依市场机制的自发作用,产生的自生自发秩序是否是可欲的秩序,也就是说,自发的市场机制对人类经济活动能否有效协调,或者说协调效果如何,主要与以下条件相关。

第一,自生自发社会经济秩序的形成,并非经济活动参与者可以任性而为,而是需要一套先在规范(prior norms)或价值共识被整个经济活动参与者所奉行。这些先在规范或价值共识通常是该社会从事经济活动的人们在长期博弈中形成的。因此,具有社会范围的区域限定性、相对性和生成的历史演化性。

第二,自生自发社会经济秩序的形成,依赖于处于该社会中的经济活动参与者对先在规范或价值共识的遵守,而这种遵守必须以人们对该先在规范或价值共识的明确认知和普遍接受为基础,这就要求这些先在规范或价值共识必须具有透明性。

第三,自生自发社会经济秩序要成为可欲的秩序,就必须确保作为秩序基础的行为规范或价值共识是公正、先进的。并且当初始的规则因选择错误或不当,而产生了不公正的、无效率的不良秩序时,自生自发秩序本身应具有自我修复机制。

(2)自生自发秩序难以有效运行的原因

经验证明,在市场经济全球化急剧扩张的现代社会中,科技飞速发展带来的交通、通信革命,使经济活动主体的流动性加剧。加之,自生自发秩序本身的局限性,上述三个条件难以具备。因此,在现今社会,纯粹的自生自发秩序在任何国家都不可能存在。其原因主要有以下几方面。

第一,社会经济的飞速发展,以及高科技在交通、通信领域的应用,引起的交通、通信革命导致经济活动的半径急剧扩张,使交易或合作对象处于不断的变换中。经济交往大多不再是熟人间的重复,而是非熟人间的一次性行为。因此,要在这样一个交往区域广大的范围内形成自生自发秩序

① 即使像哈耶克这样一个对自生自发秩序推崇备至的人,也不得不承认其存有缺陷,正如其所言:"鉴于各种原因,自生自发的发展过程有可能会陷入一种困境,而这种困境则是它自身的力量所不能摆脱的,或者说,至少不是它能够很快加以克服的。"(见[英]弗里德利希·冯·哈耶克:《法律、立法与自由》第一卷,邓正来译,中国大百科全书出版 2001 年版,第 135 页)

赖以生成的共同的先在规范或价值共识，一般是不可能的，即使可能，也需经过漫长的博弈，付出巨大的社会经济代价。这在许多市场经济国家的市场化发展过程中，以及非市场经济国家的市场化改革进程中表现得尤为分明。

虽然现今世界仍以民族国家为单位，但在全球化背景下，任何国家要得到良好发展，不仅不能拒斥现代化和市场化，且必须在短期内应对全球化的挑战。这意味着，要在较短的时期内建立起与国际社会主流相适应的现代化、市场化经济秩序所需的行为规范和价值共识，就不能等待行为规范与价值共识的自生自发形成，而必须靠一定的权威机构，依其意志在吸收借鉴先进国家行之有效的规则的基础上，结合本国实际进行规则的创新，且强制实施，这不仅是必要的，也是切实有效的。日本的战后重建，以及我国改革开放中通过借鉴发达国家的法律制度，在市场秩序建立中取得的成功经验就说明了这一点。

第二，社会经济发展的历史及人文社会科学的研究表明，"所有人类种群都是由天使和魔鬼组成的"[①]，经济学的研究也说明，追求利益最大化是经济人的主要行为动机。这意味着，即使一个社会中存在着行为规范和价值共识，总会有人为了利益而不愿服从。而且随着社会交往范围的扩大，以及交往关系的复杂化，相互监督及自发惩罚机制的作用会日益减弱，这就使得自生自发秩序随时可能遭到破坏。这从近一个世纪发生的各种经济危机，以及市场竞争秩序常常遭到不正当竞争和垄断（限制竞争）的破坏就可说明。

因此，依靠一个权威组织（如各国的中央银行、反垄断法的执法机构）确认或制定法规和规范性文件，并对违规行为予以制裁，是自生自发秩序免遭破坏，以及被破坏的秩序得以恢复的外在条件。而为了使相关组织能真正实现国家赋予的使命，使其不至于沦为执事者谋取私利的工具，不仅要在设立时遵守严格的规则，且对组织成员的执事行为或活动也要予以严格的程序约束，即按人为建构秩序运行。可见，在复杂的社会经济运行系

---

① ［美］弗朗西斯·福山：《大分裂：人类本性与社会秩序的重建》，刘榜离等译，中国社会科学出版社 2002 年版，第 274 页。

统中,即使是以自生自发秩序为主导,也离不开一定的人为建构秩序的辅助。①

第三,制度经济学有关制度演化史的研究成果表明,自生自发秩序是否是可欲的或理想的秩序,即能否解决人们合作中的难题,促进合作秩序的扩张,取决于作为秩序基础的自发性规范或内在规范是否公正合理。尽管判断规则是否公正合理与评判者的价值取向有关,具有一定的主观性和相对性,但在特定社会的特定历史时期,还是有一些判定公平合理与否的基本原则的。而一些社会群体自生自发产生的规则,随着时间的推移有时是与当下普遍的公正原则相悖的,这意味着,自生自发规则并非必然产生公正合理的秩序。如市场竞争者之间自发产生的协议性限制竞争的规范,在当前看来,就违背了市场经济中公认的公平竞争原则。

另外,经验及研究证明,自生自发秩序本身并不具备自我纠错功能。这是因为,在制度演进过程中存在着"路径依赖",这决定了,在一定社会中起初的制度规范一旦被选择就难以改变。② 因此,为了纠正初期选择的不良规则,就需要权威机构依其意志纠正不良的自发规则导致的不良社会经济秩序。

二、经济法秩序——混合扩展秩序

生成社会经济秩序的两条途径的优劣,以及各自运行所需的条件,说明两种秩序是互补的而非冲突的,因而,经济法所意欲建构的秩序是混合扩张秩序,而这种秩序的形成需要经济法律制度作保障。

---

① 德国学者对有关战后德国的秩序政策的论述中也有类似观点,其中有学者说:"市场经济秩序恰恰以一种集中控制(zentrale steuerung)中的某些特定因素为其前提,只要市场经济秩序应当存在,这些因素就是国家旨在创造和保障经济竞争的措施。"[德]阿尔弗雷德·米勒-阿尔马克:《经济秩序的社会观》,载[德]何梦笔:《秩序自由主义:德国秩序政策论集》,董靖、陈凌、冯兴元译,中国社会科学出版社 2002 年版,第 74 页。

② 新经济史学家诺斯在把前人关于技术演进过程中的自我强化现象的论证推广到制度变迁方面,得出了在制度变迁中也存在"路径依赖"现象。他认为,制度的变迁如同技术的变革,同样存在着报酬递增和自我强化的机制。这种机制使制度变迁一旦走向某一路径,它的既定方向会在往后的发展中得到自我强化。所以,"人们在过去的选择决定了他们现在可能的选择"([美]道格拉斯·C.诺思:《中译本序》,陈郁、罗华平译,上海三联书店、上海人民出版社 1995年版,第 1 页)。沿着既有的路径,制度的变迁可能进入良性循环的轨道,迅速优化;也可能顺着原来错误的路径走下去,说不好,它们还会被"锁定"在某种无效率的状态之中。一旦进入"锁定"状态,要自发改变而脱身就非常困难,往往要借助于外部力量,引入外生变量或依靠政权的变化。与此有异曲同工之妙的是,美国学者罗纳德·海纳对人的心智结构的研究所建构的"海纳模型"亦认为:当一个有限理性的决策者面临着充分不确定的生存环境时,最优的决策应当是遵循既有的规则,哪怕这些规则变得越来越不合时宜。

(一)经济法意欲的秩序是混合扩展秩序

以上分析说明,在当今复杂的社会经济体系中,良好的社会经济秩序是一国经济得以协调稳定、高效发展的基础。而良好的社会经济秩序的生成,虽然要求我们意识到人类理性的有限性,因而,应对市场自发秩序予以尊重,但毕竟人还是具有理性的,有必要充分利用有限的理性,适度建构一定的人为建构秩序对自生自发秩序存在的弊端予以修正,以及对自生自发秩序遭到的破坏予以修复。正因此,经济法所意欲的社会经济秩序,只靠市场自生自发秩序,或者只靠人为建构秩序是不可能形成的,而必须靠适度的理性设计对自生自发秩序进行弥补与修正。

(二)社会经济秩序的经济法建构

在社会经济秩序的形塑中,经济法发挥着两个方面的作用:第一,通过对当下社会经济运行中,被经验证明有效的自生自发的经济行为规则予以法律的确认,以及把与自身社会类似的其他社会产生的、被证明有效的经济行为规则予以借鉴并转化为自身的规则,以促使良好的社会经济秩序在本国范围内尽快地形成,并得以扩展。第二,防止对自生自发秩序的人为破坏,以及纠正自生自发秩序的缺陷,通过授权或依法设立专门的经济主管机构代表国家维护社会整体利益,为保障其职能合理、科学地实现,对该组织的职权职责、决策规则予以限制,为良好的人为建构秩序的生成提供合理的规则,确保经济主管机关的决策合理。同时,确保经济主管机关职权的合法、合理行使,以及职责的依法履行,以实现对市场主体违规行为的及时纠正,避免对市场自生自发秩序的人为破坏,并弥补自生自发秩序之不足,以促成良好(可欲的)社会经济秩序的实现。

可见,经济法的经济秩序目标的实现主要是通过经济活动参与者对经济法律、法规的自觉遵守,以及通过执法、司法强制经济活动参与者遵守而达成,是由自生自发的市场经济秩序和依调控或规制而形成的人为建构秩序混合而成的、扩展的经济秩序。因此,经济法必须根据国家社会经济发展状况,以及依据国家的社会经济发展战略,制定经济法律、法规,遏制对社会经济机制如市场经济机制运行有害的行为,以及诱导经济活动参与者采取有利于社会经济发展的行为,并不断地随社会经济发展而使这些法律、法规在边际上创新(与时俱进地小修改),如此就可促进可欲的经济法秩序的形成。

第三节　经济法秩序的构成

经济法秩序是不同子部门经济法相互配合而形成的。同时,经济法的各子部门法也是为了实现某一方面的经济秩序的需要而设立的。从总体社会经济秩序的构成看,经济法所意欲建构的经济秩序包括三方面:①市场运行秩序,主要包括公平竞争秩序与自由公正交易秩序,简称市场秩序;②经济规制秩序,是指公用事业和自然垄断行业的公平服务和良性发展秩序;③宏观结构秩序,包括宏观的产业结构和区域结构秩序。

一、市场运行秩序

人类社会经济发展史证明,市场经济制度虽非完美,但却是迄今为止最为有效的经济制度,正因此,现代国家大都采取了市场经济。而市场运行秩序(以下简称市场秩序)是市场经济秩序最为基本的经济秩序,这意味着,市场秩序是现代市场经济国家最为基本的经济秩序。

(一)市场秩序的含义

市场秩序有广义和狭义两种。狭义的市场秩序,是指市场主体的市场经营行为(包括合法经营行为与违法经营行为)互动而形成的市场运行状态,是市场经营行为互动的客观后果。从这一定义可以看出,市场秩序的构成有三个要素:①经营者的经营行为,是市场秩序的发生源、市场秩序的根本,没有经营者的经营行为,市场秩序便无从谈起。②市场行为的规则,是形成市场秩序的条件。从规范层次看,主要包括规范市场经营行为的法律、法规、规章。从规范性质看,主要包括民商法规范、经济法规范。其中,民商法规范是基础性规范,其功能主要在于给市场自发秩序的生成提供基础。经济法规范是矫正或弥补性规范,其主要功能在于防止自发秩序被破坏,以及弥补自发秩序之不足,适度地人为建构新的经济秩序。在现代法治国家政策实施均已法律化的背景下,一国市场秩序是否良好,可以说均以有关经济的法律、法规、规章的优劣为基础。③客观的后果。这种后果是市场运行中不同主体间依规则互动形成的关系状态,有的是具体的、相对动态的,如竞争或交易的关系状态;有的是抽象的、相对静态的,如产业结构或区域结构的关系状态。市场主体遵循民商法及市场道德和习惯所形成的秩序,是一种由市场自发作用形成的经济秩序,此秩序本身不由任何人的意志所决定,因而,是自生自发秩序。而遵循竞争法等市场规制法所形成的秩序则往往是人基于对良好秩序认知而设计的,因而,具有较强性质的人为建构秩序的意味。

广义的市场秩序是所有类型市场主体的行为——市场干预主体(国家机关)的干预行为、市场经营主体的经营行为、市场消费主体的消费品购买行为及其客观后果的总和。广义的市场秩序的构成具有五个方面的要素:①干预主体(国家机关)的干预行为。②市场主体的行为,包括经营者的经营行为和消费者的消费品购买行为,但主要是经营者的经营行为。① ③行为规范,主要是指法律、法规(包括规制市场主体行为的法律、法规和规制者行为的法律、法规)。④客体,即市场活动指向的商品和服务。⑤干预行为和经营行为,以及消费品购买行为交织作用于客体的结果,表现为各类行为者互动而形成的市场运行状态。这决定了,对市场秩序进行建构和维护时,必须把一些影响秩序的关键因素考虑在内,否则不能从整体上规范市场秩序,确立市场秩序的法律规则体系。对此,在考虑市场秩序建构和维护时,不仅应考虑在市场秩序建构中面临的规制市场主体行为规则的建设,还应考虑不同市场主体的法律意识、市场道德,以及影响市场秩序的其他因素,如国际经济环境、国内经济发展现状及目标、人们对市场经济秩序的认知等因素。

(二)市场秩序的本质

首先,市场秩序体现的是市场的内在规则。市场经济是商品经济高度发展的产物,具有商品经济的一般属性,其基本特征有三点:①生产的社会化分工;②交易者平等及自由交换;③公平竞争。其中自由交换和公平竞争在市场运行中的实现,必然依存于先在形成的,并被多数市场主体认知或默会(包括可意会不可言传)的一系列的行为规则(规范),市场主体遵循这些行为规则就形成市场秩序。

其次,市场运行的内在秩序一旦形成,为节约交易费用,其赖以形成的规则就必然不同程度地上升为法律、法规等形式,使市场运行的内在要求或秩序制度化或规范化,即转换为市场运行的法律规范。可见,市场秩序

---

① 市场主体虽然包括经营者和消费者两方面,且他们对市场秩序的形成缺一不可,但从对市场秩序的影响来说,经营者的经营行为对市场秩序的影响处于主导地位,在影响市场秩序的许多领域如竞争领域、消费品交易领域,其行为是否守规直接决定着市场竞争秩序和消费品交易秩序。因而,从维护或建构市场秩序的视角看,主要是对经营者经营行为的规范。在市场关系中,经营者是主导主体而消费者只是从属主体,其关系的性质、内容主要由经营者决定。

具有两重性质:①市场运行内在的客观规定性;②内在规定性的法律表现或实现形式。我们通常所说的市场秩序,指的就是市场运行的内在规定性在法律上的形式表现。

(三)市场秩序的内容

从市场经济的运行来看,市场秩序的内容主要包括以下三个方面。

1.市场准入和退出秩序

市场准入和退出秩序主要依赖于市场准入与退出规则而形成,是市场主体遵循市场准入和退出规则而进出市场的行为结果。市场准入规则,即一定的人(自然人或法人)要进入特定市场,成为该市场中的经营者所必须具备的经济条件,即获得在特定市场从事经营活动的资格。同时,退出市场也必须遵循一定的规则。这些规则通过对准入和退出资格进行限定的方式对主体能力设立门槛,进而使其成为防止和减少损害市场秩序的前提和基础。

2.市场竞争秩序

市场运行最为基本的是竞争机制,而一些竞争者为了自身利益会采取不正当竞争或限制竞争的手段以谋求竞争优势,不正当竞争会损害竞争,而垄断会消灭竞争,从而使公平的竞争秩序受到损害,使市场的竞争机制难以有效发挥作用。因而,必须防止使用不正当手段损害竞争。

3.公平自由的市场交易秩序

市场是交易的场所,而交易天生需要平等和自由,正因此,马克思提出"商品是天生的平等派"①。交易行为应以诚信为本,自由交易,公平交易。禁止用欺诈手段进行交易,不能强买强卖,严禁以假冒、伪劣商品扰乱市场。只有如此,才能使交易双方从交易中获益,有利于整体经济的发展。

二、经济规制秩序

在市场经济的背景下,虽然市场在社会资源配置中起基础作用,但市场并非万能的,在一些社会领域,市场机制难以发挥作用,自然垄断和公用事业领域就是典型。这些领域不仅关系国计民生,且是国民经济整体发展不可或缺的一部分,因而,此领域的经济秩序是经济法意欲维护的社会经济秩序的重要部分。

---

① 马克思:《资本论》第一卷,中共中央马克思、恩格斯、列宁、斯大林著作编译局译,人民出版社1975年版,第102页。

(一)经济规制秩序的含义

要了解经济规制秩序,首先必须对经济规制的含义有所了解。经济规制是规制的一种类型,从国内外论著对"规制"一词的使用来看,尽管其含义五花八门,但可归为名词和动词两种用法,也是两种不同的分析视角,即法律规范的视角和治理方式的视角。[①]

1. 法律规范的视角

这一视角把规制(regulation)作为名词使用,是对一类法律规范的称谓。其内容包括相互联系的两个层次:第一层次,依法设立的规制机构,依法律授权制定的具有法律效力的行政法规、规章、实施细则。第二层次,规制机关制定的,不具有法律效力,但却对其自身和被规制者具有普遍指导意义的指导办法、标准、指南等规范性文件。

2. 治理方式的视角

这一视角把规制(regulate)作为动词使用,应用于对特定行业或领域的治理,或者消费者、企业和规制机关互相结盟并讨价还价(博弈)的过程,内容既包括共同参与协商制定法规、规则、政策等规范文件的抽象行为,也包括依据规范进行合作治理的具体行为。

3. 本章的视角选择

本章是在治理方式视角上使用规制的,把以规则治理的领域称为规制领域。规制按其内容可分为社会规制和经济规制。[②] 社会规制"是以保障劳动者和消费者安全、健康、卫生,环境保护,防止灾害为目的的,对物品和服务的质量和伴随着它们而产生的各种活动制定一定标准并禁止、限制特定行为的规制"[③]。一般认为,社会规制主要包括三个方面,即安全与健康、环境保护、消费者保护。经济规制是指对公共经济领域的规制,主要适于自然垄断、公用事业领域,如对电力、电信、天然气、自来水、铁路、航空等事业的规制。本章的经济规制就是在此意义上使用的,因而,经济规制秩序就是指这一领域的运行秩序。

对此,按此前有关秩序的观念,经济规制秩序就是规制领域的主体行为——规制机构的规制行为、被规制经营者的经营行为、消费者的购买行

---

① 正如安东尼·奥格斯所言:"规制,我们所使用的这一词汇,包含了各种各样的产业或非产业的活动,同样也包括了各种各样的法律形式。"([英]安东尼·奥格斯《规制:法律形式与经济学理论》,骆梅英译,中国人民大学出版社 2008 年版,第 5 页)

② 参见杨建文:《政府规制:21 世纪理论研究潮流》,学林出版社 2007 年版,第 4 页。

③ [日]植草益:《微观规制经济学》,朱绍文、胡欣欣校译,中国发展出版社 1992 年版,第 1 页。

为,以及规制领域交换客体的数量与质量作用于这一特别市场的客观后果的总和。经济规制秩序具有五个方面的要素:①经济规制机构的规制行为;②被规制行业经营者的经营行为;③行为规范(包括经济规制机构行为的规范和被规制经营者行为的规范);④规制行业经营客体,即商品和服务;⑤规制行为和经营行为及消费行为交织作用于客体的结果,即各类行为者互动而形成的市场的关系状态。

(二)经济规制秩序的本质

首先,经济规制秩序体现的是规制行业运行的内在规定性。经济规制行业的运行有三个基本特征:①行业的自然垄断或共用事业特性。这意味着,这些行业缺乏竞争。②被规制行业的经营者与消费者交易力量的非对称性。③对被规制行业提供的产品或服务需求的必须性和普遍性。这三方面决定了,经济规制领域的公正交易和规制行业有效发展的实现,必然形成一系列的特定规则和规范,经济规制行业的经营者遵循这些规范就形成了经济规制秩序。

其次,经济规制行业运行的内在秩序一旦形成,就必然不同程度地上升为法律或规范性文件形式,使经济规制行业运行的内在要求或秩序法制化,转换为经济规制运行的法律规范。因此,经济规制秩序具有两重性质:一是经济规制行业经营内在的客观规定性;二是这些内在规定性法律表现或实现形式。通常所说的经济规制秩序,就是指经济规制行业运行的内在规定性在法律上的表现形式。

(三)经济规制秩序的内容

经济规制秩序的主要内容,以及与之相关的法律制度有三个方面:①受规制行业的准入和退出秩序。准入秩序主要依赖于受规制行业的准入规则而形成,是主体遵循准入规则而进入该行业的行为结果。准入规则,即进入该领域的经济主体必须具备一定的经济条件才有进入的资格,在此基础上据招投标规则,胜出者才能最终成为该行业的经营者。退出秩序主要依赖于受规制行业的退出规则而形成,在经济规制领域退出除遵守有关法律的规定外,往往由规制机关与经营者以规制合同形式对退出予以约定。这些规则通过对准入和退出资格进行限定的方式对主体设立门槛,进而防止和减少损害市场秩序的行为。②经营行为规制。秩序意义上的经营行为规制,主要是对经营者抽象经营行为的规制,如定价行为、生产中采用的技术和使用原材料的决策行为、质量和标准等,这种行为影响的是所有的用户,而不是针对特定用户。③经济规制机关的规制。经济规制机关所意欲建构的经济规制行业的秩序,主要依赖①②规制的合理性,而要实现其合理性,就必须规范经济规制者制定规则的行为,主要有以下几种制度约束规则的制定:规制必要性的说明、对规则草案的听证程序、制定规则的协商制、规则的影响分析制、落日条款等。① 通过这一系列制度的设立保障经济的建构秩序是合理良好的经济规制秩序。

三、宏观结构秩序

市场经济是商品经济高度发展的产物,因而,作为商品经济重要组成要素的社会分工和专业化生产也理应成为市场经济的重要组成要素,商品经济的特性,即自由和平等也是市场经济的根本属性。而社会分工和专业化生产,意味着整个经济是由不同产业、不同区域按一定结构构成的整体,且这一整体经济结构中的产业构成和结构关系,以及区域间的结构关系并非一成不变的,而是随着社会经济发展而不断变化的。在现代市场经济条件下,这种结构本身就是遵循市场法则或经济政策而形成的经济秩序。② 由于此经济秩序是从国家国民经济总体的结构产业和区域来讲的,且在形成过程中,国家的宏观经济政策手段起着重要作用,因而,这一经济秩序被称为宏观结构秩序,它关系到一国整体经济的发展,因而,是经济法意欲维护的社会经济秩序的重要部分。

(一)宏观结构秩序的含义

按此前有关秩序的观念,宏观结构秩序就是宏观经济运行中的各类主体,在遵循市场法则和宏观调控规则下的行为——宏观调控机关的调控行为、不同产业和区域经营者的经营行为,作用于宏观经济客体——不同产业或不同区域的经济部门而产生的客观后果的总和。

宏观结构秩序具有四方面的要素:①宏观调控机关的调控行为;②不同产业和区域经营者的经营行为;③不同产业和区域经济发展状况,具体指不同产业的规模和发展程度,以及由资源和地缘决定的不同区域经济发展的状况;④行为规范(包括宏观调控机关行为的规范和不同产业和区域经营者行为的规范),这种规范主要是社会责任规范,既包括强制性的社会

---

① 参见王林生、张汉林等:《发达国家规制改革与绩效》,上海财经大学出版社 2006 年版,第 150-181 页。

② 社会学学者认为:"结构也是一种秩序,而且是一种相对稳定的内在秩序。"(宋林飞:《西方社会学理论》,南京大学出版社 1997 年版,第 5 页)

责任,一般以义务表现出来,如调控税中的纳税义务,也包括任意性的社会责任,如以经济利益激励诱导经济主体把资本投向国家意欲发展的产业(如高新技术产业、主导产业)或区域(如落后地区)。这种经营者依规则互动而形成的产业结构和区域结构的结构关系状态就是宏观结构秩序。

(二)宏观结构秩序的本质

首先,宏观结构秩序体现的是一个国家整体经济运行的内在规定性。宏观经济结构的基本特征有三点:①不同产业之间的结构合理性,这是由产业之间相互联系的、内在的本质规定性所决定的。②区域经济结构的协调性,这对于大国经济来说尤为重要。由于大国幅员辽阔,不同区域的自然资源和社会经济条件存在差异,加之,市场具有"回流效应"①,因而经济发展不平衡是不可避免的。但这种不平衡不仅不利于统一市场的形成,而且也难以实现区域协调发展,并最终制约一国经济整体发展水平。③结构的变动性,以及结构形成的缓慢性和改变的艰难性。这里的变化性就产业结构而言不仅包括不同产业在整体经济结构中比例的变化,也包括产业结构中内容的变化(新产业的兴起和旧产业的衰亡)。而区域结构的变化,不仅包括区域间发展程度的变化,也包括区域间经济分工的变化。宏观结构秩序这三个特征决定了,良好宏观经济结构秩序的实现,必须以遵守一系列的特定规则和规范为前提。

其次,宏观经济结构运行的内在秩序一旦形成,就必然不同程度地上升为法律或规范性文件形式,使不同产业和区域对经营者行为的内在要求法制化,转换为宏观经济运行的法律规范。因此,宏观结构秩序具有两重性质:①宏观经济运行内在的客观规定性;②这些内在规定性的法律表现或实现形式。通常所说的宏观经济结构秩序,就是指宏观调控法运行的内在规定性在法律上的表现形式。

(三)宏观结构秩序的内容

宏观结构秩序的主要内容,以及与之相关的法律制度主要包括以下两

---

① "回流效应"是瑞典经济学家缪尔达尔在研究发展中国家发展问题时提出的一个概念,主要是对当今主流的自由主义经济学过分注重市场的作用,在发展中主要关注市场的"扩散效应"的回应。所谓"扩散效应"是指所有位于经济扩张中心的周围地区,都会随着扩张中心地区的基础设施的改善,从中心地区获得资本、人才等,并被刺激促进本地区的发展,逐步赶上中心地区。对此,缪尔达尔指出,市场也有缺陷,其在区域经济发展中在一定时期具有"回流效应",即资本、劳动力和企业家往往一起流向收益较高的地区。发达地区则会将污染严重项目转移到不发达的地区,其结果是发达地区发展得更快,而落后地区由于增长要素的流出而发展得更慢。参见洪银兴:《西部大开发和区域经济协调方式》,载《管理世界》2002年第5期。

个方面。

1. 产业结构秩序

产业结构秩序主要依赖于对幼稚产业的保护、新兴产业的激励、核心产业的优惠、落后产业的改造和有序退出等法律保护而实现的,其主要体现在一些专门法律规定中,如农业法、相关产业促进法、特别产业振兴法等,以及税法、财政法、金融法中对特定产业的优惠性规定中,是主体遵循这些法律规则而向特定产业投资经营的结果。

2. 区域结构秩序

区域结构秩序主要依赖于对落后地区开发、特定地区发展、区域间经济协作而实现的,是主体遵循这些法律规则而向落后地区投资经营的结果。体现在规则上主要是对特定区域的开发法,如日本的《离岛开发法》、美国的《田纳西流域开发法》等;特别区域的发展法,如我国设立的自贸区及相关法律制度创新,以及税法、财政法、金融法中落后地区、特定区域的优惠性规定。

四、经济法秩序构成的引申

经济法作为秩序维护法,其秩序的内容构成,决定了经济法的内容体系,即经济法律体系由市场规制法、经济规制法和宏观调控法三部分构成。

目前,经济法界主流观念认为经济法体系包括两个方面,即宏观调控法和市场规制法。[①] 这意味着,把影响国民经济整体发展的经济规制领域排除了在经济法规范以外。虽然,经济法界研究反垄断法的学者在研究中会触及这一领域,但一般多是从竞争法的角度,在边缘上涉及。研究规制的法学学者多是行政法界学者,他们的研究内容主要是社会风险规制,如药品安全、危险品等,致使经济规制成为法学研究的"飞地"。[②]

其实,这部分的核心内容是如何防止被规制的自然垄断及公用事业对不特定众多用户的损害,犹如反垄断法防止垄断行为造成的损害,这种损害是经济公害,难以沿袭民法的私害救济范式对其予以保护,因而,这部分理应属于经济法研究的内容。希望今后有更多的经济法学者,投入对这一领域的研究,以推进这一领域法律制度的建设与完善。

---

① 参见张守文:《经济法学》,高等教育出版社 2016 年版。这是目前最新的、最具代表性的经济法教材之一。

② 对此内容,笔者曾做过提纲挈领的研究,可参见刘水林:《经济规制法:经济法"飞地"的经济法》,载陈云良:《经济法论丛》,社会科学文献出版社 2018 年版。

第四节　经济法制度与可欲的经济秩序

可欲的社会经济秩序与经济法制度是相辅相成的,对此不仅从经济法制度对经济秩序的影响就可说明,而且可从经济法制度的变迁和社会经济秩序的演化中得到反映。

一、经济法制度对经济秩序的影响

(一)经济法制度与经济秩序

经济法秩序就是在社会经济活动中依经济活动参与者遵循经济法律、法规、规章等经济法律制度而产生的社会经济秩序,这种社会经济秩序反过来可给经济活动参与者提供满足,即对经济活动参与者具有价值或利益。其价值或利益大小取决于两方面:①经济法秩序扩展的范围,范围越广则价值越大,给社会总体带来的利益就越大。②影响其在维护社会经济秩序的诸多制度中的地位和功能,以及由此决定的经济法影响社会经济秩序的程度。

所有的社会经济秩序都是社会经济活动参与者或经济活动主体(人)在"共同理性"[①]支配下的经济行为互动形成的,因而,是人的经济行为秩序。而人是理性的动物,不仅每个人都有特定的目的性,且人类几乎每种经济行为都是有目的、有意向的行为,这是非常显著的特征之一。尽管制度分析及秩序的生成倾向于从演化的视角或以演化的观点看待人的经济行为,但它同时也批判或反对那种把人类行为简约为毫无理性的单纯动物性行为的倾向。以此来看,人类社会经济行为秩序是一种旨在追求社会经济活动基本目标的行为方式。

(二)影响经济秩序的因素

上述经济法与社会经济秩序的关联说明,社会经济秩序的存在由下面三个因素维系:①共同的经济价值观念或共同的经济利益观念,它是一定共同体在追求那些基本或主要经济目标的过程中形成的;②规范经济行为

---

① 共同理性,强调个体理性与集体(社会或共同体)理性的统一,这是因为每个局中人(即一定社会范围内参与某种社会活动的参与者)在形成自己对未来判断和预期的同时,也能够预见到他人的判断与预期,而且知道所有的人都在这样做。因此而达成的博弈均衡结果是所有局中人共同的理性预期。

模式的规则;③使这些规则发挥效力的制度。

这三个因素按制度经济学中有关制度分析的制度观,①以及在现代法治社会中几乎所有制度都被法律化的情况下,主要指的就是经济法的法律及民商事法律制度。其中,随着市场经济的发展,经济法律制度的作用日益重要。据此,我们结合制度经济学在制度分析中得出的"制度决定秩序"的结论②,不难得出这样的推论:在现代社会,以经济法律制度为中心的法律制度决定着社会经济秩序。以我国市场经济目前的发展状况讲,经济法律制度对市场经济秩序有以下影响。

第一,良好的社会经济秩序,从空间上讲,要求结构合理。从运行上讲,要求经济机制的功能得到有效发挥。具体到现代市场经济,就是区域经济的平衡、产业结构的合理、市场竞争的有效、市场交易的公平,经济法律制度的首要功能就是为此秩序的形成提供合理的规范。我国当前的经济秩序,从结构看,结构不尽合理,主要表现在农业发展的严重滞后。区域经济发展不平衡,主要体现在东南沿海地区与西北地区差距过大,东北老工业区衰落。如何规范市场经济活动中的行为,消除这些有碍于良好经济秩序生成的不良因素,经济法律制度的有效供给是关键之一。

第二,经济法律制度作为新兴的法律制度,其特点在于它不仅具有其他法律部门所具有的消极预防功能,以及救济受害者的功能,更为重要的是它还具有积极的激励与诱导功能,主要体现在利用利率、税率、补贴等优惠制度和财政转移支付制度,以及利用加大奖励与加重惩罚(如多倍赔偿)的制度,激励(包括正向与反向)经济活动主体按制度规范的要求而行为,使经济活动主体积极地把其资源投入到社会需要的部门或区域的经济活动中,以实现其意欲的社会经济秩序。可见,建立良好的市场经济秩序,建

---

① 本章的制度观并不是占主流的博弈论所认可的肖特尔的定义(把制度看作一套行为规则,这套行为规则是参与博弈的社会成员的均衡行为或行为模式),而是采纳社会学家弗莱格斯坦的定义(制度是行为模式及其共享的意义)。据此,可以说,第一个要素就是法律制度的共享意义的一面,后两个要素本身就是法律制度的必备内容。

② 1971 年,佳林·库普曼和约翰·迈克尔·蒙泰斯提出了一个经济体制与经济结果的数学函数。该函数表示如下:$O = f(E, S, P)$(式 1)。式中的 O 表示经济结果;E 表示环境;S 和 P 分别指体制和政策。该式表明,经济结果决定于环境、体制和政策,是三者的函数。为突出地说明制度的作用,假定环境不变,当(式 1)中的体制由制度所替代,政策被归入制度之内以后,我们便可得到一个新的函数式,其中 Inst 表示制度:$O = f(\text{Inst})$(式 2)。(式 2)清晰地表达了这样的结论:制度是最终决定市场秩序的因素。当然,制度如果不经过它(们)对生活于其中的人类行为的作用,是无法实现市场运行稳定有序的目标的。即,只有通过对人的目标和行为的影响,制度才能施展它的功能。(参见郭冬乐、李越:《制度秩序论》,载《财贸经济》2001 年第 6 期)

立完善合理的经济法律制度体系,并相应地完善其实施制度,是完全必要的。

第三,若我们把法律制度视为一种物品,那么经济法的法律制度与其他法律制度相同,都属于"公共品"。依新制度经济学的研究结果看,制度是一把双刃剑,制度不合理(坏的制度)会导致好人做坏事,或者说使理性的人从事不合理行为。相反,合理的制度(好的制度)使坏人不敢做坏事,即会促成人们从事合理行为。也就是说,制度越合理越能够引导人们从事合理的行为。所以,加强对各种经济活动主体行为的合理性研究,并用相应的经济法律制度进行规范,对良好市场经济秩序的建立具有重要意义。

第四,从社会经济活动的现实来看,每个参与社会经济活动的主体,从其参与社会经济活动的那一刻起就处于一定的经济法律制度的规范之中,可以说经济法律制度先于具体经济活动者的经济行为。从这种意义上看,一些制度分析者认为,"制度先于行为"[①]。亦正因此,在一定意义上可以说,在现代社会,经济法律制度决定或塑造了市场参与者的经济行为,并最终决定市场经济运行状态与市场经济秩序,不过这只是相对而言,或者说大致如此。而在现实经济活动中,信息不完全,以及经济人追求利益最大化的本性所导致的人的行为的机会主义,可能会出现许多经济行为未来得及被经济法制度所规范,由此对经济秩序造成混乱,因此,需要经济法律制度不断创新以对其予以规范。可见,经济法律制度与经济行为是相互形塑的关系,即经济法律制度决定或形塑经济活动参与者(人)的经济行为,而人的经济行为的变迁又反过来要求经济法律制度作出变革予以回应,即新的经济行为形塑了经济法律制度。试想,如果人的经济行为始终如一,一成不变,那么经济法律制度的变迁与创新也就失去了意义,由此不难看出经济法律制度对社会经济秩序的决定意义。[②]

上述论述说明,经济法的秩序是经济法律制度功能发挥的结果,这意味着,经济法律制度的功能预设是经济法秩序的发生学理由。

二、经济法制度变迁与经济秩序演化

社会经济始终处于发展变化之中,社会经济活动参与者的经济行为也

[①] 张宇燕:《经济发展与制度选择》,中国人民大学出版社 1992 年版,第 253 页。

[②] 需要说明的是,这里强调经济法律制度对社会经济秩序形成的意义,并不是否定民商法及行政法对社会经济秩序形成的意义,其实它们在整体经济秩序的形成中是互为补充的,只不过它们在秩序形成中的作用与经济法不同,也不是本书所应关注的。

会因应社会经济发展而变化。与此相应，调整人们社会经济行为的经济法律制度也随之而变迁，由此引起社会经济秩序的不断演化。在此过程中，经济法律制度的变迁和经济法秩序（近似于社会经济秩序）①的演化是相辅相成的，可以说二者是共生演化的。对此可从以下几点说明。

第一，两者的参与者都是"经济人"或"理性人"。这意味着，他们的经济行为通常是理性行为，即在给定条件约束下追求利益最大化的行为，其中经济法律制度就是重要的约束条件，因此，为实现利益最大化，"理性人"还谋求确定预期对自己最为有利的经济法律制度安排和权利义务界定。一旦一些社会经济活动参与者发现经济法律制度不均衡或者存在外在利益，就会产生变革（废、立、改）经济法律制度的需求。这种对变革法律的需求能否实现，取决于赞同、支持和推动经济法律制度变迁的行为主体集团（群体）在与其他利益主体集团（群体）的政治力量对比中是否具有优势。要求变革的群体的政治力量优势较大，则原有的经济法律制度安排或权利义务界定将通过废、立、改而被新的经济法律制度安排和权利义务界定所替代，从而引起经济法律制度变迁。相反，当要求变革的群体的政治力量相对较小，难以引发经济法律制度改变时，就只能等待时机，且可能引发他们不时地寻求现行经济法律、法规的漏洞或伺机从事违法活动。其结果就是，现有的社会经济运行出现障碍，社会经济秩序遭受一定程度的破坏。可见，经济法律制度的变迁过程实际上也是一种新的社会经济秩序取代旧的社会经济秩序的过程，亦即社会经济秩序的演化过程。虽然伴随着经济法律制度变迁，在新旧社会经济秩序交替磨合的过程会产生一些震荡，但此时的社会经济状态并非没有经济秩序。

第二，经济法律制度相对于其他法律制度虽然易变，但作为法律制度其也具有相对稳定性，这就使得在经济变迁的过程中，总会出现经济法律制度与社会经济现实不适应的情况。这时的社会经济秩序就会处于变动之中，一般会经过从稳定与和谐发展到动荡与冲突，从井然有序走向相对混乱无序，一直到经济法律制度发生变革，出现新的社会经济秩序，从而进入一个新的周期。这意味着，社会经济秩序从来就不可能是永恒存在、持久不变的自然秩序，而是动态的、开放的秩序。社会经济秩序既受诱导性

---

① 虽然经济法秩序与社会经济秩序存在不同，因为社会经济秩序是由多种经济活动规则制度形成的。但在现代法治社会，社会经济秩序主要是遵循经济法律制度形成的，因此，社会经济秩序几乎主要是经济法秩序，或者说经济法秩序近似于经济法秩序。为论述方便，下文中社会经济秩序与经济法秩序作同一意义使用。

制度变迁的影响而自生自发地生成与演化,也因强制性制度变迁而人为地被制造与变革。而且只有当经济法律制度恰当地配置了各利益群体间的权利与义务,构造了合理的利益激励与控制机制,以及以道德教化与强制相结合的方式保证其实施时,社会经济秩序才会持续有效地发生与发展。因此,经济法秩序的发生与发展过程,也是经济法制度与经济法秩序不断地由非均衡到均衡,再到非均衡,再回到均衡的共生演化过程。

第三,人之为人在于其有理性,理性不仅意味着人能通过对自己经验的总结而获得知识并用以指导自己未来的活动,还意味着人能通过对众多分散的其他人取得的知识的学习与传播避免错误,节省探索成本,促进社会更快进步。迄今为止,人类的一切成就都是应用知识累积的结果。社会经济活动从无序到有序,以及从主要依赖不完善的自生自发秩序,到依赖相对良好的自生自发秩序与人为建构秩序组成的混合秩序,作为其基础的经济习惯、经济法律的形成过程也是知识累积和学习的结果。其中,一些经济法律制度的变迁是从学习他国经验开始的,一些经济法律制度则是人们在社会经济生活中不断总结经验、不断"试错"、不断学习的结果。中国现代市场经济秩序的发展,同样得益于向发达市场经济国家的学习。因此,学习借鉴发达市场经济国家的经济法律制度并结合本土实际进行适应性的移植,对于形成良好的市场经济秩序具有极其重要的意义。没有对经济法律制度知识的学习及积累,就不可能有良好的经济法律制度的变迁和创新,也就不可能生成良好的市场经济秩序。

第四,经济法律制度作为正式的、他律的制度,其变迁与其他制度一样有两种,即诱致性变迁和强制性变迁。[1] 经济法律制度的诱致性变迁是指由社会经济活动主体(参与者)自发遵循一些新的经济行为规则并被立法者所确认而发生的变迁,其特性就是自发性,其产生是基于绝大多数经济活动主体的意愿,立法者的作用仅仅是对已经形成的规则予以确认。这种变迁产生的新经济法规则很容易得到遵守,是一种有效率的经济法律制度形成或变迁形式。但这种变迁往往非常缓慢,且有时也未必会发生可欲的变迁。经济法律制度的强制性变迁主要是指立法者借鉴发达国家经济法

---

[1]　最早把制度变迁区分为诱致性变迁和强制性变迁并作系统化研究的是林毅夫,在他看来,诱致性变迁是指一群人在响应由制度不均衡引致的获利机会时所进行的自发性变迁;而强制性变迁是由政府法令引致的变迁。对此的详细论述可参见林毅夫:《关于制度变迁的经济学理论:诱致性变迁与强制性变迁》,载[美]R.科斯等:《财产权利与制度变迁:产权学派与新制度学派译文集》,胡庄君等译,上海三联书店、上海人民出版社1994年版,第371-403页。

律制度的成功经验,结合本国实际依靠其理性建构新的经济法律制度而引致的变迁,其特性就是人为的理性建构。强制性变迁的优势在于,它可在最短的时间内以最快的速度推进经济法律制度的变迁,能以自身所具有的"暴力潜能"威慑或强制力等方面的优势降低经济法律制度变迁的成本。缺点是由于缺乏相应的配套法律制度,以及缺乏民众对该法律制度价值的认可,往往难以形成守法意识,而造成实施困难。总之,这两类经济法律制度变迁模式各有其比较优势,它们在法律制度变迁中的作用是相辅相成的关系而不是彼此替代的关系。在现代法治社会,经济法律制度变迁必然导致社会经济秩序的变化。因此,正确处理两种制度变迁方式的关系,成为社会经济秩序良性变迁或有效变迁的决定性要素。这一点对于指导仍处于变革时代的我国社会经济秩序的构建具有非常现实的指导意义。它告诉我们,要生成良好、和谐的社会经济秩序,从经济法角度讲,既要凭借立法者立法,实施强制性的经济法律制度变迁,如在确立市场经济体制条件下,制定反垄断法(包括反行政性垄断),建构良好的市场竞争秩序。同时,也需要及时对经济活动中经营者仿效发达市场经济国家的惯例自发形成的行之有效的规则予以默认直至确认,实施诱导性制度变迁。此外,依靠行业自律组织制定行业规则,推动经济法律制度创新,可缩短经济法律制度变迁的时间并减缓变迁产生的阵痛,这些都有助于生成良好的社会经济秩序。

第五,虽然从长期看,制度变迁对所有经济活动参与者也许都有利,但在短期内,制度变迁必然是一个非"帕累托改进"①。经济法律制度作为一种配置经济权利和义务的制度,亦即配置经济资源的制度,必定关涉经济利益的分配。这意味着,其变迁总是在短期内引起不同经济主体经济利益的消长,而经济活动主体的行为因未来的不确定性常常趋于短期化,即趋向于追求眼前利益。因此,要求所有经济活动主体对每一经济法律制度的变迁(即新的法律制度的出台)都达成一致的同意是不可能的。这决定了,适当的强制性经济法制度变迁是必需的。因为强制性制度变迁不需要全体经济活动主体的一致同意,而只要做到一致接受(不论是基于自愿还是

————————

① 所谓帕累托改进,是指每项改革新举措在不减少任何当事人的个人福利的条件下使其他社会成员的福利有所增加,从而使社会福利最大化。这意味着一部分人利益的增加不能以另一部分人的利益损失为代价。而非帕累托改进,则是指每一项改革新举措在不减少任何一个当事人的个人福利的条件下就不能使社会福利最大化。这意味着一部分人利益的增加是以另一部分人的利益损失为代价的。

迫于威慑或强制)就行了。但提请注意的是,强制性制度变迁并不意味着立法者可以随意创设经济法律制度,如果某种新创设的经济法律制度与其他经济法律制度相冲突,或者不能反映社会经济发展需要,以及不能反映时代的有关经济发展的价值共识,将会导致实际的社会经济运行秩序与经济法律制度安排所意欲的秩序不一致,就必然造成社会经济秩序的"混乱""无序"。

三、可欲的经济法秩序何以可能

对经济法律制度与经济法(社会经济)秩序相关性的分析说明,可欲的经济法秩序能否形成取决于经济法律制度本身是否优良,以及经济法律制度能否有效实现(主要取决于实施)。为此,必须回答两个问题,即良好的经济法律制度何以构成? 以及何以可能? 其实质就是要求经济法律制度内容本身(内在规定)具有合理性及有一个良好实施机制(外在规定)。

(一)决定经济法秩序的内在因素

据法理学对良法标准的研究,[1]以及制度经济学的制度设计理论,从内在方面讲,作为调整具有复杂性的国民经济整体运行关系的法律规范的总称,经济法要成为良法,必须满足以下四个标准。

1. 形式的科学性

形式的科学性是指,经济法体系及经济法律制度体系形式的科学性。经济法体系及经济法律制度体系的科学性要求经济法体系及经济法律制度体系具有统一性,[2]具体指经济法内部的各个子部门法及经济法律制度之间相互协调,具有内在的逻辑统一性。

经济法体系及经济法律制度体系的统一性(以下简称体系的统一性)是国家主权统一性的要求。经济法是国家调整社会经济整体运行活动的最重要手段,国家主权的统一性、至上性、不可分割性,使作为立法权行使

---

[1] 良法必须具备三个条件,即内容必须合乎调整对象自身的规律;价值必须符合正义并促进社会成员的公共利益;形式必须具有形式科学性。参见李桂林:《论良法的标准》,载《法学评论》2000年第2期。

[2] 我国经济法学界对经济法体系和经济法规体系的关系存有分歧,有的学者把经济法体系等同于经济法规体系,本书则对这两个概念区别使用。经济法体系是指由全部经济法规范按照不同的经济法部门分类组合而形成的一个呈体系化的有机联系的统一体,其构成要素是部门经济法,是法律体系的一个子体系。而经济法规体系则是指由多层次、门类齐全的经济法规组成的有机统一体,其构成要素是经济法规。(详见杨紫烜:《经济法》,北京大学出版社、高等教育出版社1999年版,第53-55页)

产物的经济法体系及经济法律制度体系也应该具有统一性。经济法体系及经济法律制度体系的统一性也是法律权威性的要求,只有在体系的统一性得到满足的情况下,其权威性才能得到体现。否则,会造成"有法难依"的现象,致使经济法的权威受损,最终难以实现其意欲建构的社会经济秩序。经济法体系及经济法律制度体系的统一性还是社会经济有机整体性的要求,社会化大生产下整体社会经济的运行,需要统一的组织协调,而经济法律制度作为最为重要的有形之手,是协调现代社会整体经济运行的主要手段之一,因此,只有经济法体系及经济法律制度体系具有统一性,才能适应对社会经济整体协调的需要。

经济法体系及经济法律制度体系的统一性主要指三个方面的统一:①经济法体系的全部子部门法及其法律制度的效力统一于一个共同的最高规范性标准。据国外经验及我国实际,经济法体系及经济法律制度体系最终的效力来源是宪法的有关规定,以及国家的长期经济政策。① 一切经济法子部门法及相关的经济法律、法规、规章中所包含的规范都不得与宪法及国家的长期经济政策相冲突。②经济法各子部门法及其经济法律制度之间在形式上应该协调一致。经济法要在其适用中产生立法者所意欲的社会经济效果或意欲的社会经济秩序,就必须具有确定性。经济法各子部门法或经济法律制度内不同规定的冲突,将破坏经济法的确定性,就会使行为结果不具有可预测性,给经济法的遵守和适用带来困难。在相互冲突的经济法子部门或经济法律制度所涉及的行为领域,人们行动将无所适从。因此,经济法子部门法及经济法律制度之间应该避免发生冲突,或者应存在解决冲突的制度机制。③经济法体系及经济法律制度体系应该具有完备性。所谓经济法体系及经济法律制度体系的完备性是指经济法体系的子部门法及制度应该尽量涵盖社会经济活动的各个方面、各个环节。

经济法律制度的形式科学性要求对于提高经济立法的质量具有重要意义。经济法律制度是经济法功能和作用的承载者,经济法对人的经济行为的调整主要体现在经济法律制度对人们的经济权利和义务的配置中。关于经济法律制度功能的研究表明,经济法律制度不仅具有一般法律制度

---

① 这是由经济法的政策性特征决定的,这从经济法的变迁中亦可说明,如各国税法中税种、税率的历史变迁及各自的差异性,各国区域开发中不同的法律规定以及世界主要国家反垄断法的演变历程。(有关经济法对经济政策的依存关系请参阅以下几本书:[德]何梦笔:《秩序自由主义:德国秩序政策论集》,董靖、陈凌、冯兴元译,中国社会科学出版社 2002 年版;[美]戴维·J.格伯尔:《二十世纪欧洲的法律与竞争》,冯克利等译,中国社会科学出版社 2004 年版;[美]奥利弗·E.威廉姆森:《反托拉斯经济学》,张群群、黄涛译,经济科学出版社 1999 年版)

所具有的强制、评价、指引、预测和教育的功能,且具有分配、传递经济信息、节约交易费用、激励及整合等功能。① 需要注意的是,经济法的规范功能并不是对每个经济法规范应具有的功能的要求,它们是通过经济法各子部门法诸多不同的规范之间的系统联系来实现的。

据经济法规范的形式科学性要求,经济法规范的体系结构应包括以下四方面:①经济法规范体系中必须包含对经济活动参与者施加义务的规范,并相应地设置制裁规范——法律责任。②经济法规范体系中还有其他以防止有害行为为主导的法律规范体系所没有的正向激励性规范,主要表现在对某种行为的奖励、义务减免等。③经济法规范体系都有组织性规范专设的组织或授权特定组织履行特定干预职能的规范(据此设立了各种干预经济的主管机关);经济法规范体系中都有授予经济主管机关立法权力的规范(使特定经济组织具有"准立法权",并据此制定法规、规章)。④经济法律规范体系中既有设定权利和义务的实体性规范,也有不是设定权利和义务的组织及程序性规范,这两种规范具有内在的关系,组织及程序性规范影响着很大一部分经济法律——经济法的法规、规章的制定和适用。这意味着,对经济法规范的解释主要应从经济法规范之间的内在关系体系来理解,而不是从经济法规范的文意来解释。

2. 内容的合理性

经济法内容的合理性,意味着经济法必须符合社会经济整体运行之原理。这就要求经济法在立法上必须尊重和反映社会经济运行的机理或规律。需要说明的是,这种机理或规律并非自然规律,而是社会规律,主要体现在经济学对该时代经济运行的理性总结所形成的共识。马克思说:"法律是人的行为本身必备的规律,是人的生活的自觉反映。"②"立法者应当把自己看作一个自然科学家,他不是在制造法律,不是在发明法律,而是在表述法律。"③在现代社会中,经济法所调整的整体性社会经济关系虽然具有有机性,纷繁复杂,但仍然有其自身的规律或运行的机理。对此,主要可从如下几个方面把握。

第一,有机整体的经济权力合理运用的机理或规律。有关如何使权力科学行使的理论很多,其中最为重要的是委托—代理理论与权力制约理

---

① 对经济法功能的详细论述可参见刘水林、雷兴虎:《论经济法的社会经济功能》,载《法学评论》2004 年第 2 期。
② 《马克思恩格斯全集》第 1 卷,人民出版社 1964 年版,第 163 页。
③ 《马克思恩格斯全集》第 40 卷,人民出版社 1964 年版,第 72 页。

论。按现代民主理论,国家及政府只是一国范围内国民的代理或代表,因此,其权力源于国民的同意,权力的行使要基于国民的利益,这是其权力的源泉及合法性基础。同时,"市场失灵"的实践及博弈论的"囚徒困境"都说明,复杂的市场经济要持续有序地运行,需要赋予特定社会公共组织一定的公权力或权威以行使某些公共职能。但经验证明,权力若无约束必将变得专横。① 这就要求对所有公共经济权力的行使限度、行使方式必须以经济法律制度予以明确规定,并应该体现权力制衡和公众参与。

第二,社会经济活动参与者的经济行为的机理。经济行为与其他社会行为的最大区别就是,经济行为一般都是理性行为(这里的理性是与激情相对应的),其行为动机都是追求经济利益最大化。对此,经济法只能承认,并在经济法律制度设计中设法利用经济活动参与者的这一动机,以利益诱导,促使其从事有益于社会公共利益的行为,以实现"主观为自己,客观为社会",即"激励相容"。

第三,市场经济运行的机理或规律。现代市场经济是混合经济,这意味着市场机制自发调节对生成良好社会经济秩序的承认,即对市场经济的自生自发秩序在现代社会经济秩序生成中所起作用的尊重。从现代经济发展来看,虽然人为设计的秩序难达市场机制作用的项背,但市场机制并非完美。因此,仍需人为设计的秩序对其进行矫正。在法治社会,就要求经济法在对市场自发秩序予以尊重的同时,对市场自发作用进行适度干预,但注意不能使国家的干预破坏市场机制的正常发挥。

3. 价值的现代性

据前述对经济法的看法,笔者把经济法学看作研究人们如何在分工高度发达、社会经济犹如有机整体的现代经济系统中,在协作创造和分享可欲的经济利益的过程中正义行动的学问。如果认可笔者的这一观点,那么,经济法的全部价值和法益就可认为是对社会正义和整体利益这两个问题在社会经济领域的拓展。社会经济的整体性、有机性,要求思考经济法的所有价值——公平、秩序和效率都必须以现代性的观点,即以有机整体的观点来思考。在经济法上表现为:从结构的合理性与运行的持续性的综

---

① 正如孟德斯鸠的研究及经验所证明的:"一切有权力的人都容易滥用权力,这是万古不易的一条经验。有权力的人们使用权力一直遇到有界限的地方才休止。……从事物的性质来讲,要防止滥用权力,就必须以权力约束权力。"([法]孟德斯鸠:《论法的精神》上,张雁深译,商务印书馆1961年版,第154页)邓小平据我国社会主义实践也指出,"权力过分集中,妨碍社会主义民主制度和党的民主集中制的实行,妨碍社会主义建设的发展,妨碍集体智慧的发挥,容易造成个人专断"(《邓小平文选》第三卷,人民出版社1993年版,第178页)。

合视角考虑。而对经济法保护的法益则必须从私人利益与公共利益、短期利益与长期利益、个体利益与整体利益、经济利益与社会利益的辩证关系中去把握。

因此,经济法的立法必须从整体上来把握,所有经济法的子部门法只是在某一维度、某一方面单向度地体现经济法的价值,只是实现整体价值的一个环节。人为地把经济法分成财税法、金融法、竞争法、消费者权益保护法等,认为它们具有各自自恰的价值,并分别授予各自的主管部门相应的准立法权,如没有一个最终的审查协调委员会予以实质意义的审查,不仅不利于经济法整体价值的实现,其子部门法的价值也可能因相互间的价值冲突而难以实现,意欲的经济法秩序也就不可能形成。

4. 规范的模糊性

经济法调整的社会经济关系是整体性社会经济关系,是复杂的、变动不居的,其特性就是整体的有机性、复杂性、流变性。加之,人的理性有限,以及人类社会运行规律与自然界不同,①因此,据不完全性定理引申出机制设计的策略性、模糊性原则,要求经济法的规范就应规定得相对原则或模糊,只有这样规范,并通过解释才有利于社会经济发展。经济法律制度演化的历史表明,模糊性的经济法律制度通过司法或执法实践可以迅速得到改善。对此,从美国反垄断法以《谢尔曼法》简单的原则性规定为基石而不断发展演化的事实就可说明。

(二)决定经济法秩序的外在要素

可欲的社会经济秩序的形成,不仅需要科学、合理的经济法规范内在规定,充分体现社会的价值共识和对社会整体利益的保护,以及规范表述策略性的模糊,而且需要具有良好的外在环境和条件,具体来讲有以下三方面。

1. 非正式的社会规范

其内容主要包括意识形态、价值信念、经济伦理规范、风俗习性等因素。它们多是在长期社会经济活动中无意识地形成的,并构成代代相传的文化的一部分,具有持久的生命力。其中,意识形态居于核心地位,它不仅蕴含着价值观念、伦理规范和风俗习性,且在形式上构成经济法律制度安

---

① 自然界受因果律支配,因而具有规律性,因此,只要人们认识掌握了某一规律,就能作出准确预测。而人类社会受目的律支配,人类社会的所谓规律只是统计意义上的规律,与众多的社会因素或事件有关,社会因素或事件的不可重复性,决定了社会规律对预测只有参考性,预测只有概率高低而没有准确与否。

排的"先验"模式。

2. 公民的法律意识

仅从法律文本看,"世界上许多国家都有着好的法律——决定性的是,这些法律是否也切实发挥作用。应当通过一个有运作能力的法院系统保障法律切实发挥作用的观念肯定是正确的。但在另一方面,还更为重要的是,法律也在人们的意识中生存并且发挥作用;这样执行它的成本就会大大降低,而且会存在较少的社会冲突和紧张"①。因此,法律在一国文化中占据的地位,以及由此决定的该国国民的法律意识,对经济法秩序及社会经济秩序的生成有很大影响。

3. 执法者的素质

这点对经济法尤为重要,这是由经济法规范规定的模糊性或原则性决定的。经济法规范的这一特性决定了其给执法者和司法者的执法或司法留有自由裁量的余地较大。因此,经济法的运行效果——经济法秩序或社会经济秩序的好坏,固然与经济法的实施机制及制度有关,但执法者、司法者的素质也有很重要的影响。正如波普曾所说,制度设计得再好,也不过是无人把守的城堡。这意味着,制度就像城堡,设计得再好,如果没有守护它的士兵,没有人去很好地保卫它,也没用。"制度"一定是与执行制度的"人"在同一层次上的,二者是相辅相成的。

---

① 何梦笔:《秩序自由主义:德国秩序政策论集》,董靖、陈凌、冯兴元译,中国社会科学出版社
　2002 年版,前言第 21 页。

第四章　秩序理念下经济法规范的行为

任何法律作为行为规范,都旨在通过规范人的行为而实现对社会关系的调整,进而形成意欲的社会秩序,以实现对特定利益的保护。正是在此意义上,马克思说:"对于法律来说,除了我的行为以外,我是根本不存在的,我根本不是法律的对象。"①而我国有学者进一步强调:"法律不是以主体作为区分标准,而是以行为作为区分标准。"②这意味着,法律部门或法的领域的划分既可以以其调整对象的特性(目前我国对部门法划分的主流理论就是以调整对象为标准,这种划分在部门法的定义上也有体现,主要表现在以调整对象的特性为部门法本质)、保护利益的特性为标准来划分(目前,公法与私法的划分主要就是以法保护的利益特性为标准),也可以以其规范行为性质的不同为标准而划分。而从法律演化的历史来看,任何法律领域的形成或新部门法的产生都源于有特别的或新兴的行为类型需要规范,也就是说,任何法律领域或法律部门都是以特定类型的行为为其规范对象的。正因此,有学者说:"古往今来,一切法律的创设或约定,都是为了调整或规制人的行为。"③由此决定,对行为的研究历来是法学研究的重心,行为理论也是各部门法学最为重要的理论,经济法也不例外,基于此,本章在对我国实行市场经济制度以来经济法学界有关经济法行为的研究进行反思的基础上,把经济法规范的行为定位为经济公共性影响行为,接着对这种行为的性质和类型予以研究,最后引申提出对这种行为的规范范式。

第一节　反思经济法的行为理论

纵观我国经济法对行为研究的历程,20 世纪 90 年代初以前,由于我国经济体制处于转化之中,经济法理论研究处于多变和不确定之中,因而,

---

① 《马克思恩格斯全集》第一卷,人民出版社 1986 年版,第 16-17 页。
② 张文显:《法理学》,北京大学出版社、高等教育出版社 1999 年版,第 47 页。
③ 舒国滢:《法哲学沉思录》,北京大学出版社 2010 年版,第 77 页。

本节的反思仅限于对 1992 年社会主义市场经济体制在我国确立以来经济法有关行为的理论研究。这一时期经济法有关行为的理论研究大致可分为两个阶段，即借鉴和模仿阶段，以及反思与创新阶段。

一、经济法对行为研究的发展历程

就以 20 世纪 90 年代初社会主义市场经济确立后的研究来看，与所有新兴部门法理论研究一样，都经历了从模仿借鉴到反思创新的过程。

（一）借鉴和模仿阶段

模仿和借鉴阶段，即 20 世纪 90 年代初至 21 世纪初期的研究阶段，这一阶段主要是对民商法和行政法有关行为理论的借鉴和模仿。其实这种研究理路有其合理性，因为，与所有法律制度的发展演化一样，法律制度对稳定性的追求，造就法律制度的演化和发展具有保守性，新的法律制度自觉不自觉地都打上了既存法律制度的烙印。另外，在经济法律制度产生和发展的历史上，经济法的法律制度多脱胎于民商法与行政法，经济法的实践（执法和司法）或实施机制也与民商法和行政法的实践或实施机制紧密勾连，因而，经济法与民商法和行政法存在着千丝万缕的联系。加之，当时我国经济法学者接受的主要是公法与私法（民商法和行政法）的法律思维训练，受此思维影响，借鉴民事行为理论和行政行为理论来建构经济法行为理论就成为必然。这时期的研究内容主要包括三方面：①对经济法行为含义的描述。① ②对经济法行为内容（类型）的概括。② ③对经济法行为构成要素的分析。③ 这些研究虽非完美无缺，但正是这一时期研究的积淀，

---

① 这一时期许多研究都对经济法行为进行了界定，一般认为经济法行为是指由经济法律、法规规定的，能够引起经济法律关系产生、变更和消灭的，人的有意识的作为或不作为（参见王保树：《经济法原理》，社会科学文献出版社 2004 年第 2 版，第 83 页；符启林：《经济法学》，中国政法大学出版社 2009 年版，第 70 页）。有的则使用经济法律行为的概念，提出"经济法律行为是能够引起经济法上效果的人们发自意思所表现出来的一种法律事实"（吕忠梅：《论经济法律行为》，载《福建政法管理干部学院学报》2000 年第 1 期，第 4 页）。
② 对行为类型的概括相对多样，如漆多俊教授把经济法行为分为两大类，即社会各组织和公民所从事的基本经济行为与国家的经济调节管理行为（参见漆多俊：《经济法学》，武汉大学出版社 1998 年版，第 106 页），张守文教授则认为经济法上的行为就是"调制行为"［参见张守文：《略论经济法上的调制行为》，载《北京大学学报》（哲学社会科学版）2000 年第 5 期］。
③ 如徐孟洲、杨晖认为："经济法行为是对意思表示要素的改造来体现经济法行为的特色，实现经济法的价值目标，发挥经济法的作用。"（徐孟洲、杨晖：《法律行为与经济法行为的关系：经济法行为的正当性》，载李昌麒：《经济法论坛》，群众出版社 2008 年版）。这种探究直到现在也有一定影响，如靳文辉认为："经济法行为是一个意志系统，亦是一个行为系统，或者说是意志凭借权力，依据客观条件，通过相应的行动进而实现自身目的的过程，此乃经济法行为的逻辑结构。"（靳文辉：《经济法行为理论研究》，中国政法大学出版社 2013 年版，第 56 页）

加之经济法内部子部门法如反垄断法等相关立法和司法实践的发展以及相关研究的积淀，引起了经济法学界的反思，为此后十多年来经济法的行为理论研究提供了理论准备。

(二)反思与创新阶段

随着经济立法的发展，以及司法中大量经济法案件的出现，原先的经济法行为理论已不能给经济法实践提供理论支撑，于是，有学者开始重新思考经济法的行为理论。近十多年来经济法的行为理论研究主要包括两个方面，即反思证成与创新开拓。反思证成倾向于去民法化和去行政法化，以及证成经济法行为的特殊性[①]；而创新开拓则是指出思考研究经济法行为应遵循的思维路径，并以此为据提出新的经济法行为理论。[②]

二、对既有研究的反思

既有研究虽意欲从早期对民法与行政法行为研究的模仿借鉴走向独立建构，且已经取得了一些建设性的成果，但就目前的研究看主要存在三

[①]　反思证成旨在证明经济法行为的特殊性，其研究包括两方面内容：①主要是对部门法的法律行为划分理据进行反思，其中刘少军教授认为，法行为是一种混合行为，受到多个部门法的调整。因此，无法实现对其完全的区隔，因此主张："研究经济法和经济法行为的关键是找到一个合理的边际均衡点，以指导行为主体的具体经济法行为。"[刘少军：《经济法行为性质论》，载《天津师范大学学报》(社会科学版)2009 年第 1 期]而薛克鹏教授认为，应先从经济学的意义上对经济行为进行界定，再从法学上对各部门法加诸其上的调整进行区别划分，这样就可恰当地划分传统部门法与经济法在行为上的界域。并提出经济法所规范的经济行为包含两方面，即市场主体行为和政府经济行为。(薛克鹏：《经济法基本范畴研究》，北京大学出版社 2013 年版，第 74-112 页)②直接分析经济法中行为现象的特殊性。如有学者认为，经济法律关系客体中的行为不再是抽象且高度形式化的"法律行为"，而是更细化的具体的行为。根据主体的不同，可以分为经济管理行为、社会团体及其成员的自治行为、竞争和协作行为、给付行为、各种程序行为等。(史际春：《经济法》，中国人民大学出版社 2010 年，第 92 页)

[②]　这方面的研究，旨在寻求研究经济法行为的新思路径，并据此提炼出经济法的行为类型，大致形成四种思维路径：①类型化研究方法，有学者认为经济法行为可以通过类型化实现从形而下到形而上的研究突破(彭飞荣、王全兴：《经济法行为类型化初探》，载李昌麒《经济法论坛》第五卷，群众出版社 2008 年版)。②行为结果方法，即主张从行为结果研究经济法行为。如有学者从宏观调控行为入手，发现了调控行为引起的法律效果的双重性(参见冯果、武俊桥：《超越局部与个体的经济法行为：以中央银行宏观调控行为为视角而展开》，载《法学杂志》2003 年第 3 期)。③目的论探讨，即从实现经济法的目的出发建构经济法的法律行为理论，据此，提出"干预行为"是经济法的法律行为。[高寒，刘水林：《干预行为：经济法中的"法律行为"》，载《上海财经大学学报》2008 年第 1 期]有学者进一步提出，经济法中的行为研究应当考虑其目的、价值等内容。(余发勤：《经济法律行为范畴研究》，中国检察出版社 2011 年版，第 48-49 页、第 68-95 页)④"主体—行为"研究方法，有学者认为经济法行为范畴的提炼基础是经济法的社会整体利益观，而提炼的范式应当是"主体—行为"范式结构。(张继恒：《经济法行为范畴之建构》，载《安徽大学法律评论》2012 年第 2 期)

个方面的不足。

(一)缺乏价值指引

就目前经济法行为研究来看,多数研究缺乏法律的目的或价值目标指引。研究主要关注从经济法律规范的主体特性提炼经济法行为的特性,这从前述的行为分类不难看出。研究的目标自觉不自觉地定位于从法律主体的性质,寻求经济法行为与民法和行政法行为的差异,忽视了从经济法的价值目标或法律目的寻求经济法所规范行为的特性,并从这种行为特性说明经济法需要的不同于民法、行政法的特殊的规范方式。

(二)对传统部门法行为研究存在路径依赖

具体主要体现对民法和行政法行为研究的路径依赖。虽然经济法学者在研究中试图尽量摆脱民法和行政法的影响,但在潜意识上依然存在着对民法与行政法行为研究路径的依赖,自觉不自觉地沿用民法与行政法行为研究的路径。其主要表现在对行为类型的划分及对行为性质的提炼上,仍是以行为主体的性质或名称为标准,而非从经济法的目的本身出发,从行为本身,即从行为作用的对象(客体和主体)的特性,以及由此决定的行为后果的特性(行为影响的利益特性)相结合对行为定性。由于行政法与民法产生的社会经济背景及其观念基础大致相同,认为所有行为作用的对象及后果是同质的,即行为作用或影响主体是具体的个人,客体是私人物品,后果是私人利益。行为的差别主要是行为主体性质的差别,因而,它们各自把其规范的行为的特性以行为主体的属性来反映,从而把其规范行为称为行政行为、民事行为。而经济法学者在行为理论研究中也主要沿袭以行为主体的性质为标准对行为进行分类和命名,如有的在把经济法主体按大类分为政府和市场主体的基础上,提出经济法的行为包括政府经济行为、市场主体行为。而对国家经济机关,学者们因名称上有协调机关、干预机关、调节机关、管理机关、调制机关等称谓,而把经济法中规范的国家机关的行为称为协调行为、干预行为、调节行为、管理行为、调制行为等。同样,把市场主体据其性质分为经营者和消费者,相应地把其行为分为经营行为、消费行为。这种研究形成的行为理论,既不能解释经济法规范的政府行为与行政法规范的行政行为有何不同,不能回答行政法学者提出的经济行政行为的诘难,也不能说明市场主体如经营者的行为与民事行为有何不同,更不能解释经济法制度中缺乏对消费行为规范的尴尬。因而,这些研究对经济法律制度的建构缺乏指导意义。

（三）研究的行为指涉不明

研究的行为指涉不明，导致研究对象混乱，即作为研究对象的经济法行为所指涉的内容不尽相同。这从前述研究者所用的概念就可看出，在学者们的研究中分别使用了"经济法行为""经济法上的行为""经济法律行为"这三个不同的概念。

基于以上认知，本章的研究以经济法的价值目标为指引，把研究定位于作为经济法规范对象的行为，并把行为置于社会经济关系中，采取比较分析方法，主要从行为本身，即从行为作用的对象（行为影响的主体、客体）及行为的社会经济后果（利益特性）出发，结合行为主体的属性，对经济法规范的行为的性质予以界定，在此基础上，对经济法所规范的行为的特性、类型及其规范结构和规范方式予以阐述。

第二节　经济法规范的行为

任何法都有其特定的目的，亦即都有其保护的特定利益。正是由于其目的不同，决定了其规范的行为不同。这意味着，任何法律所规范的行为就是对其目的实现起着决定性影响的行为，而不是该法所涉及的所有主体的行为。① 因而，对任何法律所规范的行为的探究必须从其目的出发。

一、部门法行为分类标准的选择

弄清法学的行为分类标准，以及选择恰切的分类标准，是界定经济法规范行为的前提。

（一）行为分类标准

人不论是作为基因载体的生物属性，②还是作为"社会动物"的社会属

---

① 这从现有部门法的研究中不难看出，如刑法中虽然受害人也是刑事法律关系中的主体，但刑法规范的行为，亦即刑法研究的行为只是犯罪行为，因为在刑法中，犯罪行为是影响刑法保护利益目的实现的决定性行为。行政法中相对人是行政法律关系中的主体，但在这种法律关系中，行政主体是关系的决定者，行政行为是决定行政法目的实现的主要行为，因而，行政法规范的行为，以及其研究的行为主要就是行政行为。而民法目的实现的最大障碍就是民事主体行为能否真正体现其自由意志，即意志是否自由，因而，德国民法创立了法律行为（即我国民法的民事法律行为），其实质就是赋予民事主体的行为法律效力，以保障其行为意思效果的实现。

② 英国生物学家道金斯认为："我们以及其他一切动物都是各自基因所存在的机器。……成功基因的一个突出特性就是其无情的自私性。这种基因的自私性通常会导致个体行为的自私性。"（［英］理查德•道金斯：《自私的基因》，卢允中等译，中信出版社2012年版，第3页）

性,都决定了人行为的根本动机都是获取一定的利益。对此,作为近现代西方主流政治哲学和经济学前提基础的"理性人"或"经济人"假设①自不必说,就连马克思也认为:"人们奋斗所争取的一切都与他们的利益有关。"②这意味着,人的行为目的或动机,以及行为的结果都是获取一定的利益,即行为的出发点和归宿都是利益。可见,人的行为的本质就是追求某种利益的有意识的活动,利益的内容和属性不仅决定着行为的内容和属性,也决定着人们行为的方式。正因此,我们可以说,任何法律都是通过对人的某种行为的规范来实现其保护特定利益的目的的。由此决定,从法律目的实现的视角对不同法律部门所规范的行为予以分类界定,其最为根本的标准是行为影响的利益。而利益总是以一定形式的客体为载体的,且总是被一定主体以一定的方式所分享。因而,利益的特性及分类往往与其客体特性和主体分享利益分享方式的特性有关。由此决定了,在法律上影响利益特性及分类标准的要素主要包括三个方面,即主体、客体和内容特征(主要体现在利益分享方式上的特性)。这三个因素可单独或相互结合,构成利益类型划分的标准。

就目前法学对利益分类的研究,主要有以下几种分类标准。①以主体为标准,主要是以主体构成或职能的属性来界定利益,据此,利益被分为个人利益、群体利益、国家利益、社会利益,这些利益的名称就反映了利益归属主体构成的性质,这种构成的性质主要是以人数的范围和数量来体现的。②以客体为标准,即以客体的属性为标准,包括以客体的自然属性(客体的存在形式)和社会经济属性为标准来划分利益。据客体的自然属性标准,利益可分为物质利益、精神利益;据客体的社会经济属性标准,利益可分为私人利益和公共利益。③以利益本身属性为标准,包括利益的内容属性和利益分享的属性两方面。以内容属性为标准,利益可分为经济利益、政治利益、文化利益,或经济利益、社会利益(如社会秩序、环境)等。以分享的属性为标准,利益可分为私人利益和公共利益。私人利益是指在分享上具有排他性和竞争性的利益,公共利益是指在分享上具有非排他性和非

① 理性人假设的核心是:人们从事的所有经济活动,甚至说所有社会活动都是在既定条件约束下追求效用最大化。对此,政治活动中的人与市场中的人本质没有区别。"有证据表明,麦迪逊本人曾经假定,人们在其私人行为与集体行为中都一样地遵循着效用最大化政策,他之渴望限制多数派与少数派两者的权力,至少在某种程度上就是以对这种动因的认识为基础的。"([美]詹姆斯·M.布坎南,戈登·塔洛克:《同意的计算:立宪主义的逻辑基础》,陈光金译,中国社会科学出版社,2000年版,第27页)
② 《马克思恩格斯全集》第1卷,人民出版社1956年版,第82页。

竞争性的利益。

（二）分类标准的评析与选择

上述三种分类中，第一类是法学中最为常见的，也是最具部门法建构意义的分类。这是因为，目前的主流法律观念是以自由主义为根基的，加之，近现代社会中人的利益构成中私人利益的重要意义，以及公共利益的意义隐而不彰的现实，使主流法律理论在把个人利益等同于私人利益，以及把社会利益等同于公共利益的基础上，形成这样一种利益观念，即"个人利益是唯一现实的利益"，"社会利益只是一种抽象，它不过是个人利益的总和"。① 这意味着，主流法律理论持有这样的利益假说②，即所有的利益都是具有可分性、竞争性、排他性的同质的利益。可见，目前的主流法律理论，实质上并不承认以利益客体的属性及由此决定的利益本身的属性就可界定其特质，利益的不同主要是指其归属主体的不同，且这种主体的差异，又主要是在一定静态的时空中主体构成的人数差异。

第二类中的物质利益和精神利益的分类，在法学研究和现有法律、法规的表述中虽经常出现，但主要用于司法实践以及与司法实践相关的研究中，目的在于确定利益损害的构成以及损害量，以实现对受害人的充分救济。这种划分的实质是以利益客体的客观表现形式，而非以利益客体的社会经济本质为标准的分类。而法律作为社会关系调整器，其规范建构意义需从社会经济特性去发掘，因而，这种划分对部门法建构意义不大。第二类中的以客体的社会经济属性——公共物品和私人物品，以及第三类中以利益分享特性为标准的分类在法学中尚不多见，③但笔者认为对于建构新的法律领域或新的法律部门，最为基本的标准是利益本身的属性，特别是由利益客体，以及利益分享方式的特性所决定的属性。这是因为，从利益的角度看人与人之间的关系主要是利益分享的关系，法律的产生主要是为了解决利益分享中的冲突。正是现代社会人的利益构成的变化，导致行为

---

① 转引自孙笑侠：《论法律与社会利益》，载《中国法学》1995年第4期，第53页注释②。
② "假说"的基本含义是根据已知的事实和原理，对所研究的自然和社会现象及其规律性提出的一个暂时性但可以被接受的解释（或推测和说明）。社会是由具有目的的人类行为互动形成的复杂现象，这就使社会科学的一些假说往往与人的认知和信念有关，从而使其些假说难以被科学方法所证明，也难以证伪，但其却能够产生深远的影响，如西方近现代政治哲学和法学中的"人生而平等""社会契约"等就是假说。
③ 在法学研究中，以利益的客体和利益分享的特性为标准，把利益分为公共利益和私人利益的是笔者的尝试，对其较详细的论述可参见刘水林：《经济法是什么：经济法的法哲学反思》，载《政治与法律》2014年第8期。

影响的利益类型变化,从而产生这种新的行为类型,决定对此新类型的行为予以与传统法不同的规范方式。正因此,本书选择主要从利益视角,即行为影响的利益属性出发对行为予以界定和分类。

二、利益视角的行为分类

以行为影响的利益属性为标准,行为可分为私人性影响行为和公共性影响行为。由于利益的属性与行为影响的利益主体和客体的特性有关,因此,利益视角的行为的划分及分析必须从行为影响的对象(包括主体、客体)和影响后果展开。

(一)影响的主体

私人性影响行为指向的主体,即受该行为影响的主体具有有限性、封闭性、即时呈现性。其中有限性也可说是确定性,是指受该行为影响的主体虽然人数众多,但数量是确定的、可清楚统计的,因而是有限的;封闭性是指随着该行为的结束,受影响主体即可确定,不再发生增减变化;即时呈现性,即没有潜在的受影响主体,行为一旦发生,受影响的所有主体就浮现了出来。因而,受影响的主体是特定的。

而公共性影响行为的受影响主体具有开放性、历时性、无限性、不确定性。开放性是指受该行为影响的主体的数量不因损害行为的结束而停止,在一定时间内还会增加。历时性是指行为虽然结束,但行为的影响将在一定时间内持续存在,并随时间推移而逐渐呈现。如因一些行为影响具有潜在性,在实际损害发生时这些影响不大,往往并不容易察觉,只能随着时间的推移或者损害的加重才能呈现或被发现。例如一些可能损害竞争的合并行为、损害税收调控的偷税漏税行为等对社会经济秩序会造成潜在的损害。再如产品质量问题、药品副作用对人体的损害等,通常需要通过较长时间的累积给经济秩序造成损害。[①] 无限性是指受影响的主体是跨时空的,因而数量是无限的、不可准确统计的。不确定性是指因有的影响具有扩散性,受影响者在影响发生后的一段时间内持续出现,因而,受影响主体是不确定的、众多的。

---

① 对此,正如美国海洋生物学家雷切尔·卡逊,在其引起环境保护革命的著作《寂静的春天》中所说:"化学物质在改变世界以及生活的本来面貌的过程中是一个邪恶的并不易为人发觉的帮凶。"Rachel Carson, *Silent Spring*. Boston:Houghton Mifflin,1962,p. 6.(可参见中文版[美]蕾切尔·卡逊:《寂静的春天》,吕瑞兰、李长生译,吉林人民出版社1997年版,第4页)

（二）影响的客体

私人性影响行为作用的客体是私人物品，其在存在形式上是以私人的财产、人身和特定行为等形式存在的，是相对静态的。正因此，私人性影响的后果，即行为对私人物品价值——私人利益的影响一般是静态的，不随时间的推移而变化。因而，受影响的客体是可恢复、可替换或可补偿的。

而公共性影响行为影响的利益客体是公共物品，其在存在形式上是社会经济关系系统（如市场秩序、国民经济的结构秩序）、人生存依赖的环境系统及对关系到国计民生的自然垄断和公用事业的合理发展状态等，是相对动态的市场关系体系、产业结构，以及经济发展状态。因而，受影响的客体是难以恢复、不可替代或难以补偿的。

（三）影响后果

私人性影响行为影响客体的静态性，以及影响主体的确定性、有限性，意味着行为的影响后果是可以通过修复（或治疗）、重做（替换）或赔偿等方式使受害者恢复到行为发生以前的状态。

而公共性影响行为主体的开放性、历时性、无限性、不确定性，以及影响客体的动态性，决定了对公益的损害是不确定的。正如有学者指出："公益不是静态的、既定的数目，公益随着程序的进行逐渐发展。"[①]这意味着，影响后果，即影响的利益是难以恢复或难以补偿的。

三、法演化视角的经济法规范的行为

行为的类型并非一成不变，而是随着社会经济发展变化而变化的，因而，从社会经济变迁与行为演化视角了解新的行为类型，是理解新法律产生的一条途径。

（一）行为类型的变化

19 世纪末，特别是 20 世纪中叶以来，随着社会的经济化及生产社会化程度的提高，人的利益构成及各种利益对人的价值发生了变化，即人的利益由传统社会的私益的单一构成转化为由私益和公益的二元构成，且公益对人的价值日益彰显。加之，反自由主义观念的不断增强，以及公共性影响行为的不当行使导致的严重甚至是灾难性损害后果的呈现（有害的公共性影响行为，以下简称公害行为），使公益保护日益为法律所重视。为应

---

① ［德］施密特·阿斯曼:《秩序理念下的行政法体系建构》,林明锵等译,北京大学出版社 2012 年版,第 143 页。

对社会经济变化,20世纪中叶以来,法律沿着两条路径发展,一条是法律发展的"常规"路径,即通过所谓的私法公法化、公法私法化,以及通过对传统私法、公法的扩张性解释实现对公害行为的防止。之所以会遵循"常规"路径,是因为,虽然社会是变动不居的,社会发展会不断带来新的问题,但人的观念以及由此产生的解决问题的制度对策(包括法律)具有一定的稳定性。加之,法治精神的内在要求,致使人在依法解决问题时必然借助既有的法律制度,依赖既有的法律思维惯性寻求问题的解决。另一条是法律发展的"革命"路径,①即通过创制新型的法律防止公害行为,表现为出现了大量的第三法域的法律。

(二)行为类型与新兴法律

第三法域的法律,这些法律制度从传统的以规范的行为主体的性质为标准看,似乎既规范私人主体(非行政机关)的行为,也规范公法主体(行政机关)的行为,因而,按传统公法私法二分理论,这些制度通常被看作公法与私法的融合。但从规范行为影响的利益特性看,实则是对公共性影响行为的规范。由于公共性影响行为主要是对人的生存和发展所依赖的现代经济体系(市场经济体系)、环境的影响,以及公众的健康所依存的大量人造物质要素的影响。因而,公共性影响行为主要包括经济领域的公共性影响行为、环境领域的公共性影响行为和社会领域的公共性影响行为,与此相应,规范公共性影响行为的法主要表现为经济法、环境法和社会法。

正是据利益的性质这一决定行为类型的最为根本的标准,可把现代法与传统法区别开来,即传统民法和行政法规范的行为属于私人性影响行为,而作为现代法的经济法、社会法和环境法规范的则是公共性影响行为。其中,社会法和环境法规范的是非经济领域的公共性影响行为,而经济法

---

① 这段话中的"常规"和"革命"是在美国科学哲学家库恩的意义上使用的。库恩通过对科学发展的历史再现,提出从科学史把握科学发展,可以从常规科学和革命两个过程把握。所谓常规科学指的是在一定范式内所进行的解决范式内难题的活动,亦可说是一种范式的创立、发展和完善的活动,所以对于常规科学,范式不仅规定了其范围、方面,且它以范例指导共同体活动。常规科学发展到一定阶段,便会导致反常,即与常规科学预期相悖的新现象,或旧范式不能解释的现象。当这种现象被察觉时,往往会引起范式调整和变化,这种变化随反常的积累而增加,终于出现范式危机,即旧范式趋于瓦解,新的替代范式日渐显现。最终新范式替代了旧范式,这就是科学革命。可见,科学革命就是范式的替代。革命和常规研究是科学进步的两个互补的方面。(参见[英]托马斯·S.库恩:《必要的张力》,纪树立等译,福建人民出版社1981年版,第224页)

则是规范经济领域公共性影响行为（以下简称经济公共性影响行为）的法，①即经济法规范的行为就是经济公共性影响行为。

第三节　经济公共性影响行为的性质

经济公共性影响行为作为公共性影响行为的一种，行为作用的对象（主体和客体）和结果决定了该类行为的性质，其性质主要表现为三方面，即抽象性、双效性和持续性，据这些特性，该行为可具体化为抽象行为、双效行为和持续行为。

一、抽象行为

在法学领域，只有行政法从行政行为影响的主体数量的特性对行政行为做了区分，按此标准行政行为被分为抽象行政行为和具体行政行为。抽象行政行为是指国家机关制定法律、法规、规章和有普遍约束力的决定、命令等行政规则的行为。这种行为有两个主要特征，即行为针对的主体是不特定的，行为是可反复适用的。与此对应，具体行政行为是指具有国家行政职权的机关和组织及其工作人员在实施行政管理活动、行使行政职权中就特定事项对特定的公民、法人和其他组织的权利、义务作出的单方行政职权行为。这种行为有两个主要特征：行为针对的主体是特定的，并且不可反复适用。据这两种行为的特性，我们观照经济公共性影响行为，不难发现经济公共性影响行为就是抽象行为。对此，国家经济机关为调控或规制经济运行而实施的抽象行为自不待言，就连一些具体执法行为，如行政裁决，在现代法治社会由于行政自我拘束原则的作用也具有抽象行为的特性，②或者可称为准抽象行政行为。从此种行为分类意义上讲，传统行政法主要规范的是具体行政行为，目的在于防范行政机关对私人利益（一般

---

① 正因此，日本有学者认为，在反垄断法的基础上提出的经济法是规制"限制自由竞争和妨碍公平竞争"行为的法律。（〔日〕丹宗昭信、伊从宽：《经济法总论》，吉田庆子译，中国法制出版社2010年版，第8-9页）而限制自由竞争和妨碍公平竞争行为影响的是竞争秩序这种公共物品，属于经济公共性影响行为。

② 这是因为在现代法治社会，公平原则是所有法律都必须遵守的原则，而公平原则最为基本的要求就是同等情况同等对待，其在行政执法中的延伸就是"行政自我约束原则"。该原则是指行政机关在作出行政裁量决定时，若无正当理由，应受行政惯例或者行政先例的拘束，对于相同或同一性质的事件作出相同的处理。这意味着，具体的行政执法作出的裁决，具有类似英美法系"先例"的作用。

把私人利益等同于个人利益)的损害。而被行政法界学者认为是行政法新的发展现代规制法(在行政法界往往被称为行政规制法)主要规范的是抽象和准抽象行政行为,其中有关经济领域的抽象和准抽象行政行为属于经济法规范的行为,这是经济法与传统行政法在规范经济行政机关行为时的分界,当然这种分界在实践中并不是一目了然的。

同时,笔者认为,在现代市场经济社会,生产的社会化导致的个别生产的大规模化,使市场主体的经营行为也有具体行为和抽象行为之分。借鉴行政法对抽象行为与具体行为的分类标准,即以行为影响的主体数量及适用特性为标准,经营者的经营行为也可分为具体经营行为和抽象经营行为。其中,经营者为经营而与特定主体签订契约,或者在经营中对特定主体人身或财产造成影响的行为,属于具体经营行为。而经营者的定价行为、广告行为、生产决策行为(如关于生产中使用的技术、生产标准、原材料等影响产品质量和成本等的决策行为),因其主体具有不特定性,可以反复适用,因而是抽象经营行为。从此种意义上来讲,经济法(主要体现在市场规制法)对市场主体——经营者行为的规范,实质上是对其抽象经营行为的规范,而不是对其全部经营行为的规范,而民商法规范的是经营者的具体经营行为。

现代社会是经济化的社会,也是高度复杂的社会。社会的经济化使经济职能成为国家的主要职能,而社会经济的复杂性,以及市场自发调节机制的局限性,使得国家(政府)的经济决策对一个国家社会经济发展具有不言而喻的重要性。在当今法治社会,国家的经济决策往往是以专门政府经济机关制定规范性文件的形式表现的,这意味着,对专门政府经济机关抽象行为予以规范是保障专门政府经济机关的经济决策科学合理的关键。可见,传统的通过控制行政权滥用,防止行政行为对具体人造成权利损害的行政法范式,不宜用于对抽象行政行为的规范,对此需要引入新的范式。正因此,美国有行政法学者指出,传统行政法模式"一直力图协调政府权力和私人自主权之间相互冲突的主张,所采用的方式是禁止政府对私人自由或财产的侵犯","一个日益增长的趋势是,行政法的功能不再是保障私人自主权,而是代之以提供一个政治过程,从而确保在行政程序中广大受影响的利益得到公平的代表"。[①] 同时,在生产社会化高度发展的现代社会,经营者的经营行为日益抽象化,或者说经营者的抽象经营行为在经营活动

---

① [美]理查德·B.斯图尔特:《美国行政法的重构》,沈岿译,商务印书馆2002年版,第1-2页。

中所占的权重越来越大,这种经营行为不仅对经营者的发展具有举足轻重的影响,也影响着社会经济的发展。因而,如何促进有益于社会经济发展的抽象经营行为(也称经济公益行为),以及防止有害于社会经济发展的抽象经营行为(也称经济公害行为)对一个国家整体经济发展意义重大,而这些行为特性依靠传统民商法规范具体经营行为的法律范式是难以实现的,因而需要新的法律范式。对经济领域以上两方面抽象行为进行规范需要不同于传统行政法和民商法的新的法律规范类型,这种新的法律规范类型,亦即新的法律范式就是经济法。

二、双效行为

在目前主流法学研究中,基于行为作用结果的性质(利弊)构成而对行为进行的分类并不多见,这是由于,传统法律主要规范的是私人性影响行为,而私人性影响行为作用客体的相对静态性,决定了行为的效果取决于该行为本身,即据行为本身就可确定其后果。也就是说,行为后果具有确定性,这种确定性包括受影响主体的确定性、行为与结果因果关系的确定性、受影响结果质(即利或弊、有益或有害)的确定性和量(受害程度大小、多寡)的确定性。其中行为结果质的确定性,是指行为要么有益,要么有害,意味着该行为结果的性质是单效行为。且由于这种行为效果体现于对客观事物的影响上,因而,行为的利弊是客观的,人们仅仅据常识就可以判断行为的利弊及其大小。由于主流法律理论认为,法律作为人们的行为规范,目的就是通过把有害行为规定为违法行为,并通过禁令禁止或通过对违法行为的制裁防止有害行为的发生,以实现对一定利益的保护。这意味着,单效行为中被认为是违法行为的通常都是除对行为人以外的其他人有害的行为,通常为损人利己的行为,因而,是对社会无益的行为,①属于自

---

① 从经济分析的视角看,如果我们假定社会是个人之和,社会财富或社会利益是个人财富或个人利益之和,单效的违法行为,实则是既有财富或利益在不同主体间的转移,在转移过程中不仅不增加社会财富量,而且可能造成财富或利益损害,即使没有直接损害,把本应可用于创造财富或利益的行为,用于损害他人财富或利益本身就是损失。因而这种行为从对社会财富总量或社会总福利的影响来说是有害的。

然违法行为。① 对这种违法行为,理性健全的人依一般普适性的正义观念或道德准则就可以作出判断。这意味着,行为人能认知其行为的违法性,且行为人对其行为的危害及其后果有准确的预期,并能以自己的意志控制其行为,这种违法行为通常是违法主体故意实施的行为。对这种行为,法律往往可据行为是否符合一定要件(即违法或犯罪的构成要件),判定其是否违法或犯罪。这些要件反映着行为本身的性质,因而,可以说对这种行为据其行为性质本身就可判定其是否违法。

而经济法所规范的经济公共性影响行为,由于其作用的对象是特殊的公共物品——动态的社会经济秩序,是不同类型经济主体行为互动形成的关系状态,这决定了行为的效果不仅取决于该行为本身,也取决于行为所作用的社会经济体系中其他主体的行为。因而,只据单个主体的行为本身并不能确定其后果。其行为后果要据该行为主体所处的社会经济体系中其他相关主体的行为而具体分析。也就是说,这种行为作用的客体是诸多行为互动形成的社会经济关系之网——社会经济秩序,行为影响的主体不仅不特定,且因不同类型主体在社会经济关系中功能不同,如经营者与消费者在消费品交易关系中的功能、处于相关市场的生产经营者之间因力量差异在竞争关系中的功能不同,利益也不尽相同。这种行为的影响通常同时兼具利弊两方面,即行为效果是双效的,因而,是双效行为。对此行为,托马斯·阿奎那(Thmas Aguinas)在《神学大全》中提出"双效原则",主张在某些特定条件下,为取得更大的利益同时遭受一定的损害是被允许的,其中的条件之一就是:利大于弊(类似于经济学中改进的帕累托效率原则)。按阿奎那的说法就是:善果之可取,必须弥补恶果之恶。② 同时,这

---

① "自然违法"中的"违法"是广义上的违法,包括违法和犯罪,其"自然"则是比照刑法上的"自然犯罪"的"自然"而言的,是指在人类社会中依人性自然而然形成的、被普遍接受的正义或道德观念,即自然的正义或道德观念。因而,自然违法就是指那些违反人类社会中自然的正义或道德观念、具有反社会性的行为。这种行为,由于从根本上说违反了人的本性,所以无论在任何社会、任何政治制度之下,都被认为是违法行为。例如杀人、盗窃、伤害等犯罪行为,以及为自己利益而损害他人人身和财产、不信守承诺等行为。与此相对应的概念是法定违法,则是指行为本身并不一定违反自然的正义或道德观念,只是因为法律上规定这种行为应受到一定的处罚,因而成为违法行为。这种行为往往是由于社会经济发展的需要而被规定为违法。因此,这类违法通常没有固定的标准,而是依照社会经济形势的变动而变更,或者依照国家社会经济政策的变更而改变。例如一些政治性的犯罪,以及反垄断法中对有关协议、经营者集中、具有市场支配力的经营者滥用市场支配力限制竞争行为违法的规定。

② 参见[美]托马斯·卡斯卡特:《电车难题:该不该把胖子推下桥》,朱沉之译,北京大学出版社2014年版,第92页。

种行为的利弊不纯粹是客观的,而是与主流经济学认知有关。[①] 这意味着,双效行为中被认为是违法行为的通常都是法定违法。对这种违法行为,就不能仅依理性健全的人的自然正义或道德准则就作出判断,而必须结合社会经济发展状况、主流经济学的观念、利益相关者和相关专家的观点(如有关互联网产业的竞争中互联网专家的观点或看法),在不同主体发生利益分歧时通过沟通、协商形成的共识来作出判断。因而,判断这种行为是否有害,从而是否构成违法主要是采取专业分析和经济分析,通过比较行为的利弊确定其是否具有合理性。利大于弊则合理,从而不违法;弊大于利则不合理,则规定其为违法,法律禁止之。[②]

三、持续行为

在目前法学研究中,只有少数学者在研究侵权行为的诉讼时效时,据行为或行为结果是否持续对行为进行分类。据此标准,行为被分为一次性侵权行为和持续性侵权行为。一次性侵权行为是行为人实施一次即结束,且损害结果即时呈现的加害行为,如事故、侵占、窃取商业秘密等。这种损害行为一般针对的客体是相对静态的私人物品,因而,损害随着行为的结束而停止,没有持续性,且损害结果是清晰确定的。相应地,持续性侵权行

[①] 对此抛开计划经济和市场经济这种对经济体制优劣根本性认知的分歧而造成的对政府与市场在现代经济中的作用的不同认知不谈,仅以市场经济下对市场竞争的认知看,由于对竞争的认识经历了从哈佛学派到芝加哥学派再到后芝加哥学派的转化,对于一种行为是否构成限制竞争,即该行为是否有害的认知也在不断变化,如按结构主义观念,企业一旦据有市场支配地位,其实施的行为肯定就会限制竞争,对此给出的"药方"就是肢解大企业。而按行为主义观念,据有市场支配地位本身并不意味着其行为必然限制竞争,只有其实施了限制竞争的行为,其行为才有害。与此对应,不仅引起反垄断立法模式的变化,且在反垄断法实践中对一定行为是否构成违法的看法也发生了变化。这种变化,表现在对协议限制竞争行为是否违法的判断原则上,合理性原则运用的范围日益扩大,本身违法原则适用的范围日益收缩,以及反垄断豁免的范围日益萎缩。

[②] 市场规制法对经营者行为是否违法的判定就遵循此原则,对此,反垄断法判定协议行为是否违法的"合理性原则"自不必言,从法律经济分析视角对消费者权益保护法、产品质量法和广告法的研究也说明了这一点。就以国家干预经济来说,在美国,1981年里根政府发布了第12291号行政令,该行政声明,"除非监管对社会的潜在收益超过对社会的潜在成本,否则监管行为不应被采取"。(参见马克·艾伦·艾斯纳:《规制政治的转轨》,尹灿译,中国人民大学出版社2015年版,第205-208页)受美国影响,"到2000年底,在28个OECD国家中,有14个国家采用了普遍的事前规制影响分析(RIA)计划,另有6个国家至少在一部分监管中运用了RIA。还有,RIA越来越多地被用于基本立法中"。可见,在发达国家,对于规制优劣的评判标准,"有一种处于不断强化的认识,即所有的政府政策行动(包括监管)都涉及资源在不同用途之间的权衡,同时政策行动的基本目标——最大化社会福利——得到了越来越明确的表述,被越来越多的人接受"(经济合作与发展组织:《OECD国家的监管政策:从干预主义到监管治理》,陈伟译,法律出版社2006年版,第40、42页)。

为是指对同一权利客体持续、不间断地进行侵害的行为,或者侵权行为虽已结束但其行为后果却不间断地对权利人造成损害。[①] 这意味着,持续性侵权行为有两种形式:第一,行为持续性侵权,也是真正意义上的持续性侵权行为,即行为人在一定时间内,对同一权利客体持续、不间断地进行侵害的行为,如持续的噪声或振动、长时间排放污染物、侵害商标权等。持续性侵权行为给权利人造成的侵害是延续的,权利人所受的侵害随着侵权行为的持续而不断增加。第二,损害持续型侵权行为,即侵权行为虽然结束,但损害继续进行的侵权行为,如环境污染侵权,污染行为虽结束但污染的后果可能在一定时期内持续损害受害人的健康权;或者损害处于潜伏孕育之中,直到经过一段时间后,才显现出某种后果的侵权行为,如医药、农药的副作用致人受损引发的疾病等,都有一定的潜伏期。

由于侵权法规范的是对特定人的私人物品的侵害行为,因而侵权行为有一次性与持续性之别,且持续性行为主要是从行为对特定主体的权利客体的损害结果的角度来说的。而经济法规范的是经济公共性影响行为,行为影响的对象是经济秩序这一公共物品,加之经济公共性影响行为主要是抽象行为,这决定了经济公共性影响行为主要是持续性影响行为。其持续性表现在相互联系的三个方面,即行为的持续性、行为影响后果的持续性、行为影响主体的持续性,且这三个方面是统一的。

第一,行为持续性行为,即行为人在一定时间内,对某类经济秩序持续、不间断地产生影响的行为,如经营者的抽象经营行为(定价行为、提供金融衍生产品行为、投资行为)、纳税行为等。持续性影响行为给经济秩序造成的影响是持续的,经济秩序所受的影响随着这些行为的持续而不断变化,这些行为合法、合理,有利于良好经济秩序的生成,反之,则损害经济秩序。第二,影响持续性行为,即行为虽然结束,但影响继续进行的行为,如在第一点提到的抽象经营行为,即使行为结束,行为对经济秩序的影响也还在持续。另如,经济机关的抽象经济行为,行为结束,形成的经济法规、规章或规范文件对市场主体的行为影响、从而产生的对经济结构和市场秩序的影响仍在继续。或者损害处于潜伏孕育之中,直到经过一段时间后,才显现出某种后果来的行为,如宏观调控法规范的市场主体的行为,其单个行为对产业结构等经济秩序的影响在当下并不能显示,只有众多行为长期累积才导致产业结构的变化,或经营者单个违法或守法对市场秩

---

① 参见李豪:《论侵权行为持续下的诉讼时效适用规则》,载《民营科技》2012 年第 7 期。

序的影响并不显现,但众多经营者行为长期累积就会对市场秩序造成影响等。第三,被影响主体的持续流变性行为,由前两方面决定,经济公共性影响行为影响的主体是开放的、流变的,即受这种行为影响的主体是延续不断的。

上述分析说明,经济公共性影响行为所具有的三种属性中,抽象性和持续性这两种性质决定了对其不能采取主流的民商法和行政法的规范范式,即以个人权利为中心,以保护个人利益(等同于私人利益)为圭臬,以受害者事后提起权利救济为主要实施途径的规范范式,而应以新的经济法范式予以规范。而其双效性决定了对这种行为是否违法的判断不应遵循主流法律理论的以抽象的自然正义或道德观念来判断,即以自然正义或道德观念对行为预设的条件——违法、犯罪的构成要件来判断,而应从行为结果的利弊比较分析来判断。对此,下文将从经济法主体的视角,对经济公共性影响行为进行分类,并详述对之进行规范的方式。

第四节　经济公共性影响行为的种类

部门法研究行为的最终目的就在于对其规范的行为予以类型化,并找到相应的最优规范形式。经济公共性影响行为可根据不同标准来分类,但从对其规范需要的意义来讲主要有两个,即以行为主体及行为作用的领域为标准。据此,经济法规范的经济公共性影响行为可分为两种,即经济干预行为、抽象经营行为。

一、经济干预行为

这里的“经济干预”与广义的“经济规制”的意思相同,是指法律授权行使国家宏观经济调控权或市场规制权的机关,①依规则间接改变企业和消费者的供需决策,以实现对产业和区域结构的调控以及对总供给与总需求的调控(宏观调控),并以规则直接规范经营者经营活动,以实现对公正和自由交易的市场秩序(市场规制)和特殊产业的发展秩序(产业规制)的维护。这三种国家经济机关实施的行为实则就是经济学中的国家干预经济

---

① 如中国人民银行、财政部、发改委等,或依法设立的经济规制机关,如美国《联邦贸易委员会法》专门设立的反垄断法执法机关——联邦贸易委员会,日本《反垄断法》设立的公平交易委员会等。经济界常常把这些机关分为两类,即宏观调控机关和市场规制机关,并分别把这两种机关的行为称为宏观调控行为与市场规制行为。

的行为。由于这些行为在现代法治国家,都是依法律、法规进行的,亦即是依规则对市场主体行为的控制(包括直接控制和间接控制),因而,从法学意义上称其为经济规制更为合适。需注意的是,这里的经济规制是广义的经济规制①,与此相应,这里的经济规制行为是广义的经济规制行为。但为防止与狭义规制混淆,以及遵循经济学的习惯称谓,本书仍用干预行为。同时,由于现代经济运行的复杂性、专业性和多变性,为了使规则更合理,且顺应社会经济现实的变化,经济法律往往规定得比较抽象或模糊,同时授予经济干预机关准立法权、准司法权和执法权,因而,这些经济干预机关的行为主要就是制定法规、规章和规范性文件的行为,以及据法律、法规、规章及规范行为文件实施法律,以规范经营者的行为,也就是说,其行为方式主要就是制定和实施规则。如前所述,由于在现代法治国家,公正要求在行政执法时遵循"自我拘束原则",从而使得规制经济行为中的具体行为都具有抽象行为的属性,可以说是准抽象行为。可见,经济干预行为主要是抽象行为或准抽象行为。从经济秩序建构的角度看,经济干预行为是经济秩序建构行为,其作用的对象是社会经济秩序的某一方面,由于经济法意欲建构的秩序包括宏观的结构秩序、公正的市场秩序、特殊产业发展和公正服务秩序三方面,相应的经济干预行为也包括宏观调控行为、市场规制行为和产业规制行为。

(一)宏观调控行为

宏观调控行为是依法设立或获得法律授权的宏观调控机关,②行使宏观调控权而从事的宏观经济决策行为,其实质是建构宏观经济秩序的行为。这种行为是基于对良好产业结构和区域结构的认知而作出的,通过对不同产业或区域实行不同的财政、税收和金融政策,以经济手段间接引导市场主体投资的产业和区域选择,以改变产业结构和区域结构,从而实现良好的宏观经济秩序。可见,宏观调控行为作用的客体是宏观经济秩序,

---

① 在西方有学者认为,规制"是由行政机构制定并执行的直接干预市场配置机制或间接改变企业和消费者的供需决策的一般规则或特殊行为"(参见[美]丹尼尔·史普博:《管制与市场》,余晖等译,上海三联书店、上海人民出版社1999年版,第45页)。可见,其把规制和国家干预做同一意义使用。另外,在西方之经济学中,把规制分为经济规制和社会规制,其中经济规制是狭义的,是指对自然垄断和公用事业的规制;社会规制是指对与人体健康和安全有关的行业或行为的规制。

② 如中国人民银行就是依《中华人民共和国中国人民银行法》专门设立的执行宏观调控职能的专门机关之一。这从该法第一条的规定"为了确立中国人民银行的地位,明确其职责,保证国家货币政策的正确制定和执行,建立和完善中央银行宏观调控体系,维护金融稳定,制定本法"就可看出。

由于宏观经济秩序由相对静态的产业结构和区域结构构成,且对一个国家来说,什么样的产业结构和区域结构为好,不仅取决于一个国家在国际经济分工体系中的地位,还与一个国家的经济资源、发展程度,以及经济政策制定者基于对国内外经济发展状况和条件认知而制定的国家未来经济战略有关。因而,这种行为所意欲实现的秩序主要是一种理性建构秩序,直接指向宏观经济秩序本身,所以是直接的、纯粹的经济公共性影响行为。

(二)市场规制行为

市场规制行为,就是依法专设或授权的市场规制机关①行使法定权力(包括准立法权、准司法权和执法权)的行为,主要包括为使与市场秩序有关的法律得到有效执行而为市场主体制定行为规则的行为(抽象行为),以及通过制裁违法、违规的市场主体来保障法律、规则得以实施的行为(准抽象行为)。这种行为是基于对良好市场秩序的认知,而对经营者影响市场秩序的行为直接予以规范,以实现良好的市场秩序。由于市场秩序就是交易秩序,且什么样的市场秩序为好,经济学已形成共识,即公正自由的竞争和交易秩序。而良好市场秩序的形成主要靠市场机制的自发作用,但由于市场会"失灵",因此,又需政府从公共利益需要出发予以人为建构。其中,这种秩序的维护既靠市场主体遵法守规依市场机制的自发作用,又要通过制裁具体违规者予以保障,因而,这种行为既包括直接指向市场秩序的抽象的规则制定行为,也包括对具体违法者的制裁,这种行为的累积、示范会间接影响市场秩序,因而,是准抽象行为。

(三)产业规制行为

本章的产业规制,就是规制经济学中与社会规制相对应的经济规制,是指对自然垄断和公用事业的规制。与把经济规制等同于国家经济干预这种广义的经济规制相比是狭义的经济规制,由于这部分的规制主要是对

---

① 以反垄断执法为例,美国为实施谢尔曼反托拉斯法,于1914年通过《联邦贸易委员会法》设立了联邦贸易委员会,对联邦贸易委员会组织机构、职责做了明确规定。而我国《反垄断法》第九条规定:"国务院设立反垄断委员会,负责组织、协调、指导反垄断工作,履行下列职责:(一)研究拟订有关竞争政策;(二)组织调查、评估市场总体竞争状况,发布评估报告;(三)制定、发布反垄断指南;(四)协调反垄断行政执法工作……"第十条规定:"国务院规定的承担反垄断执法职责的机构(以下统称国务院反垄断执法机构)依照本法规定,负责反垄断执法工作。"具体执法则据实际情况由国家工商总局、商务部以及国家发改委分别负责。国家工商总局负责查处垄断协议、滥用市场支配地位案件,商务部负责审查经营者集中反垄断,而国家发改委负责查处价格垄断行为。

自然垄断和公用事业这些特定产业的规制,因而,本章称其为产业规制。与此相应,由于每个产业都有其特殊性,针对每个规制产业国家都制定有相应的专门法律、法规,如电力行业有电力法(我国 1996 年 4 月制定的《电力法》),电信行业有电信法(我国 2000 年 9 月制定的《电信条例》),铁路行业有铁路法(我国 1990 年制定,2015 年修订《铁路法》),航空业有航空法(我国 1995 年 10 月制定《航空法》)等。且对各行业的经营活动都依法设立了专门的规制(监管)机关,如电力行业的国家电力监管委员会、电信行业的国家信息产业部电信管理局、铁路行业的国务院铁路主管部门、航空业的国务院民用航空主管部门(中国民用航空局)等,这些专门的规制机关行使权力(包括准立法权、准司法权和执法权)对自然垄断和公用事业领域经营活动依法予以规制的行为,就是产业规制行为。

自然垄断和公用事业领域的经营行为既关涉公众的基本需要,又是关涉国民经济发展的基础性产业,但同时是一个市场机制(竞争机制)难以发挥作用的特殊市场领域。因而,如何在没有竞争压力下保证产业的技术创新和发展,以及如何使经营者不利用市场的垄断力量掠夺交易方的利益,即建立自然垄断和公用事业领域的行业发展和公正交易秩序,成为该规制领域的规制行为所要解决的问题。此类规制行为主要就是通过制定规则,保障经营者具备相关的经营能力,以及约束经营者的定价、质量、技术使用等行为,从而实现被规制产业的持续发展和公正服务。因而,该规制行为从属性上讲主要是抽象行为,也有一些属于准抽象行为。

二、抽象经营行为

前述有关经营者行为的分类和含义告诉我们,抽象经营行为是经营者所实施的经济公共性影响行为。据经营者行为所影响的秩序领域,我们可以把抽象经营行为分为一般市场的抽象经营行为和规制产业的抽象经营行为。

(一)一般市场的抽象经营行为

一般市场的抽象经营行为,是指在一般市场领域,即竞争性市场领域中的经营者所作出的抽象经营行为。这种行为作为公共性影响行为,除具有其他公共性影响行为所具有的双效性、抽象性、持续性外,还具有对策性,就此意义来说,一般市场主体的抽象经营行为是对策行为,①且是不完全信息动态对策行为。② 这种抽象经营行为据其对市场秩序或公共利益影响来讲可分为两种,即累积公共性影响行为和本身公共性影响行为。

1. 累积公共性影响行为

累积公共性影响行为,是指由处于竞争领域的不同的经营者分别实施的抽象经营行为。这种行为从单个经营者看,其影响具有双重性,一方面,这是对市场秩序及体现于其上的公共利益的影响,是公共性影响行为;另一方面,由于存在同类竞争者,不同竞争者通过市场具体交易形成对具体交易者的影响。加之,每个经营者影响的只是局部的市场秩序,这种行为对整个市场秩序虽有一定的影响,但不具有决定性影响。这些行为单独看都不可能引起某方面经济秩序的显著变化,即不是经济秩序变化的决定性原因。这种行为的损害,最初通常表现为对众多交易对方(主要是消费者)的损害,民法研究中往往将此看作大规模损害的一种。③ 但这些行为累积且经体系传导就可形成对交易秩序、竞争秩序或经济结构秩序的影响。如市场规制法中的消费者权益保护法、广告法、产品质量法,特别是反不正当竞争法所规范的行为,就单个经营者短期内实施这种行为来说,本身并不会对市场秩序产生决定性影响,但多个经营者或个别经营者长期实施这种行为,即实施这种行为者人数的累积或因时间持续形成的行为本身持续累

---

① 对策行为即博弈行为,所谓博弈是指在相互依赖性(策略环境)的社会里,任何人的选择必须考虑其他人的选择,任何人选择的结果(博弈论称之为支付),不仅取决于其自身的行动选择(博弈论称之为策略选择),同时取决于他人的策略选择,这群人构成一个博弈。其实市场主体的经营活动就是如此,可见市场经营者的经营行为是一种对策行为。而我们传统法律,往往把行为人所处的外在环境和他人的行为看作是给定的,因而,行为结果是由行为人单方意志决定的,笔者称此类行为为意志行为。

② 不完全信息动态对策行为,在不完全信息动态博弈一开始,某一参与人根据其他参与人的不同类型及其所属类型的概率分布,建立自己的初步判断。当博弈开始后,该参与人就可以根据他所观察到的其他参与人的实际行动,来修正自己的初步判断。并根据这种不断变化的判断,选择自己的策略。

③ 有关此国外的研究可参见[德]克里斯蒂安·冯·巴尔:《大规模侵权损害责任法的改革》,贺栩栩译,中国法制出版社 2010 年版。国内的主要研究可参见朱岩:《从大规模侵权看侵权责任法的变迁》,载《中国人民大学学报》2009 年第 3 期;王成:《大规模侵权事故综合救济体系的构建》,载《社会科学战线》2010 年第 9 期;陈年冰:《大规模侵权与惩罚性赔偿——以风险社会为背景》,载《西北大学学报》2010 年第 5 期;张新宝:《设立大规模侵权损害救济(赔偿)基金的制度构想》,载《法商研究》2010 年第 6 期;张俊岩:《风险社会与侵权损害救济途径多元化》,载《法学家》2011 年第 2 期;杨立新:《〈侵权责任法〉应对大规模侵权的举措》,载《法学家》2011 年第 4 期。

积,通过市场机制或媒体的传导就会形成对竞争或交易秩序的影响。① 另外,作为经营者的纳税人、金融企业违反有关调控经济的税法或金融法的规定,从具体经营者的违法行为看,并不会对产业结构和经济秩序造成影响,但这种行为累积就会使国家对产业结构调控的目的落空,造成结构不合理或经济秩序紊乱。

2.本身公共性影响行为

本身公共性影响行为,是指由处于竞争领域的具有市场支配力的经营者实施的抽象经营行为。这种行为本身影响的是市场秩序及体现于其上的公共利益,是公共性影响行为。这种行为所影响的市场秩序虽然是竞争的结果,但这种行为本身就对市场秩序具有决定性影响,如市场规制法中的反垄断法所规范的垄断(限制竞争)行为。

(二)规制产业的抽象经营行为

规制产业的抽象经营行为,是指自然垄断和公用事业领域的经营者实施的抽象经营行为。由于这些行业经营者往往是独家垄断经营,因而,该经营者的经营行为直接决定着其所处产业的发展和交易秩序,影响的是该特殊市场的秩序和发展,以及体现于其上的公共利益,是本身公共性影响行为。

第五节　规范公共性影响行为的范式

部门法研究行为的目的就在于寻求对行为的最佳规范范式,以激励有益于其目的实现的行为和遏制阻碍其目的实现的行为。任何法律规范行为的范式都包括相互联系的三个方面,即规范的目的、规范的路径及规范的方法或法律工具。由于后面章节要对这三个方面展开论述,本节仅对这三方面内容作概括性介绍。

一、被动的防害与主动的造益相结合

人的基本行为动机之一是对利益的追求,这不仅被人类社会发展的经

---

① 如我国三鹿奶粉事件,对我国奶制品市场造成巨大损害,导致所有的国产奶粉价格远远低于外国奶制品的价格,不仅所有奶制品产业中的企业受损,我国消费者也因消费进口奶制品不得不支付更高的代价而受损。

验所证明,也被多数思想家所广为接受,①因而,法律对人行为的规范,实质就是通过对行为"利得"的影响而调整人的行为。在法律发展过程中发展出两种影响行为"利得"的制度,即被动的防害制度和主动的造益制度。被动的防害制度,就是通过规范,防止社会所不欲的有害行为的发生,目的在于防止既存利益的减少;而主动的造益制度,就是通过规范,激励人们做社会所欲的有益行为,目的在于创造利益,使既有利益有所增加。

从近现代法律发展史看,19 世纪末以前的社会经济发展状况,以及以自由主义观念为基础的主流法律制度的社会观、国家观、人性观和利益观,决定了其主要目的和功能是防范有害行为。而 19 世纪末以来社会经济的发展现状,以及现代社会的混合观念,使现代法律的目的和功能发生了变化,即现代法律制度不仅要防范有害行为,且出现了大量的激励人们做有益于社会,促进社会利益增加的行为。与此相应,在经济法的发展过程中,对行为的控制不仅要防止公共性有害行为的发生,且主动地以激励方式促成有益于社会的公共性影响行为的发生。这种转化从法的制度变迁视角来看,就是产生了许多政府或社会机构对经营者经营行为提供服务、指导或激励等规范,以实现经济法对公共利益的保护。

这是因为,在早期,社会经济发展水平不高,经营者因规模所限,其行为主要是私人性影响行为,虽然也存在一些抽象的公共性影响行为,但影响的地域相对狭小、人数相对有限,因而,即使有害(公害),也是地方性或局部性公害。这意味着,此时的经营者有能力承担其损害,且有能力恢复或弥补其行为所造成的损害。因而,当经营者违法行为造成损害时,对其予以惩处,不仅可以遏制其违法行为,且可以使其造成的损害得到补救。这决定了,早期的经济法主要是依事后的具体执法和司法,即依规制机关对违法行为的惩罚(主要使违法者承担行政责任),以及依受害者提起民事诉讼使其承担民事责任(主要是赔偿责任)。由于这两种遏制方式都启动于违规之后,危害已经发生,因而,其实质是一种事后的被动实施行为,采取的主要手段是惩罚,目的在于让违法者承担违法行为造成的损害,使违法者造成的社会成本内在化为私人成本,从而使违法者不能从违法行为中

①　对此,西方近现代以自由主义观念为基础的"理性人假设"自不必说,就连社会主义的创立者马克思也认为"人们奋斗所争取的一切都与他们的利益有关"(《马克思恩格斯全集》第 1 卷,人民出版社 1956 年版,第 82 页)。在我国,早在汉代就有思想家提出"天下熙熙,皆为利来;天下攘攘,皆为利往"(司马迁:《史记·货殖列传第六十九》卷第一百二十九,中国友谊出版公司 1994 年版,第 615 页)。

获益,甚至使其得不偿失,以遏制违法者今后再实施违法行为,或警示潜在违法者不得从事违法行为。

但随着科学技术的发展,社会经济体系日益复杂,经营者的规模日益巨大,其影响后果亦难以被清晰认知。相应地,法律亦日益原则和模糊。这意味着,规制机关制定规则的权限,以及自由裁量的权限扩大。与之相应,若规制机关本身规则制定不合理,导致的公共性危害(公的公害)就越大。因而,为了使规制机关本身制定的规则更合理,以及规则能得到有效地遵守,在制定规则时不仅需要被规制者、利益相关者和相关专家参与,且在具体实施中需要被规制者、利益相关者和相关专家参与协商,引导被规制者行为合规是规则得以有效实施的前提。同时,随着生产社会化程度提高,经济全球化进程加快,经营者经营行为的影响范围扩大、人数增多。这意味着,经营者的行为一旦造成损害,就非常巨大。一般行为者都不具备承担责任的能力,即使具备承担能力,承担这一责任给其带来的影响也是灾难性的,且其造成的损害已难以修复或弥补。因而,对此类行为损害,主要应防患于未然,而非已然之后。其制度表现形式就是以准入、标准、定价等对行为予以限制,以及规制者加强向被规制者提供咨询和技术支持,致力于"常识规制"①。

二、积极预防与消极预防相结合

上述经济法的目的实现路径的转化说明,虽然在现代经济法中产生了以激励而扬善的规则(简称造益性规则),且有日益增长趋势,但以惩治而止恶的规则,即防止损害行为的规则(简称防害性规则)在经济法的实现中仍不能忽视。这里提请注意的是,在经济法的发展中,防害性规则也发生了转化,即从主要以事后救济的间接防止为主导的规则转向以事前直接预防为主导的规则。其制度或规则表现就是从以事后责任规则为主导转向以事前规制规则为主导。有关此转化的原因前述已有论证,这里不再赘述。

责任规则的运行是损害发生之后,通过被害者提起损害赔偿之诉,被害者起诉的目的在于获得救济,因而,规则设计的原则在于补偿。而规制规则的运行主要依规制机关依职权执法(包括抽象执法和具体执法),执法

---

① 常识规制,即常识监管,其优先考虑的是健康和安全风险,而非琐碎的违反。它要求利益相关者(包括被监管的经营者)能参与到风险识别之中,且规制部门允许在设计规制补救时具有更高的灵活性。

的目的在于预防损害行为的发生，这决定了其规则设计的原则是预防原则。因而，预防原则①是规制法的重要原则之一。

三、社会责任与个人权利相结合

前述分析告诉我们，规制法产生前，人的利益主要是私益，私益的特性决定了对个人利益保护的根本就是对私益的定纷止争。因为，只要界定清楚个人权利，私益的排他性，意味着个人能对其独享，自利的动机就会激励个人利用自己的智慧和能力创造并维护自己的财富（利益），这意味着，私益的创造和维护问题就迎刃而解。个人权利的特性决定了其是界分私益的最有效工具，因而，个人权利就是保护私益最为有效的工具。正因此，这一时期的法律就以个人权利为中心建立，是权利本位法。从功能看就是私益的确定和划分，可称为私益定分法。而规制法所要解决的问题是公益的创造和维护问题。公益的非排他性，使得人们在分享上可以"搭便车"，这意味着，赋予个人权利并不能激励个人创造和维护公益，致使公益不能得到有效的创造和维护。因而，只有通过强迫或激励人们承担社会责任才可能得到有效供应。由此决定，规制法内容的核心或基点性规范是社会责任，属于社会责任法。从其功能看是公益（公共物品）的创造和维护法。

规制法的社会责任，不是对个人权利的否定。从规制法所依据的政治哲学讲，对于有机的公共生活来说，社会责任"从结构形态上看，就是参与民主的公共生活的每个主体都是一个责任主体，各个主体在民主生活中，各守其责、各尽其能、各谋其利；从价值形态上看，就是所有责任主体都从公共利益出发来运行权利，谋求各自的利益，做到价值层面上的权利优先与工具层面上的公共利益优先并举；在功能形态上，就是使参与公共生活的各个主体在保持各自独立性的前提下，形成沟通、协商与合作的关系，从而最大限度地提高个人权利得以实现的可能和公共权力得以有效运行的

---

① 此原则早在 1990 年联合国欧洲经济委员会通过的《部长宣言》就被提出，在 1998 年一次环保主义者会议上通过的《温斯普瑞德宣言》上得到进一步主张，"当一种行为威胁到人类健康和环境时，就应当采取预防措施，尽管其中一些因果关系还不能在科学上得到验证。在这种情况下该行为的支持者，而不是公众，应当承担举证责任"（Julian Morris, *Rethinking Risk and the Precautionary Principle*, Oxford: Butterworth—Heinemann, 2000, p. 3. 转引自［美］凯斯·R. 桑斯坦：《风险与理性——安全、法律及环境》，师帅译，中国政法大学出版社 2005 年版，第 126 页）。依预防原则"在因果关系上或统计及经验上的关连性尚未认识或证明，或尚未受充分认知与证明的情形下，即可要求采取降低风险的措施"（Di Fabio, NuR 1991, S. pp. 353,357）。转引自［德］施密特·阿斯曼：《秩序理念下的行政法体系建构》，林明锵等译，北京大学出版社 2012 年版，第 111 页。

可能"①。这决定了,在现代规制法中社会责任是以权利或义务得以表现的,在这里社会责任是个人权利、义务的源泉。这里的权利是个人基于社会成员的身份而取得的,多是程序性权利,是社会成员履行社会责任的需要,是激励人们积极履行一般社会责任的法律手段。义务是据其在社会经济体系中的角色而赋予的社会责任,是对社会共同体的义务,而不是针对特定主体的义务,是以强制力为后盾的要求人们履行社会责任的法律手段。

---

① 林尚立:《有机的公共生活:从责任建构民主》,载《复旦政治学评论》第四辑《权利、责任与国家》,上海人民出版社 2006 年版,第 24 页。

第五章　秩序理念下经济法规范的工具

——社会责任

任何法律都是通过规范某种行为来实现其目的或任务的。在法律对行为规范的发展过程中,形成了三种不同的规范形式,或者说产生了三种规范行为的法律工具,即义务、权利和社会责任(义务与权利的混合),相应地形成了三种以不同规范形式为重心的法本位,即义务本位、权利本位和社会责任本位。①

从历史发展进程看,义务本位产生于前资本主义社会;权利本位产生于资本主义建立的初期,历经资本主义从自由竞争阶段到垄断阶段的发展过程,在这一阶段国家也经历了从消极的最小国家向积极的福利国家转变的历程;而社会责任本位则产生于 19 世纪末以后;如今,法的本位处于从权利本位到社会责任本位转变的发展过程中。

经济法产生和发展的历程,以及经济法所解决的社会经济问题决定了经济法是社会责任本位法,这意味着经济法是以社会责任为重心而建构其制度的,是社会责任在经济领域的法律化。下面在对社会责任的意蕴与性质进行分析的基础上,分别对经济法社会责任予以规范分析和实证分析。

---

① 这里的社会责任从规范所使用的工具意义上,或者说规范的表现形式上看,犹如行政法中的职责,是义务与权利的混合,因而,社会责任本位实则为"义务权利"本位。其不同于王伯琦先生把社会本位称为"权利义务",这不仅仅是一种用词次序的颠倒,更是意义的变化。因为以共同体主义的整体主义观念来看,责任先于义务与权利,权利、义务只是为履行社会责任的需要,正因此,才可能解释"权利滥用"。而王伯琦先生虽认为"权利义务"既不是权利又不是义务,是权利义务的混合物,但他认为"社会本位的法制究其实不过是权利与义务的混合体制。在西洋是在压抑过于扩张的权利观念或个人观念,来调剂社会的利益,从而获得个体与总体间的平衡。至于吾国,义务观念从来就极浓厚,倘要获得个体与总体间同一之平衡,须要使权利观念或个人观念抬些头"(王伯琦:《近代法律思潮与中国固有文化》,清华大学出版社 2005 年版,第 76 页)。

第一节　社会责任的意蕴与性质

厘清社会责任的含义与性质,是研究经济法何以是社会责任法的前提和基础,本节通过对"社会"与"责任"两个词的语义分析,对社会责任意蕴予以界定,并在此基础上,对社会责任的性质予以探讨。

一、社会责任的意蕴

社会责任是由"社会"和"责任"两个词构成的复合词,对其意蕴的分析首先应从"社会"和"责任"的词义切入。

(一)社会的意蕴

社会是什么? 对于这个问题,不同学者因思维方式①和研究角度的不同,作出的界定也不同。本书不可能也不想给"社会"作出一个令所有人满意的界定和回答,只是申明秩序理念下经济法的社会观念是"共同体主义"的,思维方式是整体主义的,研究的视角是法学的,并据此给出"社会"的意指。

以整体主义的社会观念和思维方式看,社会作为有机整体,是由流变着的、处于不同领域的、扮演不同角色的、具有不同智识和功能的个体互动构成的有机整体,整体中的个体之间以及个体与整体之间的关系是有机依存关系,社会不是闭锁的特定个体的简单相加,而是开放的流变的个体不断参与同构而生成的独立的存在。即社会是"唯实论""本体论"意义上的客观实在,而非"唯名论""方法论"上的个人之和。

依这种社会观和方法论,从法学的视角看社会,可从三方面理解:①从主体方面理解。社会是由具有不同社会经济功能的、不特定的、开放的多数人构成的有机整体。这里的"不特定"是指在"共时性"的当下,因作为经济活动主体的人的流动性产生的人数的不确定性;而"开放"则是指在"历时性"的过程中,因经济主体的进入和退出活动的变化,以及因职业或经营

---

① 所有有关社会的观念和思维方式都可归为两大类,即整体主义和个体主义。整体主义思维是生物学的、有机主义思维,其基本的观点就是社会犹如生物体,是一个有机整体,因而是不同于其构成部分的、本体论意义上的独立存在(唯实论)。其各构成部分间的关系是功能分工与互补的相互依存关系,弊害或利益并非此消彼长的,而是共同分担或分享。因而,合作、和谐是主流。个体主义是一种物理学的机械主义思维,其基本观点就是社会个体的加总,因而,只有其名而无其实(唯名论)。

方向转化产生的不确定性。正是在这一意义上,法律上往往把对不特定人利益的损害称为损害社会公共利益,即损害社会整体利益。这里社会本身作为独立的存在就是一种法律主体,是"共同体"的另一称谓,在民族国家存在的当下国际社会,国际法上往往是以国家这种法人为代表的,国家可以说是一定领土范围内社会的组织化形式。在国内法上往往以国家机关为代表,作为社会的代表执行某一领域的社会事务。②从客体方面理解。社会作为一种客观存在,是指自觉或不自觉地受一定价值指引,并遵循一定规范(在现代法治社会主要是法律规范)的人们互动形成的关系状态,是一种有序的社会经济关系形态或社会经济秩序形态。其经济属性是公共物品,是社会整体利益(亦即社会公共利益,一种向所有人开放的、能被处于其中的所有成员分享的、不可排他的好处)的载体,其优劣关涉所有处于其中的成员的利益,因而,现代法律中常常把对秩序和状态的保护称为保护社会公共利益,如反垄断法中的"竞争"、税法对不同产业或区域的税收优惠而形成的"产业结构"和"区域结构"、自然垄断和公用事业规制产生的"产业发展"和"公正交易"等。③从法律保护对象的属性方面理解。社会作为秩序状态是一种法益(法保护的难以上升为权利的利益)载体,而不宜作为权利的客体或载体。秩序之所以不宜作为权利的客体或载体,是因为,秩序是一种公共物品,体现于其上的利益是具有非排他性和非竞争性的公共利益,而权利是具有排他性和竞争性的,因而,权利作为一种利益界分的工具,适于对以私人物品为载体的私人利益的界分,而与秩序及体现于其上公益的属性相悖。正因此,在现代社会法、经济法中,行为违法与否、承担什么责任,大多不是侵犯了什么权利,即与侵权无关。①

(二)责任的意蕴

"责任"一词在不同语境②有各种意义,"责任"的文字有可能代表不同的实践和概念。本书从一个独特的法学角度来阐述责任。其独特之处在于本书是从整体主义方法论的视角进行分析的,这一视角意味着笔者对责任的思考,是从社会的、功能的、时间连绵性的视角来思考的。法学的角度则意味着本章的基本关注点所在乃是一个与受到制裁的观念紧密相关,但

---

① 对此,有民法学者在研究反垄断法保护的竞争秩序时指出,在大多数情况下,法保护的秩序属于法益而非权利。所以,违反反垄断法同时又构成民法上的侵权行为的场合极少。参见曾世雄:《违反公平交易法制损害赔偿》,载《政大法学评论》1991 年第 44 期。

② "语境"是一个极其模糊的用语,本书用它来表达一切影响对其含义理解的特定的社会、特定的时间、特定的社会行动以及特定的价值体系等社会环境因素。

又有所区别的责任概念,如实定法律中规定于非"法律责任"部分的"责任"。①

就一般语义来讲,"责任"一词有两个相互联系的基本含义②:一是,处于社会关系中,具有一定社会角色的主体分内(或按其功能预设)应做的事,往往与人的(角色)职务和功能有关,如"岗位责任""领导责任"等,这种责任实际上是一种角色义务。每个人在社会中都扮演一定的角色,即有一定的职务或功能,相应地,也就应当而且必须承担与其角色或功能相应的义务,笔者称之为第一责任。二是,因没有做好分内之事(没有履行角色义务)或没有履行助长义务而应承担一定形式的不利后果或强制性义务,即法律科责,实质是法律责任的类型或形式,如民事责任中的"违约责任""侵

---

① 在实定法中有关责任的规定有两种:第一种,在非"法律责任"部分的规定。实质上是真正的法赋予主体的责任,有三种情况。①与一定身份相应的"责任",如我国《宪法》第五十五条第一款规定:"保卫祖国、抵抗侵略是中华人民共和国每一个公民的神圣职责。"②具有道德宣示意义的"责任",如 1972 年《人类环境宣言》规定:"人类负有特殊的责任保护和妥善管理由于各种不利因素而现在受到严重危害的野生生物后嗣及其产地。"③与义务搭配使用。如《消费者权益保护法》第三十七条"消费者协会履行下列公益性职责"的权益内容。第二种,是"法律责任"部分的规定。即法学界通常所说的法律责任,实质上是对违法而承担的具体法律责任形式的规定,如赔偿、恢复原状、吊销营业执照、罚款等。

② 我国权威性词典也把责任的含义分为三种,即使人担起某种职务和职责;分内应做的事;做不好分内应做的事,因而应承担的过失。(《汉语大词典》下,汉语大词典出版社 1997 年版,第5955 页)。法理界的观点与此大同小异,如张文显教授认为,"责任"有三个基本语义,即分内应做的事;特定的人对特定的事项的发生、发展、变化及其成果负有积极助长的义务;因没有做好分内之事(没有履行角色义务)或没有履行助长义务而应承担的不利后果或强制性义务。(张文显:《法哲学范畴研究》修订版,中国政法大学出版社 2001 版,第 118 页)葛洪义教授认为:"法律责任至少可分为肯定性法律责任、义务化法律责任、否定性法律责任。肯定性法律责任是指由于法律的规定,主体承担了对一定的物、一定的人或一定人的行为负责的责任。这类责任不仅包括通常所说的职责,更主要是指每个个体在特定社会关系中所处位置的责任,即个体的社会化所要求的负责态度经法律确认后形成的法律责任;义务化法律责任是指在法律规定下,个体必须通过自己的行为表明自己确实承担了肯定性法律责任。……这类法律责任在法律关系中体现为法律义务;否定性法律责任则比较接近消极法律后果意义上的法律责任,但又有所不同。它是指因某种违反法律义务的行为发生或某种损害结果出现后应该承担的法律责任。该类法律责任的设置目的主要是保证前两类法律责任的实现进而推动法律所肯定的法律关系主体的权利实现。"(葛洪义:《法理学导论:探索与对话》,法律出版社1996 年版,第 265-267 页)孙笑侠教授认为责任包含两方面的语义:主体 A 对主体 B 负有责任(表示关系);主体 A 负有……的责任(表示方式),即"责任"一词包含责任关系和责任方式两层含义。没有责任关系就没有责任方式,没有责任方式则无以实现责任关系。(孙笑侠:《公、私法责任分析:论功利性补偿与道义性惩罚》,载《法学研究》1994 年第 6 期)此处综合吸收了法律界的观点,不过,在笔者看来其所说的前两个方面都是一种角色义务。

权责任",行政责任的罚款、吊销营业执照等,笔者称之为第二责任。①

目前,我国法学界不论是法理上对法责任含义的理解,还是部门法对法责任问题的研究,通常着重于在第二责任意义上使用的,即通常所说的法律责任,且研究中往往注重对法律责任具体形式的研究。可见,其并非法责任的全部,只是法责任的一部分,一个重要的部分——法律科责,即以责任为基础的制裁,比如赔偿、归还、监禁或缴纳罚款,是具体的法律责任形式。它是对指控或控诉作出的回应,这些指控或控诉一旦成立,就会产生承担惩罚、谴责或其他不利后果的科责,制裁是这种责任的核心。② 这种责任是向后看的,是一种对过去的行为或事件后果的担当,即是"过去责任",它主要关注对坏的结果的承担,目的在于为解决执法和司法中的争端或冲突提供工具,并通过责任的承担对违法行为予以惩罚,对受害者予以补偿,恢复被破坏了的法律秩序,并在一定程度上预防不法行为对既有秩序的破坏。它忽视了一个事实,即法律不仅在我们没有履行我们的责任的时候判定我们有责任并制裁我们,同时还告诉我们对什么负有责任,并激励我们积极负责地行为。

这种现象的产生,部分是因为法学作为应用之学,在研究中更注重适用法律和执行法律的机构的行为而不是立法机构的行为,更注重争议和冲突的解决而不是防止争议和促进合作与建设性的行为。然而,法律发达史说明,法律不仅仅是消极被动地防止纷争,维护既有秩序,它还承担着积极促成理想秩序实现的使命,即承担着能动地建构理想社会(秩序状态)的使命。③ 这意味着,现代法律责任实践的主要目的应是打消人们实施造成将来损害的行为动机。为此,我们就有理由把所有那些可能实施损害行为的人,而不仅仅将那些已造成损害结果的行为人纳入责任人这一范围。

当然,笔者并不是要否认既有的法律责任(法律科责)向后看的定位。

---

① 从内容看,这里的第一责任和第二责任与法理中法律责任的"义务论",即把法律责任看作没履行第一义务而承担的第二义务相同。但从思维方式看,"义务论"是个体主义思维,这种法思维的核心或中心是个人权利,义务只是权利的对应,且没有权利就没有义务。从此角度看,责任只是没有履行法定或约定义务(第一义务)而产生的强制履行义务(第二责任)。而第一责任和第二责任的思维是整体主义的,这种责任的产生并不以某种权利或义务的存在为条件,而是以既存的社会及个体在社会中的角色与功能本身为条件。因而,这里的第一责任和第二责任与"义务论"称法律责任为第二义务,不仅仅是一种词语替换,更有着法观念和法思维的转向。
② 参见[澳]皮特·凯恩:《法律与道德中的责任》,罗李华译,商务印书馆2008年版,第46-48页。
③ 参见[美]欧文·费斯:《如法所能》,师帅译,中国政法大学出版社2008年版,第20-60页。

换言之,笔者不是说第二责任不重要,或者说它的惩罚性、补偿性、权益配置性对防范将来的某些特定行为以及阻碍其他类似行为的发生、维护既有秩序不重要,而是在社会化高度发展、市场主体日益庞大、其行为的影响日益巨大的现代社会,在许多情况下事前的预防和治理比事后的"亡羊补牢"式补救更有效。因而,必须使人们知道对什么负责,并激励其承担预设法律责任而不是一味地在损害结果发生后再惩罚或修复。正是在此意义上,有学者指出:"在一个运作良好且成功的法律制度里,不遵守预期责任并且因而施加过去责任的机会被降低到最低点。过去责任只有在未完成预期责任时才能找到他的角色和意义,在这个意义上它是从属的和寄生的。当然施加过去责任有助于最大限度地遵守预期责任。"①因此,理解法律中规定的法责任,不仅仅是理解人们负有责任的含义,同时也要理解人们的过去责任、人们的预期责任是什么,以及如何使有责者承担责任。

所以,笔者的观点是,法律规定的法责任的两个方面的意义同等重要,即第一责任与第二责任的理念对于理解法责任同样重要。它们是相辅相成的,第一责任对第二责任的设立和执行具有指导作用,第二责任的执行,加强和支撑第一责任。第二责任本身不是一个目的,而仅仅是法律通过创造和赋予第一责任来寻求促进各种目的的一个方式。

综合上述"社会"和"责任"的观念,可以说社会责任就是现代性法律(社会法和经济法)中规定的个体对社会整体(共同体)承担的法责任。

二、社会责任的性质

"种加属差"是对事物或研究对象予以定义的通常模式,其中"属差"就是被研究对象性质的差异或特性。可见,对事物或社会现象认知的关键在于对其性质的分析及对其特性的提炼。因此,要对社会责任有深刻的认识和掌握,就必须分析其性质。而对社会责任性质的分析有三方面是不可回避的,即责任的内容、责任的主体和责任的对象。

(一)社会责任是以第一责任为主的责任

对此可以从时间、履行方式和功能三个维度来讲。

第一,从责任发生的时间维度看,责任有"事前责任"和"事后责任"两种。"事前责任",也称"前瞻性责任"或"预设责任",是面向未来的,是基于社会经济秩序运行的需要,据各主体在社会经济体系中扮演的社会经济角

---

① 〔澳〕皮特·凯恩:《法律与道德中的责任》,罗李华译,商务印书馆 2008 年版,第 55 页。

色,基于未来社会经济秩序的建构对主体社会经济其功能发挥的需要而赋予的,这种责任类似于由他人或自我赋予的"职责",①一个承担某项职责(或义务)的人对于履行此职责具有预设责任。② 由于这种责任是为预防主体行为失范对社会经济秩序造成不良影响而设的,即责任先于或预设于有害行为或有害事件发生之前。"事后责任",也称"追溯性的责任"或"过去责任",是面向过去的,是基于已发生的行为或事件对社会经济秩序造成损害后果之后,要求行为人对其行为或由其引发的事故所造成的损害后果承担的责任。其中,"事前责任"属于第一责任,"事后责任"属于第二责任。经济法作为社会经济秩序保护法,其所规范的行为一旦损害社会经济秩序,其损害具有扩散性、持续性、不确定性、不可恢复性等特性。这决定了在经济法的社会责任构成中,"事前责任"处于主导地位而"事后责任"处于辅助地位,即经济法的社会责任主要以"事前责任"为主。

第二,从责任履行方式的维度看,责任有"积极责任"和"消极责任"两种。"积极责任"要求行为人以作为的方式,采取积极行动,促成有利于社会(不特定多数人)的后果的产生或防止有害的结果的产生,多为第一责任;"消极责任",要求行为人对其行为产生的社会有害后果予以补救,属于第二责任。负消极责任的行为往往并不直接减少社会财富,这种社会责任的履行具有强制性,即往往通过强制实现。正是强制履行的威慑,使其具有间接减少社会财富损害的功能。而对"积极责任"的履行,既有依主体的责任意识而自觉履行,也有基于违法制裁的威慑,或基于激励、倡导(如执法中的举报奖励、法律责任形式的惩罚性赔偿金,以及私法中激励个体利用司法维护整体利益、美国公益诉讼中的个人告发诉讼等,都是激励、倡导人们履行社会责任的机制)而履行。之所以建立激励履行社会责任的机制,是因为履行一些积极的社会责任,虽增加了公共物品或公共财富,或防止了公共物品的损害,促进了或维护了社会公共利益,且所增建的公共利益超过行为者要承担特别负担或风险所造成的损失,但如没有激励机制,行为者履行社会责任的代价并不能得到补偿,行为者就没有履行社会责任的动力。因而,这种激励履行社会责任的机制是一种实现帕累托效率的机制。经济法作为社会经济秩序保护法,对秩序损害的特性,决定了在经济

---

① 参见[德]底特·本巴赫尔:《责任的哲学基础》,载《齐鲁学刊》2005年第4期。

② 参见[澳]皮特·凯恩:《法律与道德中的责任》,罗李华译,商务印书馆2008年版,第49页。不过书中把"分内应做之事"这种面向未来的责任译为"预期责任",笔者称之为"预设责任"。

法的社会责任构成中,"积极责任"处于主导地位而"消极责任"处于辅助地位,即经济法的社会责任主要是以"积极责任"为主的责任。

第三,从责任的功能看,第一责任的主要功能有三点,即产生好的结果、预防坏的结果和避免坏的结果,相应地产生三种社会责任,即建设性责任、预防性责任和保护性责任。[①] 建设性责任,往往与实体法中规定的激励性规则有关,一般来讲依激励性规则而为,就是履行了建设性的社会责任,如向高新技术产业或特定区域的投资获得税收优惠;预防性责任,往往就是履行法定义务,不做法律禁止的行为;而保护性责任往往就是告发、起诉违法者,实质上是对某些社会权利的行使。而第二责任的功能也有三点,即惩罚性、威慑性和修复性(或"矫正性的"),相应的责任也有三种,即惩罚性责任、威慑性责任和修复性责任。惩罚性责任与威慑性功能往往是密切相连的,它们注重负有责任的人,主要包括监禁和罚款。而修复性的责任同时考虑赋予责任后所要造福的那些人的利益,修复性责任包括支付补偿金和恢复原状、采取其他类型的行为以及剥夺一个文件或决定的法律效力。当然,第二责任也有一定的预防功能,但相对于第一责任而言这种功能只是其惩罚与威慑功能的附属产物,并不是主要功能。经济法保护秩序的目的决定了其责任功能主要在于建设社会经济秩序、保护社会经济和避免社会经济秩序受害,因而,经济法社会责任是以第一责任为主的责任。

(二)社会责任是人人承担的责任

经济法的社会观和方法论决定了在经济法看来社会是有机整体,人是社会的人,是处于社会经济秩序中的人。任何经济法主体——人的生存和发展都依赖于社会经济秩序,并通过社会经济秩序而使主体间相互依存。这意味着,任何人都必然地、自觉或不自觉地从社会经济秩序中获得了其生存和发展所需的财富和智识,这决定了作为经济法主体的个人,其利益的获得不仅取决于拥有的财富、禀赋和努力,更与其所处的社会经济秩序

[①] 参见[澳]皮特·凯恩:《法律与道德中的责任》,罗李华译,商务印书馆 2008 年版,第 50-51 页。

有关。① 这种社会观对人的看法，决定了法律即使以人为本，以保护人的利益为圭臬也必须保护社会和促成良好的社会秩序，因为，社会经济秩序是人的利益的重要构成部分——公共利益的源泉，是现代社会人生存和发展所不可或缺的。这势必要求每个人都对其所处的社会秩序负有维护的责任，即人人承担维护社会经济秩序责任。可见，经济法的社会责任的责任主体是所有社会经济活动的参与者，亦即人人都是责任主体，都对建设社会经济秩序、预防社会经济秩序受害及保护社会经济秩序负有责任。正因此，罗斯科·庞德说："在社会中，每个人都有自己要履行的某种职能。不能容许他不去履行这种职能，因为如果他不去履行，就会产生对社会的危害。"②

　　这种责任对主体的要求包括两个方面：第一，人人都是社会经济秩序的建设的主体和预防自身对经济秩序损害的主体。即作为经济法主体负有扮演好自身角色，发挥自身功能促进社会经济秩序完善的责任，以及不损害社会经济秩序的责任。第二，人人都具有防止他人侵害社会经济秩序的责任。这意味着人（包括各类组织和个人）作为社会一员，都有权通过告发或诉讼追究损害社会经济秩序者的责任。这是因为，社会责任的实现固然有依赖于各类主体自觉地履行，但由于人的理性存在固有的缺陷，往往导致社会责任难以有效履行。为了保证社会责任的实现，经济法设计了两种实施机制，即公共实施机制和私人实施机制，并通过授予所有主体告发权，以及通过"扩大原告"范围，给诸多主体授予诉权，使各种主体在不同实现机制中发挥其智识和信息优势，促使风险规制法的良性运行，这就使社

① 对此，早在19世纪末，英国自由主义思想家霍布豪斯指出："那些认为他'造就了'他自己和他的生意的产业组织者们会发现，在他手边的全部社会制度都是预备好了的，如技术工人、机器、市场、治安与秩序——这些大量的机构与周边的氛围，是千百万人与数十代人共同创造的结果。如果将这些社会因素全部去掉，我们还不能像鲁滨逊·克鲁索（Robinson Crusoe）那样有破船上的什物与他所获得的知识，而只是以树根、草果和鼠虫为生的裸体的野人。'赤裸裸而来'（nudus intravi）这铭语应镌于成功者的墓上，但他可增加一句说：'如果没有社会关系也将赤裸裸而去'（sine sociis nudus exirem）。"（[英]伦纳德·霍布豪斯：《社会正义要素》，孔兆症译，吉林人民出版社2006年版，第108页）在当代，就连一些自由主义思想家、方法论的个体主义者对此也予以承认，正如诺贝尔经济学奖得主布坎南所说："无论比较富裕的人还是比较贫困的人，在与社会交换体系隔绝的情况下，都只能获得非常微薄的收入。个人的'自然天赋'与他置身于其中的社会交换体系密切相关。任何人享有的几乎全部收入都源于由社会互动产生的合作剩余。""若没有社会、法律和政治组织带来的利益，我们当中只有很少几个人现在能在这里。我们会生存不下去。"（[美]詹姆斯·M.布坎南：《宪法秩序的经济学与伦理学》，朱泱等译，商务印书馆2008年版，第268页、第326页）
② [美]罗·庞德：《通过法律的社会控制　法律的任务》，沈宗灵、董世忠译，商务印书馆1984年版，第49页。

会责任成为社会成员人人都可追究有责者履行的责任。但由于社会经济秩序是一种公共物品,对其的保护所获得的利益并不能归保护者排他性地独享,因而,在履行社会责任上存在"搭便车"的现象,这意味着,即使扩大诉讼资格或赋予告发权,权利者也没有行使其权利的动力,为此,在经济法对违法者的责任形式中,往往规定有惩罚性赔偿责任。其中,赔偿额超过原告损害的部分实质上就是让其对社会损害承担责任,而原告获得的超过其损害的部分,实质上是对其履行社会责任的一种激励。

(三)社会责任是对社会(共同体)承担的责任

社会责任是所有社会成员,即人人对社会(共同体)承担的责任,可见,责任对象是社会(共同体)。前述社会的含义告诉我们,以整体主义观念和从法学视角看社会,社会既可视为法律关系的主体(共同体),也可视为法律关系的客体。因而,对作为责任对象的社会也可从主体和客体两方面来理解。

第一,从作为责任对象的主体来看,社会责任所要回答的问题是对谁承担责任。从社会的含义看,社会责任是对共同体的责任。由于这种对社会共同体负责所产生的利益,作为社会共同体构成的社会成员,人人都可以分享,因而,社会责任可以说是对人人的责任。这里的所有社会成员或人人具有公共的意味,即不是指一定时空中具体的个人,而是指开放的、不特定的、功能各异的所有参与社会经济活动中的人,或者说是所有处于社会经济秩序中的人。

第二,从作为责任对象的客体看,社会责任所要回答的问题是对什么承担责任。前述社会的含义告诉我们,在经济法中社会责任的客体是社会经济秩序本身。以整体主义观念看,社会先于具体的个人而存在,每个个体都是被"抛入"一定的社会中的,每个个体在被社会化的同时又参与着社会秩序的建构,个体与社会整体之间的关系是有机依存关系。从主客体关系的角度来讲,社会秩序就像财产、身体、行为等传统法律中的客体一样,是所有人获取其生存、发展以及利益的基础。作为一种新型的客体,社会秩序是由流变着的、扮演不同社会角色、具有不同功能的无数主体,在一定价值共识下遵循一定的社会规范互动形成的一种结构性网络关系状态,简称网状结构关系体。它是历史地生成的,而不是当下的人在一夜之间建立的。它是否对处于其中的所有主体有益,即对其价值评价,既与一定社会的社会观念、文化传统有关,又与其社会发展状况、政治经济体制和人们的认识水平有关。它所承载的是社会公共利益。可见,经济法保护客体社会,作为一种社会经济秩序状态,既不是单个行为的结果,也不是同一类型或相同角色(具有相同功能)的主体双边行为的结果,而是处于一定社会结构中具有不同功能的各类主体性行为互动的结果。其优劣在一定程度上又可依该社会行为规范的合理性对人的行为予以约束而人为地建构和变化。因而,人人不仅负有不损害其所处的良好关系状态的消极责任,也负有利用自己的智识促进社会规范的科学与合理并遵循之,以建构更优的社会经济关系状态的积极责任。

这意味着,建构有效良好经济秩序的核心就是构建经济主体的行为规范,以及被各类主体有效地遵守。因而,各类主体在经济秩序建构中的责任就是监督、遵守和完善经济法行为规范。

第二节　社会责任的规范分析

规范分析不是对"法律规范"的分析,而是指价值分析,其所要回答的是"好坏""应当"的问题,对此我们可从社会经济发展的需要和社会观念两方面分别说明在现代社会经济中,为何作为人的利益的重要组成、体现于作为公共物品的社会经济秩序之上的公共利益的创造和维护应当以社会责任这种规范形式或工具来实现,而非通过个人权利这种规范形式或工具来实现。其中社会经济发展的需要是有机的经济体系形成及其运行的需要,亦即经济共同体的形成及运行的需要,而社会观念主要体现在政治哲学观念和责任伦理观念。

一、经济共同体——社会责任之源

通常,讲到社会责任,必然使人们联想到某种有机共同体,因为只有在有机的社会共同体中才会产生社会责任。为说明此,需要回答三个问题:什么是共同体? 共同体有无其实? 为什么共同体是社会责任之源?

(一)什么是共同体

在当代,提到共同体,人们势必首先联想到"共同体主义"。然而,"共同体主义"作为与近现代自由主义哲学理念下的"个体主义"(个体主义)相对应的思想体系却是晚近的事情,一般认为是 1887 年由法国著名社会学家埃米尔·杜克海姆(Émile Durkheim)提出的。但共同体主义的观念,在思想史上则源远流长,可以追溯到人类文明早期。早在古罗马,西塞罗

(Cicero)就提出:"国家是人民的事务。人民不是偶尔汇集一处的人群,而是为数众多的人们依据公认的法律和共同的利益而聚合起来的共同体。"①英国的洛克(Locke)认为:"任何人放弃其自然自由并受制于公民社会的种种限制的唯一方法,是同其他人协议组成一个共同体,以谋他们彼此之间的舒适、安全和和平的生活,以便安稳地享受他们的财产并且有更大的保障来防止共同体以外任何人的侵犯。"②在现代的社会主义、民族主义和社群主义这些反自由主义思想中,它们的共同之处就是"共同体"观念。20世纪70年代之后,在与以罗尔斯为代表的新自由主义论辩过程中,以桑德尔(Sandel)、麦金泰尔(MaCintyre)、泰勒(Taylor)、沃尔泽(Walzer)为代表人物的社群主义者,使共同体主义得以复兴,并形成了当代共同体主义。

上述有关共同体的观念虽在表述上分殊,但其理却相同,即共同体是由某种共性因素的存在结合而成的联合体,如基于血缘这一自然因素而结合的家庭、宗族等共同体,基于历史(地缘)因素而结成的城市、村庄等共同体,基于研究知识的共同性形成的某种知识共同体(如法学共同体),或基于地缘或经济体制相近产生经济紧密联系性而形成的经济共同体等,都是由某种共同因素所导致的。可见,从本质上来说,共同体不是人们主观上的现象物,不是只有其名而无其实的东西,而是一种由个人组成又与个人相对应的客观实在。我们所有的人都生活在各式各样的共同体中,这是一个事实。除非脱离整个人类社会,任何人都如法脱离共同体,否则任何人都自觉不自觉地处于一定的共同体之中,必须是一定共同体的成员。在很多情况下,人们甚至是被"抛入"一定的共同体之中的,即人们根本无法选择自己属于这个还是那个共同体。共同体的形成是人性的必然,因为,人天生是社会性动物,社会性是人的本质属性,任何个体都是在一定的社会共同体中生长成人的,"人只有处在各种各样的社会关系中,才能称之为人,而共同体正是各种各样社会关系的载体"③。甚至可以说,共同体是人类进化中自然形成的作为人生存和发展的"寄主",正如万物是基因的"寄主"、生物体是细胞的"寄主"一样。因而,社会是一个犹如有机体的客观存在。

(二)共同体是社会责任之源

为什么只有在有机的社会共同体中才会有社会责任? 有机共同体中的个体能否既保存其成员身份而又不履行社会责任呢? 要想回答这些问

---

① [古罗马]西塞罗:《论共和国、论法律》,王焕生译,中国政法大学出版社1997年版,第39页。
② [英]洛克:《政府论》下卷,瞿菊农、叶启芳译,商务印书馆1996年版,第59页。
③ 孟庆垒:《环境责任论:兼论环境法的核心问题》,法律出版社2014年版,第15页。

题必须从分析共同体与处于其中的个人之间的关系出发。英国著名社会学家鲍曼(Bauman)曾对共同体做了这样形象的描述:共同体是个"温馨"的地方,一个温暖而又舒适的场所,它就像一个家,可以遮风避雨;在共同体中我们能够相互依靠对方,可以相互帮助。但是鲍曼指出,为了得到"成为共同体中一员"的好处,你就需要付出代价,付出的代价就是自由,或者说是"自主""自决权""成为自我的权利"。① 可见,共同体对其成员的价值体现在两个方面:一方面,它给其成员带来好处,提供成员生存和发展所必需的条件;另一方面,其成员必须付出一定代价。从社会经济活动看,就是作为一国社会经济共同体的成员,一方面,从一国社会经济共同体的经济运行秩序中获得了从事社会经济活动的条件;另一方面,从事社会经济活动的成员不得不对其经济行为的自由做一定限制,这种限制旨在使其行为不损害成员共同依存的社会经济秩序。但这种对自由权利的限制或剥夺不是任意的,而是通过具有确定性、可预期的制度规范使其成员履行责任表现出来的。这就像私人间的交易一样,一个人要从他人处获得利益,就必须支付一定对价,不同的是私人间的交易个体的意志可以控制是否交易以及与谁交易,而成员却只能且不得不与公共体交易。因而,成员必须对共同体承担责任,只有所有成员都承担了这种责任,共同体才能继续维持,个体才能继续从共同体的稳定状态中受益。

上述分析说明,我们每个人无不处于共同体之中,这与我们是否愿意无关,也是我们的意志无法决定的客观事实。这意味着,我们每个人都不可能脱离共同体去认识自己,以及认识我们所追求的福祉与利益。当我们进入,甚或说被"抛入"某个共同体而成为它的成员之后,我们的福祉和利益就与共同体整体利益,以及共同体内部其他成员的福祉和利益息息相关,我们不仅将从共同体中得到其他成员的同情、帮助、合作,同时我们也将担负给予其他成员同等的同情、帮助和合作的责任。我们还从共同体整体运行的秩序、环境、安全和正义中获得我们生存和发展的条件。因而,我们不仅负有同情、帮助以及与其他成员合作的责任,也担负着维护共同体内部整体运行秩序、环境良好、安全和正义乃至和谐的责任。

(三)社会经济共同体是客观存在

人从参与社会经济活动成为社会经济活动的参与者那一刻起,就共同生活在一定的社会经济共同体中,并形成共同依存的诸多共同要素,社会

---

① 参见［英］齐格蒙特・鲍曼:《共同体》,欧阳景根译,江苏人民出版社 2007 年版,前言。

经济秩序就是社会经济共同体成员共同依存的主要共同要素之一。但在社会发展的早期,直到 19 世纪末以前,由于社会生产力发展程度低,社会分工不发达,个别生产者的生产规模有限,因而,个人对社会共同体经济秩序的影响非常有限,或者说微不足道。以市场经济秩序为例,虽然在自由竞争资本主义时期,社会经济有了长足的发展,但这时的经济活动参与者,即使是经济力量相对占优势的经营者,也不能左右市场的运行,改变市场秩序,而只能接受市场秩序,其表现就是任何市场主体(经营者)不是市场价格的决定者,而是市场价格的接受者。因而,在这一阶段,任何市场主体都受市场机制运行的摆布或"奴役"。但个体经济力量有限、社会分工不发达,决定了社会经济关系较简单,使这时的社会经济秩序仅依市场机制本身自发的调节就可以实现较优状态。在这种情况下,经济活动参与者共同依存于一定的社会经济秩序尽管是一个事实,但社会经济秩序这种公共物品因可自发地得到有效供给,致使其给人们带来的经济方面的公共利益无法凸显,①人们也无须承担维护社会经济秩序的责任(成本),这时人们对经济利益的关注主要还是依自身的能力和努力所生产的私人物品带来的私人利益,人与人之间的利益纷争基本上就是私人利益的纷争。这一状况一直延续到 19 世纪末自由资本主义向垄断资本主义过渡之时。二战后第二次科技革命引起生产的社会化提高、社会经济关系复杂化,使得周期性的经济危机、公共物品供应不足、垄断、负外部性、社会分配不公等"市场失灵"现象频频出现,这时仅依市场机制的自发调节作用,难以保障良好的市场秩序。市场秩序的良好与否关涉的不是某一人(包括自然人和法人)、某一产业、某一区域的利益,而是关涉一国所有人、所有产业和区域的利益。在这种一国甚至世界经济成为一个有机整体的现代市场经济体系中,可以说社会经济共同体的存在是一个事实,且得到越来越多人的认可。

在国家这一经济利益共同体中,其主体是历时地和共时地处于这一国家的所有人,其存在的基础或客体就是该国经济体制所决定的经济秩序本身,在现今市场经济条件下就是该国的市场经济秩序。从性质上来说,它是社会共同体,是人借助经济秩序或市场秩序这一载体才形成的共同体。

---

① 利益的重要性在某种意义上来说就是利益客体的价值,价值越大意味着利益越大,而价值与利益客体的稀缺有关,因而,依自发机制或自然界的再生能力能有效供应的物品,人们在分享上可非排他地无限享用,其对人的价值就无法凸显,人就不会赋予这种客体价值,这种利益就不会被人们所重视,其重要性就难以凸显,如阳光、空气。

从有机共同体与其成员之间的关系或从有机体与其各构成部分的关系看，每个人的利益的获取都与其所处的社会经济秩序有关，都从良好的社会经济秩序中获得好处，因而，作为其一员，就要承担维护社会经济秩序的责任。这种责任是一种社会责任，是任何参与社会经济活动的经济主体都应当承担的责任。社会责任的履行既是社会经济秩序良性运行的前提，也是所有经济活动参与者最终实现其经济利益的根本保障。

二、社会观念的转化——社会责任的观念基础

作为"市场失灵"显著表现的周期性经济危机，其频繁爆发给人们带来的灾难，使人们切身感受到一国甚至世界经济已成为有机的整体体系，其运行秩序的优劣直接关系到人的利益得失，甚至是人的生存和发展。这也是经济法作为经济秩序保护法而以社会责任为规范重心的社会经济原因所在。但经济危机仅构成社会责任观念兴起的现实因素，除此之外，它的普遍贯彻和履行还有赖于社会观念，社会观念中的政治哲学和责任伦理观的勃兴为社会责任观念在经济法中的传播和被接受提供了依据。

(一)政治哲学观念

任何法律都是以一定时代的政治哲学观念为基础的，经济法也不例外。目前，我国虽然从社会经济制度上讲，实行的是社会主义市场经济。但就法律制度以及与之相应的法律理论本身来讲，也借鉴了西方市场经济制度下的法律制度，以及与之匹配的西方法学理论。就现代西方法律制度和法学理论来讲，自启蒙时代以来其法律的主流政治哲学就是自由主义的个体主义。虽然，从 19 世纪末以来，自由主义在与反自由主义政治哲学思潮①的论战中吸收了批评者的合理意见，对其理论进行了修正，②这

---

① 虽然反自由主义的思潮包括社会主义、民族主义、社群主义等流派，但当代影响最大的当属以桑德尔、麦金泰尔、泰勒和沃尔泽为代表的社群主义的思潮。这些人观点各异，因此，自己都不承认自己是社群主义者。但他们都强调共同体对个人的意义，社群主义是别人送给他们的标签。

② 有关自由主义的批评者对当代自由主义的影响，可从当代最有影响的自由主义者罗尔斯从《正义论》到《政治自由主义》的观念转化中得见。对此可参见万俊人：《政治自由主义的现代建构——罗尔斯〈政治自由主义〉读解》，载约翰·罗尔斯：《政治自由主义》，万俊人译，译林出版社 2000 年版，第 558-632 页。对于这种转化，国外甚至有学者称其为"新罗尔斯"，即"被看做是试图阐述一种接受了诸多社群主义批评的自由主义观点"（［英］斯威夫特：《自由主义者与社群主义者》，孙晓春译，吉林人民出版社 2011 年版，序言）。受自由主义与社群主义争论的影响，当代一些法学家在其法学理论中也对主流的古典自由主义理论有所修正，如罗纳德·德沃金（Ronald Dworkin）和约瑟夫·拉兹（Joseph Raz），以至于有学者称他们为自由的社群主义者（参见［英］斯威夫特：《自由主义者与社群主义者》，序言）。

些新观念也对当代西方的法律制度产生了一定的影响,以至于出现许多体现这些新观念的新兴的法律制度,如为调整产业结构和区域结构、保护环境以及为促进高新技术产业发展而在税法中出现的税收减免制度,在反垄断法、消费者权益保护法和产品质量法中出现的多倍赔偿责任制度,在法律实施中的公益诉讼制度的多元形式和协商模式的出现。其实,从战后西方有关经济发展的新兴经济法律制度看,其体现的观念虽然仍有很浓的自由主义色彩,但已渗入了反自由主义的社群主义观念。因而,在市场经济法律制度建设中,固然我们需要张扬人作为理性的独立存在的一面,重视自由主义注重对个人权利保护的观念,但不能矫枉过正,忽视人作为社会人以及有机共同体成员的方面,忽视人应对社会承担的责任。因而,不能不了解反自由主义的"共同体主义"的观念。

当代以社群主义为代表的共同体主义是在反自由主义的基础上发展起来的,从与法学的关联视角看,其基本的政治哲学观念可从四个方面讲:第一,从方法论看,社群主义反对新自由主义把自我和个人作为分析和理解社会政治现象和政治制度的出发点或基本变量,认为自我或个人最终是由他或他所在的社群决定的,因而主张把社群作为分析和理解社会政治现象和政治制度的出发点。第二,从价值观看,社群主义反对自由主义把社会利益看作个人利益之和,从而主张个人利益至上的价值观,认为社会整体利益(公共利益)高于个人利益,认为个人利益(私人利益)就包含在社会整体利益之中。社会整体利益(公共利益)都指向共同体的普遍善、共同善(这里的普遍善、共同善是指作为整体的社群基于共识而形成的共同目标、共同价值规范)。相应地,它们反对自由主义的权利优先于基本善的观念,认为"公共善优先于个体权利"。① 第三,从对权利基础的认知看,社群主义反对自由主义把人看作一种无牵无挂的、无社会历史文化根基的自然存在,并据此反对自由主义把权利看作源于人作为人本身的自然权利学说,认为人是社会人,对人只有在具体的社会历史文化框架和背景支配下才能

---

① 有关此的详细论述可参见范进学:《权利是否优先于善——论新自由主义与社群主义之争》,载《政法论丛》2016 年第 3 期。

形成构成性的理解,①因而,主张责任体系的重构、社会合作的加强、社群价值的共享、国家能力的振兴。其从根本上否定自然权利,替代自然权利的是忠诚、友谊和责任。其对责任的强调,并不等同于否定权利,不过它主张权利源于法律,且主张社群权利优于个人权利。它不反对个人自由,也不主张取消个人权利,而是为个人权利划定适当的界。② 第四,从国家观看,在国家观上,社群主义和自由主义主要围绕"强国家"与"弱国家"、国家中立和公民政治参与等问题进行了争论,其核心在于对公共利益与个人权利之关系的歧见,自由主义主张弱国家、国家中立,不鼓励公民参与政治生活,主张"权利政治";而社群主义主张强国家,反对国家中立,认为国家有必要进行公民美德教育,可以为公共利益而牺牲个人利益,鼓励公民参与政治生活,认为这不仅是公民的美德,且是公民的社会责任。因而,其主张的是"公益政治"。③

(二)责任伦理的勃兴——社会责任的伦理基础

法律与道德的关系问题是法理学的重要问题之一,虽然在这一问题上目前仍不能达成共识,但多数学者都接受德国法学家耶林所提出的"法律是最低限度的道德,只有符合道德的法律才能被信仰,而这样的法律也才是真正的法律"④这一主张,可见道德观念对法律制度的影响。因而,欲探讨经济法的社会责任,对有关的伦理学的了解,特别是责任伦理的了解是

① 桑德尔认为,我们必须"把我们自己理解成一个特定的人——我们是这个家庭或社团或民族或国家的成员,我们是这一历史的承担者,我们是那场革命的儿女,我们是这个共和国的公民。"(Michael J. Sandel, *Liberalism and Limits of Justice.* The Press Syndicate of the University of Cambridge, 1982. p. 179)麦金泰尔说:"个人是通过他或她的角色来识别的,而且是由这种角色构成的,这些角色把个人束缚在各种社会共同体中,并且只有在这种共同体中和通过这种共同体,那种人所持有的善才可以实现;我是作为这个家庭、这个家族、这个氏族、这个部落、这个城邦、这个民族、这个王国的一个持有者而面对这个世界的。把我与这一切分离开来,就没有'我'。"([美]A. 麦金泰尔:《德性之后》,龚群、戴扬毅等译,中国社会科学出版社 1995 年版,第 216 页)
② 有关社群主义的权利观的详细论述可参见蒋先福、彭中礼:《善优先于权利——社群主义权利观评析》,载《北方法学》2007 年第 5 期。从社群主义的观念我们不难得出,在社群主义者看来,个人权利源于社会运行的需要,权利的范围是据权利人在社会中扮演的角色,以其更好地发挥其社会功能和更好地履行社会责任为限。
③ 参见俞可平:《政府:不应当做什么,应当做什么——自由主义与社群主义的最新争论》,载《政治学研究》2009 年第 1 期;王作印:《自由主义和社群主义国家观之争及其启示》,载《社会科学辑刊》2007 年第 3 期。
④ 转引自李龙:《"法律是最低限度的道德"读耶林〈法律的目的〉有感》,(黑龙江省肇东市法院网)2017 年 3 月 10 发布,http://shzd. hljcourt. gov. cn/public/detail. php? id＝1050,2017 年 10 月 25 日访问。

不可绕过的。下面我们从责任伦理的产生过程说明它的含义和原则,并在此基础上对其性质特征及法律意义予以说明。

1. 责任伦理之形成

伦理理论对责任的强调虽然源远流长,①但"责任伦理"概念却是现代德国著名社会学家马克斯·韦伯提出的。他于1919年在一次演讲中提出了"信念伦理"与"责任伦理"的区分,②之后在伦理学界重新唤起了"责任"概念的道德内涵,此后经汉斯·尤纳斯(Hans Jonas)、乔尔·费因伯格(Joel Feinberg)、汉斯·昆(Hans Küng)、汉斯·伦克(Hans Lenk)等人的持续努力,以"责任"范畴为"硬核"的"责任伦理学"在20世纪70年代末得以形成。

责任伦理可以说是对风险社会这一时代背景的伦理回应。我们知道,德国社会学家乌尔里希·贝克(Ulrich Beck)于1980年在《风险社会》一书中提出风险社会的主题思想,面对现代社会人类利用高科技、大工业生产对自然的无限索取,科技理性隐含的重重风险,贝克等警告说,"现代化的生产就是'有组织的不负责任',它渗透进了一切领域与行业,每一个个体、团体、组织和政府都应该为科技时代的风险负责,承担相应的后果。因此,责任就更需要成为普遍性的伦理原则……在'责任原则'之下,没有人能够

---

① 如从我国《周易》提出的"明于忧患与故"到大家耳熟能详的范仲淹的"先天下之忧而忧,后天下之乐而乐",以及陆游的"位卑未敢忘国忧"等名句,无不体现我国古代人的社会责任意识。(参见张春香:《略论当代中国责任伦理建设》,载《理论月刊》2006年第5期)而在西方,从古希腊的苏格拉底把责任看作"善良公民"为国家和人民服务所应具备的本领和才能,而斯多葛学派认为:"世界上所产生的一切东西都是创造出来给人用的;因为人也是为其他人而生的,所以他们能够相互帮助;在这方面,我们应该遵从'自然'的意旨,彼此关爱,相互授受,为公众的利益贡献出自己的一分力量,例如我们的技能和才智,以及通过我们的辛勤劳动,是人类社会更紧密地凝结在一起,使人与人之间更加团结友爱"([古罗马]西塞罗《论老年论友谊论责任》,徐奕春译,商务印书馆1998年版第99页),到康德把责任视作道德哲学的基础,提出责任就是伦理学的基本概念,并用"责任的动机""责任的形式""责任的尊重"三个命题界定"责任"概念(参见[德]《道德形而上学原理》,苗力田译,上海人民出版社2002年版,第39页)。这些也体现了西方思想家对人的责任的强调。

② 韦伯提出:"我们必须明白一个事实,一切有伦理取向的行为,都可以是受两种准则中的一个支配,这两种准则有着本质的不同,并且势不两立。行为的准则,可以是'信念伦理',也可以是'责任伦理'。这并不是说,信念伦理等于不负责任,或责任伦理就等于毫无信念的机会主义。当然不存在这样的问题。但是,恪守信念伦理的行为,即宗教意义上的'基督行公正,让上帝管结果',同遵循责任伦理的行为,即必须顾及自己行为的可能后果,这两者之间却有着极其深刻的对立。"([德]马克斯·韦伯:《学术与政治:韦伯的两篇演说》,冯克利译,生活·读书·新知三联书店1998年版,第107页)

逃避彼此休戚与共的责任要求"①。可见,责任原则是解决当代社会所面临的风险问题的较优原则。尤纳斯则提出了相应的道德律令,"要这样行动,使得你的行为的后果符合人类真正的永恒生活"②。

据上述的原则,责任伦理提出了新的责任主张,这种"新"表现为其提出的"责任"是一种前瞻性的、实质的、非对称的、自然的责任。这是基于以下两种标准划分而提出的。其一,按责任发生的时间把责任分为"追溯性的责任"与"前瞻性的责任"。前者是一种形式责任,实质上相当于法律科责,强调风险发生后的补救;后者则是一种实质责任,强调风险发生前的积极预测和预防,以高度的责任意识来规范实践行为。其二,按照责任主体与责任对象的关系把责任分为"对称性责任"与"非对称性责任"。前者是交换式的履行各自承诺,即责任主体有条件地对责任对象负责,实质上相当于主流法律理论的义务,与权利相对应,没有权利就没有义务;而后者则是责任主体无条件地对责任对象负责,如父母对孩子的责任,这种责任是自然的、先定的、绝对的。③

2.责任伦理的性质

责任伦理的性质或特征可从内容和思维方式两大方面说明。

第一,责任伦理的内容。与传统伦理相比,其在内容上有三个方面突破:①它是指向未来的伦理。其不仅仅是关注行为的当下影响,更关注行为对未来的社会、未来的人类的影响。当代人享受着其行为带来的眼前利益,但可能给未来造成风险,而未来人则可能为这种风险买单。因此,责任伦理主张对未来可能引发风险的行为进行前瞻与预测。风险在经济领域中主要就是因经济结构不合理或市场失灵而发生的系统性风险,其表现就是经济运行秩序混乱。②它是整体性的伦理。责任伦理认为,整个自然生态圈内的所有其他物种都有生存的权利,伦理对象不仅仅是当下在场的人,更是当下和未来的人和万物。③它是关注风险的伦理。尤纳斯认为,现代社会风险是无时不有、无处不在,且损害难以估量,因此,他倡导"忧患启迪法",提出对于未来的预测,预凶比预吉更具优先性。

第二,责任伦理的思维方式。从思维方式看,它是一种新的思维方式,

---

① 薛晓源、刘国良:《全球风险世界:现在与未来——德国著名社会学家、风险社会理论创始人乌尔里希·贝克教授访谈录》,载《马克思主义与现实》2005 年第 1 期。

② Hans Jonas,《The Imperative of Responsibility: In Search of an Ethics or the Technological Age》, Chicago: University of Chicago Press, p.11.

③ 以上责任分类可参见潘斌:《风险社会与责任伦理》,载《伦理学研究》2006 年第 5 期。

这种"新"表现为三个方面①:①它是一种他者思维。按布伯把人世间的万千关系归结为"我—它"关系和"我—你"关系两种。② "我—它"关系就是主体对客体的一种认知和利用关系,"我—你"关系是人际关系,这种关系是主体间的关系。处理"我—它"关系时以"己"为逻辑起点和中心是自然的,也是正当的。而处理"我—你"关系时则必须回应他人的要求。可见,其思维的重心发生了转移,传统伦理可以说是一种推己及人的道德思维,其必然导致独白伦理。而责任伦理则主张对话伦理。②它是复杂思维。责任伦理之所以是复杂伦理,是因为当代社会人类活动的性质发生了巨大变化。在当今有机共同体的集体活动中,行为主体只是一个涉及诸多环节、诸多主体的"连环链"中的"结点",因而,现代社会人类活动的目的和结果之间往往具有无法预测的、极其复杂的联系。③它是境遇思维。境遇伦理是与律法伦理对应的,律法主义就是通过三段论的结构,从大小前提出发推导出道德结论;而境遇伦理是从根本上面向道德决策和行动的,它的目的是从境遇出发来解决人类生活面临的道德难题。

3. 责任伦理对理解社会责任的价值

责任伦理对经济法社会责任的履行落实意义重大,对此可从两点说明:①责任伦理从理论层面解决社会责任观念的终极合理性问题。伦理是人类思想对于终极价值的一种深沉祈向,责任伦理作为指向未来的、应对风险和整体性的伦理,不仅契合了经济法产生的社会经济背景及其所要解决的社会经济问题的需要,且其他者思维、复杂思维和境遇思维的新思维方式给经济法思考其制度提供了观念支撑。就经济法的社会责任来讲,其本身可以说就是责任伦理践行的重要构成部分,责任伦理提出的一般原则、基本内容和思维方式都可用于思考和构筑经济法的规范形式或工具——社会责任。②责任伦理的发展及影响的扩大为经济法社会责任的履行营造了良好的外部氛围。目前,在社会经济日益有机整体化、经济运行系统风险危害日益巨大的条件下,以自由主义为基的个人权利中心主义的法律制度对解决这些新的社会经济问题显得其力有不逮,日益促使人们对之进行反思,责任伦理获得越来越多人的关注和认同,人们日益接受了"负责任的生活态度",这有利于人们更好地接受社会责任。

① 有关此的详细论述可参见曹刚:《责任伦理:一种新的道德思维》,载《中国人民大学学报》2013年第2期。

② 〔德〕马丁·布伯:《人与人》,张健、韦海英译,作家出版社1992年版,第203页。

第三节　社会责任的实证分析

实证分析所要回答的是"是什么"问题,是对事实的描述。在法律研究中包括两个方面:一是对实定法的法律规定的描述,即说明对某种社会问题法律是如何规定的;二是对案件裁判结果的描述。本章主要以中国几个主要的经济法①的有关规定,从责任主体和责任对象的角度分析说明经济法是社会责任法。

一、责任主体的视角

基于责任主体视角的分析在于回答谁是社会责任的承担者。社会责任的特性决定,经济法中社会责任的承担者是所有参与社会经济运行活动的主体,具体来讲包括经营者、政府经济机关、社会团体和社会成员。

(一)经营者的社会责任

1.生产经营者的第一社会责任

经营者从事经营活动需要遵循根本的和一般的法律规定,因而,宪法和一般法律规定的社会责任经营者必须遵守。我国《宪法》第五十六条规定"中华人民共和国公民有依照法律纳税的义务",《公司法》第五条规定"公司从事经营活动,必须遵守法律、行政法规,遵守社会公德、商业道德,诚实守信,接受政府和社会公众的监督,承担社会责任",这些都构成经营者承担社会责任的法律依据。

而在经济法中,一些法律、法规直接规定了经营者的社会责任,如《消费者权益保护法》总则第六条规定"保护消费者的合法权益是全社会的共同责任"。有的经济法中虽没直接宣示经营者的社会责任,但从其规定的性质看则属于社会责任,如《企业所得税法》第一条规定"在中华人民共和国境内,企业和其他取得收入的组织(以下统称企业)为企业所得税的纳税人,依照本法的规定缴纳企业所得税";《反垄断法》总则中体现在第六条、

---

① 这里几个主要的经济法一般指经济法学界公认的属于经济法的法律、法规,如属于市场规制法的反垄断法、反不正当竞争法、消费者权益保护法、产品质量法,属于宏观调控法的税法、中央银行法。

第七条,①以及第二章"垄断协议"中第十三条规定的禁止限制竞争的横向协议,第十四条规定的禁止限制竞争的纵向协议,第三章"滥用市场支配地位"第十七条规定的禁止滥用市场支配地位限制竞争,第四章"经营者集中"第二十一条规定的经营者集中必须申报,不经批准不得集中;《消费者权益保护法》第三章"经营者的义务"(第十六条至第二十九条)的全部规定,以及第三十三条第二款②要求经营者对于缺陷产品"停止销售、警示、召回、无害化处理、销毁、停止生产或者服务"的规定。这些限制性或义务性规定基本都是经营者的第一社会责任。上述对经营者的有关禁止性和义务性规定,虽没明确说是社会责任,但就责任对象讲,不言而喻其保护的客体对象是社会经济秩序(包括市场交易秩序和宏观的结构秩序),其受益的主体对象是不特定人(在场的和潜在的、现实的和未来的、经营者和消费者);从功能讲,它们都主要是面对未来的,重在积极预防。

2. 生产经营者的第二社会责任

这种责任主要体现在各种经济法律、法规中"法律责任"这一部分的有关责任形式的规定上。从制裁方式看,责任分为财产、行为、能力以及人身自由四种形式。财产责任主要包括罚金(虽然在经济法的法律法规中没明确规定,但一般规定的刑事责任理应包括罚金刑,这从《消法》第五十七条、第五十八条的规定就可看出③)、罚款、没收财产(如用于违法生产经营的工具、设备、原料等物品)、没收违法所得、多倍赔偿(《消法》第五十五条)。行为责任主要包括停止违法行为(如《反垄断法》第四十六条规定"经营者违反本法规定,达成并实施垄断协议的,由反垄断执法机构责令停止违法行为"。《反不正当竞争法》第二十三条规定"公用企业或者其他依法具有独占地位的经营者,限定他人购买其指定的经营者的商品,以排挤其他经营者的公平竞争的,省级或者设区的市的监督检查部门应当责令停止违法行为")、责令改正。能力责任主要是资格剥夺(如相关法律规

---

① 我国《反垄断法》第六条"具有市场支配地位的经营者,不得滥用市场支配地位,排除、限制竞争",第七条第二款"前款规定行业的经营者应当依法经营,诚实守信,严格自律,接受社会公众的监督,不得利用其控制地位或者专营专卖地位损害消费者利益"。这里的"前款规定行业的经营者"在我国主要就是自然垄断和公用事业行业经营者。

② 我国《消法》第三十三条第二款规定:"有关行政部门发现并认定经营者提供的商品或者服务存在缺陷,有危及人身、财产安全危险的,应当立即责令经营者采取停止销售、警示、召回、无害化处理、销毁、停止生产或者服务等措施。"

③ 我国《消法》第五十七条规定:"经营者违反本法规定提供商品或者服务,侵害消费者合法权益,构成犯罪的,依法追究刑事责任。"第五十八条规定:"经营者违反本法规定,应当承担民事赔偿责任和缴纳罚款、罚金,其财产不足以同时支付的,先承担民事赔偿责任。"

定的吊销许可证、吊销营业执照）和信誉减等（如《消法》第六十条最后一款的规定）①。人身自由责任仅在特别严重危害社会行为发生后承担刑事责任时发生。

　　这些责任之所以是社会责任，可以从两方面说明：一方面，从责任发生的根据——违法行为的判定标准看，这些责任是行为人没有遵守有关产品质量标准、行为规范要求等有关经济法规定的义务，即第一社会责任（如标识明确、产品召回、合并申报、信息披露真实等），因而对不特定的人存在潜在损害的可能。而不是违反约定义务或侵权的结果，因此，这里的责任的发生，不以对特定人利益的损害为前提。另一方面，从责任功能看，这些责任虽也具有惩罚功能，但主要是通过惩罚达到预防。因而，惩罚是手段性功能，而预防是目的性功能。而传统公法责任范式②的主要功能在于惩罚，预防只是一种反射性或附带性结果或功能。

（二）政府经济机关的社会责任

1. 政府经济机关的第一社会责任

　　这种责任在所有经济法的总则中都有规定。如《反垄断法》总则中有两条规定，即第九条和第十条有关国务院反垄断委员会和反垄断执法机关职责的规定。《反不正当竞争法》总则第三条对各级人民政府制止不正当竞争行为的要求。《消法》总则第五条规定国家保护消费者的合法权益不受侵害。《产品质量法》第七、八、九、十条对相关政府和职能部门职责的规定。《中国人民银行法》总则除第一条和第二条第一款外，其余七条都是政府相关金融机关和中央银行的责任。《税收征管法》总则第三、五、七条，以及第八条规定的"税务机关应当依法为纳税人、扣缴义务人的情况保密"。这些都是政府经济机关所负的第一社会责任的基本规定。

---

①　我国《消法》第六十条最后一款规定："经营者有前款规定情形的，除依照法律、法规规定予以处罚外，处罚机关应当记入信用档案，向社会公布。"这不仅降低了经营者的经营能力，也相应地削弱了其损害能力。

②　私法责任范式，是以受害人为中心建立的，其主要功能是补救受害人，使受害人恢复到损害行为没有发生以前的状态，即在于修复，因而，在其后的责任追究中受害人具有重要的关键作用。公法范式中的刑事责任，主要是以行为人为中心建立起来的，其主要功能在于惩罚违法行为，因而，在事后责任追究中受害人的作用并不重要。而行政责任，是以行政行为的作出者——行政机关为中心建立起来的，主要功能在于惩罚，以防止权力滥用给公民造成损害。其事后责任追究，主要以行政机关为主，受害的行政行为相对人起辅助作用。而社会责任范式，同时考虑到行为人和受害人，其功能不仅注重事先预防，也关注事后补救，因而，惩罚、补偿等救济手段并用。其事后责任的追究，在发挥公共执法机关执法的专业优势的同时也利用了私人易于发现违法行为的信息优势。

　　除总则的基本规定外,各种经济法的法律、法规还在具体章节中对政府的第一社会责任做了具体规定。如《反垄断法》第三十条、三十一条的规定,①以及第五章"滥用行政权力排除、限制竞争"的规定和第六章"对涉嫌垄断行为的调查"中第四十四条规定的"反垄断执法机构对涉嫌垄断行为调查核实后,认为构成垄断行为的,应当依法作出处理决定,并可以向社会公布"。《消费者权益保护法》第四章"国家对消费者合法权益的保护"的六条规定(第三十条至三十五条)。《产品质量法》第二章"产品质量的监督"中第十五条第一款有关实行以抽查为主要方式的监督检查制度的规定。《中国人民银行法》第四章"业务"以及第五章"金融监督管理"的规定,以及第四十一条的规定。②《税收征管法》第三章"税款征收"第二十八条的规定,③以及第三十七、三十八、四十条有关税务机关可采取税收保全措施的规定。

　　政府的相关经济机关作为公共组织,其设立的目的决定了这种责任不是对特定个体的责任,而是对所有社会成员的责任,因此,这些规定实则是对政府机关社会责任的规定。

　　与其他形式的私人主体相比,政府经济机关积极的预设性社会责任,既有产生好的结果的"建设性责任",也有致力于避免坏的结果的"保护性责任",④而私人主体的预设性社会责任主要是"保护性责任"。之所以在监管机关的社会责任中预设这一功能,是由于随着科学技术在生产中的广泛应用及生产社会化程度的不断提高,人的理性缺陷和局限导致的有害后果日益严重,理性的缺陷使人们往往在社会经济活动中为了自身利益而疏于顾及对他人的损害,甚至故意损害他人。而理性的局限使人们即使想预防有害行为的发生,但由于智识所限而难以做到。因而,依法设立专门的

---

① 我国《反垄断法》第三十条规定:"国务院反垄断执法机构应当将禁止经营者集中的决定或者对经营者集中附加限制性条件的决定,及时向社会公布。"第三十一条规定:"对外资并购境内企业或者以其他方式参与经营者集中,涉及国家安全的,除依照本法规定进行经营者集中审查外,还应当按照国家有关规定进行国家安全审查。"

② 《中国人民银行法》第四十一条规定:"中国人民银行应当于每一会计年度结束后的三个月内,编制资产负债表、损益表和相关的财务会计报表,并编制年度报告,按照国家有关规定予以公布。"

③ 我国《税收征管法》第二十八条规定:"税务机关依照法律、行政法规的规定征收税款,不得违反法律、行政法规的规定开征、停征、多征、少征、提前征收、延缓征收或者摊派税款。"

④ 参见[澳]皮特·凯恩:《法律与道德中的责任》,罗李华译,商务印书馆2008年版,第50页。不过笔者认为有必要对凯恩的观点稍作修改,即"保护性责任"与"预防性责任"虽都在于避免坏的后果的发生,但"保护性责任"在于行为者积极采取行动,防止他人的致害行为,而"预防性责任"则是积极采取行动防止自身有害行为的发生。

政府经济组织,或授权一些公共经济组织履行特定职能,利用组织中各种专业人才的智识,制定特定的行为规范和标准,指引、监督、约束人们的行为促成好的结果的发生和避免坏的后果的发生,在现代社会尤为必要,也是现代社会法、经济法的普遍做法。

2.政府经济机关第二社会责任

这种责任主要体现在各种经济法律、法规"法律责任"中有关政府机关违法责任的规定。如《反垄断法》第七章"法律责任"中第五十一条以及第五十五条的规定。《反不正当竞争法》第四章"法律责任"中第三十至三十二条的规定。我国《消法》第七章"法律责任"中第六十一条的规定。《产品质量法》第五章"罚则"中第五十七、六十五、六十六、六十七和六十八条的规定。《中国人民银行法》第七章"法律责任"中第四十八至五十一条的规定。《税收征管法》第五章"法律责任"中第七十六条,以及第七十九至八十五条的规定。这些规定的责任形式从制裁方式看,主要是精神与能力责任,包括给予警告、行政处分(记大过、降级、开除、撤职)、引咎辞职、资格剥夺(如《产品质量法》第六十七条规定的撤销该检验机构的检验资格);另外,还有财产责任(如《中国人民银行法》第四十九条规定的"造成损失的,应当承担部分或者全部赔偿责任")和人身自由责任,仅在特别严重危害社会行为发生后承担刑事责任时发生。

这些责任与传统的行政责任相似,但不是行政责任而是社会责任,对此可以从两方面说明:一方面,从责任发生的根据看,这些责任并不是因行政行为对相对人造成了损害,而是行为人违反积极的社会责任,在经济法的法律、法规中就是没履行法定监管职责或者滥用职权(如检验机构、检验人员出具虚假检验报告),这种不履行法定监管或者滥用职权的行为并不直接对具体行政相对人造成损害,其行为本身也不产生安全隐患或产品损害,只是没能防止他人——生产经营者造成的安全隐患或损害的发生。另一方面,从责任功能看,这种责任具有惩罚功能,但目的在于促使责任人履行监管职责,从而防止有安全隐患的产品进入市场,保护社会成员的人身安全与健康。可见其真正的责任对象是所有的社会成员,而不是特定的人。

(三)社会团体的社会责任

1.社会团体的第一社会责任

这种责任主要体现在经济法的市场规制中,其在几个主要的市场规制的法律、法规的总则性规定中都有体现,如《反垄断法》第十一条规定:"行

业协会应当加强行业自律,引导本行业的经营者依法竞争,维护市场竞争
秩序。"《反不正当竞争法》第四条规定:"国家鼓励、支持和保护一切组织和
个人对不正当竞争行为进行社会监督。"《消法》第六条第二款规定:"国家
鼓励、支持一切组织和个人对损害消费者合法权益的行为进行社会监督。"

另外,还专门制定具体条款落实总则中有关责任的规定,如《反垄断
法》第二章"垄断协议"中第十六条规定:"行业协会不得组织本行业的经营
者从事本章禁止的垄断行为。"《消法》专设第五章"消费者组织",共三条,
其中第三十七、三十八条就是对其社会责任的规定。① 另外《消法》第四十
五条第三款规定:"社会团体或者其他组织、个人在关系消费者生命健康商
品或者服务的虚假广告或者其他虚假宣传中向消费者推荐商品或者服务,
造成消费者损害的,应当与提供该商品或者服务的经营者承担连带责任。"
《食品安全法》第五十四条第二款规定:"食品安全监督管理部门或者承担
食品检验职责的机构、食品行业协会、消费者协会不得以广告或者其他形
式向消费者推荐食品。"第五十五条规定:"社会团体或者其他组织、个人在
虚假广告中向消费者推荐食品,使消费者的合法权益受到损害的,与食品
生产经营者承担连带责任。"

这种社会责任是向前的预期责任中的保护性责任,这种责任的根据不
仅在于这些主体利用了消费者对其权威的信赖而促成了交易,并直接从生
产经营者处获得了利益,更在于其作为具有一定公共性的专业组织,并从
社会上获得了一定资源,其职责在于维护公共安全,因而,按得失平衡的正
义原则,其理应承担这一社会责任。

2.社会团体的第二社会责任

这种责任主要体现在各种经济法的"法律责任"的相关条款中。如《反

① 我国《消费者权益保护法》第三十七条规定:"消费者协会履行下列公益性职责:(一)向消费者
提供消费信息和咨询服务,提高消费者维护自身合法权益的能力,引导文明、健康、节约资源
和保护环境的消费方式;(二)参与制定有关消费者权益的法律、法规、规章和强制性标准;
(三)参与有关行政部门对商品和服务的监督、检查;(四)就有关消费者合法权益的问题,向有
关部门反映、查询,提出建议;(五)受理消费者的投诉,并对投诉事项进行调查、调解;(六)投
诉事项涉及商品和服务质量问题的,可以委托具备资格的鉴定人鉴定,鉴定人应当告知鉴定
意见;(七)就损害消费者合法权益的行为,支持受损害的消费者提起诉讼或者依照本法提起
诉讼;(八)对损害消费者合法权益的行为,通过大众传播媒介予以揭露、批评。
　　"各级人民政府对消费者协会履行职责应当予以必要的经费等支持。消费者协会应当认
真履行保护消费者合法权益的职责,听取消费者的意见和建议,接受社会监督。依法成立的
其他消费者组织依照法律、法规及其章程的规定,开展保护消费者合法权益的活动。"
　　第三十八条规定:"消费者组织不得从事商品经营和营利性服务,不得以收取费用或者其
他牟取利益的方式向消费者推荐商品和服务。"

垄断法》第四十六条第三款规定："行业协会违反本法规定,组织本行业的经营者达成垄断协议的,反垄断执法机构可以处五十万元以下的罚款;情节严重的,社会团体登记管理机关可以依法撤销登记。"其责任形式从制裁方式看,主要是精神与能力责任,包括行政处分(撤职登记)和财产责任(赔偿损失)。这种责任不仅在于对众多食品消费者造成了损害,更在于滥用了社会公众的信赖。

(四)社会成员的社会责任

这种责任体现在一些经济法律、法规中,一般有一条宣示性规定,即"任何组织或者个人有权举报×××违反本法的行为"。如《产品质量法》第十条规定为"任何单位和个人有权对违反本法规定的行为,向产品质量监督部门或者其他有关部门检举",有的法律法规中则规定为"国家鼓励、支持和保护一切组织和个人对×××违法行为进行社会监督",如上述提及的《反不正当竞争法》第四条和《消法》第六条第二款的规定。这一规定既是权利,又是责任。作为权利,是因为任何组织和个人都是构成社会的成员,这些法律保护的社会经济秩序最终都直接或间接关系到任何组织和个人的利益,因而,任何人都有权利维护自身利益不受侵犯。之所以说又是责任,是因为,这条规定针对的是没有直接受到违法损害的主体,举报生产经营者的违法行为,直接维护的主要是社会整体利益而不是个人利益。因而,这种举报以及提出意见和建议与其说是一种权利,还不如说是一种社会责任。

另外,《税收征管法》第十三条规定:"任何单位和个人都有权检举违反税收法律、行政法规的行为。收到检举的机关和负责查处的机关应当为检举人保密。税务机关应当按照规定对检举人给予奖励。"第五条第三款规定:"各有关部门和单位应当支持、协助税务机关依法执行职务。税务机关依法执行职务,任何单位和个人不得阻挠。"以及《反垄断法》第三十九条第二款第二项规定,反垄断执法机关在执法时有权"询问被调查的经营者、利害关系人或者其他有关单位或者个人,要求其说明有关情况"。这些规定本身就意味着是一种社会责任。

这里的社会责任基于主体的社会成会员身份所享有的社会性权利,是权利性社会责任,即使没有履行,也不会造成社会损害。加之,对生产经营者的违法行为的发现及对相关监管提出意见和建议具有一定的或然性,人们是否履行这一责任难以判断,因而,也就不会产生具有制裁性的第二社会责任。而前两类主体的社会责任,或基于其行为的社会性所具有的潜在的社会损害性,或基于作为公共部门的职责,其不履行会给社会造成损害,因而,当第一责任没履行时,要承担第二责任。

在经济法的法律、法规中,以上四类主体包括了社会上所有参与社会和经济活动的人(自然人和法人),因而,社会责任从第一责任讲,意味着是人人对人人的责任,可以说现代法治社会是人人责任①的社会,或者说是一个责任社会。

二、责任对象视角

按对经济法社会责任的规范性分析,所有责任主体在经济法秩序建构中的责任对象可从两方面说明:一是对什么承担责任,即责任的客体是什么? 二是对谁承担责任,即作为责任对象的主体是谁?

(一)经济法社会责任指向的客体

经济法社会责任指向的客体实质上与经济法保护的利益客体相同,即社会经济秩序。体现在现行的经济法律、法规中,主要有两方面:一是法律的宗旨或目的性条款,二是具体责任设置的目的。

1. 体现于法律宗旨中的客体对象

《反垄断法》第一条规定:"为了预防和制止垄断行为,保护市场公平竞争,提高经济运行效率,维护消费者利益和社会公共利益,促进社会主义市场经济健康发展,制定本法。"《反不正当竞争法》第一条规定:"为保障社会主义市场经济健康发展,鼓励和保护公平竞争,制止不正当竞争行为,保护经营者和消费者的合法权益,制定本法。"《消法》第一条规定:"为保护消费者的合法权益,维护社会经济秩序,促进社会主义市场经济健康发展,制定本法。"《产品质量法》第一条规定:"为了加强对产品质量的监督管理,提高产品质量水平,明确产品质量责任,保护消费者的合法权益,维护社会经济秩序,制定本法。"《广告法》第一条规定:"为了规范广告活动,保护消费者的合法权益,促进广告业的健康发展,维护社会经济秩序,制定本法。"从这五部被经济法学界认为属于市场规制法的宗旨看,它们都把"保护消费者的合法权益,维护社会经济秩序"作为其根本。由于这些法中的"消费者"

① 以整体主义看现代法治社会,不论是政府权力,还是个人权利,都是缘于社会生活的需要而授予和赋予的。因而,政府作为公共部门,其权力(职权)负有社会责任不得滥用,政府是责任政府;个人作为社会成员,其权利也负有社会责任而不能滥用,个人也是责任个人。

可以说是现实中所有的人,可以说主要是从保护的主体来界定保护对象的。①

《中国人民银行法》第一条规定:"为了确立中国人民银行的地位,明确其职责,保证国家货币政策的正确制定和执行,建立和完善中央银行宏观调控体系,维护金融稳定,制定本法。"《税收征管法》第一条规定:"为了加强税收征收管理,规范税收征收和缴纳行为,保障国家税收收入,保护纳税人的合法权益,促进经济和社会发展,制定本法。"其中,《中国人民银行法》规定的"保证国家货币政策的正确制定和执行,建立和完善中央银行宏观调控体系,维护金融稳定"本身就属于宏观经济秩序的一部分,而《税收征管法》规定的"促进经济和社会发展"则是建立在宏观经济秩序良好的基础上。所以,从保护的客体看,它们保护的也是社会经济秩序中宏观的社会经济结构秩序。

2.体现于具体责任中保护的客体

从上述实证分析的责任主体承担的社会责任的形式看,这些责任的实质是要求各类主体按其在秩序结构中的角色相应的行为规范或标准做分内之事,因为,社会经济秩序的形成,有赖于政府经济机关依法制定合理的规则,并据规则执行经济法律法规,以及生产经营者按经济法律、法规的要求从事经营活动。而社会组织和成员的社会责任主要是辅助性的,如参与相关经济规制机关制定规则或监督执法,以保障规则的合理性和执法的合法性,或通过告发、起诉政府经济机关或经营者的违法行为,遏制违法行为,间接实现对社会经济秩序的维护,从结果或目的看,却旨在消极防御既有社会经济秩序被破坏。因而,其主要指向既有社会经济秩序。

(二)经济法社会责任指向的主体

经济法社会责任指向的主体,与经济法保护的利益客体相关,是处于社会经济秩序中的人。具体体现在现行的经济法律、法规中,主要有两方面:一是法律的宗旨或目的性条款,二是具体实施制度中的起诉资格或告发权。

1.体现于法律宗旨中的主体对象

从前述对经济法主要法律的目的性条款的描述看,在市场规制法中,《反垄断法》规定"维护消费者利益和社会公共利益",《反不正当竞争法》规

---

① 从终极意义上来说,所有的人要生存和发展都必须消费,所有的人都必然地被卷入一定的消费关系中,因而,所有的人都是消费者。

定"保护经营者和消费者的合法权益",另外三个法律(《消法》《产品质量法》《广告法》)则都只规定"保护消费者的合法权益"。由于,竞争关系是一种经营者之间争夺消费者的三方关系,因而,对竞争的损害,受害主体是与其有竞争关系的众多经营者和消费者(即主体视角的公共,只开放的、不特定的多数人),这两者可以说包括了市场经济中参与经济活动的所有成员。而纯从交易的角度看,交易中的消费者可以说是社会中所有的成员。因而,经济法市场规制法中责任的主体对象可以说是所有的人。

宏观调控法的规定中虽然不能直接反映出其保护的主体,但由于其保护的客体是经济结构,而经济结构是公共物品,任何人都能从中获益,因而,受保护的主体事实上就是所有社会成员。

2. 体现于实施中被保护的主体

据经济法的法律规定,对于违法行为的遏制主要有两方面,即执法和司法。在执法中体现的参与协商,如抽象执法(规则制定)中的专家、利益相关者参与制定规则,以及具体执法中的执法和解,以及启动中可以依执法机关行使执法权而主动启动,也可依一切组织和个人对违法行为的检举而启动。[1] 这意味着任何组织和个人都是违法者所承担的社会责任的主体对象。

---

① 参见《产品质量法》第十条、《反不正当竞争法》第四条和《消法》第六条第二款的规定。

第六章　秩序理念下的"多倍赔偿责任"

——定性分析①

本章内容,可以说是对前章研究成果的运用,即用"社会责任"理论对经济法中新兴的"多倍赔偿"责任制度进行解释。目前,对体现于我国《消法》第五十五条(2013年修改前的第四十九条)和《食品安全法》第九十六条,以及美国的反垄断法和国外环境法中的多倍赔偿责任有两种思维路径,即民法思维和经济法思维。民法学者在把这种责任形式假定为民事责任的基础上,形成了对此种责任的否定和肯定两种观点;经济法学者认为这种责任形式具有公法和私法两重属性,与经济法兼具公法和私法属性相契合,因而是经济法特有的责任,而不属于民事责任,并就如何建构这种责

---

① 本章内容是在对拙文《论民法的"惩罚性赔偿"与经济法的"激励性报偿"》(载《上海财经大学学报》2009年第4期)修改的基础上形成的。该文的写作是受叶卫平教授和陈乃新教授在2007年南京大学召开的"第六届中国经济法青年博士论坛"上提交的有关"惩罚性赔偿责任"论文的启发(叶卫平教授的论文为《惩罚性赔偿的制度迷思》,主要通过对反垄断法中三倍赔偿责任在美国的历史演化和被欧盟的最新接受的实证分析,以及对这一制度的功能、作用的规范分析,通过对质疑这一制度的种种观点的反击,认为我国《反垄断法》没有规定三倍赔偿责任制度是我国反垄断实施以来没有发挥其应有作用的重要原因之一,因此建议引入这一制度。陈乃新教授的论文是《经济法中的责任是经济法特有的责任》,其主要内容之一就是从《消法》第四十九条和《食品安全法》第九十六条论证惩罚性赔偿责任是经济法特有的责任。参见第六届中国经济法青年博士论坛论文集《经济法中的责任》,南京大学法学院,2009年),并得益于论坛上的争论和茶歇间与李友根和金福海两位教授的讨论。当时,笔者提出"惩罚性赔偿"这一概念范畴作为民法中对"让被告承担的赔偿数额超过被害人所受损害数额的赔偿"这种责任形式的抽象概括,用于民事责任的话有一定的恰当性,但把这一概念范畴用于说明经济法责任中的类似规定的话则是一个错误。对此,郑少华等教授立即反驳了笔者的观点。此后,这一问题一直萦绕于笔者的头脑,为了抽象出能恰切反映经济法中"让被告承担的赔偿数额超过被害人所受损害数额的赔偿"这种责任形式的概念范畴,笔者对1993年《消法》颁布以来16年间有关惩罚性损害赔偿的381篇论文(期刊论文297篇、优秀硕士论文83篇、博士论文1篇,这些数据是笔者于2009年4月28日在中国知网输入"惩罚性损害赔偿"这一关键词检索的结果)进行了归类,选择阅读了具有代表性的20多篇,在吸收和反思既有成果的基础上形成此文。该文可以说既是对此前研究的反思,又是对南京论坛的延伸讨论。近年来,李友根教授通过对中外有关惩罚性赔偿案件的判例分析,得出了与笔者观点基本相同的结论,可以说是对本章的一些观点的实证分析。对此可参见李友根教授的两篇文章:《美国惩罚性赔偿制度的宪法争论:过重罚金条款与我国的惩罚性赔偿制度》,载《法学论坛》2013年第5期;《惩罚性赔偿制度的中国模式研究》,载《法制与社会发展》,2015年第6期。

任作了系统研究。可见,经济法与民法学者的分歧主要是关于这种责任的属性。

以民法的观点看"多倍赔偿责任",在民法中就是民事性的"惩罚性赔偿"责任;而以秩序理念的经济法视角看,"多倍赔偿"则是对个体履行社会责任的"激励性报偿"。因为,一种责任的性质不仅取决于其所处的部门法的特性及其预设的责任功能,而且取决于不同部门的法学思维传统。本章的写作,可以说是对社会责任理论在解释新兴责任制度中的应用,其内容拟沿着前述秩序理念下的经济法的思维路径展开讨论:首先,从民法与经济法的问题意识、观念和思维特性切入,为理解民事不法行为和经济不法行为的后果及其功能预设提供理论基础;其次,通过对这种责任适用的法律领域变迁的分析,比较其在民法与经济法的不同功能;最后,说明这种责任在民法与经济法中虽形同但实质不同。

第一节　问题意识、观念基础与思维方法

法律是不同社会的人们为解决其社会问题而想出的、经社会生活检验行之有效的解决问题的办法的规范化。由于解决问题的办法是人思考的结果,而人是具有一定的社会观念的人,不同观念的人即使面临同样的问题,所想出的解决问题的办法也是不同的。可见,了解民法与经济法的问题意识、观念基础与思维方法是认识它们各自责任制度本质的基点。

一、民法与经济法的问题意识与观念基础

在多倍赔偿责任研究中,最根本的分歧是民法与经济法的分歧。而这两个部门法的分歧从保护人的经济利益角度看实质是意识与观念的分歧。

(一)民法的问题意识与观念基础

民法源于罗马市民法,产生于古罗马简单的商品经济社会,复兴于中世纪晚期(12—16世纪)资本主义萌芽阶段,与文艺复兴同步。这时的社会生产力发展水平较低,社会经济变化缓慢,生产和交易长期处于重复之中,因而,人们对交易标的的认知几乎拥有完全对称的信息。这种状况决定了个人的生存和发展状况或利益的获取主要取决于自身。加之启蒙运动对个人人格独立、平等的强调,使当时社会经济的主要问题是如何保障个人能自由地利用自身能力获取并维护财物或利益的问题。

在这种社会经济和文化背景下,民法学把社会看作由独立平等的、原子式的同质的个人构成的复合体,因而,对社会问题的认识和解决就以个人为出发点和归宿点,个人成为研究和解决问题的核心。这种观念被称为个体主义,从方法论上讲就是个体主义方法论。①

(二)经济法的问题意识与观念基础

经济法产生于自由资本主义向垄断资本主义过渡时期(19世纪末),这时社会分工高度发达、经济个体紧密依存,社会经济犹如一个有机整体,而社会经济持续、稳定发展需要动力和协调这两大条件,这两个条件在现代社会有两种不同的生成机制——国家自觉调控机制与市场自发调节机制,历史经验证明,这两种机制都有弊端和不足。这决定了经济法所要解决的问题,就是克服市场调控和国家调控两种机制的弊端,促进整体经济持续、稳定发展的问题。加之,现代社会科学技术使得生产日新月异,致使交易过程中交易双方对交易标的拥有的信息不对称,这种社会经济背景,以及现代社会学及政治哲学中的有机整体主义观念,使经济法学把社会看作有机整体,个体之间以及个体与整体之间的关系是有机的相互依赖关系。因此,认识或研究社会现象,就必须以社会为出发点。这种观念被称为整体主义,从方法论上讲就是整体主义方法论。

二、民法与经济法的思维方法

民法和经济法在思维范式上的差别主要体现在其不同的社会观、对人的认知假设和对人与人之间社会关系的看法上。

(一)民法的思维范式

民法的个体主义观念决定了其对人与人的关系,以及人与社会的关系的个体主义思维方式,这种思维方式主要体现在以下三点。

1.社会是个人之和

自由主义的个体主义把社会看作个人之和,与这种社会观相应,社会利益(与公共利益等同)就是个人利益之和,社会利益都可以简约为个人利益。因而,个人的生存和发展、个人利益的获得主要取决于个人的努力。这种观念决定了法律的目的和宗旨就是保护个人利益。

---

① 对个体主义方法论的系统论述可参见刘水林:《经济法基本范畴的整体主义解释》,厦门大学出版社2006年版,第63-64页;易军:《个人主义方法论与私法》,载《法学研究》2006年第1期。

2. 人是理性的

自由主义认为人是理性的,具有独立人格和自由意志。因而,每个人不仅是自己利益的最佳判断者,也是自己利益的维护者,而维护个人利益的最好规范形式是权利,这意味着,只要明确完备地界定好个人的权利,个人自然会最有效地利用权利保护自己的利益,国家只需消极保护个人权利。

3. 人和人之间的关系是冲突的关系

在上述对社会和人认知的基础上,自由主义的个体主义认为,人和人之间的关系是机械的、静态的、冲突的关系。这意味着人和人的关系是可由行为人的意志而得以控制的;主体间的利益是"此消彼长"的;违法行为的损害只是对既存利益的损害,且损害与违法所得具有确定性、零和或负和性。

(二)经济法的思维范式

经济法的整体主义观念决定了其对人与人的关系,以及人与社会的关系的整体主义思维方式,这种思维方式主要体现在以下三点。

1. 社会是一个有机整体

社会是由具有智识的人在功能互补基础上互动形成的一个有机整体,社会不是个人的简单加总,社会利益也非个人利益之和。因而,个人的生存和发展、个人利益的获得不仅取决于个人拥有的财富、禀赋和努力,更与其所处的社会有关。① 这种观念决定了法律的目的和宗旨就是保护社会整体利益。

2. 人只具有有限理性

人是具有理性与智识的生物,正是理性使人的智识可以习得和累积,而随着智识的习得和累积,人的理性和能力又不断地提高。因而,人不仅是自然的,更是社会的,人的理性不是单一的完全理性,而是社会理性或相

---

① 对此,就连一些个体主义者也予以承认,正如布坎南所说:"无论比较富裕的人还是比较贫困的人,在与社会交换体系隔绝的情况下,都只能获得非常微薄的收入。个人的'自然天赋'与他置身于其中的社会交换体系密切相关。任何人享有的几乎全部收入都源于由社会互动产生的合作剩余。""若没有社会、法律和政治组织带来的利益,我们当中只有很少几个人现在能在这里。我们会生存不下去。"(〔美〕詹姆斯·M.布坎南:《宪法秩序的经济学与伦理学》,朱泱等译,商务印书馆 2008 年版,第 268、326 页)

互间的"相关理性"①。这意味着,任何人都自觉或不自觉地从他所不曾建造的社会中获得了其生存和发展所需的财富和智识,因而,每个人都对其所处的社会负有维护责任。这意味着国家作为社会的代表不只是消极保护个体的既存利益,而有义务积极促成社会利益和防止侵害社会利益,个人也可对侵害社会利益的行为提起公益之诉。

3. 人与人之间是相互依存的关系

整体主义认为,人和人之间的关系是有机的、动态的、依存的关系。这意味着主体利益并非"此消彼长"的关系,既可能共损,亦可能共赢,违法行为不仅是直接对具体个体的既存利益的损害(显性损害),还包括对行为直接作用对象外的处于关系体系中的不特定主体造成的损害(这种损害含有大量的潜在损害)。因而,损害具有不确定性、潜在性。

三、倡导性小结

既然经济法与民法面对着不同的社会经济问题,具有不同的问题意识、不同的观念基础,以及由此决定的不同的思维方式和解决问题的办法,这意味着任何部门法都有其各自发挥作用的领域,都有其优势和局限,都不可能有效地恰切地解决所有的社会经济问题。

因此,面对社会经济领域违反经济法的致害行为时,我们需要用经济法的思维方式和方法来思考,而不宜继续沿用民法的思维方式和方法来思考。否则,在研究中只能得出似是而非的结论,在实践上得出与立法目的相悖的结论。

第二节　多倍损害赔偿责任的适用范围

任何法律责任形式作为制裁违法行为的手段,都不过是解决问题的工具。如同所有工具不仅仅适于其最初产生的行业或领域一样,一种法律责任形式也不仅仅适用于其初始产生的部门法,也就是说其适用的部门法范围也在变化,在这一变化过程中,其含义、属性、目的和功能等并非一成不变。了解这些变化是对其作出科学界定的前提。

---

① 相关理性可描述为:环境依赖理性、自励理性、共同理性、过程理性、贝叶斯理性和发展理性。详细的含义,请参见朱鸣雄:《整体利益论:关于国家为主体的利益关系研究》,复旦大学出版社 2006 年版,第 59-60 页。

一、国外的发展

多倍损害赔偿在目前被法学界统称为惩罚性损害赔偿,早期已在世界各国的法律制度中普遍存在。在东方最早可追溯到古巴比伦王国的《汉谟拉比法典》和古印度的《摩奴法典》关于损害赔偿的规定。[①] 而在西方也可追溯到《十二铜表法》有关损害赔偿的规定。英美法系中虽产生较晚,但其存在仍可追溯至中世纪。从早期的规定看,惩罚性赔偿适用的范围主要在犯罪和恶意侵权领域。[②]

到了近代,惩罚性损害赔偿制度在两大法系中的发展呈现了完全不同的命运。在英美法系中,英国的惩罚性损害赔偿虽然在 19 世纪以来得到了长足发展,但进入 20 世纪 60 年代以后,也受到了越来越多的限制;惩罚性损害赔偿制度在美国虽然直到 18 世纪才被接受,然而自学习了英国法上的惩罚性损害赔偿后就迅速将其运用到诸多领域,并在进入 20 世纪后再次迎来发展的高潮,惩罚性损害赔偿制度被大量用到反托拉斯、消费者权益保护和劳动权益保护等领域,即社会法、经济法领域。而在大陆法系国家,由于其法律文化和传统主要继受罗马法,因而其法律中严格遵守公法与私法的划分,以致原本以惩罚严重不法行为、维护公共利益为本质的惩罚性赔偿条款被公法中的罚金和罚款制度所吸收而在私法中渐渐消失。

在英美法系,由于实用主义和极强的个体主义传统,惩罚性损害赔偿制度得以延续与发展,17 世纪至 18 世纪,惩罚性损害赔偿主要适用使人遭受名义损失及精神痛苦的案件,这时惩罚性损害赔偿的主要目的和功能在于弥补受害人的精神损害。至 19 世纪,惩罚性损害赔偿已被法院普遍采纳。[③] 在大陆法系,20 世纪以来,尤其是二战后,受美国法律文化的影响,许多国家和地区的法学者的观念接受了惩罚性赔偿,在法律实践中也开始在立法或司法上接受惩罚性赔偿制度。[④]

---

① 参见王立民:《古代东方法研究》,学林出版社 1996 年版,第 253 页;[法]迭朗善:《摩奴法典》,马香雪转译,商务印书馆 1996 年版,第 197-198 页。

② 参见金福海:《惩罚性赔偿制度研究》,法律出版社 2008 年版,第 4-9 页。

③ David Owen, *Punitive Damage in Products Liability Litigation*, 74 Mich. L. Rev. 1257 (1976), pp. 1260-1261.

④ 参见金福海:《惩罚性赔偿制度研究》,法律出版社 2008 年版,第 34-35 页。

二、中国的现状

（一）法律的规定

我国惩罚性赔偿规定按立法先后主要体现在以下三个方面。

1."消法"及其有关规定

《中华人民共和国消费者权益保护法》（1993 年）第四十九条规定："经营者提供商品或者服务有欺诈行为的，应当按照消费者的要求增加赔偿其受到的损失，增加赔偿的金额为消费者购买商品的价款或者接受服务的费用的一倍。"2013 年修改后的第五十五条第一款规定："经营者提供商品或者服务有欺诈行为的，应当按照消费者的要求增加赔偿其受到的损失，增加赔偿的金额为消费者购买商品的价款或者接受服务的费用的三倍；增加赔偿的金额不足五百元的，为五百元。法律另有规定的，依照其规定。"第二款规定："经营者明知商品或者服务存在缺陷，仍然向消费者提供，造成消费者或者其他受害人死亡或者健康严重损害的，受害人有权要求经营者依照本法第四十九条、第五十一条等法律规定赔偿损失，并有权要求所受损失二倍以下的惩罚性赔偿。"这被公认为我国实体法中最早规定的典型的惩罚性赔偿制度。

最高人民法院《关于审理商品房买卖合同纠纷案件适用法律若干问题的解释》（法释〔2003〕7 号）第八条、第九条实际上是将 1993 年《消法》第四十九条规定在商品房买卖合同纠纷中的适用作了具体规定，是对四十九条的进一步细化和补充。

2.劳动法的规定

劳动与社会保障部《最低工资规定》（2003 年）第十三条第二款规定："违反本规定第十二条规定的，由劳动保障行政部门责令其限期补发所欠劳动者工资，并可责令其按所欠工资的 1 倍至 5 倍支付劳动者赔偿金。"

《中华人民共和国劳动合同法》第八十五条规定："用人单位有下列情形之一的，由劳动行政部门责令限期支付劳动报酬、加班费或者经济补偿；劳动报酬低于当地最低工资标准的，应当支付其差额部分；逾期不支付的，责令用人单位按应付金额百分之五十以上百分之一百以下的标准向劳动者加付赔偿金……"第八十七条规定："用人单位违反本法规定解除或者终止劳动合同的，应当依照本法第四十七条规定的经济补偿标准的二倍向劳动者支付赔偿金。"

3.食品安全法的规定

《中华人民共和国食品安全法》第九十六条规定："违反本法规定,造成人身、财产或者其他损害的,依法承担赔偿责任。生产不符合食品安全标准的食品或者销售明知是不符合食品安全标准的食品,消费者除要求赔偿损失外,还可以向生产者或者销售者要求支付价款十倍的赔偿金。"

(二)学者的观点

从我国学者对惩罚性赔偿适用领域的研究看,他们普遍认为我国应在以下法律领域引入惩罚性赔偿责任制度。

1.环境污染损害领域

在环境法学界,多数学者认为,既具有补偿的功能,还具有制裁和预防的功能。这种责任兼具公法与私法属性,也与环境法的属性相符。因此,主张对于主观上具有恶意的环境民事侵权案件,应该适用惩罚性赔偿。[1]

2.食品和产品安全领域

这一领域的研究者们普遍认为,在国外,特别是在英美法系国家,这种责任形式早已被产品责任法、食品安全法等法律所采用,因而应引入我国。[2] 2008年"三鹿奶粉"事件爆发后,食品安全责任得到法学界广泛关注,在这一领域引入惩罚性赔偿责任几乎已成共识。

3.反垄断法领域

这一领域的学者们主要通过反垄断法中三倍赔偿责任在美国的历史演化和被欧盟的最新接受的实证分析,以及对这一制度的功能、作用的规范分析,认为要激励受害人提起损害赔偿诉讼,克服单纯依靠公共机构实施的不足,在我国反垄断法实施中应引入这一制度。[3]

三、反思性小结

上述是对"惩罚性赔偿"责任制度的历史演化过程和研究状况的描述

---

[1] 对此可参见以下论文:高利红、余耀军:《环境民事侵权适用惩罚性赔偿原则之探究》,载《法学》2003年第3期;张媛:《论环境侵权民事责任惩罚性赔偿原则的适用》,载《湖北社会科学》2005年第1期。

[2] 对此可参见以下论文:顾加栋、姜柏生:《惩罚性赔偿与食品消费安全制度构建》,载《中国卫生质量管理》2008第6期;董春华:《美国产品责任法中的惩罚性赔偿》,载《比较法研究》2008年第6期。

[3] 对此可参见以下论文:李国海:《反垄断法损害赔偿制度比较研究》,载《法商研究》2004年第6期;李俊峰:《垄断损害赔偿倍率问题研究:兼论我国反垄断法草案的相关制度选择》,载《比较法研究》2007年第4期;叶卫平:《惩罚性赔偿的制度迷思》,载第六届中国经济法青年博士论坛论文集《经济法中的责任》,南京大学法学院,2009年。

或叙述,只要对此过程稍作分析和反思,就不难得出这样一些观点。

(一)惩罚性赔偿责任制度适用的范围变化

惩罚性赔偿责任制度适用的范围经历了两方面变化:

第一,在民法领域经历了从近代侵权法领域向现代的合同法、知识产权法等领域的扩张。但这种扩张不仅程度有限,且没有本质的变化,针对的都是违法人在主观上具有恶意的违法行为,或者说在道德上可责难的违法行为。

第二,在整个法学领域出现了从民法向消费者权益保护法、产品责任法、反垄断法、反不正当竞争法、环境法等社会法、经济法领域扩张的现象,这是一种质的转化,其针对的行为越来越重视行为的社会有害性,即损害的对象是不特定多数人,而越来越不注重加害人行为的道德性问题。①

(二)惩罚性赔偿责任制度内容的分化

早期的惩罚性赔偿的内容包括加重赔偿、"准惩罚性赔偿"和多倍赔偿。加重赔偿大体上相当于大陆法系民法中的非财产上的损害赔偿或精神损害赔偿,目的在于补偿受伤害的情感;准惩罚性赔偿是一种旨在剥夺被告人非法所得金钱的赔偿责任,即在被告通过不法行为非法获利的情况下,将被告所获得的不法利益判给原告的损害赔偿;多倍赔偿是指按损害额一定的倍数判给原告的赔偿,与惩罚性赔偿的基本含义相同,都是为惩罚和遏制不法行为而判给原告一笔金钱。由于现代法对精神损害赔偿的承认,因而现代法中的惩罚性赔偿不包括加重赔偿。

(三)惩罚性赔偿责任制度目的和功能发生了变化

早期惩罚性赔偿的主要功能是惩罚和补偿,目的在于通过惩罚吓阻恶意侵权,使被害人的个人利益(财产的和精神的)得到充分补偿。现代惩罚性赔偿的主要功能是激励、报偿,惩罚只是辅助功能。目的在于通过使原告从胜诉中获得超过其诉讼所花费的代价,即对其付出的代价给予充分的报偿,激励个人充分利用其所掌握的信息提起诉讼,从而遏制违法行为,以实现维护所有主体共生的社会的经济秩序或环境,亦即维护社会整体利益。

(四)错误的先见

从既有的研究看,虽然不同部门法的学者们提出适用的领域不同,但

---

① 参见[日]田中英夫、竹内昭夫:《私人在法实现中的作用》,李薇译,法律出版社2006年版,第146页。

除了在消法、产品责任法和反垄断法研究中有个别经济法学者提出这种责任的经济法属性外，①多数学者一般都预设这种责任属于民事责任。因而，在不同法律领域不论是否主张引入此制度，其理论根据都以法学上公私法划分的理论和民法理论为基础。这意味着多数研究者在研究中存在着三个错误先见：

第一，民事责任先见。除少数经济法学者认为其性质属于经济法责任，大多学者是将其作为民事责任而展开研究的。

第二，惩罚性先见。既有的研究者大多认为这种责任加重了违法者的负担，因而具有惩罚功能，可以遏制违法行为。

第三，概念准确性先见。既有的研究者对把"让被告承担的赔偿数额超过被害人所受损害数额的赔偿"这一责任制度称为"惩罚性赔偿"这一概念是否恰切毫无怀疑。

第三节　惩罚性赔偿与激励性报偿

任何法律责任形式或责任制度都有相应的概念范畴，从法学对责任形式的概念范畴的界定来看，多是从其功能和目的以及对法律关系主体的影响这些角度切入的。这意味着，对一种责任形式或责任制度的科学界定不仅与其所用概念范畴的语义有关，也与其功能和目的以及对法律关系主体的影响有关。因此，把民法中对多倍赔偿责任的概念范畴——惩罚性赔偿用于称谓经济法中的多倍赔偿责任是否正确或恰切，就要对这一责任形式在民法与经济法中的功能及其对法律关系主体的影响予以分析。

一、民法中的违法损害、责任的功能和范畴命名

民法产生的时代，决定了其对损害的特性的认知，以及对责任的功能的预设，由此决定其对这种责任的命名。

(一)民事违法行为损害的特性

民法的观念基础和思维方式把人和人之间的关系看作机械的、静态

---

① 以时间为序，可参见应飞虎：《知假买假行为适用惩罚性赔偿的思考》，载《中国法学》2004 年第 6 期；赵红梅：《美、德新型惩罚性赔偿对我国〈消法〉修订的启示》，载《法律科学》2011 年第 5 期；李友根：《美国惩罚性赔偿制度的宪法争论——论重罚金条款与我国的惩罚性赔偿制度》，载《法学论坛》2013 年第 5 期；李友根：《惩罚性赔偿制度的中国模式研究》，载《法制与社会发展》2015 年第 6 期。这些文章分别从赔偿的归属、赔偿对被告缺乏惩罚性等视角说明其不属于民法的惩罚性赔偿责任。

的、冲突的关系,这决定了,民事不法行为的损害具有以下两个特点。

1.损害的确定性

包括受害主体的确定性和所受损害内容和范围的确定性,需注意的是,这里的受害主体的"确定性"并非指受害主体的单一性或唯一性。

2.损益的零和或负和性

即违法者从违法中获得的利益与被害人的损害之和为零或负数,从经济角度讲,违法者从违法中获得的利益,小于或等于受害者的损失。

(二)民法中多倍赔偿责任的功能和范畴命名

在民事关系事件中,由于违法行为人从违法中获得的利益小于或等于受害者的损失,以被害人的损害为基准,让违法者承担数倍于受害人损失的责任,无疑远远大于违法者的所得。

可见,多倍赔偿责任不仅可以使受害人的损失得以赔偿,对原告来说,其惩罚性也是显而易见的。因而,在民法上把此种责任以"惩罚性赔偿"这一概念范畴命名非常恰切。

二、经济法中的违法损害、责任的功能和范畴命名

经济法产生的时代,决定了其对损害的特性的认知,以及对责任的功能的预设,由此决定了其对这种责任的命名。

(一)经济法的违法行为损害的特性

经济法的观念基础和思维方式决定了其把人和人之间的关系看作有机的、动态的、相互依存的关系。这意味着主体的利益并非"此消彼长"的零和关系,因而,经济法中的违法行为的损害具有以下三个特点。

1.损害的不确定性、二重性、潜在性

即经济法上的违法行为不只直接损害了特定市场主体的既存利益,也损害了不特定的众多主体长期互动形成的市场秩序,这意味着违法行为对处于市场关系体系中的不特定主体造成了损害,这决定了其损害主体和范围的不确定性、潜在性。

2.损害的个体有限性与整体的无限性

受害主体的不确定性、潜在性决定了,虽然从个别具体受害者看,其所受损害是不大且有限的,是可以补偿的,但对整体的损害是巨大而无限的,因而是难以补偿的。

3.传统赔偿责任承担的有限性致使违法行为的获益性

传统的赔偿责任属于民事责任,其追究是以受害者起诉为前提的。这意味着,违法者最终是否对自己的全部违法行为造成的损害承担责任,以及最终承担责任的量,取决于两个因素:①受害者提起诉讼的(可能性)概率,亦即被告承担责任的概率;②对具体个体损害的大小或轻重。

在既有法律和损害确定的条件下,受害者诉诸法律救济的预期收益一定,这时受害者是否起诉,即起诉的概率,就取决于诉讼成本(举证、出庭等花费的金钱和时间)的大小,因而,当受害人所受损害不大,预期获得的赔偿难以补偿诉讼成本时,一般是不会诉诸法律救济的。一般来说,当一种违法行为损害范围广、受害主体众多,而每个受害主体所受损失较小时,虽然这种违法行为对整个社会损害很大,但因受害者没有提起诉讼的激励,违法者往往不对其造成的所有损害承担责任。这意味着,即使让违法者对提起诉讼的受害人承担数倍于其损失的责任,只要倍数达不到承担责任概率的倒数,违法者就可从违法行为中获得利益。

(二)经济法中"多倍赔偿"的功能和范畴命名

通过上述经济违法行为损害的特性分析,结合《消法》第四十九条和《食品安全法》第九十六条的规定,笔者认为对经济法中"多倍赔偿"功能应从以下两方面来理解。

1.惩罚与赔偿——民法思维对经济法责任制度功能的臆想

上述分析说明,即使让违法者承担数倍于受害者损失的责任,只要倍数达不到承担责任概率的倒数,对其也就不具有惩罚功能。只有倍数高于承担责任概率的倒数,违法者才会得不偿失,才具有惩罚功能。可见,数倍于损害的责任,对经济法上的违法行为并不必然意味着具有惩罚性。笼统认为,只要让违法者承担数倍于受害人所受损害的赔偿责任就具有惩罚性,就可以遏制违法行为的发生,只不过是一些学者机械、静态思维方式和概念法学的臆想。经济法学者的实证研究表明,《消法》第四十九条"在实践中事实上处于无用状态"[①]就是对此的最好的实证说明。

不仅如此,只要对《消法》第四十九条和《食品安全法》第九十六条的规定稍加分析,就不难发现,经济法中的这类规定对原告也不具有真正的赔偿功能,因为,赔偿是以损害为前提基础的,而经济法中这类责任的承担并不以原告的损害为前提。就《食品安全法》第九十六条而言,原告的损害是

---

① 应飞虎:《知假买假行为适用惩罚性赔偿的思考》,载《中国法学》2004 年第 6 期。

"人身、财产或者其他损害",而对此种损害被告只承担赔偿责任并不承担10倍的赔偿责任。而承担价款10倍赔偿金的前提是经营者"生产不符合食品安全标准的食品或者销售明知是不符合食品安全标准的食品",这意味着其承担责任的基础是损害了"食品安全标准"所承载的社会公共的安全利益,以及以此为基的交易秩序,"三鹿奶粉"事件对我国整个奶制品市场秩序的冲击就说明了此。

而对《消法》第五十五条不能孤立地看,只要结合《消法》第四十八、四十九、五十条①就不难看出,经营者对消费者的真正损害是对消费者的人身伤害、致残、致死以及人格尊严践踏等损害,对此损害,经营者只承担赔偿责任并不承担加倍的赔偿责任,而承担加倍赔偿责任则是以"经营者提供商品或者服务有欺诈行为"为前提。常识告诉人们,经营者提供商品或服务有欺诈行为,虽对消费者造成损失,但损害并不等于购买商品或接受服务的价款。可这并不能排除经营者按购买商品或接受服务价款的二倍的承担责任。这意味着经营者承担责任的前提基础是对建立在诚信的交易惯例基础上的交易秩序的损害,而不是对消费者个人的损害。

2. 激励与报偿——经济法思维对经济法责任制度功能的预设

既然经济法中"多倍赔偿"责任并不必然具有传统法思维所臆想的惩罚和补偿功能,那么,其真正有何功能?为什么会产生如此规则?对此,可以据经济法的目的和宗旨,从以下三个方面来展开探讨。

第一,从社会功能讲,这种责任有利于弥补执法机关缺陷,降低执法成本,及时发现和惩处侵害社会整体利益的违法行为。我们知道,经济法是社会本位法,其保护的是基于社会经济秩序这种公共物品上的社会公共利

---

① 我国《消法》第四十八条规定:"经营者提供商品或者服务有下列情形之一的,除本法另有规定外,应当依照其他有关法律、法规的规定,承担民事责任:(一)商品或者服务存在缺陷的;(二)不具备商品应当具备的使用性能而出售时未作说明的;(三)不符合在商品或者其包装上注明采用的商品标准的;(四)不符合商品说明、实物样品等方式表明的质量状况的;(五)生产国家明令淘汰的商品或销售失效、变质的商品的;(六)销售的商品数量不足的;(七)服务的内容和费用违反约定的;(八)对消费者提出的修理、重作、更换、退货、补足商品数量、退还货款和服务费用或者赔偿损失的要求,故意拖延或者无理拒绝的;(九)法律、法规规定的其他损害消费者权益的情形。经营者对消费者未尽到安全保障义务,造成消费者损害的,应当承担侵权责任。"第四十九条规定:"经营者提供商品或者服务,造成消费者或者其他受害人人身伤害的,应当赔偿医疗费、护理费、交通费等为治疗和康复支出的合理费用,以及因误工减少的收入。造成残疾的,还应当赔偿残疾生活辅助具费和残疾赔偿金。造成死亡的,还应当赔偿丧葬费和死亡赔偿金。"第五十条规定:"经营者侵害消费者的人格尊严、侵犯消费者人身自由或者侵害消费者个人信息依法得到保护的权利的,应当停止侵害、恢复名誉、消除影响、赔礼道歉,并赔偿损失。"

益,而不是基于个人财产和人身这些私人物品之上的个人权利或私人利益,虽然,从工具性价值上看也保护了个人的权利和利益,但从目的性价值或宗旨看,其主要通过保护所有个体所依存的、作为社会利益载体的经济结构或经济秩序,从而实现对社会公共利益的保护。亦正因此,在《消法》和《食品安全法》中,当生产者或经营者欺诈消费者,或生产经营不符合安全标准的食品对具体消费者的人身、财产造成损害时,经营者并不承担加倍赔偿责任,只有出现危及交易秩序从而危及公共利益的"欺诈行为""不符合安全标准的行为"时,才承担被大家误以为具有惩罚性的加倍赔偿责任。

而法对社会公共利益的保护有两条途径,其中一条是,设立专门的公共组织作为社会的代表,通过执法维护社会公共利益。然而,执法不仅需要成本,即需要收集信息、耗费资源,且因执法机关的执事者终究是个人,而人的理性既不完美,也不完备,因此,仅靠行政机关执法难以有效维护社会公共利益,而私人由于直接受害,因此,能及时、有效地发现违法者,即及时、有效地获得违法信息,可见,通过私人诉讼途径对侵害社会公共利益的违法行为的惩罚,不失为维护社会公共利益的另一重要途径。

第二,从承担责任的基础看,这种责任既然是以对社会公共利益的有害性为前提基础,因而,其实质是对违法行为造成的社会损害的部分补偿,是一种对社会承担的责任,即法律性社会责任。且只是对社会损害的部分的补偿,对社会损害的补偿主要还是采取罚款、罚金的责任形式实现。

第三,从对原告的功能来讲,其主要功能是激励和报偿。虽然在有机关系中主体间的相互依赖性,决定了任何主体负有不侵害其与他人共处的环境或社会经济秩序——社会公共利益的(消极)义务,但个人并不负有向执法机关及司法机关告发或起诉他人违法行为的法律(积极)义务。因而,要利用受害者所拥有的易于发现违法行为的信息优势,促使其提起诉讼,对理性人来讲,不仅要使其胜诉后的诉讼成本得到补偿,还必使其胜诉后的收益大于成本,这样才能激励其维护社会公共利益。这意味着,这种责任部分是对原告诉讼成本的补偿,部分是对其有益社会的行为的报偿和激励。

第七章 秩序理念下的"多倍赔偿责任"

——定量分析

近年来,随着环境保护、消费者权益保护问题的日益严峻,法律、司法解释对环境和消费者公益诉讼的规定不断出台。[①] 与此相应,在司法实践中,各省(区、市)"消费者权益保护委员会"(以下简称"消委会")为争取"打响消费者公益诉讼第一枪",引发了对消费者公益诉讼的重视,使得消费者公益诉讼案件剧增。其中,近年来在广东发生的几个典型案例(如"毒猪肉案"和"假盐案")[②]引发的一些新问题,已成为司法实务和法学理论急需予以回应的问题。这些问题概括起来主要包括四个:第一,消费者公益诉讼

[①] 自 2012 年民事诉讼法修改第五十五条当中规定对污染环境、侵害众多消费者合法权益等损害社会公共利益的行为,法律规定的机关和有关组织可以向人民法院提起诉讼(公益诉讼制度)以来,这个条款 2017 年 6 月 27 日又增加第二款,即检察机关提起公益诉讼这样一个规定。除基本法律的修改之外,还有很多具体的司法解释,典型的比如说 2015 年 2 月 4 日的民事诉讼法司法解释第五百五十二条,对公益诉讼设专章进行了详细的规定,2016 年 2 月最高人民法院专门制定了一个审理消费民事公益诉讼案件适用法律问题的若干规定,2018 年的 3 月 2 号,两高又专门规定了最高人民法院、最高人民检察院关于公益诉讼案件适用法律若干问题的规定。

[②] 毒猪肉案,即 2017 年国际消费者权益保护日到来前夕的 3 月 8 日,广东省消委会就李某文、陈某财、周某光、周某星等 20 名被告,违法生产、销售病猪、死猪,并对售卖的猪肉喷洒有毒有害液体进行保鲜等性质恶劣、严重侵害消费者权益、损害社会公共利益的行为,代表消费者向深圳市中级人民法院提起民事公益诉讼,该诉讼请求的第一项为"判令被告承担赔偿金 1006.2 万元"。这是全国消费民事公益诉讼正式打响的第一枪,且此案以惩罚损害赔偿为诉讼请求开创先河,属全国第一宗"消费公益赔偿之诉"。参见广东省工商行政管理局:《广东省消委会打响全国第一宗消费公益诉讼赔偿案》,http://www. gdgs. gov. cn/publicfiles/business/htmlfiles/gdgsj/s37/201703/61739. html,访问时间,2018 年 5 月 30 日。该案于 2017 年 12 月 19 日作出一审判决,对赔偿 1006.2 万元惩罚性赔偿金的请求不予支持。假盐案,即广州市中级人民法院在 2017 年 10 月 26 日受理的由广州市人民检察院提起的消费民事公益诉讼案。该案一审判决,被告刘邦亮因用工业用盐为原料,生产销售至少 100 吨假冒注册商标"粤盐"牌加碘食盐,在此前被判刑事处罚后,再被法院判令支付惩罚性赔偿金 112 万元。参见法制网记者章宁:《广州首例消费民事公益诉讼案一审宣判商家用工业盐假冒品牌食盐被判赔 112 万元》,http://www. legaldaily. com. cn/index/content/2018-03/23/content_7503740. htm? node＝20908,访问时间:2018 年 5 月 30 日。另外,2018 年 4 月 28 日,广州市中级人民法院就三起贩卖假盐案件作出判决,钟某、史某、邓某等贩卖假盐的不法分子被依法追究民事侵权责任,被判承担共计 16 万元的民事惩罚性赔偿金。参见刘文晖:《惩罚性赔偿能否成为公益诉讼利剑》,载《检察日报》2018 年 5 月 23 日(第 5 版)。

能否请求惩罚性赔偿？第二，公共利益损害如何确定？第三，惩罚系数可否依《消费者权益保护法》及《食品安全法》规定的 3 倍和 10 倍而定？第四，消费者公益与私益"惩罚性赔偿"的关系如何？基于此，本章拟采用经济分析和案例分析方法，对上述问题进行探究。

第一节　消费者惩罚性损害赔偿公益诉讼能否提起

对这一问题，目前就我国学术界研究消费者权益保护法学者的观点来看，主流或多数观点持肯定态度，[①]而实务界则存在肯定和否定两种不同观点。[②] 在中国当下的法律体系下，哪种观点更为可取并不能简单地给出答案，只有通过对惩罚性赔偿产生和发展的法律文化背景、适用范围和功能的演化，以及对公益诉讼的目的和功能的分析，再结合我国有关消费者保护的法律规定和司法解释才能得出合理的结论。

一、惩罚性损害赔偿的内涵和适用范围的变迁

惩罚性损害赔偿也称惩罚性赔偿金，一般是指超过原告所遭受的可证明的损害而授予的赔偿金。其产生虽可说源远流长，[③]但自近现代公法与私法明确分工后的惩罚性赔偿金，则首次见诸 18 世纪 60 年代英格兰的法律，[④]如今主要存在于英美法系国家的法律中。以英美法系的典型——英国和美国的法律为例，"英国法目前的立场是惩罚性赔偿金仅在下列所述

---

① 在 2018 年 3 月 13 日上海市消费者权益保护法研究会举办的"消费者公益诉讼研讨会"上，上海社科院研究员、《法律与政治》主编徐澜波先生，华东政法大学任超、刘宁元教授，上海财经大学王福华教授，以及上海一中院孙斌法官都持此观点。另外，2018 年 5 月 9 日，中国消费者协会在北京举行"惩罚性赔偿公益诉讼专家论证会"，会中多数专家持有此观点。对此可参见刘文晖：《惩罚性赔偿能否成为公益诉讼利剑》，载《检察日报》2018 年 5 月 23 日（第 5 版）。
② 这从广东三案例的判决结果就可看出，其中两个案判决支持原告惩罚性赔偿请求，这意味着，该案合议庭多数法官对惩罚性赔偿持支持态度，而一案判决不支持原告惩罚性赔偿请求，这意味着，该案合议庭法官多数不支持惩罚性赔偿。
③ 有学者认为惩罚性赔偿制度在全世界早期的法律制度中普遍存在。在东方可追溯到古巴比伦的《汉谟拉比法典》和古印度的《摩奴法典》中有关损害赔偿的规定。在西方可追溯到《十二铜表法》中有关损害赔偿的规定。英美法中虽产生较晚，但仍可追溯至中世纪。就早期的规定来看，由于诸法合一，惩罚性赔偿适用的范围主要在犯罪和恶意侵权领域（对此可参见金福海：《惩罚性赔偿制度研究》，法律出版社 2008 年版，第 4-9 页）。而现代有了公法与私法之分化或分工后，惩罚性赔偿金则主要见诸英美法。
④ 参见［英］亨利·布鲁克：《简介：惩罚性赔偿金的起源》，载［奥］赫尔穆特·考茨欧、内瓦尔·威尔科克斯：《惩罚性赔偿金：普通法与大陆法的视角》，窦海阳译，中国法制出版社 2012 年版，第 1 页。

类型的情况下才能被授予：(1)由政府雇员所实施的压迫的、恣意的或违宪的行为；(2)由被告所设计的行为，这种行为使得他自己可以获得超出赔偿给原告的利益；(3)法律的明确规定，在随后可以看到，最后这个种类的意义可能会因政府的介入而被缩减"①；美国的惩罚性赔偿金则经历了三个时期：第一阶段(18—19世纪)是对欺侮的惩罚。第二阶段(二战结束前的20世纪前期)是对权利滥用的惩罚，这里的权利滥用，主要是针对公司在经营中利用自己的优势对交易对方的损害。第三阶段(二战结束以来)惩罚性赔偿金向产品责任以及商业侵权领域的扩张，其主要功能是对有效威慑的青睐，以至于有学者说"威慑作为当代惩罚性赔偿金的一条明确原理无处不在"。②

　　在大陆法系国家，从侵权法的观念上来讲，直到现在一般仍不承认惩罚性赔偿金制度。③ 但二战后，美国经济和军事力量的强大，使其成为西方社会的领导者。特别在20世纪末，由于东欧剧变，美国一度成为世界体系的主导者，相应地，其法律文化和法律制度也在世界范围内产生广泛的

① ［英］瓦内萨·威尔科克斯：《英国的惩罚性赔偿》，载［奥］赫尔穆特·考茨欧、内瓦尔·威尔科克斯：《惩罚性赔偿金：普通法与大陆法的视角》，窦海阳译，中国法制出版社2012年版，第3页。

② 参见［美］安东尼·J.赛博克：《美国的惩罚性赔偿金》，载［奥］赫尔穆特·考茨欧、内瓦尔·威尔科克斯：《惩罚性赔偿金：普通法与大陆法的视角》，窦海阳译，中国法制出版社2012年版，第196-210页、第223页。

③ 如在德国，对惩罚性赔偿是拒绝的(参见［德］格哈德·瓦格纳：《损害赔偿发的未来——商业化、惩罚性赔偿、集体性损害》，王程芳译，中国法制出版社2012年版，第119页)。同时，德国学者尼尔斯·扬森和卢卡斯·拉德马赫在《德国的惩罚性赔偿金》一文中指出："在德国损害赔偿法中，有一种普遍的认识，即受害方不能通过被授予的赔偿金而获得收益。……而且，惩罚性赔偿金产生了宪法权利的担忧：根据德国宪法第103条第2款，惩罚应当由法律予以明确地规定，并且其条件要备注准确地描述出来，只有在这种情况下，惩罚才是允许的。"正因此，"在民法中，对惩罚性因素的拒绝也促使法院拒绝执行国外的、尤其是美国的，判处德国的被告赔付惩罚性赔偿金的判决。"(第87页)法国学者让-塞巴斯蒂安·博尔盖蒂在《法国的惩罚性赔偿金》一文中说："惩罚性赔偿金并没有正式地存在于法国法律体系之中。"(第63页)意大利学者亚历山德罗·p.斯卡尔索在《意大利的惩罚性赔偿金》一文中说："作为一般性规则，意大利(侵权法)不适用惩罚性赔偿金。不论是学者还是司法审判，都认同在实际损害与所授予的赔偿金之间的一致性源自公共秩序。"(第63页、第136-137页)奥地利学者伯恩哈德·A.科赫在《欧洲法中的惩罚性赔偿》一文中发表了研究结论：虽然从欧盟的立法和司法看，有关惩罚性赔偿金的立场含糊不清，但在欧盟，惩罚性赔偿金似乎并不具有什么重要性，虽然其会偶尔重现在欧洲立法者或司法者的文件中，但是很难将其视为一种将该概念扩张到整个欧洲的严肃请求。(第262页)(上述文章均载于［奥］赫尔穆特·考茨欧、内瓦尔·威尔科克斯：《惩罚性赔偿金：普通法与大陆法的视角》，窦海阳译，中国法制出版社2012年版。页码均为该观点在该书中的页码)在日本，学者浦川道太郎认为："(惩罚性赔偿)在日本现行法上并没有得到承认"(［日］浦川道太郎：《日本法的惩罚性损害赔偿与制裁性慰谢金》，载《法学家》2001年第5期)

影响。同时,现代以营利为目的的"营利性违法行为"往往使违法收益大于受害者的损害,致使仅以补偿受害者所受实际损害为限的赔偿金,难以遏制营利性违法行为。加之,受经济学帝国主义影响,法律经济分析的观念被日益接受,促使法学界观念的转化。越来越多的学者认识到,只有对"营利性违法行为"授予惩罚性赔偿金,才能遏制营利性违法行为,也符合法"不能让违法者从违法中获得好处"这一基本法律原则。于是,不仅在欧洲大陆法系国家的新兴法律制度中出现了惩罚性损害赔偿金,①而且也在侵权法的修订中拟引入惩罚性损害赔偿金制度。② 同时,也引起了大陆法系学者对惩罚性赔偿金是否应当引入的争论,在争论中,虽从侵权赔偿的主流观念看不予主张,但对竞争法、消费者法、环境法、产品责任法等新的法律领域来说,一般主张引入惩罚性赔偿金。③

---

① 如法国,在将《欧盟 2004/48 号指令》转化为法国法中知识产权的执行规范时,于第 L.331-1-4 条规定,一个民事法院能够命令没收通过伪造所得收入的全部或者部分,并将这些交给受害方。这意味着受害者可以获得超过其因被告不法行为所受实际损害的金钱。法国有学者认为,这是一种具有强烈的惩罚性赔偿金气息的处罚(参见[法]让-塞巴斯蒂安·博尔盖蒂:《法国的惩罚性赔偿金》,第 67 页)。在德国,法律规定,知识产权的所有人有权通过两种不同计算方法中的一种来获得损害赔偿金。即受害人可以选择以授予许可所许可费或者诉求被告返还其不法侵害所产生的收益(参见[德]尼尔斯·扬森、卢卡斯·拉德马赫:《德国的惩罚性赔偿金》,第 95-96 页)。其中按后两种方法计算赔偿金,都可能大于原告的损害,德国法称其为返还性赔偿金,其他国家把此称为惩罚性赔偿金。意大利的《工业产权法》第 125 条第 1 款规定,在授予损害赔偿金的时候,受害人遭受的消极性经济后果,包括利润损失、不法行为人通过致害事件而获得的收益,以及被害人所遭受的身体疼痛与精神痛苦。学者们指出,对不法行为人获得利益的考虑清楚地表明该条款具有一种惩罚性目的([意]亚历山德罗·P.斯卡尔索:《意大利的惩罚性赔偿金》,第 132 页)。上述文章均载于[奥]赫尔穆特·考茨欧、内瓦尔·威尔克斯:《惩罚性赔偿金:普通法与大陆法的视角》,窦海阳译,中国法制出版社 2012 年版。相应作者观点后括号内的页码均为该观点在该书中的页码。

② 如法国,在皮埃尔·卡拉卡教授带领下,一批杰出的学者借法国民法典颁布 200 周年的机会,起草了一部债法改革草案,该草案虽然原则上坚持完全赔偿原则,但却引入了一条例外条款,即在特定情况下允许授予惩罚性赔偿金:"持明显故意的人,且具有明显的盈利动机,除了损害赔偿金之外,还应当被判处支付惩罚性赔偿金,法院可以责令这种赔偿金的一部分归入国库。"([法]让-塞巴斯蒂安·博尔盖蒂:《法国的惩罚性赔偿金》,载[奥]赫尔穆特·考茨欧、内瓦尔·威尔克斯:《惩罚性赔偿金:普通法与大陆法的视角》,窦海阳译,中国法制出版社 2012 年版,第 81 页)

③ 在法国,许多学者支持在消费者法、环境法、竞争法等因"营利性不法行为"产生的损害中引入惩罚性赔偿,认为只有如此才能使得侵权人赔付他所获得的收益,而不仅仅是他所导致的损失,才能使侵权人不能从侵权中获得利益,从而杜绝这种侵权行为(参见[法]让-塞巴斯蒂安·博尔盖蒂:《法国的惩罚性赔偿金》,载[奥]赫尔穆特·考茨欧、内瓦尔·威尔克斯:《惩罚性赔偿金:普通法与大陆法的视角》,窦海阳译,中国法制出版社 2012 年版,第 79-80 页)。在日本,有学者认为:"在学说上,肯定惩罚性损害赔偿的见解正在增多。作为立法论,被认为在局部领域有导入惩罚性损害赔偿的必要性。"([日]浦川道太郎:《日本法的惩罚性损害赔偿与制裁性慰谢金》,载《法学家》2001 年第 5 期)

从上述世界两大法系的惩罚性赔偿金制度的产生和发展看,虽然随着时代的发展、损害行为方式及其损害形式的变化,惩罚性赔偿金的含义、适用范围和功能也在发生变化,①但是,从司法实践看,即使在竞争法、消费者权益保护法、产品责任法和环境法这些新兴领域,由于受侵权法观念及传统民事诉讼观念(原告必须有诉讼上的利益)影响,惩罚性损害赔偿制度主要也还是针对这些领域中受害者个人提起的赔偿而创设的。之所以在个人提起的损害赔偿中设立这一制度,主要是因为公共执法资源有限,难以遏制这类损害公共利益的违法行为。而在这些领域中往往存在违法行为受害者众多,每个受害者因受害轻微,加之举证、律师费用等诉讼成本的存在致使其提起诉讼得不偿失,导致对这些违法行为起诉激励不足,使得对这些违法行为提起诉讼的人只是众多受害者中的少数的问题,因而,即使承担补偿性赔偿金甚至承担多倍赔偿金,违法者往往也可从违法行为中得到好处,违法者也有能力承担责任。这意味着,纯从提起诉讼的受害者获得的赔偿与其个人所受损害相比,多倍赔偿金大于受害者的损失,但却远远少于违法者从众多受害者中获得的利益,可见,多倍赔偿并不一定具有惩罚作用。其实质只是激励受害者提起诉讼,以实现利用私人维护公共利益的激励机制。②

---

① 惩罚性内涵经历了从"加重性赔偿"到"返还性赔偿"再到"真正的惩罚性赔偿"的变化。以笔者拙见,"加重性赔偿"的实质是对损害内容认知的变化,主要体现在人身权损害的内容中增加了对疼痛或痛苦等精神损害的承认。"返还性赔偿"的实质是针对"营利违法行为"损害计算视角的变化,传统把受害者所受损害看作其资产受害前后的差额("差额理论"),而返还性赔偿则把损害看作违法者通过违法所获得的好处,其中暗含着这样一种假设,即使没有权利被侵害,受害者也可像侵权人一样利用其权利获得同样的利益。因而,违法所得就是受害者的损失。而"真正的惩罚性损害金"则是源于美国反垄断法的三倍赔偿("多倍赔偿")。虽不能否定前两种赔偿金具有一定的惩罚和预防效果,但真正以惩罚为目的的却是"多倍赔偿金"。适用范围和条件的变化,可以说经历了从早期民法中的对人身权的恶意侵权,到对特定权利人的、可用于创造价值的新型财产权——知识产权侵害的转化,再转化到由民法特别法发展而来的具有较强民法色彩的经济法中的消费者权益保护法、产品责任法、竞争法等经济法,以及环境法、劳动法等社会法领域的扩张。在目的和功能上,经历了从以保护个人利益为目的,主要对受害人予以补偿的救济受害者的功能,转向以利用私人实现保护公共利益为目的,主要功能为惩罚违法者、威慑违法行为的转变。

② 对此的详细论述可参见刘水林:《论民法的"惩罚性赔偿"与经济法的"激励性报偿"》,载《上海财经大学学报》2009 年第 4 期。

二、公益诉讼请求的演化

虽然公益诉讼源远流长,可以追溯到古希腊和古罗马的法律规定,[①]但公益诉讼直到现代才走向发达。而现代公益诉讼不论是从其目的还是从其形式看并不是一成不变的,而是发展演化的,相应地,诉讼请求也在发生变化。从诉讼所体现的公益程度看,经历着从弱到强的变化,与此相应,诉讼的形式经历了从利用激励私人诉讼实现公益目的"正外部性"公益诉讼,[②]到出准公益诉讼(包括代表人诉讼、示范诉讼),再到纯公益诉讼(包括公民诉讼和团体诉讼)的变化,形成现今多种公益诉讼形式并存的制度体系。就诉讼请求而言,由于前两种诉讼形式具有私益诉讼的特性,原告与被告的侵害行为有直接的利害关系,因而,其诉讼请求与一般侵权诉讼的请求无异。而纯公益诉讼的请求,由于原告与被告的侵害行为没有直接的利害关系,加之,这种损害往往难以确定,因而,其诉讼请求从起初主要是停止违法行为的"禁令"之诉,发展到现今可以提起赔偿的损害赔偿之诉。[③] 而在消费者公益诉讼中,有学者认为,"在大陆法系国家的民事诉讼中,赔偿型消费公益诉讼也是近十余年才出现",此前"损害赔偿请求被认

---

① 古希腊梭伦改革后确立了第三者为城邦利益提起诉讼的制度,以及罗马法规定的保护公共利益的诉讼,除法律有特别规定者外,凡市民均可提起(参见潘申明:《比较法视野下的民事公益诉讼》,法律出版社 2011 年版,第 12 页)。

② 如消费者三倍赔偿之诉,此私人诉讼是由受害人提起的,虽从起诉目的或动机来说是为了私人利益,但其诉讼结果具有很强的正外部性,这种正外部性实质是一种公共利益。正因此,法律通过惩罚性赔偿金制度,支持私人诉讼的示范性诉讼激励受害者起诉,以实现公益目的。这种诉讼从目的来看有公私两方面属性,但从公益视角来看此类诉讼应属"正外部性"公益诉讼。

③ 在英美法系,美国公民诉讼的诉讼请求有主要两个:①请求法院作出禁令,即判令被告今后不得有违反法定义务的行为。②民事罚金,不同于损害赔偿金,收归国库而非归原告。但在司法实践中,1992 年以来,美国法院的裁决在公民诉讼方面更具弹性,支持对认定的损害进行救济申请(参见潘申明:《比较法视野下的民事公益诉讼》,法律出版社 2011 年版,第 140-144 页)。在大陆法系,法国立法者认为消费者团体提起的损害赔偿请求权并非以个体消费者遭受的实际损失为基础来计算损害。损害赔偿最初具有象征性,其功能类似于不作为之诉,后为惩罚经营者,收缴经营者的不法收益,赔偿数额呈现增长趋势。通过公益性的损害赔偿诉讼请求获得的赔偿最终归于消费者团体而非消费者个人。而日本在 2006 年确立了消费者团体诉讼制度,当时消费者团体享有的诉权范围仅限于禁令请求权,直到 2013 年 3 月通过了《消费者审判程序特例法案》,才允许经国家认证的消费者团体在符合一定条件下代替消费者向经营者提起损害赔偿之诉(参见邓娟:《消费公益诉讼的诉讼请求类型问题研究》,载《探求》2017 年第 4 期)。

为与私人利益相关,因而长期不被视为公益诉讼的类型"。① 但由于公益诉讼中公益损害的特性,一些国家对公益损害赔偿仍然做了限制,其中最主要的就是对多倍赔偿金的限制。由于现代多倍赔偿金主要是为激励私人提起具有"正外部性"公益诉讼而设的,对惩罚性赔偿金的限制主要是在准公益诉讼和纯公益诉讼中的限制。

就纯公益诉讼来讲,这类诉讼一般出现在没有具体受害人,或受害人众多而不特定,且每个人受损害较小而引发的纠纷,如一些没有具体特定受害人的环境污染、长期销售劣质但单价不高消费品引发的纷争,在英美法系中可请求民事罚金加损害赔偿,但一般不请求类似于私人提起的"正外部性"公益诉讼的多倍赔偿这种形式的惩罚性赔偿。而在准公益诉讼,即代表人诉讼(集团诉讼)中,一般不适用惩罚性赔偿,如英国代表人诉讼。② 而在西方大陆法系学术界,虽然赞成在债法中引入惩罚性赔偿金制度,但反对在公益诉讼中引入惩罚性赔偿金,如 2005 年,由皮埃尔·卡塔拉领衔制定的法国《债法改革草案》试图引入惩罚赔偿金遭到反对,而对"将惩罚性赔偿金引入法国的消费者法领域中的集体诉讼,已经出现了明显的反对声音"③。而从《欧盟集体救济建议》中可以看到,在欧盟集团诉讼原告一般都不会得到惩罚性损害赔偿金。④

总之,从国外公益诉讼的形式和诉讼请求类型的发展演化看,其程序安排日益严谨和完善,对其以法定诉讼担当与任意诉讼担当相结合的限制机制更加完善,并结合了惩罚性赔偿等实体性制裁手段,使损害赔偿请求逐渐被塑造成具有某种公益色彩以及抑制损害发生之功能的诉讼请求形式。⑤ 但对公益赔偿诉讼中请求惩罚性赔偿金,虽逐渐予以承认,但不论是实务界,还是理论界都主张予以一定限制。一般来说,对发散性损害引

---

① 刘文晖:《从提起制止型诉讼推进到惩罚性赔偿诉讼,消费公益诉讼将真正成为保护众多消费者集合性利益的制度利器——消费公益诉讼:向失信企业宣战》,载《检察日报》2017 年 3 月 22 日。

② 参见王玉辉:《论日本消费者团体诉讼的限定性适用》,载《河南师范大学学报》(哲学社会科学版)2012 年第 5 期。

③ [法]让-塞巴斯蒂安·博尔盖蒂:《法国的惩罚性赔偿金》,载[奥]赫尔穆特·考茨欧、内瓦尔·威尔科克斯:《惩罚性赔偿金:普通法与大陆法的视角》,窦海阳译,中国法制出版社 2012 年版,第 84 页。

④ 参见范晓亮:《我国消费公益诉讼实证分析——兼论〈欧盟集体救济建议〉》,载《苏州大学学报》(法学版)2016 年第 3 期。

⑤ 参见肖建国:《民事公益诉讼条款的具体适用》,载《中国民事诉讼法学研究会年会论文集》,2012 年。

发的多数人损害而产生的纷争,如因欺诈性销售或产品责任等产生的消费者损害引发的纷争,所采取的代表人诉讼或集体诉讼,一般不主张惩罚性赔偿金。而纯公益的团体诉讼由于损害难以确定,因而,虽然承认可适用惩罚性赔偿,但都不是以损害的倍数确定成罚金数额,而是考虑违法者的主观恶意、违法所得、损害程度等因素由陪审团或法庭确定。

三、公益惩罚性赔偿惩罚标准的重立

从上述国外惩罚性赔偿及公益诉讼请求的发展变化看,在公益诉讼中接受损害赔偿请求成为一种趋势,且有日渐接受惩罚性赔偿请求之趋势。我国的公益诉讼虽刚起步,但在消费者保护领域,不论从最近实务界相关案件的判决,还是从理论界相关研讨会的看法来讲,多数的或主流的观点都支持惩罚性赔偿公益诉讼。

既然消费者公益诉讼可引入惩罚性赔偿已成共识,那么,"惩罚标准如何设定?"这一关涉惩罚轻重、惩罚金量的确定,以及惩罚功能能否实现的问题,就是不得不思考的问题。对此,虽有学者认为与私人惩罚性损害赔偿诉讼性质不同,[①]但对惩罚性赔偿公益诉讼金的度量标准,即赔偿金的系数(法律规定中往往以损害的"倍数"表示)如何确定,或者说是否采取与消费者个人提起的惩罚性赔偿相同的倍数却鲜有论及。就我国司法实践看,相关案例的判决对公益和私益惩罚金按损害的相同倍数计算并无差异,都是适用《消法》或《食品安全法》的三倍或十倍赔偿。而从相关研讨会上主张惩罚性赔偿的学者的观点看,似乎也持相同看法,这从相关研讨会上专家们对广州中级人民法院支持十倍惩罚性赔偿判决的案例没有提出异议的态度也可说明。但依笔者拙见,惩罚性公益损害赔偿系数不宜与消费者个人提起的惩罚性赔偿的倍数相同,原因有三。

(一)从惩罚的效果来说

惩罚性赔偿金的惩罚功能,在于通过惩罚产生威慑,使行为人以及潜在的可能从事该行为的人不再从事该行为。但人的有限理性证明,惩罚对行为人威慑的效果虽然与惩罚的轻重有关,且就金钱惩罚对营利性行为的威慑看,由于经营者的"经济人"本性,一般来说,在行为人经济承受能力的范围内,惩罚越重,威慑的效果越大。但当惩罚超过行为人承担责任的能

---

① 如中国人民大学法学院肖建国教授认为:"消协享有惩罚性赔偿权跟消费者享有的惩罚性赔偿权应该具有不同性质,消协行使惩罚性赔偿权是公权,不是私权。"参见刘文晖:《惩罚性赔偿能否成为公益诉讼利剑》,载《检察日报》2018 年 5 月 23 日(第 5 版)。

力较多时,惩罚金越多,反而失去了威慑作用。"虱多不痒,债多不愁"就是对此的最好注释。

就深圳中级人民法院对广东省消委会就李某文等 20 名被告,违法生产、销售病猪、死猪案请求法院判令被告承担惩罚性赔偿金 1006.2 万元而言,由于对受害者的损害难以确定,消委会把违法所得看作消费者的损害,而此案中违法者的营业所得及个人财产是其承担责任能力的体现,当这些经营者个人财产有限时,其经营所得是其承担责任能力的基础,因而,10倍赔偿远远超过其承担责任的能力,使之失去威慑意义。加之,违法者承担了刑事责任,刑事责任的威慑效果在违法者没有经济能力承担赔偿责任时远远强于经济责任。因而,此案法院判决不予主张十倍赔偿有其合理性,但判决以消保会并非消费者为由而完全不主张惩罚性赔偿金并不合理。合理的惩罚金只要超过违法所得总量以上,如本案中超过 100.62 万元使违法者得不偿失即可。

(二)从诉讼请求的实现来说

公益诉讼提起惩罚性赔偿固然主要是以惩罚违法者,威慑损害的公共利益行为的发生为目的,但这并非唯一的目的,其还有补救受损害公共利益的目的和功能。对公共利益的补救,则要耗费一定成本,主要包括利用赔偿金修复损害了的消费品公正交易秩序,以及弥补为维护消费品公正交易秩序所耗费的费用。这意味着补救目的的实现,是以请求权的实现为基础的。如惩罚性赔偿金过高,违法者没有能力承担,诉讼请求即使被判决支持,其赔偿往往也难以实现,不仅不具有惩罚意义,且有违法律的公正,也有损法律的尊严。

仍以"毒猪肉案"为例,在公益诉讼中,我国目前对公益损害以违法者销售所得(也是该案中所有消费者所支付的货款之和)的计算方式计算的,数额为 100.62 万元。为研究方便,我们假定此案受害的消费者有 1 万人,且每个消费者受害相同,即每人损害 100.62 元。如果按消费者个人诉讼,我们假定起诉率为 5%,胜诉率为 100%(据常识这个起诉率和胜诉率都高于实际),那么,按 10 倍惩罚性赔偿,则意味着违法者承担的责任为 $100.62 \times 10000 \times 5\% \times 100\% \times 10 = 50.31$ 万元。按代表人诉讼,如果支持惩罚性赔偿,假定有 600 人申请参加(现实中不可能有这么多人参与),原告集团胜诉,违法者承担的责任为 $100.62 \times 600 \times 10 = 60.372$ 万元,可见,不论是按个人诉讼还是按代表人诉讼,赔偿金不超过被告承担责任的能力,原告的诉讼请求才可能实现。而公益诉讼承担的惩罚性赔偿金则远远高于这两种诉讼,且可能远远超过原告承担责任的能力,则请求不能实现。且对同一损害行为,因诉讼形式不同承担的责任量虽然有一定差别,但差别巨大就有违公正。

(三)从损害与责任的平衡来说

从现代法律的分工来说,民法的主要功能是补偿,刑法的功能是实施强制与惩罚。既然把惩罚性赔偿金规定为民事责任的一种,那么,即使承认其惩罚性,不论是实务工作者还是学者,法律人也不可能认为其惩罚的强度或属性超过刑事责任。另外,即使是惩罚性意味最浓的刑事责任,也在责任的承担中要求遵循"罪刑相当原则",因而,惩罚性赔偿责任的大小必须与损害程度相平衡。

就个人提起的消费者惩罚性损害赔偿来说,受诉讼成本及个人受害量不大等因素影响,致使受害者起诉往往得不偿失,因而,不是所有受害的消费者都会提起诉讼,起诉者只是众多受害人中的少数,违法经营者即使承担多倍赔偿,只要赔偿的倍数低于胜诉率的倒数,违法者都能从违法中得好处。对原告来说虽然获得了超过其损害的赔偿,但往往远低于违法者对社会造成的总损害。当然,对典型一对一的民事损害,由于加害者从违法中获得的好处往往小于或等于受害人的损失,因而,多倍赔偿就具有惩罚性,且倍数与惩罚程度呈正相关。但在营利性经营消费品造成的损害中,由于是对不特定多数人的损害,即使经营者对个别胜诉者承担多倍赔偿责任,亦远远低于其违法所得,其实质上并不具有惩罚性。而在公益诉讼中,由于损害是以违法者全部违法所得为依据,因而,只要赔偿超过其违法所得就具有惩罚性。如果仍按个人诉讼中的多倍赔偿,往往赔偿额巨大,则责任过重,与损害不平衡。

第二节　消费者公益惩罚性赔偿金如何确定

在确定消费者公益诉讼可请求惩罚性赔偿,且公益诉讼与消费者个人私益诉讼请求的惩罚性赔偿不能采用同一惩罚标准的基础上,如何确定公益惩罚性赔偿金,就成为消费者惩罚性赔偿公益诉求必须思考的根本问题。一般来讲,惩罚性赔偿金的确定主要取决于对损害量及惩罚系数的确定,公益损害赔偿金的确定也不例外,下面就此两方面展开论证。

一、公益损害的厘定

我们知道,法学界对什么是公共利益的理解是存在分歧的,且从侵权法有关损害赔偿的历史看,不同国家、不同时代的法律对损害的内容及看待损害的视角(计算损害的依据)也不尽一致。① 因而,对公共利益损害的厘定,取决于对什么是公共利益的认知,以及对公共利益损害如何测度这两个问题的回答。

(一)公共利益含义的选择

对什么是公共利益,国内外法学界已有广泛的讨论,学者们的观点五花八门、莫衷一是,以至于目前国内外学者的普遍看法是:公益是不确定的法律概念。这种现象的产生,依拙见主要是存在两方面的原因:第一,含义和形式的混淆。把对公共利益含义的界定与公共利益的具体表现形式相混淆,②从而把其表现形式的多样性看作含义的不确定。这是因为,从实定法看,立法往往并不对公共利益的含义予以界定,只对公共利益在特定领域法律中的具体表现形式予以描述,至于公共利益的含义是什么并没有界定。第二,看待利益的社会观念不同,这也是最根本的分歧所在,是个体主义和共同体主义观念在公共利益上的体现。其中个体主义观念是主流观念,持此观念的学者把公共利益看作个人利益之和或多数人的利益,③而持共同体主义观念的学者则把公共利益看作能为不特定多数社会成员开放地、非排他地、非竞争地分享的利益。目前,这种观念虽不是主流观念,但其影响日渐增强,特别是在新兴法律领域,如环境法、消费者权益保护法领域,越来越为学者们所接受。

消法产生于市场经济高度发达的现代社会,在发达的市场经济中生产经营者和消费者已成为相互依存的共同体。然而,人性的不完美及人的有

---

① 从总的发展趋势看,法律上认为可赔偿的损害内容范围扩大,从物质性的有形损害扩展到对精神性的疼痛、痛苦等无形损害的赔偿,从对既得利益的损害赔偿扩展到对可得利益损害的赔偿。损害计算方法的变化,从一元的"差额法",即以被害人受害前后财产价值的差额计算损害,发展到"差额法""模拟市场法"(即以被侵害权利的市场价值确定损害)和"违法所得法"(即以违法者的违法所得计算损害)等多元计算法。

② 对此有学者指出:"或许关于公共利益的大量讨论都会牵扯进一种错误的'具体化'"([英]杰弗里·托马斯:《政治哲学导论》,顾肃、刘雪梅译,中国人民大学出版社 2006 年版,第273 页)。

③ 对此的经典表述如边沁所言,社会利益(这里和公共利益通用)"只是一种抽象,它不过是个人利益的总和"(转引自孙笑侠:《论法律与社会利益》,载《中国法学》1995 年第 4 期,第 53 页注释②)。

限理性的缺陷,使得总有生产经营者为盈利而欺诈交易或生产销售过期或有害食品而产生公共性损害。消法产生于社会经济共同体的这一社会现状,以及其所要解决的公共利益保护问题,决定了以共同体主义观念重构公共利益较为恰切。因此,本章据共同体主义观念,以及经济学有关公共物品理论,结合法律规范的特性,把公共利益界定为:寓于公共物品之中,能开放地、非排他地被众多不特定主体非竞争地分享的好处或利益。这意味着,其客体是公共物品,具有不可分性,在分享上具有非排他性、非竞争性。利益的分享对主体具有开放性。主体具有众多性和不特定性;受前三方面特性的影响,公共利益的量是不确定性。具体到消法,消费者的公共利益就是寓于公正的消费品交易秩序这种公共物品之中的,消费者从公正的价格以及具备其必备属性的合格消费品中获得的好处。

(二)公益损害赔偿的范围

任何赔偿都是以损害的可测度为前提的,这意味着,不是所有的公共利益损害都可获得赔偿,因此,对消费者公共利益损害予以类型化,并说明其损害是否可测度,是确定消费者公益惩罚性损害赔偿的前提。

消费者公益是寓于公正的消费品交易秩序这种公共物品上的利益,这一秩序得以维护的核心是经营者合法的经营行为,即在消费品交易中无欺诈,以及销售的消费品,特别是食品不存在违反相关标准的对人身健康有害的风险。由于交易秩序这种公共物品是处于流变中的关系状态,因而,对其损害可从时间和内容两个维度来分析。

第一,从时间维度看,损害包括即时消费者的利益损害和长期消费者的利益损害(以下简称即时损害和长期损害)两类。即时损害,是指经营者在违法经营期间造成的对消费者的利益损害。这种损害是已经发生了的,因而,是看得见的、可计量的,属于现实损害。长期损害是指,违法行为虽然结束,但因该行为的扩散效应,在其后很长一段时期内持续对消费者利益的损害。这种损害是未来发生的,是看不见的,难以计量的。以"三鹿奶粉"事件为例,即时损害就是消费者支付的价款和造成的大量"结石宝宝",并因对受害者的治疗花费所产生的利益损害。长期损害,则是"三鹿奶粉"事件使中国奶制品在中国市场丧失信用,以致其后多年产业利润锐减,使国外奶制品在中国市场合谋形成垄断,外国奶粉多年来持续涨价,给中国消费者造成巨大的经济损害。对于长期损害,尽管在现代以来的很长时间内,因受以个体主义为基础的私法观念影响,加之长期损害的难以计量,在法律上对此类损害的保护比较欠缺,但对以共和主义观念为基础的经济法来说,这是要予以保护的,正因此,"自 19 世纪中期,不仅为了维护即时消费者的利益,而且为了维护长期消费者的利益,这些法律已经开始对食品销售施加诸多的条件限制"①。

第二,从内容维度看,损害包括直接的纯经济损害和间接的消费品传导的损害,即消费品消费中产生的对人身和财产的损害(以下简称产品损害)。纯经济损害主要体现为欺诈性交易对公正交易核心的公正价格体系这种公共物品的损害,由此产生的是对不特定消费者经济利益的侵害,这种损害实质是价值从消费者向经营者的转移,但社会的财富并没减少。产品损害的公共物品是作为公正交易秩序构成的安全标准体系。由于消费者信任消费品符合这一标准体系,才导致不符合质量标准的产品给消费者的人身或财产造成损害,特别是不合质量标准的食品造成的人身伤害,这种损害伴随着社会财富总量的减少。

上述对消费者公益损害两个维度的分析说明,对即时消费者的纯经济性公共利益的损害可据合法经营时的消费品的市场价值予以测度。对即时消费者因消费品瑕疵造成的人身和财产损害,由于受害者分散,且每个受害者因消费量不同及个人身体差异,受害程度也不相同,虽然在个案中,具体个人的财产和人身损害可以测度,但对整个社会消费者的人身和财产造成的公共性损害则难以测度。而对于长期消费者的公共利益损害,不论是纯经济损害还是产品损害都是不可测度的。由于法律的赔偿制度是以损害的可测度为基础,因而,消费者公益惩罚性赔偿只能是以即时的纯经济性公共利益损害为基准的赔偿。

公共利益的内容构成及特性,决定了只有即时的纯经济性损害可测度,才能作为惩罚性赔偿的赔偿基准。可见,消费者公益惩罚性赔偿的损害基准,并非真正的公益损害,这也是我国现有消法、食品安全法计算损害的方法。② 一般来说,在公共损害中,违法所得往往小于总的公益损害,因而,以此为基准对违法者处以超过其一定系数赔偿金的惩罚,是合理的。

① ［美］詹姆斯·威拉德·赫斯特:《美国史上的市场与法律》,郑达轩等译,法律出版社 2006 年版,第 56 页。
② 据我国《消法》第五十五条第一款和《食品安全法》第一百四十八条第二款的规定,对个人提起的多倍惩罚性赔偿金,赔偿的基准就是消费者购买商品的价款或者接受服务的费用。司法实践中支持公益惩罚性赔偿的案例说明,惩罚性赔偿公益诉求的损害基准也是所有购买违法销售的消费品所支付的价款总量或服务费用总量。由于在现实中,难以统计或知晓全部的受害消费者,因而,以违法销售的消费品总量乘以销售价来作为损害基准。

二、惩罚系数的确定

惩罚赔偿的系数的确定与对惩罚性赔偿金设立的目的和功能的认知有关，对个人提起的惩罚性赔偿，一般认为其除了具有惩罚目的和功能外，其主要的目的和功能在于补偿和激励消费者提起诉讼。① 因此，私人提起的惩罚性赔偿的惩罚系数，主要考虑对消费者的损害、消费者起诉和胜诉的概率，起诉的成本（包括机会成本）三个因素，目的在于使诉讼所得足以补偿其损害和诉讼费用，以激励受害消费者起诉，间接维护公共利益。而公益诉讼中惩罚性赔偿的主要目的和功能在于惩罚和威慑违法，以防止损害公共利益行为的发生。因而，确认赔偿系数时主要考虑消费者即时的人身财产损害，除此之外，还要考虑的因素是经营者的违法所得、其承担赔偿的能力以及是否承担了其他惩罚。

（一）公共利益损害的程度

违法的消费品经营行为对公共利益的损害的程度与该经营者的市场力量（主要体现在该经营者在相关产品市场所占的市场份额，以及相关地理市场的范围）、该消费品的属性所决定的损害类型及损害力以及经营时间长短等因素有关。就市场力量来说，该经营者市场力量越大，即其产品市场份额越大、地理市场范围越广，其损害就越大，相应地，对市场秩序的损害越严重，对消费者的长期损害也越大，反之则小。就产品属性及由此决定的损害类型和损害力来讲，食品、药品这些关涉人身健康与安全的产品，如果单位产品损害力大，造成的后果重，如导致疾病或死亡，不仅消费者的即时公共利益损害大，且由于其社会传导性强，长期公共性损害也较大。相应地，与人身健康和安全无关的欺诈销售，其公共性损害则相对小。就经营时间来说，损害与经营时间的长短成正比。按惩罚系数的大小应与公共利益损害程度的大小相对应原则，考虑影响公共利益损害的上述三因素来确定惩罚系数。

① 有学者认为，设置惩罚性赔偿金，除惩罚性功能外，还"会激励受害方积极主张权利，提起诉讼"（潘申明：《比较法视野下的民事公益诉讼》，法律出版社 2010 年版，第 316-317 页），即有激励受害者提起诉讼功能。笔者认为，判断一种责任是否具有惩罚功能的最基本的标准是：行为人承担的责任给自己带来的弊端要大于该行为给自己带来的利益，从经济角度讲要使行为人得不偿失。在目前消费者损害案件中，一般来说由于该类案件多是损害人数众多且每个受害人受害金额较小的发散性损害，因此，惩罚系数往往达不到起诉且胜诉概率的倒数，这意味着违法所得往往大于惩罚性赔偿金。所以在消费者案件中个人提起的多倍赔偿一般并没有惩罚功能，只有一定的激励诉讼功能。

(二)违法者的违法所得

虽然,任何法律责任都有一定的惩罚功能,但从威慑违法行为、预防违法行为发生的视角看,只有惩罚达到一定程度时这种功能才能得以发挥。由于损害消费者的行为往往是经营者以营利为目的的行为。因而,应将违法所得作为设立惩罚性赔偿金的底线,亦即惩罚性赔偿惩罚的基准。由于经营者的违法所得往往以销售收入为依据,而销售收入中包含了经营者投入的成本,其利润(纯收益)低于违法所得,这意味着,让其以违法经营所得承担责任,其成本投入就不能收回,对其违法经营行为就具有威慑效果。因此,以总的违法所得为基准,只要惩罚系数高于 1,即在违法所得以上任意增加一定系数与违法所得相乘的量所确定的惩罚金就都具有合理性。

(三)违法者承担责任的能力

惩罚性赔偿金的威慑效果虽然与惩罚的程度有关,但并不是说惩罚得越重威慑效果越好。据行为激励理论,只有当惩罚程度在行为人承担责任能力限度范围内,惩罚越重威慑效果越好的关系才能成立。而承担赔偿责任的能力主要取决于经营者的经济能力,主要表现在两方面:第一,经营者本身所拥有的财产的价值;第二,经营者金获取收益的能力。因而,赔偿系数应以经营者的违法所得为基准,在其财产和获取收益的能力范围内据违法者的恶意程度来确定。由于每个案件中,违法者的财产和获取收益的能力不同,且违法者的主观恶意及社会损害后果不同,可见,这个系数不宜以法律直接规定,而应在个案中由法官自由裁断。

(四)是否被处刑事罚金或行政罚款

在现代公私法法律分工的背景下,惩罚性赔偿责任具有公法责任的性质,是对公法的刑事责任和行政责任不足的补充,因而,惩罚性赔偿金的力度,即惩罚赔偿的系数不得不考虑对该行为是否承担了公法上的责任。如承担了公法上对人身自由限制的责任,则不影响承担惩罚性赔偿,如承担了刑事罚金或行政罚款责任,虽不否定可承担惩罚性赔偿责任,但这时的惩罚性赔偿金只是补充性的(简称补充惩罚性赔偿金),应低于正常情况下的惩罚性赔偿金(简称常态惩罚性赔偿金)。按公平原则要求,补充惩罚性赔偿金宜以常态惩罚性赔偿金减去罚金或罚款为限,即补充惩罚性赔偿金＝常态惩罚性赔偿金－罚金(或罚款)。

第三节　消费者公益惩罚性赔偿与
公法中的金钱罚的关系

惩罚性赔偿的目的和功能与公法(刑法和行政法)中的罚金、罚款或没收违法所得的功能相同,之所以要把公法的惩罚功能赋予私法,是由于公共部门并不适合去查明所有的侵害类型。[①] 可见,惩罚性赔偿责任是对公法责任的补充。那么惩罚性赔偿与公法中的金钱罚之间的关系协调问题就成为必须回答的问题,这一问题主要包括两个子问题,即惩罚性赔偿与公法中的金钱罚责任能否并处? 哪种责任优先?

一、惩罚性赔偿能否与公法上的金钱罚责任并处

虽然惩罚性赔偿和公法上的金钱罚责任都是对公共性(或社会性)不法行为的惩罚,但它们实际上惩罚的公共性行为的类型并不相同。一般来讲,公法责任惩罚的公共性不法行为,要么是因对个体损害严重产生的重大负外部性行为,要么是破坏特定法律所意欲保护的社会秩序而产生的直接损害社会公共利益的行为。因而,其惩罚的行为是直接的损害公共利益的行为。而惩罚性赔偿金惩罚的主要是累积性的公共性不法行为,这种行为一般发生于日常的经营行为中。这种行为如欺诈性销售,单从对一个具体消费者的损害来说,并非公共性损害。但由于经营行为是持续地面向不特定的主体的,这决定了这种行为一旦违法,其损害的人数众多,且损害的人数随行为持续时间而增加。而且每个受害人因与违法者的交易量的不同,所受损害也不尽相同。这决定了,这类行为的损害单从具体受害者来说,受害不大,负外部性不强,损害是私人性的,这也是长期把这类行为作为民事侵权行为对待的原因。但把此类行为置于作为共同体的市场机制来看,随着经营行为的持续进行、受害者的增加,经市场机制的信息传导,就累积成为公共性损害。需要说明的是,累积性公共性损害,并不是对单个个人损害的简单相加,而是量变引起质变,这与单个人驾车排污并不构成公共性损害,但众多人驾车排污就形成公害相类似。正是由于公法责任与惩罚赔偿金惩罚的行为有所不同,因而,这两类惩罚责任形式并存是可

---

① 参见[奥]赫尔穆特·考茨欧:《惩罚性赔偿金:如天堂还是下地狱? ——比较报告及结论》,载[奥]赫尔穆特·考茨欧、内瓦尔·威尔科克斯:《惩罚性赔偿金:普通法与大陆法的视角》,窦海阳译,中国法制出版社 2012 年版,第 346-347 页。

能的。

当然在现实社会中,这两类公共性损害行为并不泾渭分明,许多营利性违法行为存在兼具这两类行为的特性,如前述深圳市中级人民法院判决的"毒猪肉案"。那么,对于此类案件,两种惩罚责任能否并存应分两种情况分别分析。

（一）刑事或行政处罚在先

这种情况又有三种可能:第一,如果刑事判决和行政处罚没有作出没收犯罪人违法所得的处罚,当然可以提起公益惩罚性赔偿之诉,判处违法者承当惩罚性赔偿金亦是当然之事;如果刑事判决处以罚金或行政处罚处以罚款,只要罚金或罚款低于常态惩罚性赔偿金,也可判处违法者惩罚性赔偿金,只不过数量是常态惩罚性赔偿金减去罚款或罚金。第二,若刑事判决或行政处罚作出没收违法者违法所得的处罚,能否在公益诉讼中判决承担惩罚性赔偿责任? 对此,如果违法者拥有财产,出于威慑和预防目的,可在违法者的财产范围内并行处以一定的惩罚性赔偿金,[①]这时的惩罚性赔偿金只有象征意义,不宜以违法者的违法所得为基础,而应以公益诉讼成本为基础(以公益诉讼成本的 2 倍为限)[②]。第三,如果刑事判决或行政处罚后违法者无财产,也无能力承担惩罚性赔偿,则不宜提起公益损害赔偿之诉,也不存在惩罚性赔偿金。

（二）惩罚性公益赔偿在先

消费者惩罚性赔偿公益诉讼一旦启动,即按 2016 年《最高人民法院关于审理消费民事公益诉讼案件适用法律若干问题的解释》(以下简称《解释》)第六条"人民法院受理消费民事公益诉讼案件后,应当公告案件受理情况,并在立案之日起十日内书面告知相关行政主管部门"这一规定,虽存在着行政处罚与公益诉讼同时进行的可能性,但因收集违法证据,以及执法程序需要一定过程,一般来说公益诉讼的惩罚性赔偿先于行政处罚的作出。亦正因此,为了节约执法成本,《解释》第十四条规定:"消费民事公益

---

① 就个人提起的惩罚性赔偿而言,英国法的立场是"只有在被告没有受到刑事处罚或其他处罚的前提下,才能授予惩罚性赔偿"([奥]赫尔穆特·考茨欧、内瓦尔·威尔科克斯:《惩罚性赔偿金:普通法与大陆法的视角》,窦海阳译,中国法制出版社 2012 年版,第 374 页)。按公益诉讼的损害计量远远高于个人损害,因而,也应在受刑事或行政处罚后不承担惩罚性赔偿金。但鉴于我国消费者公益诉讼建立的背景,以及设立惩罚性赔偿的目的主要在于威慑预防违法行为,因而,主张几种惩罚责任并存是必要的。
② 这里以公益诉讼成本的 2 倍为限,其中一半用于补偿该诉讼的费用,另一半用于公益诉讼基金以备败诉时的费用支出。

诉讼案件裁判生效后,人民法院应当在十日内书面告知相关行政主管部门,并可发出司法建议。"在此情况下,如果违法者承担了惩罚性公益赔偿金,且公益赔偿的基准按违法者的违法所得计算,再处以行政没收违法所得已不合理,因而不能处以没收违法所得,但可在违法者的财产范围内处以一定数额的罚金或罚款。

二、惩罚性赔偿与公法上的财产责任何者优先

虽然在消费者保护中可对违法经营者并处公法上的财产责任和惩罚性公益赔偿金,但当违法者承担责任的能力有限,不足以同时满足承担这两类责任时,何者优先? 对此,能否按《食品安全法》第一百四十七条关于生产经营者财产优先承担民事赔偿责任的规定,即私法责任形式的惩罚性赔偿应当优先于公法责任的原则来处理? 对此,笔者认为不能简单照搬,而应分不同情况按不同原则分别对待。

虽然现实损害消费者权益的案件五花八门,但从损害发生后是否有受害消费者提起损害赔偿诉讼来讲,有两种情况:一种是无个人提起损害赔偿之诉的纯公益诉讼情况,另一种是由个人提起损害赔偿之诉的公益诉讼,即混合性公益诉讼情况。

(一)纯公益诉讼

纯公益诉讼,如前述广东发生的毒猪肉案和假盐案,一般来说多发生于日用消费品,这种消费品的购买是一种经常性的、从不同经营者处购买的行为,单价较低,一般没有发票,或者人们都不注意保存此类发票。即使经营者的欺诈销售行为被披露,即案件发生,受害者也往往难以感知其所受损害,或者受害轻微,加之受害者难以举证,这些因素导致具体受害者提起诉讼得不偿失。因而,虽然受害者众多,但往往没有个人提起损害赔偿诉讼。由此引发的公益诉讼可以说是纯公益诉讼,这种诉讼在笔者看来已超越民事诉讼,应为"准公诉"。这类公益诉讼如果请求惩罚性赔偿,其惩罚性赔偿金的主要目的和功能就是惩罚威慑违法行为,与刑事罚金和行政罚款或没收违法所得的功能相同。

这类案件,之所以需要法律授权专门组织提起公益诉讼,且可提起惩罚性赔偿之请求,主要是为了利用社会组织(我国消法规定的省级以上消委会)发现该领域违法的信息优势,借用民事诉讼的形式,弥补由于公诉机关或执法机关因受资源或对违法信息掌握的限制,难以启动刑事程序或行政执法,致使刑事和行政处罚不能,由此造成刑事责任和行政责任处罚的

不足。而对于获得授权的组织来说，其请求权的基础不同于一般民事诉讼的请求权基础，一般民事诉讼的请求权基础是个人权利，而公益诉讼中原告的请求权基础则是专门的法律授权。① 因此，与我国消费者惩罚性赔偿公益诉讼相类似，在国外对损害众多消费者公共利益的损害行为，法律规定了收缴不法收益请求权，且规定经营者获得的不当收益支付于国库。②

　　既然在消费者惩罚性赔偿公益诉讼中，惩罚性赔偿金与刑事罚金和行政罚款或没收违法所得具有同样的功能，且惩罚性赔偿金部分要支付于国库，那么，在这三种责任中，就没有先后之分，在违法者有能力承担三种责任时，三种责任可并处，但在确定责任量时，应考虑其前的处罚而适当降低。在违法者承担责任的能力不足时，三种责任的承担顺序，应按对该行为处罚作出的先后顺序依次承担，即哪种处罚作出得早就应优先满足承担哪种责任。

（二）混合性公益诉讼

　　混合性公益诉讼的情况，这类案件一般来说多发生在耐用消费品或特定消费品的消费中，耐用品如汽车、电器、商品房等，特定消费品如医疗服务或医药，或对品牌商品的持续使用。这种购买一般有发票且保存长久，单价较高或对个人的损害比较严重。一旦经营者损害行为被披露，即案件发生时，受害者可以举证，加之受害较重，提起诉讼胜诉的概率以及获得的赔偿足以弥补诉讼费用。因而，这类案件起初往往是由个别消费者提起诉讼所引发，由于这类案件受害者多，引起多个受害者重复起诉，后来为诉讼经济，且能对受害者公正补偿而发展成公益诉讼。如美国 1996 年的戈尔

---

①　按传统民事诉讼理解，一般往往把法律授权的组织提起的诉讼请求权看作受害消费者请求权的集合行使（参见黄忠顺：《食品安全私人执法研究：以惩罚性赔偿型消费公益诉讼为中心》，载《武汉大学学报》2015 年第 4 期）。但笔者认为这是一种准公诉，这种诉讼重在惩罚违法者，对受害者的救济并不是该程序的目的，因而，受害者并不是程序的参与者。其请求权基础与具体受害者的请求权无关，即不是个人权利，而是该组织作为公民代表，在消费领域行使公民共和权利的体现，因而，其请求权基础是公民的共和权利。

②　在美国，州检察长根据案件性质，认为难以向消费者个人支付损害赔偿金或者被告违法获益较多的，可请求违法经营者交出违法获得的不当收益，不当收益应支付于国库。德国 2004 年改革的《不正当竞争防止法》第 10 条规定，就故意从事违反规定的商业行为并且基于大量消费者的负担而获益的行为人，经该法授权行使不作为请求权的主体可以行使请求权，要求其将不法收益上交联邦财政，由此创设了撤去不法收益之诉，将传统的不作为之诉拓宽到金钱给付之诉。其目的在于弥补禁令请求权和损害赔偿请求权之不足，让"经营者的不当经营行为不再合算"。该请求权不同于民法上的不当利益返还请求权、侵权上的损害赔偿请求权，也不属于刑事制裁范畴，是"自成一体的诉讼请求类型"（有关德国的规定可参见吴泽勇：《论德国〈反不正当竞争法〉上的撤去不法收益之诉》，载《当代法学》2010 年第 3 期）。

诉宝马公司案①和我国的三鹿奶粉案。虽然现实中这两个案件并没有提起公益诉讼,但这类损害消费者的案件,按消法规定消保委也可提起公益诉讼,在此类混合性公益诉讼中,如果请求惩罚性赔偿,惩罚性赔偿金与刑事罚金或行政罚款或没收违法所得何者优先,应视公益诉讼赔偿金的分配与管理制度而定。

一般来讲,这类案件虽可能有个别消费者先于公益诉讼而提起私益诉讼,但多数个人提起的私益诉讼都晚于公益组织提起的公益诉讼。因为,公益组织胜诉后,个人提起的后续诉讼,不需证明经营者违法,只需证明自己在经营者违法经营期间购买了其产品,"搭公益诉讼胜诉的便车",节约诉讼成本。在这种情况下,如果未来以类似于国外公益诉讼胜诉后以获得的赔偿金建立公益保护基金的模式,建立我国的消费者权益保护基金,②由第三方进行托管,将来如果特定消费者起诉以后获得法院判决支持,可以从这些基金里获偿。那么这时的惩罚性赔偿金,应按《食品安全法》第一百四十七条关于生产经营者财产优先承担民事赔偿责任的规定,这时的惩罚性赔偿应当优先于公法责任。这是因为,这里的规定注重于对消费者的补偿,而公益惩罚性赔偿金中包含着对消费者所受损害补偿的部分,因而,应首先予以满足,否则,对受害消费者的补偿就会落空。按目前我国法律实践,由于一般把公益诉讼胜诉获得的惩罚性赔偿金上缴国库,且一般经营者无力承担责任时由地方财政拿出一定资金给受害者予以补偿,等于变相地由政府承担部分补偿责任,三鹿奶粉事件就是如此,这意味着,惩罚性赔偿金与刑事罚金、行政罚款无异,都上缴国库,然后从国库补偿消费者损害,也就无所谓哪种责任优先,可按不同责任作出的先后依次分担。

第四节　消费者公益与私益"惩罚性赔偿"的关系

按目前法律规定及当前法律理论,在混合性公益诉讼案件中,由于对

① 该案发生于1996年的美国,戈尔博士发现他新买的宝马汽车在运输过程中被刮擦后重新喷漆。他提起了欺诈之诉,并获得了在其重新喷漆的汽车与崭新汽车之间差价4000美元的赔偿,以及400万美元的惩罚性赔偿金。陪审团是通过考虑所导致的全部损害来计算惩罚性赔偿金数额的,也就是宝马公司出售的重新喷漆车的数量(大约为1000辆)乘以每辆重新喷漆车与新车的差价。
② 这是2018年5月9日中国消费者协会在北京举行的"惩罚性赔偿公益诉讼专家论证会"多数专家的观点。对此可参见刘文晖:《惩罚性赔偿能否成为公益诉讼利剑》,载《检察日报》2018年5月23日(第5版)。

经营者的同一违法行为既有先于公益诉讼的个体提起的个人诉讼,又有公益诉讼后个别消费者提起的私益诉讼。如对该损害消费者的行为可提起惩罚性赔偿之诉,那么,这两种诉讼引发的惩罚性赔偿的关系有两个需要解决的问题:一是两种惩罚性赔偿请求是否都予以主张?二是这两种惩罚性赔偿金的关系如何?

一、两种惩罚性赔偿请求是否都予以主张

对这一问题的回答,不能一概而论,而应据这两种诉讼提起的先后情况,即根据个人提起的惩罚性损害赔偿私益之诉是先于团体组织提起的惩罚性损害公益之诉,抑或个人提起惩罚性赔偿私益之诉是惩罚性赔偿公益诉讼胜诉后的后续诉讼这两种情况,结合前述有关这两种惩罚性赔偿金的功能来分别论证。

(一)私益诉讼先于公益诉讼时的惩罚性赔偿

如果我们把责任是否具有惩罚性的标准看作责任的承担是否使行为者得不偿失的话,那么在个人提起的惩罚性赔偿之诉中,惩罚性赔偿金的功能,就法律关系中的主体来讲,对受害者主要是补偿和激励,而非对违法者的惩罚。其社会功能则是及时、低成本发现并惩处违法者。对此,我们从惩罚性赔偿金的数额确定不难看出。我们知道,对于个人提起的惩罚性赔偿,惩罚性赔偿金的确定有两种情况,一种是由法庭据个案确定的,如美国由陪审团确定惩罚性赔偿金,前述 1996 年戈尔博士诉宝马案的惩罚性赔偿金就是如此确定的。在此情况下,惩罚性赔偿金的数额一般与违法者经营所得的全部收益相同。另一种是法律规定的以受害者所受损害的固定倍数确定惩罚性赔偿金,如我国消法规定的三倍赔偿。其中,由陪审团据具体案件确定的赔偿,其实质是把众人(类似于公共)的损害赔偿给予起诉的个人,对起诉者来说获得的赔偿虽高于其所受损失,但对违法者来说,只不过是把从众人所获得的返还给具体的原告,虽然其没从违法中得到好处,但也没有遭受损害。而由法律规定以个人损害的倍数所确定的惩罚金,往往由于确定的倍数低于起诉且胜诉概率的倒数,致使违法者能从违法中获得利益,因而,在个人提起的惩罚性赔偿请求中,惩罚性赔偿金并不必然具有惩罚功能。

正因此,在经营性公共损害行为的现代法律中,仅靠个人提起惩罚性赔偿之诉,即使胜诉,其惩罚功能也是有限的,往往不能真正威慑违法者,这也是我国创设公益诉讼制度,且赋予相关组织公益诉讼惩罚性赔偿请求

权的缘由。由于公益损害是以违法者的违法总收益为依据,因而,只要超过公益损害量的惩罚金的惩罚功能则十分显著,惩罚金的量与具体受害人的受害无关,且惩罚金归属国库或特设的基金,不归属于具体受害者。① 可见,公益惩罚赔偿责任的目的主要在于威慑预防该损害的发生。

上述两种惩罚性赔偿金的功能,决定了对于个人先于公共组织团体提起的惩罚性赔偿,由于违法者承担惩罚性赔偿金后,往往仍有违法收益,因而,并不一定能威慑遏制该违法行为,所以,为威慑遏制该行为的发生,对其后由公益团体提起的惩罚性赔偿之诉可以主张给予惩罚性赔偿金,且只有让违法者承担公益损害赔偿金才能真正惩罚违法者,并遏制其违法行为,实现惩罚性赔偿金制度设立的目的。

(二)私益诉讼后于公益诉讼时的惩罚性赔偿

对于损害众多消费者的违法经营行为,如在有关团体组织提起公益诉讼胜诉后,由具体受害的消费者,以公益诉讼胜诉为据,举证自己是在经营者违法经营期间消费了该经营者的商品或服务而提起后续诉讼可否主张惩罚性赔偿? 对此,据两种惩罚性赔偿金的功能分析,笔者认为不宜赋予惩罚性赔偿请求权,具体理由如下。

第一,个人惩罚性赔偿金制度的激励及保护公共利益的功能已经丧失。由于公益诉讼已经胜诉,这意味着,损害消费者公共利益的行为已被发现,且公益惩罚性赔偿的惩罚功能显然强于私益惩罚性赔偿。从而个人诉讼已经不具及时、低成本发现违法者,以利于相关部门及时查处违法行为的功能,从而不具有为公益诉讼节约举证成本,保护公益的功能。

第二,个人惩罚性赔偿金的获得没有合理依据。个人可获得惩罚性赔偿金,主要是因为其诉讼行为具有保护公共利益的功能,可以说是对个人保护公共利益行为的一种报偿,因而,可把本应归社会的公共损害赔偿金的部分给予个人起诉者。而公益诉讼胜诉后个人提起的诉讼,不仅没有对保护公共利益做贡献,而且,这时的个人诉讼是搭公益诉讼的便车,相较于公益诉讼胜诉前个人提起的诉讼不仅举证负担降低(从而诉讼成本降低),

---

① 这种公益诉讼(纯公益诉讼)虽从传统公私法划分意义上讲,由于原告性质不属于"公"的行政主体(行政机关和法律法规授权履行行政职能的组织)而称之为民事诉讼,但从起诉主体、诉讼目的、诉讼利益的归属,以及具体受害者并不参与诉讼过程来看,其更接近于传统的公诉。这种诉讼的产生主要是为弥补公诉机关资源有限,发现违法信息能力有限,以及当前公诉制度本身应对案件类型或性质的局限,从而导致公诉并非有效地威慑该类违法的较优制度而创设的新制度,其实质是准公诉。

且胜诉概率高。加之,经营者已经承担了公益惩罚性赔偿责任,对其违法行为已产生了较强的威慑,这时再对个人提起的惩罚性赔偿予以主张既没有必要,也缺乏合理性。

第三,个人惩罚性赔偿难以实现。一般来讲后续诉讼因举证简单,诉讼成本低,相应地诉讼的人数较多。因此,在承担了公益惩罚性赔偿责任后,如果,因违法者的违法收益、承担责任的能力以及其他因素影响,其公益惩罚性赔偿金的数量不足违法者违法所得的 3 倍,这意味着,只要后续诉讼的个体人数超过总受害者的 33%,个人惩罚性赔偿就难以实现。

二、这两种惩罚性赔偿金如何分配

这一问题涉及公益诉讼胜诉获得的惩罚性赔偿金如何管理的问题,与两种惩罚性赔偿请求可否都予以主张相对应,两种惩罚性赔偿金如何分配也需分两种诉讼请求都予主张与不主张私益惩罚性赔偿两种情况分别处理。

(一)两类惩罚性赔偿都予主张时的分配

这类情况发生于个人提起的惩罚性赔偿之诉先于公共组织提起的惩罚性赔偿之诉,这意味着,在公益惩罚性赔偿之前,违法者已对个别受害者承担了"惩罚性赔偿金",因此,从公正的角度来讲,公共组织胜诉获得的公益性惩罚金要从假定无人提起惩罚性赔偿诉讼时,即纯公益诉讼下应获得的纯公益惩罚性赔偿金减去已经支付给个人的惩罚性赔偿金。

(二)只主张公益惩罚性赔偿金时的分配

这类情况发生于公共组织提起的惩罚性赔偿之诉先于个人提起的惩罚性赔偿之诉,由于该情况下,不主张个人提起惩罚性损害赔偿之诉,因而,不存在两种惩罚性损害赔偿金的分配问题。但在此情况下,消费者在后续诉讼中可提起补偿性损害赔偿之诉。而在现实多数国家制度设计中,为避免讼累,一般规定,公益诉讼胜诉后获得的赔偿归于第三方托管的专门基金,在其后,如有特定消费者起诉获得法院判决支持,可以从这些基金里获偿。①

---

① 2018 年 5 月 9 日,中国消费者协会在北京召开"惩罚性赔偿公益诉讼专家论证会",多数专家建议在我国消费者保护公益诉讼中应建立消费者保护基金,并主张对其后的具体受害消费者在一定期限内提起的诉讼请求,如得到法院支持,可从基金中予以赔偿。参见刘文晖:《惩罚性赔偿能否成为公益诉讼利剑》,载《检察日报》2018 年 5 月 23 日(第 5 版)。

(三)如何看待对公益诉讼前后提起诉讼的受害消费者赔偿的差别对待

这一问题的实质是确定对公益诉讼前后提起诉讼的受害消费者赔偿的差别对待是否公平。对此,笔者认为并不存在不公,这可从贡献与获得,以及付出与得到两方面分析。

第一,从贡献与获得看,先于公益诉讼提起的个人惩罚性损害赔偿之诉,具有一定的威慑违法行为、保护公共利益的功能。而公益诉讼后的个人诉讼,没有威慑违法行为、保护公共利益的功能。因此,从这两种个人诉讼对保护社会公共利益的贡献看,显然公益诉讼之前的个人诉讼大于公益诉讼之后的个人诉讼。因而从贡献与获得相对应的角度,对公益诉讼前的个人惩罚性赔偿金的请求予以主张,而对公益诉讼之后个人提起的后续诉讼的惩罚性赔偿金的请求可不予主张。

第二,从付出与得到看,先于公益诉讼提起的个人惩罚性损害赔偿之诉,一般发生在公共性损害的早期,违法者的损害证据没有充分暴露,因而要举证证明经营者违法,以及自己所受的损害困难较大,胜诉的概率低,诉讼成本高,即诉讼的付出大。公益诉讼往往发生于公共性损害充分暴露之时,而在公益诉讼胜诉后的后续个人诉讼,则不需证明经营者违法,只需证明自己所受损害即可,因而胜诉概率高,诉讼成本低,即诉讼付出小。按付出与得到相对应,对公益诉讼前的个人惩罚性赔偿金的请求予以主张,而对公益诉讼之后个人提起的后续诉讼的惩罚性赔偿金的请求可不予主张。

第八章 秩序理念下经济法实施的价值定位

目前,就实践看,对经济法实施的研究着重于对执法和司法两个方面,由于经济法中的宏观调控法源于行政法,宏观调控法领域的实施仍然遵循行政执法和行政诉讼的方式。虽然出现了一些新制度,但一般被认为是行政法的新发展,其主流观念仍然源自行政法。而经济法中的市场规制法,早期脱胎于民商法,因而,其实施主要沿袭民商法。这从作为经济法典型的反垄断的实施就不难看出,这种思维范式易于固化经济法的执法就是具体的行政执法以及经济法的私人诉讼属于民事诉讼的观念,长此以往将在经济法执法,以及经济法私人诉讼研究上形成对行政执法和民事诉讼范式的"路径依赖",在执法实践中忽视抽象执法,以及在执法模式上忽视协商制执法模式。而在司法实践中往往导致把一个违法行为的诉讼,分割为经济民事诉讼和行政诉讼做两次审理,既增加了当事人和司法机关的诉讼成本,也不利于对经济法这一新式诉讼本质和特性的把握,更不利于建立新型的经济法诉讼制度。

基于此,本章主要借鉴 20 世纪 60—70 年代在西方发生于美国宪法领域的"结构诉讼"和欧美"规制法"①的实施制度所取得的成果,采取比较制度分析方法,在对经济法实施的社会基础、法源根基的分析基础上,对经济法实施的价值予以重新定位,以指导经济法实施制度的模式选择和制度建构。

---

① 对"规制法"目前还没有一个严格的定义,它主要是指兴起于 19 世纪末并于 20 世纪 60—70 年代得以蓬勃发展的、有专门的由专家组成的机构执法的、针对社会共同体认为重要的活动,以及因社会化大生产而产生的具有社会性危险行为而采取的以标准、准入条件等规则施加的持续控制。其内容包括经济规制(如反垄断法等)和社会规制(如食品安全法、环境法、消费者权益保护法等)(参见[美]凯斯·R.桑斯坦:《权力革命之后:重塑规制国》,钟瑞华译,中国人民大学出版社 2008 年版,第 1-10 页、第 51-82 页;[英]安东尼·奥格斯:《规制:法律形式与经济学理论》,骆梅英译,中国人民大学出版社 2008 年版,第 15-28 页)。

第一节　经济法实施的社会基础

　　任何法律制度的建立都受一定的价值观念所指导,因此,经济法实施的价值定位,直接关涉经济法实施制度的机制设计、模式选择和具体制度的建构,是研究经济实施问题最根本的、无法绕过的问题。

　　经济法实施的价值定位不可避免地受经济法本身的性质及其价值目标的影响。前述对经济法产生和发展的历史研究告诉我们,经济法是社会经济秩序保护法,其价值目标无疑是保护社会经济秩序,即使社会经济秩序处于良性的运行状态。然而,何为社会经济秩序的良性运行状态? 运行状态并非一目了然的,这从现代市场经济最为根本的秩序——竞争秩序就可说明。① 何为有效竞争秩序? 不仅与一国社会的市场经济发展状态有关,且与一定时期人们对社会及竞争的认识观念有关。同时,竞争观念不仅与经济现实、社会经济政策相互影响,且与经济观念、政治观念、文化观念交互影响。可见,反垄断法的价值不是静态的,而是随社会经济、政治环境、习惯和文化观念等因素的变化而变化的,②对宏观调控法所意欲实现的良好的经济结构秩序的认知也是如此。这意味着,对经济法实施的价值定位最根本的还在于了解经济法产生的社会经济背景及其观念基础。

　　由于社会是由具有一定的观念、智识和资源要素的个人在一定社会经济环境下,为了更好地生存和发展互动而形成的关系状态,简单地说,就是

---

① 这是由于反垄断法的规定一般都比较概括,正如美国联邦最高法院所言:"《谢尔曼法》如同自由宪章,具有可与宪法条款相比的概括性和适应性。它不做细致入微的规定。"这样,反垄断法就授予法官相当大的自由裁量权,而法官们如何行使自己的自由裁量权在很大程度上取决于由观念所决定的政策偏好。因此,曾任美国总检察长和联邦最高法院大法官的詹姆斯·麦克雷若德(James C. McReynolds)说"没有人能够确切地说出"什么因素决定法官对《谢尔曼法》的解释方法,其解释"很大程度上取决于法官们对于经济的总体看法"[参见 Alexander M. Bickel, Benn C. Schmidt, Jr. ,9 History of the Supreme Cour of the United States 166 (1984)]。

② 有关社会经济现状和政治观念对反垄断法的影响可参见[美]查理斯·R. 基斯特:《美国垄断史——帝国的缔造者和他们的敌人(从杰伊·古尔德到比尔·盖茨)》,傅浩等译,经济科学出版社 2004 年版,第 1-257 页。有关经济学观念对反垄断法的影响可参见[美]欧内斯特·盖尔霍恩、威廉姆·科瓦契奇、斯蒂芬·卡尔金斯:《反垄断法与经济学》,任勇等译,法律出版社 2009 年版,第 14-46 页、第 166-1191 页。综合性的论述可参见[美]戴维 J. 格伯尔:《二十世纪欧洲的法律与竞争》,冯克利、魏志梅译,中国社会科学出版社 2004 年版;吴小丁:《反垄断与经济发展:日本竞争政策研究》,商务印书馆 2006 年版;[日]来生新:《政府与竞争秩序》,载《法律时报》2001 年 73 卷 8 号;郭跃:《美国反垄断法价值取向的历史演变》,载《美国研究》2005 年第 1 期。

社会关系的总和。这意味着,社会既与客观的社会经济因素,如社会生产力、科学技术发展水平及其在生产中的应用状况、社会分工程度、市场的发展水平等有关,又与人的观念、智识、制度等主观要素有关,是"主观见之于客观"①的动态关系体系。因此,对经济法实施的社会基础必须从相对稳定的客观的社会关系和主观的社会观念以及动态的社会历史发展三方面来理解。

一、两种社会关系

从人类社会发展史看,任何社会不论发展程度如何,作为人与人之间关系的总和,以社会关系产生的方式和特性看,社会关系都不外乎两类:外在的随机关系和内在的必然关系。

(一)外在的随机关系

外在的随机关系是指个体日常活动产生的偶尔的外在联系。这种关系有以下特点:第一,关系的意志性与外在随机性。即这种关系主体间没有共同依存的外在体系,是独立的个体为生存和发展之需要而发生的,因而与谁发生,以及是否发生是由主体的意志控制的,因而具有外在随机性。第二,关系主体的确定性。第三,关系的线性直接性。即关系主体间是直接对应关系。第四,单个行为的决定性。即这类关系状态或关系后果是单个行为作用的产物,因而,单个行为在这种关系中具有决定性影响。第五,关系的冲突性。这种关系主体的利益多是此消彼长的,因而关系的主流特性是冲突的。从博弈论讲,主体间的博弈是零和博弈或负和博弈关系。

(二)内在的必然关系

内在的必然关系是指,个体共存于某一环境体系,如自然环境、社会环境,特别是因分工导致市场主体的功能分化与功能互补形成的社会经济环境体系(如市场体系),而形成的相互依存的、内在的必然联系。这种关系有以下特点:第一,关系的非意志性和内在必然性。即这种关系是否发生,以及与谁发生不受主体的意志控制,是处于一定体系内的个体必然会发生的关系。如一旦依法注册成为经营者,就必然与其他从事同类经营活动的

---

① 社会作为"主观见之于客观"的关系体系,一方面,由于人具有智识、理性,因而,对既存的客观关系——因社会生产力发展、科学技术在生产中的应用导致的分工从而产生的交易、合作等关系进行分析,形成共识,并将之理性化为制度指导其活动,即社会关系联系着主观认识;另一方面,它又改造和变革客观关系,联系着客观的社会关系。这样,社会就成为人的主观观念同客观关系的动态融合体。

经营者发生竞争关系。第二,关系主体的开放性与不确定性。受内在必然性影响,这种关系主体是不确定的,这是因为社会关系体系是开放的,因而,不断有新主体进入与退出,从而导致关系主体的变化。第三,关系的网络间接性。这种关系是历史性生成的,不仅当下的参与者影响着这种关系的变化,而且已退出者的活动结果仍影响着这种关系,可以说是众多个体互动形成的关系网络。处于其中的任何个体的行为虽也对直接作用对象(个体)产生影响,但同时也通过影响关系网络间接影响体系中的所有个体。第四,行为影响的结构决定性,即在这类网络关系状态中,关系状态是多种要素共同作用的结果,单个行为只是影响这种网络关系的一个要素,因而,单个行为对这种关系的影响只有放在一定的要素结构中才能说明。第五,关系的和谐性。这种关系主体的功能互补性,决定了它们的相互依存性,以及利益休戚相关性,因而关系的主流是和谐的。从博弈论讲,主体间的博弈多是正和博弈。

(三)两类社会关系的社会意义

这两类社会关系构成了社会的两面性,它们交织共存于所有社会中,是不能截然分开的。不过它们在不同社会和社会的不同历史时期中的权重及其对生活于其中的个人的意义是不同的。从人类社会发展的历史看,一个社会的社会生产力发展水平越高、生产的社会化程度和文明程度越高,内在的有机关系所占的权重就越大,对人的生存和发展的影响也越大。这在近现代社会的发展中表现得尤为明显,从一定意义上可以说,近现代社会历史发展的进程,就是从以外在的随机关系为主导的社会向以内在的必然关系为主导的社会的演变过程。

二、两种社会观念

社会思想史告诉我们,任何社会观念都基于一定的社会现实基础,但社会观念不是社会现实的简单映像,它既可能超越社会现实,也可能滞后于社会现实。因而,社会观念具有多样性和相对的独立性。但从方法论或思维方式讲有两种基本的社会观念:机械的个体主义社会观和有机的整体主义社会观。

(一)机械的个体主义社会观

这种社会观念是一种物理学隐喻,与哲学上的"唯名论"和政治思想上的自由主义观念相对应。从启蒙运动始至 19 世纪中期,经众多大名鼎鼎的自由主义人物的论证,这一观念成为西方社会思想的主流。19 世纪中期以后特别是 20 世纪以来,虽然因生产的社会化,主体之间的关系产生了巨大变化,整体主义观念有所抬头,但个体主义社会观仍是西方社会的主流。

在这一社会观看来,社会只有其名而无其实,不是一个客观存在,而是由完全独立的个人(原子式的个人)组合而成的集合体或复合体,全部社会关系就是独立自由的人与人之间的关系。这种关系犹如物理中的原子之间或一台机器中的零件之间的关系,不仅是机械的,且是平等的。这种关系是具有独立自由意志的个人按自己的意志自由建立的,其典型是契约关系,个人的权利义务仅依个人的意志而产生,这意味着,其产生与否是可以通过人的意志控制的,其效果是可预期的。就像洛克所说:"人类天生都是自由、平等和独立的,如不得本人的同意,不能把任何人置于这种状态之外,使受制于另一个人的政治权力。"①因此,对此种社会关系的研究就可以采取物理学对机械体关系的研究方法来思考。正是在此意义上,这种社会观被称为机械的个体主义社会观。

(二)有机的整体主义社会观

这种社会观念是一种生物学隐喻,与哲学上的"唯实论"和政治思想上的社群主义观念相对应,在思想史上亦自古有之。从古希腊的柏拉图、亚里士多德,到 18 世纪的海德尔、黑格尔,以及 19 世纪以伯克为首的保守主义者、德国的历史主义者,但一直没产生大的社会影响。直到 19 世纪以后孔德创立社会学,有机整体社会观经斯宾塞以及当代的结构主义、功能主义的发展后,成为社会学中重要的观念之一,且对社会科学各领域及社会政治实践产生影响。

这种社会观不仅视社会为一客观实体,而且如同生物体一样是一个有机整体。其中,整体被视为大于其单个部分的总和,并且整体有自己的目的。所有的个人都从属于其所处的社会实体,个人总是自觉或不自觉地从社会获得其生存和发展所需的基本条件,同时各自发挥其功能为这个实体服务。由此观之,社会中的人与人之间的关系,以及人和社会的关系犹如细胞与细胞及细胞与肌体的关系,是有机的相互依存关系,是不受人的意志控制的、内在的、自然生成的关系,在这种关系中,关系主体的利益虽然不能完全否定存有冲突,但主要是功能互补的、和谐的关系。这意味着,人

---

① ［英］洛克:《政府论》下卷,叶启芳、瞿菊农译,商务印书馆 1964 年版,第 59 页。

与人之间及人与社会之间存在着一种自然的、并不依个人意志而设立的权利义务关系。这个实体有一个总的协调者(现代社会一般是组织机构),他们要决定什么有利于社会,以及什么是每个人对社会的责任。因此,对社会可借鉴生物学研究动植物的方法来研究,正是在此意义上,这种社会观被称为有机的整体主义社会观。

(三)两种观念的演变趋势

随着社会发展,人们对社会的两面性及人的两种属性——社会性与个体性的认识的不断深化,使人们日益认识到在个体与社会的关系中社会不是个体的简单集合,个体不只是社会的构成要素,它们是相互制约、相互规定、相互作用、相互依存的。因而,虽然长期以来人们普遍认为,个体主义与整体主义观念处于对立状态,但各自内容都经历了从绝对化到相对化的演变,现今日益呈现相互吸收融合之势。就个体主义来说,就连被西方世界称为"自由主义斗士"的哈耶克,也反对把个人视为孤岛的、极端的、原子式的个体主义,并称之为"伪个体主义"。[①] 而整体主义已趋向于合理的整体主义,[②]承认整体中的个体不是被动的部件,而是具有自己的特性和独立性的。另外,在当今思想界,对于如何解决个人权利(包括人权)与人民主权的关系,哈贝马斯以"交往理性"为基础,提出了"话语民主"(或称"对话民主")理论,试图超越近于自由主义的康德与近于共和主义的卢梭的民主理论缺陷,[③]在个人权利与人民主权之间架起桥梁。可见,从观念上讲,整体主义与个体主义从大的方向来说并非冲突的,而是互补的和逐渐走向融合的。

三、两种社会类型

社会关系的两种类型及其在不同社会和同一社会的不同时期中的权重的不同,不仅对生活于其中的个人的生存和发展的意义不同,而且,影响着社会的主流观念,从而也塑造着社会形态。如果以一定社会中占主导的社会关系类型和社会观念为标准来划分社会形态,近现代以来的社会可分

---

① 参见[英]F. A. 冯·哈耶克:《个人主义与经济秩序》,邓正来译,生活·读书·新知三联书店2003年版,第5-43页。制度经济学家也持有此种观点。对此,可参见[德]柯武刚、史漫飞:《制度经济学》,韩朝华译,商务印书馆2000年版,第70-71页。

② 参见雷兴虎、刘水林:《校正贫富分化的社会法理念及其表现》,载《法学研究》2007年第2期。

③ 参见[德]哈贝马斯:《在事实与规范之间》,童世骏译,生活·读书·新知三联书店,第123-132页。

为机械的个体社会和有机的整体社会。

（一）机械的个体社会

这种社会是由外在的随机关系占主导的社会，在这种社会里，主流的社会观是机械的个体主义社会观。机械的个体主义社会观虽说有些偏颇，但基本上可以说是对这种社会形态的比较真实的写照，即社会是由完全独立的个人（即原子式的个人）组合而成的集合体或复合体，简单地说社会是个人之和。

就人类社会发展史的角度来讲，从启蒙运动到 19 世纪末的社会可以说是个体社会。这是因为，在这一时期，社会生产力有了一定程度的发展，个人的生存与发展对其所处的团体依赖减弱，个体经济独立性增强。加之个人的智识渐渐充实及启蒙运动对人理性的开启，"于是产生个我的自觉，各人不甘局限于狭小的生活圈内，而欲扩大其生活行动范围，以追求自己之兴趣、利益与目的"①，这时个体主义（或原子主义）得以产生。与这种社会观念和社会需要相适应，以个人利益、个人权利为中心的自由资本主义的政治制度和法律制度得以建立和发展。

（二）有机的整体社会

这种社会是以内在的有机关系占主导的社会，在这种社会里，主流的社会观是有机的整体主义社会观。有机的整体主义社会观虽说有些偏颇，但基本上可以说是对这种社会形态的比较真实的写照，即社会是由具有不同功能的个人互动形成的整体，如同生物体一样是一个有机整体。人与人之间的关系，以及人和社会的关系犹如细胞与细胞及细胞与肌体的关系，是有机的相互依存关系，是不受人的意志控制的、内在的、自然生成的关系。

就人类社会发展史的角度讲，19 世纪以来，特别是第二次世界大战后，社会正经历着从机械的个体社会向有机的整体社会转换的过程中，或者说是有机的整体社会的产生与成长过程。这是由于第三次科技革命的发生，科学技术在社会经济领域的广泛应用，现代社会经济生活的社会化程度日益提高。社会化使分工日益细化，不仅使人们之间的相互依赖、相互联系的程度增强，也使个体之于社会整体，休戚相关，至为密切，个人利益的实现高度依赖于其所处的社会。世界现代史说明，在仍存在民族国家的现代国际社会，国家间竞争日益激烈的条件下，国家衰亡，则个人生活地

---

① 韩忠谟:《法学绪论》,中国政法大学出版社 2003 年版,第 153 页。

位亦随之沦落,欲谋个人福利之增进,必以国家民族兴盛为前提,就是对此的实证。同时,现代各国日益兴起的社会经济规制法,对社会、经济秩序的维护,也日益促成有机整体社会的形成。

第二节　经济法实施的法源根基

法是社会问题、社会观念和法学家的认知混合作用的结果。因此,面对经济公共性影响行为带来的社会经济问题,不同的学者因社会观念差异,对行为的社会经济影响的看法就不同,就会提出不同的遏制该行为的法律制度主张,或对相同的经济法规则产生不同的理解。

可见,深刻理解经济法所规范行为的弊害,掌握经济法的属性、法律观念和思维方式,是对经济法实施予以准确的价值定位,建构合理的经济法实施机制、制度模式,以及良好的实施制度的基础。

一、经济法规范行为的社会影响

行为的类型因划分标准不同而不同,以行为作用或影响的社会形态或社会关系类型为标准,人的社会行为可分为私人性影响行为与公共性影响行为。

(一)私人性影响行为

这种行为是以机械的个体社会为行为作用背景的,其社会观念是个体主义。这种社会背景和社会观念及认知范式决定了,人的行为作用的主体是具体的人(自然人和法人),即私人。因而,我们称之为私人性影响行为。基于法律的主要功能在于遏制有害行为,并把其要遏制的行为称为违法或犯罪行为(为论述方便其后简称为违法行为)。因此,笔者把这种违法行为称为私害行为,并从这种违法行为的有害性角度出发说明这种行为的特性。

第一,主体的特定性。这里指受害主体是特定的,即个体性违法行为直接损害了特定主体。这种特定性不仅指受害主体数量是确定的,而且指所有的受害者都能在违法行为发生后感受到所受损害,因而,没有潜在的受害者。

第二,客体的确定性。客体是利益的载体,是行为的作用对象。由于个体性行为是理性的意志行为,受行为人的意志控制,这意味着行为有明确的指向,一般是既存的(如物、人身、精神产品)或必然出现的(如具有确定预期的后果的行为),这些都是静态的利益载体,而不是潜在的、可能的利益载体。因而,损害是大致确定的(没有完全的确定性)。

第三,行为的自然违法性。这种违法行为多数属于"自然违法行为",即行为本质上违背了最一般的正义观念,具有道德上的可责难性,因而,不论何人、何种社会,即使在不同文化和经济价值观的社会中均被认为是一种违法行为。①

第四,损害的行为单向性。由于违法行为指向的客体是静态的,因而,损害可以说是违法行为单向作用的结果,即行为与损害后果具有直接的因果联系。

第五,行为的非连续性与损害的有限性。这种行为多是发生在一定时点的非连续性行为,且行为一旦终止,行为的损害亦随之停止。因而,这种损害不论多大,终究都是有限的。

第六,损害与获益的平衡。由于违法行为指向的是既存的利益,违法行为人从违法中获得的利益与受害人所受损害是此消彼长的,而且,一般来讲违法者从违法行为中获得的利益小于等于受害者的损失,即使违法所得小于受害者所受损失,差距也不大,基本平衡。

第七,损害的可恢复性。受害主体和所受损害的确定性,以及受害的有限性使得个体性行为的损害具有可恢复性。因而,对此行为的矫正可以采取事后责任的方式,其主要的形式之一就是损害赔偿责任。

上述特性说明,这种违法行为对他人的损害是直接的、显而易见的、确定的、必然的,因此,可称为损害性行为,这是目前主流法学理论对违法行为的认知模式。

(二)公共性影响行为

这种行为是以有机的整体社会为行为作用背景的,其社会观念是整体主义。这种行为因作用的对象是社会有机整体(一种动态的、成长的状态),且行为人本身处于其中,这种社会是所有成员依存的共同体,是一种公共物品,是成员公共利益的载体,因而我们称之为公共性影响行为。笔者把这种行为中的违法行为称为公害行为,并从这种违法行为的有害性角度出发说明这种行为的特性。

---

① 参见 C. Wells, *Corporations and Criminal Responsibility*, London: Taylor & Francis, 1993, pp. 7-8.

第一,受害主体的不确定性。即整体性违法行为损害的是有机整体的某一部分——社会关系的子系统,如反垄断法中限制竞争行为对相关市场竞争的损害。而所有的社会系统是一个向所有社会成员——个人开放的、动态的关系体系,因而,受害人(主体)是不确定的,存在潜在的受害者。

第二,受害客体的动态性。由于整体性行为指向行为者自身也处于其中,由许多主体历史地互动中生成的开放的、流变的动态体系中。

第三,行为的"自然违法"与"法定违法"并存。有机性违法行为既有"自然违法行为",也有"法定违法行为",但后者呈不断上涨的趋势。法定违法是指本质上并不违反一般的社会正义或伦理道德,而是因为维护整体秩序的需要而为法律所禁止的行为。① 因而,一种行为是否违法,不仅在不同文化和经济价值观的社会中具有不同的规定,而且,因行为人及其所处的社会境遇不同而不同。

第四,损害的行为结构性。由于有机性行为指向行为者自身也处于其中的,由许多主体历史地互动中生成的开放的、流变的动态体系,这意味着这种体系是一种行为结构状态,违法行为处于行为结构之中,行为是否有害,即是否违法不只与行为本身有关,而且与行为所处的结构体系有关。因而,损害虽与违法行为有关,但不是违法行为单向作用的结果。

第五,行为的连续性与损害的延伸性、无限性。这种行为多是发生在一定时期的连续性行为。加之,受害主体是众多的、不确定的,受害客体是开放的、动态的、成长的关系体系,这意味着这种损害具有延伸效应②、因而,损害具有无限性。

第六,损害与获益的严重失衡性。由于违法行为指向的是开放的有机整体体系,这意味着受害者众多,加之,损害具有延伸性,因而,违法行为人从违法中获得的利益与整个社会所受的损害严重失衡。一般来讲违法者从违法行为中获得的利益,远远少于整个社会所受的损失。

第七,损害的难以恢复性。前述特性使得整体性行为的损害具有难以恢复性。因而,对此种有害行为的防范,最好在其未然之前,即采取事前规制。这不仅是因为,违法行为一旦发生,损害的延伸性使所造损害难以恢

① 参见 C. Wells, *Corporations and Criminal Responsibility*, London: Taylor & Francis, 1993, pp. 7-8.
② 损害的延伸效应是指损害一旦发生,即使违法行为停止了,但损害还在进行或扩散。如当环境污染造成了不可逆转的环境恶化时,即使污染者停止了污染行为,损害也还在继续。再如,限制竞争行为造成的一个后果是竞争秩序破坏后,即使停止了限制竞争行为,这一市场的竞争秩序也不能立即恢复,甚至永远不能恢复,因而,相关竞争者和消费者的利益仍在受损。

复,而且个体经济能力的有限性与损害的无限性,使违法者没有能力承担责任,这意味着,事后的责任没有激励使行为人防范违法行为的发生。①

上述特性说明,这种违法行为是通过对一定的社会关系状体改变,而损害他人的,这意味着对他人的损害是间接的、延伸的,因而是不确定的、或然的、相对的(或可变的)。这种行为属于风险行为,是现代规制法对行为的认知模式,经济法规范的行为就属于这类行为的一种。

二、经济法的属性

基于法所处的社会形态,以及对行为社会影响的不同认知模式,笔者认为现代法可分为两种不同的范式,即个人权利法和社会规制法。

(一)个人权利法

这种法主要解决的是个体之间在外在关系中的利益纷争问题,即利益冲突关系,其主要办法就是明晰个体权利,并用于定分止争。因此,个人利益或个人权利为该法的核心,主要的法律制度都是以个人权利为中心建构起来的,亦正因此,笔者把这种法称为“个人权利法”。个人权利法虽随时代发展而流变,但个人权利法都具有以下共同的法律观念,这种观念亦在近代以来西方发达国家的法律中得到体现。第一,价值取向上的个体主义。基于社会是个人之和的社会观念,以及自然法“人生而平等,具有一切不可剥夺的自然权利”的观念,认为法律规则是人的自然权利在不同时代及不同社会的要求的理性体现,法学家的任务就是探寻这种法律理想,而立法者的任务则是实现这种法律理想。② 这种法律制度就是以个人权利为中心而设计的,这已在近现代法中得到了充分体现。这种法是以保护个人的利益或个人权利为出发点和归宿点的,因此,被称为“个人本位”或“权利本位”法。第二,功能预设上的定分止争。基于对人性的基本假设,认为如无外在约束,任何人都可能损人利己,纷争就不可避免地产生。为防止纷争,人们就依契约建立了国家(社会契约),并制定了法律。这决定了,法的主要功能是通过清楚界定独立的个人之间的权利义务,解决他们之间的利益纷争。第三,运行目的上的恢复补偿。基于自然的就是美好的观念,对个体违法行为所致损害有限性的认知,以及受法的价值取向和功能预设

---

① 参见〔美〕史蒂芬·夏维尔:《损害赔偿责任抑或安全规制》,罗玥译,载〔美〕唐纳德·A.威特曼:《法律经济学文献精选》,苏力等译,法律出版社 2006 年版,第 93-98 页。

② 参见〔法〕莱昂·狄骥:《宪法学教程》,王文利等译,辽海出版社、春风文艺出版社 1999 年版,第 4-5 页。

的指引和约束,法律的运行目的在于对被害人予以补偿,使其恢复到损害没有发生以前的状态。第四,实现方式上的事后责任追究。基于个体行为是意志行为,违法行为的发生具有随机性,加之损害有限,因此,事前防范代价太大,几乎不可能,而采取违法行为发生后追究法律责任的方式更有利于法律功能的发挥以及法律价值和目的的实现。第五,权利保护上的消极被动。人是理性的,但每个人有不同的偏好,因而个人是自己利益的最佳判断者。因而,个人的权利是否受到侵害,是否值得保护只有权利人自己清楚。因而,任何人,即使公共机构在没有法律授权的情况下也没有义务积极维护私人的权利。司法中的只赋予受害者诉讼资格(诉权),以及不诉不理原则及司法保守,就是这种法的消极性的体现。

(二)社会规制法

社会规制法主要解决的是主体间在内在关系中的功能协调问题,即结构合理性问题,其主要办法是告知各类主体的社会责任,以防止风险行为或结构行为造成的社会损害。因此,整体利益或秩序建构为该法的核心,主要的法律制度都是对风险行为和结构性行为的规制。亦正因此,笔者把这种法称为"社会规制法"或"社会责任法"。

社会规制法(制度和观念)兴起于二战后,包括反垄断法、环境法、消费者权益保护法、食品安全法等,可以说法律制度发达,内容繁复多样。从既有的理论及法律制度中包含的观念看,社会规制法都体现着以下基本观点。第一,价值取向上的整体主义。基于社会是由具有一定智识、价值观念和不同功能个体互动形成的,社会是一个有机整体,社会利益并非个人利益之和,而是有其独立的利益——社会整体利益,它被所有成员分享,而不是被个体独占的、非排他的、不可分地享有。在有机整体社会中,社会利益在个人利益谱系中的权重高于私人利益。因而,这种法以保护社会整体利益为出发点和归宿点,被称为"社会本位"。另外,社会整体利益的特性,意味着任何人都自觉或不自觉地从既存的社会整体中获得了好处,按正义原则,理所当然人人就负有维护处身其中的社会关系的责任,因此,这种法也可以说是"社会责任本位"法。第二,功能预设上的规制指引。基于有机整体观念,对人和社会的看法。加之,分工和科学技术在社会经济活动中的广泛应用,任何人不可能对自身行为的风险以及对秩序的影响具有清晰的认识。因而,建立规制机构,利用专家的知识制定标准,对具有风险的行为予以指引是法的主要功能。第三,运行目的上的风险防范与秩序建构。基于对公共性行为所致损害的主客体的不确定性、损害的不可计量性、违法所得与损害(包括对个体与整体的损害)的极端不平衡和补偿的不可行性的认知,以及受法的价值取向和功能预设的指引和约束,规制法律的运行目的在于防范风险行为发生,以及维护或建构理想秩序。第四,实现方式上的事前责任担当。基于有机违法行为损害结果的与行为结构的关联性,加之有机违法行为违法所得与损害(包括对个体与整体的损害)的极端不平衡和补偿的不可行性,必须利用所有主体的力量,使规制机构、社会成员以及行为者,即所有主体承担起与其社会角色相对应的社会责任,即利用事前的积极责任担当更有利于法律功能的发挥以及法律价值和目的的实现,而事后责任处于辅助地位。第五,法益保护上的积极能动。基于对人的理性有限认知,加之,分工和科学技术在社会经济活动中的广泛应用,导致了社会关系的有机性、复杂性,不仅产生了风险行为,而且产生了人们对风险的认知差异。经验证明,专家对风险的认知更具科学合理性,因而,法律作为促成有益社会的行为、防范风险行为的规则,需要建立规制机构并予以授权,以便利用专家的知识,发挥其能动性。当今规制法中大量出现的执法司法化以及在司法中呈现的一定的能动性就是对此的回应。

第三节　经济法实施的价值

经济法实施的价值不仅与经济法的价值取向有关,而且与其实施模式选择有关。目前,从实施的价值取向角度来讲,诉讼有两种不同模式,即对错裁断模式和秩序建构模式。通过对这两种模式的分析并表明经济法实施模式的应当选择,可说是对经济法实施的价值定位。

一、对错裁断模式

这种实施模式是与个体权利法范式相联系的,在以个人权利为中心的法范式中,个体的利益都上升为一定的法律上的权利。因而,利益纷争就是权利冲突,一般表现为一方做了侵犯他人权利的行为。最典型的实施形式就是私人诉讼。在私人诉讼这种实施制度中,裁判形式的经典形式就与两个人同时主张对于同一财产所有权的要求联系在一起的。在这种裁判形式中,"主张权利的两方僵持不下,从而只有诉诸第三方陌生人去解决这一争议。法院在这里被视为无相关利益的第三方,行使司法权作出裁决"①。裁判的目的和价值,就在于分清权利的归属,判定行为的对错,解决权益争议。而在行政执法中,主要就是裁断相对人是否履行了其法定义务,没履行法定义务则为有错,相应地承担法律责任。这种实施模式可从以下几方面来把握。

(一)对错裁断模式的结构构造

利益的二元对抗与主体的三位一体,这种构造根植于个体主义社会观,即社会是个人之和,人与人之间的关系中处于主导地位的是利益冲突关系。因而,这一模式把纷争看作是两个冲突的利益主体之间——个人与个人或个人与社会(国家是社会的代表,行政机关是国家的代理)的对决,就私人诉讼制度看,法官只是在中间充当消极的裁决者,整个诉讼就是由原告、被告和法官三位一体构造而成的。这意味着,在这一模式中真正的利益对抗是二元对抗。其中原告方是受害者、救济受益人和代言人,其功能是发动诉讼。而被告的是错误行为者,其功能是承担救济的花费和不便。就执法看,行政机关是公共利益的代表,执法过程就是裁断相对人行为的对错,错即意味着违法或没履行法定义务,因而,损害了社会公共利益。

(二)对错裁断模式的价值追求

对错裁断模式的价值追求是最有效地解决争端。这一价值追求根植于个体主义人性观,即认为个人是独立的、具有自由意志的理性人。因而,利益冲突或权利争端的双方不存在共同依存的关系体系,即没有公共利益或公共目的,只有个人的利己动机,即追求自己财富的最大化,且每个人是自己利益的最佳判断者。这意味着,从诉讼看,法官主要作为双方争端的仲裁者或观察者而存在,并依赖纷争双方在法律和事实方面的努力表述和对于可能救济的主张,宣布各方的对错即可。因而,从司法看,不必顾及公共价值,只要能够实现争端最小化或双方对裁决满意程度的最大化,法官可以采用任何可能的方法解决纠纷。② 从执法看,执法人员是法律的执行者,并据法律的规定裁断行对人是否违法。

(三)对错裁断模式的目的

对错裁断模式的目的是使受害者恢复到如法律得到遵守时的状况。这一目的根植于个体主义的自然法观念,认为在自然法的作用下,即使没

---

① [美]欧文·费斯:《如法所能》,师帅译,中国政法大学出版社 2008 年版,第 64 页。
② 参见[美]欧文·费斯:《如法所能》,师帅译,中国政法大学出版社 2008 年版,第 66 页。

有法院或是其他公共机构的干预,社会在多数情况下将存在于和谐的自然状态之中。"争议"这一概念本身就暗示着,其是对既存的良好社会关系秩序的扰乱而出现的一种反常现象。因而,裁决的目的和作用只是对被破坏了的事物或秩序的恢复。

(四)对错裁断模式的功能预设

对错裁判模式的实施制度保持消极、独立,这根植于西方近现代以来的个体主义政治传统。因而,这两个功能预设也是这种实施模式的结构构造、价值追求和目的的反映。据此,法院及法官,以及执法机关和执法者在这一模式中扮演的角色是消极的,这从这一模式的价值追求和目的的论述中就可说明。

同时,这一模式的价值追求和结构构造要求立法、司法、执法相隔离,即法院、执法机关应该是独立的。特别是在司法中,法院在法的实施上不属于政府某一构成部分。因为,这一模式暗含了法院形成过程,即由于两个陌生人的纠纷需要另一个陌生人(一个价值中立的具有判定纠纷特定知识的第三者)而产生的,因而,法院应当在庞大的政府机构之外为公众所理解。它同时表明法院的正当性来自它是公民在机构功能和价值(消极地解决争端)确定下的自愿选择,即两个陌生人是自愿将争议提交法院,并接受裁决约束的。现代社会中,同意和机构特定化之间的联系仍然存在,但分化得更加细致。例如富勒(Fuller)试图将裁决的合法性建立在个人参与程序的权利之上,使得意思自治程度更高。①

二、秩序建构模式

这种模式是和社会规制法范式相联系的,在社会规制法范式中,由于社会公共利益在个人利益结构中的权重大于私人利益,因而,社会规制法以保护社会公共利益为中心。这意味着,这种实施形式重要的不是判定具体个人行为的对错,而是认知个体行为对结构关系的影响,再据合理的关系结构要求或理想经济秩序的需要,通过激励公益行为,以及禁止和惩罚公害行为,以建构理想的秩序。

这种实施模式,是基于这样一种认识,即科学技术在社会经济活动中的广泛应用,以及大规模组织的运作,深刻地影响着我们社会生活的质量。它同时预设了如此的确信:除非对于这些特定领域的行为或大规模组织的

---

① Lon L. Fuller, *The Forms and Limits of Adjudication*, 92 Harv. L. R. 1978, pp. 354-356.

现有结构进行规制,否则我们的基本社会价值便无法获得保障。秩序建构性实施模式要求法官、执法者面对拥有特殊力量能影响良好社会秩序,从而可能带来较大社会风险的行为者超越规制法的标准时,通过对其行为的矫正重构社会秩序。对这一诉讼模式可从以下几方面来把握。

(一)秩序建构模式的结构构造

利益的多元互补与多方当事人共同参与,这种构造根植于整体主义社会观。在有机的、网络式的结构关系中,行为的风险可能导致多元损害。因而,在这种诉讼模式中,参与诉讼的不是两方,而是多方当事人。这种多方当事人往往表现在争讼双方是由众多个体构成的群体(如反垄断诉讼中的原告群体包括竞争者、消费者、代表公共利益的反垄断执法机关)或是组织(如反垄断法中的被告中的行业协会、协议限制竞争的众多协议参加者、合并的各个参与者),这些群体和组织内部的各主体是可能就诉讼事项存在分歧的当事方。可见,这种实施中的纷争主体不是二元的。在这种实施制度中,我们发现大量的利益纠纷和围绕实施的对立观点盘根错节,而决定机构从形式上虽说最终只有法院或执法机关,但依法专门成立的代表公益的规制机关对利益纠纷解决的观点,对法院的裁决具有重要影响,有时甚至可以说具有决定性影响。①

在秩序建构实施中,就诉讼制度来说,从原告的角度看,原告一般都按其功能或角色而予以细化,这很大程度上是因为社会实体——作为社会整体利益代表机关的引入。我们时常发现各种公益代言人,比如专设的主管机关或公益诉讼人,它们既不是受害者也不是受益者,它们代表重要的利益以及可能成为受害者或是有可能成为法院行为的受益者的群体。从被告的角度看,应当注意到秩序建构诉讼中对被告的理解包含了对纠纷解决诉讼中把被告理解为"错误行为者"的转向。诉讼的作用不再是对个人的行为是否有过错作出判决或给予惩罚,而是消除行为对秩序损害或潜在损

---

① 在现代规制法中一般都有专设的执法机关,这些机关往往具有准立法、司法和执法功能,因具有专业性,其作出的行政司法裁决日益受到法院裁判的尊重。如反垄断执法机关对一种行为是否违反反垄断法所作出的裁决在不同国家的司法实践中都不同程度地承认其对法院裁判的拘束力。在日本,私人能否对一种侵害行为提起反垄断民事赔偿诉讼,取决于日本公正交易委员会是否裁决此行为违反反垄断法,只有公平交易委员会裁决认为违反反垄断法,私人才可以提起反垄断私人赔偿之诉,否则,就不能提起,这在反垄断诉讼中被学者们称为"行政程序前置"制度。在美国,相关反垄断法虽没有行政程序前置规定,但规定联邦贸易委员会或司法部反托拉斯局作出的违法裁决,可以直接作为违法证据用于私人提起的反垄断的三倍赔偿之诉。

害所产生的社会风险。法院因此可以全面地考虑问题,并将救济的负担或社会责任分配给那些最能够保全秩序的主体。

(二)秩序建构模式的价值追求

秩序建构模式的价值追求是宣示公共价值与社会责任。这一价值追求根植于整体主义社会观和人性观。在有机的整体社会状态中,因社会分工,个人具有不同的社会角色和功能,同时,社会的复杂性和变动不居,以及信息的不对称性使人的理性有限。因而,任何人都不可能完全预知自身行为的后果。这意味着专业执法者及专业法官对行为的社会后果,即行为对社会秩序的影响的了解有一定的优势。

可见,秩序建构实施中法官和执法者绝非冷漠无情,更非忽视公共价值。相反,秩序建构实施是在相对比较抽象和原则化的规制法规范中展开司法或执法的,必须顾及当下社会主流观念对有关行为风险、良好竞争秩序的观点,即司法、执法必须顾及公共价值,法官和执法者所作的任何裁断,都要与规制法对此领域已取得的有关良好秩序的价值相符合,如对一种行为是否违反经济法的裁决必须与有关行为对社会经济秩序影响的主流经济学有关良好的市场秩序和结构秩序的观念相符,这些主流经济学观念构成了秩序建构实施的实质基础。须知,当代规制法的秩序建构实施的社会作用不在于解决争议,而是在整体社会关系或行为结构中,对具有公共性影响行为以一定的标准或条件予以规制,并要求行为人遵守。

(三)秩序建构模式的目的

秩序建构模式的目的在于建构有效和谐的秩序。这一目的根植于整体主义的社会法观念,认为法是社会控制的工具,源于社会经济生活的需要。而社会是具有一定观念和智识的人互动形成的动态关系体系,是复杂的、变化的,因而,社会需要不是显而易见的,而是需要人以其理性通过经验总结来发现的。这意味着,建立相关的公共机构对人类取得的建构和谐社会秩序的规范性共识予以宣示,并要求人们遵守,是建构和谐社会的必要条件。同时意味着,没有法院或是其他公共机构的干预,社会就会失序。"建构"这一概念表达了对于现状是否公正的质疑,本身就暗示着,不仅既有的秩序并非完美,而且秩序一旦被破坏也不可能恢复到先前的状态。因而,秩序存在着不断完善的可能,这意味着,实施的目的和作用不是对旧秩序的恢复,而是创造新秩序。

(四)秩序建构模式的功能预设

秩序建构模式的功能预设是司法能动及立法、司法与行政(执法)相互配合。这两个功能预设也是这一诉讼模式的结构构造、价值追求和目的的反映。

受这一模式的构造及风险行为的可能损害后果影响,在裁判中,法官至少应当考虑风险行为发生的关系结构及其他影响要素,受害人和受益人是否是共生的,并由此产生了判断个人是否属于这一群体的标准。这是由于风险行为构成了对某种共生的关系体系或价值的威胁,那么采取诸如停止行为、赔偿、罚款等针对孤立行为的事后责任方式防止风险发生在此就不适用。对于要求秩序建构救济任务,其复杂性以及困难程度与对错裁断模式完全不同,而法官也具有和消极裁判者完全不同的行为标准。

这一模式的价值追求和结构构造要求立法、司法与行政相互配合,这一模式并不否定法院(司法)是独立的,在法的实施上法院并不属于政府的部分,但同时认为,法是社会需要的产物,并没有脱离社会的自洽的价值,因而,司法作为实现法的价值和目的的手段并不能脱离社会,而在现代社会。立法、司法和行政都是基于社会需要而设立的实现社会公共价值的机构,因而,存在功能互补性。

这一模式暗含了特别法院或特别法庭的形成过程,即分工的细化导致有机整体社会的结构复杂性、行为的社会风险性,因而,不仅需要具备不同专业知识的机构(规制机关)认知不同领域中行为的风险,并提出防范风险的行为标准或规则,还需要一定的机构利用整个社会所有的利益相关者对行为人是否遵守规则作出评判,这个机构就是特别法院。"法院不能被孤立地看待,而应被视为作为政府权力的来源之一的大规模政治体系的组成部分。民主确实使得同意成为权力正当化的理由,但同意不能分别授予单个机构。因为政治同意是整体性的。政府中单个机构的合法性不能来自于其管制的个人,不论是单个的或是整体的意愿表示。其合法性应是建立在其履行特定职能的能力上。"①法院的正当性,以及它们在秩序建构诉讼中行使的权力来自他们履行特定社会司法职能的能力。它同时表明法院的正当性来自它是公民履行社会责任在机构功能和价值确定下的必要选择,即具有社会责任的人,将具有社会风险的行为人的可能没履行社会责任的行为提交法院,并提请法院裁决防止风险的发生。这也是现代社会,为维护社会秩序,在强调公民参与的同时,规制机构和法院的专业分化得更加细致的原因所在。

---

① [美]欧文·费斯:《如法所能》,师帅译,中国政法大学出版社 2008 年版,第 68 页。

第九章　秩序理念下经济法的
协商制实施机制

任何法律制度的建立都有其意欲实现的价值目标,法律价值目标的实现,有赖于法律的实施,如果法律不能得到有效的实施,制定得再好也只是一纸空文,在此意义上可以说,法律的生命在于实施。

目前,对经济法实施制度的研究主要集中于两方面:一是对国外相关经济法律规定的实施制度的译介。二是外借鉴国外实施经验,结合我国现有的行政执法和民事诉讼制度,建构我国经济实施的基本制度,也有少数学者就执法中的特别制度做专门研究。[①] 这些研究对克服我国现行经济法律制度因有关实施制度规定过于原则而难以操作之不足,[②]满足经济法律的实施对具体制度的急迫需要具有重大价值。然而,随着经济法律实施的进一步深化,目前以传统行政执法和民事诉讼为基础建构的实施制度是对抗性的实施制,既不利于反垄断法、消法等经济法律的有效实施,也不利于理解和吸收国外有关经济法律实施所体现出的协商合作新理念和多元主体参与协商的新制度。可见,吸收和借鉴国外经济法实施的新理念和新制度,用以完善我国经济法的实施制度,是今后一段时间内我国经济法的重要课题之一。

虽然,近年来学者们在评介国外经济法律实施制度时已涉及协商制,但多是在研究反垄断法、消法等经济法律的非强制性或非正式执法制度,以及实施中的诉讼外纠纷解决制度(alternative disput resolution,ADR)中零星提及的,很少有学者从决定适用协商性实施制的要素的角度,就经济法律实施中引入协商制的必要性,以及协商实施制在经济法律实施中适

---

① 如王炳:《反垄断法非强制性执法制度与实践研究》,法律出版社 2010 年版;殷继国:《反垄断法执法和解制度》,中国法制出版社 2013 年版。

② 我国《反垄断法》就公共实施虽规定了多元执法机关,但对各机关职权的内容、机关间职权的划分和执法程序缺乏明确规定,对私人依司法方式实施方面仅有第五十条"经营者实施垄断行为,给他人造成损失的,依法承担民事责任"的笼统规定。

应的范围等基本问题进行研究,①本章在吸收诉讼法、行政法有关协商制研究成果的基础上,拟就这些问题进行初步的探讨。

第一节　决定法律实施制度选择的因素

在法律实施制度的历史演变中,产生了不同性质的实施制度,其功能的发挥都有各自相对可欲的条件或因素。选择何种实施制度取决于其意欲实施的法律是否具备某种实施制度功能发挥所需要的条件或因素。

一、对抗性与协商性法律实施制度

目前的法律实施制度,以其性质和假设的不同可分为两种:对抗性实施制度(以下简称对抗性实施制)与协商性实施制度(以下简称协商性实施制)。它们代表了两种不同的解决法律纷争、实现法律价值目标的法律实施制度。

(一)对抗性实施制

对抗性实施制是个体主义性质的,认为所有引发纠纷的行为都是具体个人的行为,其行为是理性的,行为具体的个人,主体间利益是此消彼长的"零和博弈"关系。这种社会观决定了其对人的行为的基本假设是属性的单一性和损害的确定性。属性的单一性是指行为的属性要么错(有害)要么无错(无害),且行为的对错可通过事实(证据)而确定。影响(损害)的确定性是来自行为的影响都可归于对特定人的私人利益的影响,因而,行为损害的主体是特定的,行为损害的客体及其影响损害的程度(量)是确定的。

这种观念和假设决定了,对抗制通常把纠纷看作双方利益冲突的结果。这种冲突的实质是一方的错误行为对对方权利造成侵害,因而,是可以通过双方相互反驳、据理力争而明辨对错,并通过让有错(违法)者承担损害责任来产生威慑作用。可见,这是一种面向过去的、消极的、重在纠正已发生的错误行为,以及对受害者予以救济的制度,是一种具有悠久传统

---

① 就笔者 2015 年前对国内反垄断法研究领域较著名的学者,以及法学类 CSSCI、较好的中文 CSSCI 期刊和国内著名法学院出版的各种以书代刊的文集中的相关论文看,只有郑鹏程教授的《现代反垄断法实施中的协商和解趋势——兼论行政垄断的规制方式》(《法学家》2004 年第 4 期)一篇文章,涉及这一问题。

的法律实施制度。

(二)协商性实施制

相较于对抗性实施制,协商性实施制是社群主义性质的,是以行为属性的混合(对错混合)性和行为影响的不确定性为前提条件的。社群主义认为主体间的利益是相互依赖,存在"零和、负和与正和博弈"关系。这种社会观决定了,人的行为是策略性行为,行为后果是不同主体行为互动的结果,一种行为的影响(损害)不仅与该行为有关,更与该行为作用的"场域"——行为体系有关,因而,行为的利弊(对错)是混合的、相对不分明的,行为的影响(损害)是不确定的。

正因此,协商性实施制通常把纠纷看作主体间就某种行为对利益影响认知不清的结果,并通过利益相关者协商形成共识,以主体拥有相关理性能自觉遵循共识,以及主体间相互监督合作来运作。它是一种新的程序主义,不仅是通过立法对执法和司法制度的形式及其内容构造的改变,更是一种观念的变革。这种新的程序主义强调通过理性对话(沟通)来实现纠纷解决中各种权力与权利以及权利主体间的合作,是一种与对抗制实施完全不同的崭新的实施模式,它强调公共机关(执法机关、法院、调解机构)、专家、利益相关者、当事人等多方的协同合作关系。[①]

二、决定法律实施制度选择的法律因素

这两种实施制度没有绝对的优劣之分,一种法律具体选择哪种实施制度更为合适,显然在很大程度上因法律所规范的行为特性和价值目标(保护的利益)的不同而而异。因而,从与利益关联性的视角分析行为,行为的以下三个属性,是影响一种法律采用对抗性或协商性实施制的主要因素。

(一)单一性与混合性

行为的善恶[②]属性是影响实施制选择的重要因素。以行为结果的利弊为标准,行为可分为善恶分明的单一性行为和善恶皆具的混合性行为。

当法律规范的行为是善恶分明的单一性行为时,该制度可及时制止恶行,减少社会福利的损失,对社会最为有利。而理性人对自身利益追求的本性通常使受害人具有发现有害行为的信息优势,且有及时制止损害的

---

① 参见唐力:《论协商性司法的理论基础》,载《现代法学》2008年第6期。

② 这里的行为善恶不是纯道德意义上的、主观的,而是客观的。其中善行指的是对他人或社会产生利益的有益行为,而恶行,则是指损害他人或社会利益的有害行为。

激励。

当法律规范的是混合性行为时,协商制就具有一定优势。这是因为,混合性行为对他人或社会的影响是利大于弊,还是弊大于利处于不明确状态,而没有对该行为利弊的认知,以及对行为利弊的全面分析权衡难以得出行为是否对社会有害的结论,从而,难以就该行为是否予以禁止或附条件地实施作出正确裁断。因此,只有赋予利益相关者、专家及各种利益代表者广泛参与协商的权利,通过不同主体间的意见和观点交锋、协商沟通,才是有效地认知一种行为利弊的最佳途径,才能合理作出是否禁止或附条件实施该行为的决定。

(二)私人性与公共性

行为影响的利益及其涉及主体的多寡,成为影响实施制度选择的重要因素。以行为影响的是私人利益(简称私益)还是公共利益(简称公益)为标准,行为可分为私人性影响行为和公共性影响行为。

当法律规范的是私人性影响行为时,这种行为影响的特性,以及理性人的本性决定了,一旦这种行为有害,受害人会积极地保护自己的利益,并且受害人拥有发现损害行为的信息优势,采取对抗制有利于及时制止有害行为,因而,对抗制较为相宜。当法律规范的是公共性影响行为时,由于行为的影响具有不确定性,不仅使一些主体难以获得提起诉愿的资格,或难以举证损害的存在,加之,"搭便车"的心理,以及诉讼成本的存在,使一些分散的小额大规模损害①难以通过对抗制得到遏制。因而,利用公共组织,以及给予赋予广泛主体提起诉愿的资格,且给利益相关者提供协商平台,通过沟通形成共识,促成合作,则可有效遏制损害行为,避免零和与负和结果,形成正和关系。可见,这时采取协商制就较为相宜。

(三)物质性与系统性

行为的后果不仅与行为本身有关,也与行为作用的对象或客体属性有关。从行为影响的客体的属性看,客体可分为物质性和系统性。作为法律关系客体的物质性是指利益客体是以物或可物化的利益如行为后果、精神财产等为存在形式的。系统性客体是指以动态的、诸多行为互动生成的,并处于变化中的关系体系或自然系统,如竞争、环境等为存在形式的。据

---

① 分散的小额大规模损害指受害主体分散,每个受害者所受的损害不大(小额),但受害主体众多,因而,对整个社会损害很大(大规模)。

此,可把有害行为可分为物质性损害行为与系统性损害行为。

　　通常,对物质性损害行为引发的纠纷,因物质性客体通常都是私人物品,且其损害主体的确定性、客体的静态性、损害的非扩散性,所以通常是私人性损害行为,且损害多是显而易见的,单一性有害行为,加之损害可以恢复,故而宜采取对抗式实施制,有利于及时遏制有害行为。而对于系统性损害行为引发的纠纷,因客体通常为公共物品,且是动态的,所以这种损害通常是公共性损害行为,损害是不确定的,这种行为往往是有害和有利并存的混合行为,加之损害难以恢复,故而宜采取协商实施制,有利于趋利避害。

第二节　协商性实施制是经济法相对可欲的实施制度

　　在经济法的实施中,选择对抗性还是协商性实施制,或者说哪种实施制相对更为可欲,取决于对经济法所规范行为损害的特性。就经济法的价值目标和规范形式来看,经济法所规制的经济公共性影响经济行为主要有以下三方面特性。

一、经济法规范的行为是混合性行为

　　经济法规范的行为是影响社会经济秩序的行为,就对社会经济具有积极影响的视角看,主要是经营者抽象和准抽象的经营行为,以及政府经济机关抽象和准抽象的干预或规制行为。从世界各国有关经济法的法律、法规的主要内容看,主要是与市场运行秩序有关的公平竞争和交易行为,以及政府经济机关的合理干预和规制行为。就经营者的行为来说,这些行为本属于经营者经营权的行使行为,如运用适当则有利于发挥市场机制的作用,激励创新,降低成本,降低交易费用,促进资源的有效配置,可为社会生产更多的物质财富或提供更多更优的服务,从而使社会福利增加,对社会有益。如果运用不当则会限制竞争,抹杀创新,失去降低成本的激励,造成资源错配,阻碍社会财富的增长,从而使社会福利减少。

　　然而,在现实社会中,经营者的这些行为何谓适当是不确定的,不仅与经营者自身的市场力量、所处市场的结构,以及一国社会经济发展和所处

国际政治经济环境等客观因素有关,①也与人们对竞争的认识,特别是主流经济学观念对竞争的认识有关。② 而政府经济机关干预和规制经济的行为是否适度合理,也与社会经济问题和现时的主流政治经济观念有关。可见,经济法规范的行为不是一种利弊分明的、确定的单一性行为,而是一种利弊并存的、不确定的混合性行为。正因此,经济法对经济公共性影响行为是否违法的判断,多是把行为置于其行为作用的场域中,通过利弊分析比较确定其是否合理,即对其行为的分析采取的原则犹如反垄断法中的合理性原则,③其精髓就是通过对具体案件中行为利弊的权衡,认为弊大于利的行为是违法的,相反利大于弊的行为则是合理的,即不违法。

二、经济法规范的行为是公共性影响行为

经济法保护的是经济运行秩序而不是具体经济活动的参与者,对此,前述各章的论证可以说明。而这一命题实则是笔者在研究反垄断法过程中,从"反垄断法保护的是竞争而不是竞争者"这一被各国公认的现代反垄断法的原则所得的推论。与反垄断法的发展史相似,经济法的全部法律都经历了从起初对个人的保护到对该领域的经济秩序的保护,如《反不正当竞争法》《消法》《广告法》《产品质量法》等市场规制法是对公正的市场交易秩序的保护,而不是对具体交易者(主要是消费者)的保护。需要说明的

---

① 对此,可从反垄断法实践中对合并控制的历史演化中就可看出。以美国为例,二战结束后,其经济、政治力量执世界之牛耳。因此,对合并控制较为严格,1950 年颁布的《塞勒-凯弗维尔法》(Celler-Kefauver Act)强化了《克莱顿法》中关于合并的规则。1962 年,最高法院在"布朗鞋业案"中提出了"早期预防原则",力图在正在形成的早期阶段遏制"具有可能损害竞争趋势"的企业合并,因此,在有的案例中参与合并的各企业合计占有市场份额甚至不超过 10%,也遭到禁止;1973 年石油危机之后,美国经济面临德国、日本等国经济的强烈冲击,对企业合并控制区域有所放松,以至于 20 世纪末出现了美国波音公司与麦道飞机制造公司(1996 年底)、美国国民银行与美洲商业银行(1998 年 4 月)、克莱斯勒与德国奔驰公司(1998 年 5 月)等巨大公司的合并。

② 以反垄断法为例,有关主流经济学观念对反垄断法的影响,可参见[美]欧内斯特·盖尔霍恩等:《反垄断法与经济学》,任勇等译,法律出版社 2009 年版;[美]基斯·N. 希尔顿:《反垄断法:经济学原理和普通法演进》,赵玲译,北京大学出版社 2009 年版。这些书针对反垄断法的主要内容"两禁一控",从经济学理论演变,与判例法的发展关系角度说明了产业组织理论对反垄断法发展的影响。克伍卡、L. J. 怀特的《反托拉斯革命》(林平等译,经济科学出版社 2007 年版)一书,则从每个具体案例中,展现出争论双方的经济观念分歧,以及反垄断裁决中据以作出判决的经济学理论。

③ 这是受反垄断法对行为是否违法判断的影响,我们知道在反垄断法实践中,判断行为是否合法有两个原则,即本身违法原则和合理性原则,但这两个原则的适用范围并非不变的,而是存在着合理性原则适用范围越来越大,本身违法原则适用范围越来越小的趋势(参见刘水林:《反垄断法的挑战——对反垄断法的整体主义解释》,载《法学家》2010 年第 1 期)。

是,对秩序的保护与对消费者的保护并不冲突,因为,保护经济秩序也是对处于秩序中的所有消费者的保护,从另一角度或者说是间接对消费者的保护。而宏观调控法则是对宏观经济结构秩序的保护,而不是对经济行政机关的行政相对人利益的保护。当然,通过对具体相对人的保护,可以促使宏观调控机关更合理地行使调控权,使宏观调控更科学合理,因而,不妨使用对相对人权利的保护以实现保护秩序的目的。对经济法保护目标的这一认知转化目前还没得到主流经济法理论的承认。但依笔者见,这一转化实则已然发生,且是经济法范式的革命。

上述变化,反映在经济法规范的行为是影响社会经济秩序,从而影响社会公共利益的行为。这意味着,只有影响社会经济秩序这一公共物品为客体的公共利益的行为才可能构成经济法规范的行为。亦正因此,在经济法的私人诉讼制度中,以反垄断私人诉讼为例,在最为成熟与发达的美国,在判例法发展中确立了,提起反托拉斯三倍损害赔偿的私人原告,应证明其损害产生与被告行为的反竞争效果。① 也就是说,反垄断法上的损害是因行为具有反竞争性,是对竞争秩序的损害,而不是一般的损害。因而,提起反垄断私人之诉的要件不同于一般民事损害。② 而在欧盟,一种限制竞争的行为如能以公共利益抗辩获得反垄断豁免,不仅应证明该行为带来的利益大于限制竞争的危害,而且所获利益应惠及消费者,即行为符合利益普及原则。③ 同样,我们对消法以及食品安全法等法律中提起的多倍赔偿之诉也可做此理解。

---

① Brunswick Corp. v. Pueblo Bowl-O-Mat, Inc. , 429 U. S 477, 97 S. Ct. 690, 50L. Ed. 2d 701 (1977).
② 在美国,反托拉斯私人原告必须具备三个条件:"(1)他受到损害;(2)这一损害是由某个反托拉斯违法行为造成的;并且(3)这一侵害构成'反托拉斯侵害。'([美]赫伯特·霍温坎普:《联邦反托拉斯政策:竞争法律及其实践》,许光耀等译,法律出版社2009年版,第664页)
③ 这一原则最明显地体现在欧盟的有关法律规定中,如罗马条约第五十八条第三项规定,企业联合对产品之生产或分配之改善,或技术或经济进步之促进有贡献,须确保使用者能公平分享其所导致之利益,始能例外不受同条第一项之处罚。虽然四五——一四八三号命令第五十一条第二款未作这样的规定,但学说及实务皆认为经济进步所带来之效益,不能由企业联合之当事人独享,更须及于整体社会始具实质意义。实践中体现在法国平面玻璃(Verreplat)案中(参见何之迈:《公平交易法专论》,中国政法大学出版社2004年版,第93页)。美国联邦贸易委员会和司法部在1997年修改后的《合并指南》中,也规定合并中的效率抗辩,需"阐明这种效率必须足够高并可以传输给消费者"([美]欧内斯特·盖尔霍恩等:《反垄断法与经济学》,任勇译,法律出版社2009年版,第370页)。

三、影响经济秩序的行为是系统性行为

经济法所保护的是社会经济秩序,而社会经济秩序在现代市场经济条件下是市场主体,以及政府经济机关,即所有经济活动参与主体间互动形成的关系状态,是一种动态系统。因而经济法所规范的行为所造成的影响是对整个社会经济秩序的影响,其对经营者、消费者个人的损害是对经济秩序系统损害传导的结果,是因系统受害而波及处于体系中的人的一种反射性损害。

上述分析说明,经济法中的行为的损害特性与协商性实施制功能发挥所需的相对可欲的法律因素相契合,因而,以协商性实施制为主的实施模式是经济法实施制度的较优选择。

第三节　经济法协商性实施制的适用范围

任何法实施都有四种基本方式,即守法、执法、司法和社会组织的ADR①。经济法也不例外,它们各有其作用和特点,因此,不能仅仅将经济法的实施理解为行政执法和断司法,而应该将经营者和行政主体自觉遵守经济法的情况也包括在内。但由于不同社会主体从既有的法律制度中获得的利益不同,以及不同主体的守法意识存在差异,不是任何当事人都能自觉地遵守法律。这意味着,经济法不可能仅靠当事人的守法而得以完全实施。加之,经济法具有明显国家(政府)干预色彩而必须有国家强制力的介入,在经济法实施中带有国家强制力的行政执法和司法活动就表现得更加突出。因而,经济法实施的协商制的适用范围的重点和难点在于执法和司法。

一、协商性实施制适用于经济法的广义执法

(一)经济法广义执法的实证分析

执法有广义和狭义之分,广义的执法,是指行政执法主体在行政管理的一切活动中遵守和依照法律、法规、规章和规范性文件进行行政管理的

①　这里之所以用社会组织的 ADR(诉讼外纠纷解决制度),是因为执法机关、法院有时也采取 ADR,可视为执法、司法的一部分。而社会组织的 ADR,主要包括仲裁机构的 ADR 和一些专门组织,如消费者保护组织、国际机构的 ADR。

活动,包括采取抽象行政行为所从事的管理活动和采取具体行政行为所从事的活动,即抽象执法和具体执法;狭义的行政执法则指采取具体行政行为所从事的执法。

在经济法执法实践中既包括抽象行政执法,指立法机关授权政府经济执法机关为执法而制定规范性文件,以约束自身和指导相关主体守法的活动。如市场规制法的反垄断法中,美国司法部和联邦贸易委员会联合制定的《合并指南》,我国国务院制定的《关于经营者集中申报标准的规定》;宏观调控法的税法中,我国国家税务总局 2017 年 5 月发布的《涉税专业服务监管办法(试行)》、我国财政部、国家税务总局和科技部于 2017 年 5 月 2 日联合发布的《关于提高科技型中小企业研究开发费用税前加计扣除比例的通知》、2014 年 12 月税务总局与 20 个部门签署的《对重大税收违法案件当事人联合惩戒合作备忘录》等。这种行政执法在反垄断法和税法中实则是反垄断执法机关、税务机关准立法权的行使。同时,也包括具体行政执法,如在市场规制法的反垄断法中,美国联邦贸易委员会和联邦通信委员会分别于 2000 年 12 月 4 日和 2001 年 1 月 19 日有条件批准"美国在线—时代华纳"合并案。我国发改委 2009 年 3 月 18 日禁止可口可乐公司收购中国汇源公司案,国家工商总局 2013 年 2 月对"茅台与五粮液因价格垄断"的处罚案,以及发改委 2011 年 11 月 9 日对"电信联通两巨头涉嫌反垄断"的调查案。在宏观调控法的税法中,从 2014 年《对重大税收违法案件当事人联合惩戒合作备忘录》出台至 2017 年 6 月末,全国各级税务机关累计对外公布税收违法"黑名单"案件 4606 件。[①] 上述国内外反垄断法和税法执法的事实说明经济法的执法是广义的执法。

经济法属于规制法,其执法不能不遵守规制法的一般规则。从 20 世纪 80 年代以来经合组织国家的规制改革看,现代规制的重心可以说是合理性(或科学性),即手段的合目的性。具体讲就是通过制度性保障,在规制决策、执行中引入专家、利益相关者,如规则制定中的透明制、听证制、规制影响分析制,执法中的执法和解制等,从而通过共同协商使规制更合理。力求达到用最低的成本,促进经济效率提高、竞争环境改善,最低要求为规制产生的收益大于其成本。这被称为制定规制所遵循的唯一合理原则,也

---

① 蔡岩红:《全国 4606 件税收违法案上"黑名单""黑名单"企业"修复"信用可撤出》,载《法制日报》2017 年 7 月 17 日(第 6 版)。

是经合组织建议作为指导规制改革,建立"良好规制"的一条关键原则。①
这意味着,在经济法执法中参与协商已形成制度性保障。

(二)经济法广义执法的规范说明

反垄断法的广义执法选择,是由经济法的特点决定的。从立法角度
看,经济法规范经济是影响社会经济秩序的行为,一种动态的复杂的对策
性行为,这决定了在立法上对判断行为是否合法的标准的规定往往比较抽
象、模糊,具有一定程度的不确定性,因而,经济法包含了大量原则性、抽象
性规定。如反垄断法关于市场支配地位的认定,关于垄断协议、滥用市场
支配地位以及滥用行政权力排除、限制竞争的规定具有较强的原则性。从
其规范的内容看,其规范的是经济公共性影响行为,以反垄断法为例,一种
经营行为是否有害,即是否限制竞争,不仅与经济的发展所决定的市场结
构有关,且与执法者对限制竞争行为的认识有关。这决定了反垄断法的执
法具有很强的专业性、复杂性。再如税法对创新的税收优惠规定中,对创
新的认定既需要很强的专业技术知识,也需要结合社会经济发展的趋势和
需要。

经济法的立法特点和内容特性,使得经济法的法条在适用过程中暴露
出操作性相对困难的问题,与传统部门法的法律法规相比,经济法的不确
定性与法律对稳定性的需求的矛盾和张力更加突出。为缓和这一矛盾,就
需要授予执法机关准立法权,制定相关法律、法规的实施细则,这种制定规
则的抽象行为,既是执法行为(抽象执法)的表现,又是有效开展经济法具
体执法的前提条件。② 这决定了经济法的执法应是广义的执法。因此,目
前几乎所有国家的经济法执法机关都被授予了准立法权、准司法权和行政
权,具有"三权合一"的特点。

目前,我国一些经济法执法机关也配置了准立法权和准司法权,加之
本身具有的执法权,使规制机关具有"三权合一"的特点,但有的执法机关

---

① "考虑到规制在社会上的影响,它产生的收益应大于其成本",这样的测试是一个值得推崇的
　　方法,因为它旨在满足"社会最优化"标准的政策。(参见经济合作与发展组织:《规制影响分
　　析:经济合作与发展组织成员国的最佳表现》,第 221 页,1997 年,巴黎)
② 正如国家工商总局竞争执法局负责人 2011 年 11 月在国家工商总局公布《工商行政管理机关
　　禁止垄断协议行为的规定》《工商行政管理机关禁止滥用市场支配地位行为的规定》《工商行
　　政管理机关制止滥用行政权力排除、限制竞争行为的规定》三个配套规章时答记者问所说:
　　"《反垄断法》具有很强的法律性、专业性和复杂性……依据《反垄断法》对相关内容作细化是
　　工商行政管理机关有效开展反垄断执法的前提条件。"参见《国家工商总局竞争执法局负责人
　　就〈反垄断法〉三个配套规章出台答记者问》,国家工商总局网站,http://www. law-lib. com/
　　fzdt/newshtml/21/20110107092043. htm,访问日期 2014-4-11。

实际上不享有准司法权,如反垄断法执法机关,只能算"两权合一"。但鉴于目前我国反垄断法执法机关缺乏准司法权的现实,更主要的是,准司法程序与司法程序差异不大,而其后反垄断司法程序中引入协商制的研究可供准司法借鉴。因而,经济法执法中的协商性制度适用的范围包括行使准立法权的规则制定与行使行政权的执法两方面。

二、协商性实施制适于经济法司法的全过程

协商制司法在由民法演化而来的市场规制法,如消法、反不正当竞争法,以及在由行政法演化而来的财政税法(相应的是"调控税法")中体现得还不明显。只是在较为典型和复杂的反垄断司法中有所表现。但笔者认为这是经济法司法未来发展的趋势,下面就以反垄断司法为例予以说明。

(一)协商制贯穿于司法全过程的实证分析

司法过程包括司法程序的启动(起诉)、法院的审理(庭审)和判决的作出。就发达国家经济法的司法来看,协商制体现于司法的全过程。

1. 程序启动阶段的协商制

程序启动阶段的协商主要体现诉讼主体资格赋予的广泛性,这是协商制的前提基础。美国是目前世界上反垄断诉讼发展最早、制度最为完备的国家,在立法方面,1890 年的《谢尔曼法》第 7 条和 1914 年的《克莱顿法》第 4 条规定:任何因反托拉斯法所禁止的行为而在商业和财产上受到侵害的人,可以提起三倍赔偿之诉。此外,据《克莱顿法》第 4c 之规定,州政府还可以代表其辖区内自然人的利益提出三倍赔偿之诉。在司法实践中,虽然原告资格标准仍没达成共识,有诸如目标领域标准①、利益区域标准②、事

---

① 该标准创始于 Conference of studio v. Loews,Inc 一案,是指如果当事人能够证明其所处的经济领域因某特定行业的竞争行为而受到威胁或损害,那么该当事人即为反垄断私人诉讼的适格原告。参见 Conference of studio v. Loew's,Inc 193 F 2d 51,54(9th Cir .1952),p. 54.

② 该标准创始于 Malamud 一案,是指所指控的垄断违法行为对一方当事人造成了损害,或者所诉求的利益属于宪法和法律保护与规制的范围,那么这种当事人就属于适格的原告。参见 Malamud v. Sinclair Oil Corp,521 f 2d 1142(6th Cir. 1975).

实环境标准①、直接损害标准②等,且为防止滥诉而对主体资格有所限制,但赋予尽可能广泛的相关利益主体(购买者或消费者)③诉讼资格这一主旨并没变化。

私人诉讼在欧盟并"不发达",为了改变这种状态,2002 年欧盟理事会通过了第 1/2003 号条例(又称现代化条例),规定自 2004 年 5 月起在各成员国全面推行反垄断私人诉讼,并规定当自然人或法人因反竞争行为使其合理利益受到了损害或受到了损害的威胁,就有权依据竞争法向成员国法院以及欧盟法院提起私人诉讼。2005 年 12 月 19 日,欧盟委员会还公布了《违反欧共体反托拉斯规则的损害赔偿诉讼绿皮书》(以下简称《绿皮书》),其中对原告资格进行了探讨。2008 年 2 月 4 日,欧盟委员会又公布了《违反欧共体反托拉斯规则的损害赔偿诉讼白皮书》(以下简称《白皮书》),《白皮书》是对《绿皮书》的进一步深化。"欧洲法院在 Courage v. Crehan 一案中判决,任何因反竞争协议或行为受到损失的人都有权要求赔偿损失。"④

德国在 2005 年 6 月对《反限制竞争法》进行了第 7 次修改,这次修改最核心的条款是《反对限制竞争法》第三十三条,该条规定任何受到反竞争行为影响的人都可以提起诉讼。此外,德国的团体诉讼制度也适用于《反限制竞争法》,这进一步扩展了诉讼资格主体的范围。英国 2002 年 11 月 7 日颁布的《企业法案》修正了《1995 年竞争法案》,规定因反竞争行为受到损害的人可以向竞争上诉法庭提起诉讼,而且公平贸易办公室和欧盟委员

---

① 该标准创始人为美国联邦第三巡回法院的加思法官,是指在综合考虑案件中各种复杂的内部和外部事实因素之后,从而最终确定原告是否适格的一种标准。参见 Cromar Co. v. Nuclear Materials & Equipment Corp,543 f 2d 501(3rd Cir. 1976),p. 506.

② 该标准创始于 Illinois Brick v. Illinois 一案,是指在商品交易中,因为直接购买商品而受到垄断违法行为侵害的消费者享有反垄断私人诉讼的起诉资格。而间接购买商品的行为,即受到垄断价格传递损害的其他消费者,均不能作为案件当事人参与诉讼。参见 Illinois Brick v. Illinois,413 U. S. 720,97 S. Ct. 2061(1977).

③ 这主要体现在购买者与尚未成立的企业起诉资格的确立上。在美国,为防止重复赔偿,以及避免确定直接购买者与间接购买者损害的困难,把提起三倍赔偿之诉的资格限于直接购买者,但在提起停止违法行为之诉中并不限制间接购买者(参见文学国等:《反垄断法执行制度研究》,中国社会科学出版社 2011 年版,第 116 页)。另外,美国法院对尚未成立的企业倾向于给予诉讼资格,但只限于后者能比较充分地证明自己已经作出了投入的情形(参见[美]赫伯特·霍温坎普:《联邦反托拉斯政策:竞争法律及其实践》,许光耀等译,法律出版社 2009 年版,第 676 页)。另外,美国对违反反托拉斯法的行为可提起集团诉讼,也丰富了诉讼主体资格。

④ See Karl Wach, Manja Epping, Ute Zinsmeister, Eva Bonacker, Germany, p. 9, http//ec. europa. en/comm. /competition/antitrust/others/actions _ for _ damages/national _ reports/ germany_en. pdf,2006-06-06. 转引自王健:《反垄断法的私人执行》,法律出版社 2008 年版,第 160 页。

会对于违反竞争法的事实的决定对法院的审理有约束力,同时消费者团体可以就反竞争行为向竞争上诉法庭提起代表诉讼。可见,欧盟及其成员国都赋予尽可能广泛的主体诉讼资格。

2.庭审过程中的参与协商制

庭审过程中的参与协商主要表现在参与主体除利益冲突的原被告之外,还有专家、社会组织(行业协会或消费者组织)、反垄断执法机关等主体,这些主体在庭审中以第三人、证人、法庭之友等不同身份介入,对涉嫌垄断的行为提出自己的意见。有关这些主体在诉讼中的规定具有很强的参与协商制意味。

第一,专家证人制度。这是英美法系证据法中的一种制度,在美国的证据法中,有一个著名的规则,即非专家证人不得提供带有"意见"或"结论"性质的证言,而专家证人在诉讼中则可以意见性或结论性的形式来表达对案件中专门问题的看法。反垄断法的专业性,使得在反垄断诉讼中常常使用经济学家作为专家证人,他们对一种行为是否限制竞争的意见,往往成为法官判断行为是否违法的基础。[①] 我国最高人民法院发布施行的反垄断司法解释特别规定,当事人可以聘请具有专门知识的人出庭,对当事人垄断状况、支配地位等情况进行说明,这类似于国外的专家证人。

第二,政府介入制度。这是当私人提起反垄断诉讼后,竞争主管机关如果认为该私人反垄断诉讼可能涉及公共利益或可能对其公共执行造成不良影响时,向法院提出申请要求参与该诉讼程序,并对一些重大问题发表自己独立见解供法庭参考的制度。如在美国的反托拉斯诉讼中,美国司法部向法庭申请介入,这种介入只有当司法部认为涉及某些重要法律问题,而且它希望听到这些法律问题的清晰解释时才愿意行使,此时,它介入的身份是"法庭之友"。德国法律规定,当案件涉及反垄断问题时,德国法院应该通知联邦卡特尔局。如果联邦卡特尔局局长认为此案涉及公共利益,就会任命一个代表人,授权其向法庭提交书面意见,并在法庭审理阶段提交相关论据,同时也可以询问当事人、证人和专家。[②]

第三,法庭之友制度。"法庭之友"是指在诉讼案件中,没有直接涉及

---

① 有关此可参见[美]约翰·M.康纳:《打击全球卡特尔:氨基酸、赖氨酸反垄断诉讼》,载[美]J.E.克伍卡、L.J.怀特《反托拉斯革命:经济学、竞争与政策》,林平、臧旭恒等译,经济科学出版社 2007 年版。该文的作者代表原告的法律公司提供了专家意见。

② 有关执法机关介入的介绍可参见王健:《反垄断法的私人执行》,法律出版社 2008 年版,第 83-85 页。

法律利益的私人或团体,出于向法院说明其对该案件相关法律争议上的意见、澄清立法意旨、理清模糊的法律规定、通知法院关于案件事实的真实情况等目的,主动向法院提出书面报告,以协助法院更公正地作出裁决。其中在反垄断诉讼中,一些专家就是以法庭之友身份提供意见的,上述政府介入中,美国司法部是以"法庭之友"身份介入的。这种制度产生于英美法系国家,也被一些国家和地区在司法实践中借鉴。

3. 判决作出中的协商制

判决作出中的协商主要体现在法官在对行为的纠正方案的作出过程中,纠正方案的形成主要是通过纷争双方、反垄断执法机关以及利益相关者协商形成的,法院予以认定,这在美国政府诉微软案件中得到了充分体现。①

(二)协商制贯穿于司法全过程的规范分析

垄断行为危害性的特点,决定了要保障反垄断司法的合理性、有效性和科学性,协商制应当体现于司法的全过程。

1. 参与协商制要求赋予广泛的主体诉讼资格

这是由两方面的原因决定的。第一,是由限制竞争行为造成损害的特性决定的。依前论述,限制竞争行为是一种以市场体系传导的公共性损害行为。其损害的不仅包括竞争者、消费者,从某种意义上讲其损害的是所有的人,因为,限制了竞争,就失去了创新和降低成本的激励,不仅消灭了产品的多样性,也阻碍了价格的降低,从而不仅使当下的人,也使未来的人失去了自由选择物品的机会和获得廉价物品的好处。因而,从诉讼利益理论讲,应该赋予所有的人诉讼资格,提起公民诉讼。但鉴于竞争的相互性,为防止一些竞争者利用诉讼限制其他经营者的竞争,因而,在赋予尽可能广泛的主体诉讼资格的同时,对诉讼资格作适当限制也是维护竞争所必需。第二,是由反垄断法实施的目的决定的。反垄断法保护的是竞争而不是竞争者,决定了作为反垄断实施制度的反垄断诉讼,主要是建构竞争秩序而不是为了给受害者予以救济,②但这并不意味着对受害者不予以救

---

① 参见丹尼尔·L. 鲁宾费尔德:《垄断地位的维持:美国政府对微软》,载[美]J. E. 克伍卡、L. J. 怀特:《反托拉斯革命——经济学、竞争与政策》,林平、臧旭恒等译,经济科学出版社 2007 年版。该文的作者曾于 1997 年 6 月至 1998 年 12 月在美国担任司法部经济问题副助理检察官,并于 1999 年在司法部对抗微软的案件中担任顾问。

② 有关反垄断诉讼是秩序建构诉讼而不是权利救济诉讼的详细论证,可参见刘水林:《反垄断诉讼的价值定位与制度建构》,载《法学研究》2010 年第 4 期。

济。不过,这里对受害者的救济不是最终目的,主要是作为一种激励机制,通过利用私人掌握的信息,以诉讼遏制垄断行为。因而,为了充分利用社会成员掌握的限制竞争信息,就应当赋予尽可能多的主体诉讼资格,给公民履行维护竞争的社会责任提供一个平台或通道。

2.参与协商制要求在庭审中应当赋予各种利益主体参与并发表意见的权利

这是由两个方面的原因决定的。第一,是弄清事实、作出公正审判之必要。对法官来说,对诉讼中各类证据的分析判断及对证据效力的认定,是作出公正审判的前提,而法官不可能精通各类专门技术和专门知识,在这种情况下,"专家证人所提的证据对陪审团的公正审判有着举足轻重的地位。"①"事实上我们60%的诉讼官司需要参考专家证人的证词,而惟有透过对这些证人的法庭盘问,才能启蒙我们的陪审团,并且帮助他们对于这类证词作出公正的评价。"②反断法的专业性,且对限制竞争行为的认知随经济理论的发展而不断变化,因而,经济学家作为证人或代表某种组织以"法庭之友"参与庭审、提出意见,这对法官弄清事实、作出公正审判尤为必要。第二,是维护社会公共利益的需要。垄断行为的损害不仅涉及原告和被告(控辩)双方的利益,更重要的是涉及社会公共利益,因而,代表社会公共利益的执法机关,以及代表公益的社会组织的参与不仅有利于对公共利益的维护,也可以防止原告与被告通过和解忽视,甚或损害公共利益。

3.参与协商制要求在判决的作出中尊重协商结果

参与协商制要求在判决的作出中,即对限制竞争行为的纠正方案的作出过程中,通过纷争双方、反垄断执法机关以及利益相关者等多方主体协商形成。

这是由于,反垄断诉讼法的实施重点不在于面对过去,对被害人予以救济,而在于建构未来的市场竞争秩序。因而,实施效果主要体现于对涉嫌限制竞争者的行为修正,以期实现未来的有效竞争,而如何修正行为,不仅涉及涉案的利益主体对何种行为有利于有效竞争的看法,更重要的是,通过代表不同利益的组织的专家,以及代表公共利益的反垄断执法机关及有社会责任心的专家的沟通协商,才能达成最为合理的行为修正案。

---

① [美]弗兰西斯·威尔曼:《交叉询问的艺术》,周幸、陈意文译,红旗出版社1999年版,第78页。

② [美]弗兰西斯·威尔曼:《交叉询问的艺术》,周幸、陈意文译,红旗出版社1999年版,第79页。

第十章 秩序理念下经济法的协商制执法

经济法执法制度是经济法实施的主要制度之一,因而,在经济法研究中,部门经济法的出台会引起经济法学研究者的极大关注。从目前的研究来看,在内容上,多数学者把执法局限于具体执法,即把执法仅仅理解为执法机关对具体涉嫌违反经济法的经营行为的查处,而忽视了抽象执法,即执法机关为更好地执法而制定规范性文件,这从学界对反垄断的执法的研究就可说明。① 在研究方法和研究目的上,多采取比较法,通过对国外,特别是发达国家执法制度的比较分析,说明我国执法制度的不足,目的在于提出建立或完善我国反垄断执法制度的建议,而忽视以类型化的研究方法②,把经济法置于保护秩序的规制法类型中,从其他规制法,如环境法、食品安全法等的执法制度中借鉴有益的理念与制度。在思维范式上,多是传统的对抗范式,主要目的在于防止执法权滥用给相对人造成损害,而协商范式相对不足。③ 受这三方面制约,在研究上存在两方面的注重与忽

---

① 在"中国知网中国期刊全文数据库"键入"反垄断执法",对《反垄断法》出台以来有关反垄断执法的论文进行了检索,发现所有相关论文都是有关具体执法的研究,没有一篇文章专门对反垄断执法机关为执行反垄断法而制定规范文件需遵循何种制度予以研究。就笔者阅读过的涉及反垄断执法的专著中,反垄断执法一般也都是指具体执法。

② 任何法律制度总是存在于一定的法律制度体系之中的,而法律体系的构成其实质就是类型结构,包括纵向的效力分类构成的层级结构与横向的功能分类构成的部门结构。因此,类型化方式应是研究法律的基本方法。按此方法,就是把具体的法律制度置于一定的法律体系中,把其归入一定的类型,从纵横两方面来研究。从纵的方面要研究同一上位类型的不同法律制度与上位法的相关制度的互补关系,以及有哪些类似规定。从横的方面就是要研究同一类型的不同法律制度间有哪些制度设计可资借鉴。类型化研究的主要功能和意义在于,不仅可以触类旁通,降低认识的劳动成本,而且可以用以检验属于同一上位类型之下位类型的规定,有无应规定而无规定之漏洞,或者有无应一致而不一致之矛盾的情形。对类型化研究方法的意义及方法的较详细论述可参见黄茂荣:《法学方法与现代税法》,北京大学出版社 2011 年版,第 89-99 页。

③ 当然,也有学者对反垄断实施中的协商制进行了研究,但数量有限,且主要研究具体执法中的协商,通常以执法和解制度为重心。就笔者目前从"中国知网中国期刊全文数据库"搜索所见,反垄断法出台前只有郑鹏程教授的《现代反垄断法实施中的协商和解趋势:兼论行政垄断的规制方式》(《法学家》2004 年第 4 期)一篇文章涉及这一问题。《反垄断法》出台后只有两篇文章,即蒋岩波、张坚:《现代反垄断执法中的协商程序机制》,载《国际贸易》2011 年第 1 期;游钰:《论反垄断执法协商的程序约束》,载《法学评论》2013 年第 4 期。

视:第一,注重对执法制度形式的研究,相对忽视对执法制度建立的理念分析;第二,注重对具体执法制度的研究,而相对忽视对抽象执法制度的研究。

这些研究所意欲建构的执法制度是面向过去的,其价值目标主要在于惩罚违法,维护社会经济秩序只是执法的反射性结果。因而,既有研究拟建构的经济法执法制度,并不是与经济法价值相符的实施制度。

基于此,笔者拟遵循"执法的价值定位决定着执法的模式选择,从而决定着其制度的内容构造、内容重心和具体制度设计"这一思维逻辑来展开探究。首先,把经济法执法的价值定位于建构社会经济秩序而非惩罚违法行为。其次,论证经济法执法是广义的执法,包括具体执法与抽象执法两个方面,且其重点在于抽象执法。最后,以反垄断法为例,采取实证和类型化分析方法,以参与协商的范式对经济法执法的制度构造及所含的法理予以述说。

第一节　经济法执法的价值定位和模式选择

经济法执法制度作为经济法实施的重要制度之一,其价值定位不可避免地受经济法的价值定位的影响。而经济法的价值是由其属性决定的,因此,分析经济法的属性或法律类型,理解其价值定位,才能对经济法执法的价值予以较准确定位,这是确定经济法执法内容构成的前提。

一、经济法属于规制法

对法律的类型可以按不同的标准分类,而就法的实施制度的设计需要讲,以法规范的行为及其影响的利益性质为标准尤为必要。

(一)决定规则选择的因素

以法律防止有害行为的方式为标准,可把法律分为事后责任法和事前规制法。为防止有害行为,迄今的法律发展出了两类规则,即事后责任规则和事前规制规则,据此,我们把前一类法律规则称为事后责任法,这是一种以个人权利为中心的进路,主要通过受害者事后诉讼,追究加害者的责任,来遏制违法行为。把后一类法律称为事前规制法,这是一种以人的社会责任为中心的进路,主要通过禁令、附加条件等限制有害行为,目的在于预防有害行为的发生。这两种规则没有绝对的优劣之分,各有其适用的条件。其中,有四个因素影响规则选择:第一,行为者与规制机关对行为损害拥有的信息;第二,行为者是否具有承担责任的能力;第三,加害行为承担责任的可能性及责任的轻重;第四,行政成本。一般来讲,行为者掌握的行为损害的信息不及规制机关,行为者缺乏承担损害责任的能力,行为者受惩罚的概率小(主要由举证难、存在一果多因致使因果关系不清、受害者多但每个受害者损害小使胜诉收益小于诉讼成本等因素所致),且责任量不大(多数责任只是补偿而非惩罚)、执法成本较低时,事前规制为优,反之事后责任为优。[①]

(二)经济公共性行为违法的有害性特征

经济法规范的经济性行为一旦有害,其损害的是社会经济秩序,而社会经济秩序是一种公共物品,这意味着其损害的利益是公益。因而,经济法的违法行为是一种公害行为。其损害具有以下特征:第一,损害的不确定性,包括受害主体的不特定性,以及与之相应的损害量的不确定,难以计量。第二,损害的扩散性,由于竞争是一个动态的、持续变化的市场关系状态,因而,损害会随着市场系统而扩散。第三,对损害的认知存在分歧,即加害主体、被害主体和专家对这种损害的认知不同。第四,损害难以救济。垄断行为的特征决定了对其规范,宜以事前规制规则为主导。

可见,经济法是以规制规则为主导的法,属于规制法。[②] 这意味着,经济法的价值在于防止经济公害行为,以及激励经济公益行为(有利于创造和维护社会经济秩序,从而增加公共利益的行为),维护社会公共利益,而经济公共利益在经济法中的载体就是社会经济秩序本身,相应地,作为其实施中执法制度的价值就应是维护和建构社会经济秩序。

二、协商制是经济法执法的模式选择

经济法执法的价值不仅受制于经济法的价值,且表现在其执法模式中。目前,从执法的价值取向角度讲,执法有两种不同模式,即违法惩处模式和秩序建构模式。通过对这两种模式的分析并表明经济法执法模式的应然选择,就可彰明经济法执法的价值定位。

[①] 详细的论述参见[美]史蒂芬·夏维尔:《损害赔偿责任抑或安全规制》,罗玥译,载[美]唐纳德·A.威特曼:《法律经济学文献精选》,苏力等译,法律出版社 2006 年版,第 93 页。

[②] 这是笔者研究反垄断法的推论,通过反垄断法研究不难看出,垄断行为损害具备了所有公害行为的特点,其损害是公害,因而,反垄断法属于规制法。对此的详细论述可参见刘水林:《反垄断诉讼的价值定位与制度建构》,载《法学研究》2010 年第 4 期。

（一）对抗制：管控惩处模式

这种执法模式是以执法机关对什么是社会所意欲的秩序，以及相对人对自身的社会责任具有正确的认知为假设的。是与个人权利为中心的法范式相联系的，这种范式认为利益纷争除个体间的权利冲突外，还有个人与社会利益冲突，通常表现为私权利与公权力的冲突。最典型的形式就是个人没有履行公共义务而直接或间接对公共物品造成的损害，可以说这种执法形式的经典形式就与个人对公共物品的损害相联系的，如对道路、环境、竞争的损害。在这种执法形式中，执法机关据行为人是否具有法律义务，是否履行法律义务，以及是否有过错等，单方面裁断是否对行为人处罚。对这一执法模式可从以下两方面来把握。

1. 对抗制模式的结构构造

利益的二元对抗与主体的公私对立，这种构造根植于个体主义社会观，这一模式把执法看作是两种冲突的利益主体之间——个人与执法机关的对决，整个执法就是执法机关与违法嫌疑人互动构造而成。这意味着，在这一模式中真正的利益对抗是公私对抗。其典型形式就是，执法机关是公益的代理人，其功能是发动执法，并作出裁断，而相对人是违法者，是错误行为者，其功能是配合执法，并承担惩罚（违法责任）。

2. 对抗制模式的价值或目的

裁断违法嫌疑人是否违法，最有效地惩处违法者，制止违法行为，这一价值目标根植于个体主义观念对行为单效性的认知，以及对个人和公务员的二重理性假设，即个人是独立的，具有自由意志的理性人，其行为动机是实现自身利益最大化，而公务人员的行为动机是保护社会公共利益。[①] 理性人的动机决定了个人往往会为私益而侵害公益，因而，法律（公法）的目的就是对侵害公益的行为予以禁止，这种法律目的决定了执法的价值就是通过惩罚而制止违法。

（二）协商制：秩序建构模式

这种执法模式是和规制法范式相联系的，在规制法范式中，由于社会公共利益在人利益结构中的权重大于私人利益，因而，规制法以保护社会公共利益为中心。社会公共利益都体现在一定的公共物品上，特别是行为

---

① 在 20 世纪 80 年代公共选择学派被主流经济学接受以前，西方政治学和经济学通常对公务人员和经济活动主体采取不同的假设。对经济主体甚至一般个人采取的是理性人假设或自私的理性假设，认为人的行为动机是追求自身利益最大化；而对公务员则采取社会理性或公共理性假设，即追求公共利益最大化。

互动形成的关系状态——秩序这种公共物品上。这意味着,这种执法形式重要的不是判定行为对错,而是认知个体行为对公共物品的影响,以及理想秩序保护的需要,对行为采取激励或惩处,以建构理想的秩序。而何为理想的秩序,涉及多方利益,因而,只有通过利益相关者参与协商,达成共识才能确定何为最合理的秩序。

这种执法,是基于这样一种认识:科学技术在社会经济活动中的广泛应用、大规模组织的运作,以及发达社会分工产生的有机连带关系,使现代社会的行为多为双效行为。它同时预设了这样的确信:除非对于这些特定领域的行为或大规模组织的现有结构进行规制,否则我们的基本社会价值便无法获得保障。秩序建构执法就是当执法者面对拥有特殊力量、能影响良好的社会秩序的行为人,且其不当行为可能损害秩序的良好运行时,通过对这种行为的矫正维护或重构社会秩序。对这一执法模式可从以下两方面来把握。

1.秩序建构模式的结构构造

利益的多元互补与多方当事人共同参与这种构造根植于"共同体主义"的整体主义社会观,在有机的、网络式的结构关系中,行为的风险可能导致多元性损害。在这种执法模式中,执法不是仅涉及两方,而是涉及多方当事人,即执法机关、涉嫌违法者以及受违法行为损害的不确定的受害者(如反垄断法、反不正当竞争法中的竞争者、消费者)。因此,这种诉讼中的利益分歧不是二元的。在这种执法中,我们发现大量的利益纠纷和围绕实施的对立观点盘根错节,而决定机构从形式上说最终只有执法机关,但涉嫌违法者的辩解、专家和相关利益团体的观点,对执法机关的裁定也具有重要影响。

2.秩序建构模式的目的

建构有效和谐的社会经济秩序这一目的根植于"共同体主义"的整体主义法观念,认为法是社会控制的工具,源于社会经济生活的需要。而社会需要并非显而易见的,是需要人以其理性通过经验总结来发现的。这意味着,建立相关的公共机构对人类取得的规范性共识予以宣示,并要求人们遵守,是建构和谐社会经济秩序的必要条件。"建构"这一概念表达了对既有社会经济秩序以及自发秩序是否是最好秩序的质疑,本身就暗示着,不仅既有社会经济秩序以及自发秩序并非完美,而且社会经济秩序一旦被破坏也不可能恢复到先前的状态。因而,社会经济秩序存在着不断完善的可能,这意味着,经济法执法的目的和作用不是对旧的社会经济秩序的恢复,而是创造新的良好的社会经济秩序。

(三)经济法协商制执法的认识基础与基本问题

1. 经济协商制执法的认识基础

上述两种执法模式产生的观念基础和特性说明,经济法作为现代规制法的属性决定了经济法应选择秩序建构执法,秩序建构名称本身就昭明了经济执法的价值不在于惩处违法行为,而在于建构社会经济秩序。这种执法模式的选择基于以下两种认识。第一,它建立在深刻意识到对现代市场经济最大的威胁并非来自经营者对具体个人经济利益的侵害,而是来自大规模经济组织,以及现代国家的相关政府职能部门的不当干预行为(特别是抽象执法不合理)对社会经济秩序的破坏而引发的对不特定主体的公害。第二,选择这一新兴执法模式的另一认识基础在于,经济公共性影响行为的风险产生于对产业结构、区域结构体系或公正的交易秩序的破坏,是一种系统性风险。因而,除非消解经济公共性影响行为对产业结构、区域结构以及市场交易秩序的不良影响,否则经济公共性影响行为风险的威胁永远不会消失。面对这种新的秩序重构诉求,传统执法的停止违法行为、罚款等惩罚手段,只是不让经营者为恶,而无法使其为善,无法真正解决经济运行秩序问题,因而,需要新的综合手段。

2. 经济法协商执法的基本问题

这种笔者称之为"秩序建构"的新型执法形式标志着现代规制法对现代社会和裁决作用的认知上的重要发展。然而这一新的执法模式还存在很多问题,概括起来有以下两个。

第一,执法的内容构成及重点问题。秩序建构执法明显与目前主流观念把执法主要看作单方行使执法权,对具体违法行为的查处问题的观点相异。加之,社会经济运行变动不居,对何为良好的社会经济秩序的认知也在不断变化,因而,当立法者认知有限,需要借助执法者的专业知识,而授权其制定规则时,社会经济秩序的建构对于执法而言是否限于具体执法?以及具体执法是否是执法的重点? 这是我们不得不思考的问题。

第二,它的工具主义。简单地说,此处是关于如何进行社会经济秩序建构,特别是如何通过构造经济法的执法制度促使经济法的有效实施,从而落实社会经济秩序建构的问题。

第二节　经济法执法的内容结构及特性

厘清经济法执法的含义与内容构成,以及不同执法形式的特性和功能是研究经济法协商制执法的前提,下面在对经济法执法的含义和内容构成进行界定的基础上,结合不同执法形式的特性与功能对经济法的执法制度的结构特性予以说明。

一、经济法执法的含义与内容构成

对部门法执法的含义的确定是确定其内容构成,从而建构起制度模式和具体制度构造的关键。

(一)经济法执法的含义和类型

以作为经济法典型代表的反垄断法的执法为例,从世界各国的反垄断执法看,反垄断执法是依反垄断法专门设立的反垄断执法机关或反垄断法授权而具有反垄断执法权的行政机关①及其公职人员,依照法定职权和程序行使反垄断执法权,贯彻实施反垄断法的行为。反垄断执法有广义和狭义之分,广义的反垄断执法,是指反垄断执法机关遵守和依照反垄断法律、法规、规章和规范性文件进行反垄断执法的活动,包括采取抽象行政行为所从事的执法活动和采取具体行政行为所从事的执法活动,即抽象执法和具体执法;狭义的反垄断执法仅指采取具体行政行为所从事的执法活动。

(二)经济法执法的内容构成

抽象执法就是执法机关以抽象行政行为针对不特定相对人实施的行政行为,其形式就是制定行政规范性文件,包括行政立法、决定、命令等。以反垄断法的执法为例,在反垄断执法中,如美国司法部和联邦贸易委员会联合制定的《合并指南》;我国由相关反垄断执法机关为实施反垄断法而制定的规章(名称一般称"规定"、"办法"或者"实施细则"),如我国商务部2014年6月制定的《关于经营者集中申报的指导意见》。这种执法行为,实则是反垄断执法机关准立法权的行使。

具体执法就是指执法机关针对特定的对象,就特定的事项所作出的处

---

① 依法设立的机关如美国依《联邦贸易委员会法》设立的联邦贸易委员会、日本依《禁止私人垄断与公正交易法》设立的公正交易委员会。授权机关如世界许多国家授予电信、电力等监管机关对该领域的限制竞争行为享有执法权。

理,这意味着狭义的行政执法就是指法律、法规所规定的行政执法主体,把法律、法规和规范性文件的规定适用于具体对象或案件的活动中。在反垄断执法中,如国家工商总局 2013 年 2 月对"茅台与五粮液实施价格垄断"的处罚案,就属于狭义的行政执法。上述国内外反垄断执法的事实说明反垄断执法是广义的行政执法,其他经济法与反垄断法的执法类似。

同时,选择广义的执法也是由经济法的特点决定的。从立法角度看,经济法多是对经济政策的法律化,包含了大量原则性、抽象性规定。[①] 从其规范的内容看,其规范的是影响社会经济秩序的经营行为——多是抽象的经营行为,而一种经营行为是否影响了社会经济秩序,不仅与客观的经济结构和市场结构有关,且与主观的对良好经济结构和市场秩序的认识有关。这决定了经济法执法具有很强的专业性、复杂性。经济法的立法和内容特性,使得经济法的法条在适用过程中暴露出操作性相对困难的问题,与其他法律法规相比,经济法的不确定性与法律对稳定性的需求的矛盾和张力更加突出。为缓和这一矛盾,就需要授权执法机关准立法权,制定实施细则,这种制定规则的抽象行为,既是执法行为的表现,又是有效开展经济法具体执法的前提条件。[②]

从上述论证看,不论是各国经济法执法的现实,还是经济法本身的特点和需要,经济法的执法都应是广义的执法。

二、经济法执法的结构特性

一种法律执法的结构特性主要是由具体执法与抽象执法在其执法中的地位决定的,而这两种执法在整个执法中的地位并不能先验地决定,也不是恒定不变的。除受其所执行的法本身的特性影响外,主要受社会发展引起的行政内容结构重心的变化,以及行政危害性的变化的影响。

[①] 以反垄断法为例,反垄断法体现了一种国家的竞争政策。由于反垄断法规范的竞争行为是一种动态的复杂的对策性行为,这决定了在立法上对判断行为是否合法的反垄断法的规定比较抽象、模糊,具有一定程度的不确定性,因而,其规定就相对原则、抽象。

[②] 这从反垄断法的执法中不难看出,对此,如国家工商总局竞争执法局负责人 2011 年 11 月在国家工商总局公布《工商行政管理机关禁止垄断协议行为的规定》《工商行政管理机关禁止滥用市场支配地位行为的规定》《工商行政管理机关制止滥用行政权力排除、限制竞争行为的规定》三个配套规章时答记者问所说:"《反垄断法》具有很强的法律性、专业性和复杂性……依据《反垄断法》对相关内容作细化是工商行政管理机关有效开展反垄断执法的前提条件。"《国家工商总局竞争执法局负责人就〈反垄断法〉三个配套规章出台答记者问》,国家工商总局网站,http://www.law-lib.com/fzdt/newshtml/21/20110107092043.htm,访问日期 2014-4-11。

(一)行政内容结构重心的变化

行政内容的结构主要可从两方面来看:一是行政目的实现的流程及功能。行政内容主要由决策和执行构成,与此对应,行政权主要分为决策权与执行权。二是行政的领域及职能,现代政府行政一般都包括三个领域,具有三种职能,即政治职能、经济职能和社会职能。这两方面内容结构中的各构成部分的地位并不是恒定不变的,而是随社会发展不断变化的。

第一,从行政目的实现的流程及功能看。19世纪末以前,行政较为简单,行政的内容主要是执行。19世纪以来,特别是20世纪70年代后期以来,行政任务日益复杂,行政决策重要影响凸现。西方发达国家为了提高行政效率、改进政府服务质量、发展政府责任和提高政府绩效,推行了新公共管理运动,其采取的一项重要措施就是在政府公共管理中实行决策与执行分离,设立决策机构与执行机构,且决策机构在行政级别上比执行机构高。决策具体表现为规则、规划、标准、政策等的制定,即产生了规制行政。

第二,从行政的领域及行政的职能看。19世纪末期以前的社会,"自由市场"和"最小国家"的社会信条,决定了政府职能的重心在于政治职能,而经济和社会职能非常有限。19世纪末以来,特别是二战后各国的政府职能体系中,政治职能逐渐弱化,而保持经济发展和提供社会服务的职能趋于加强,经济职能和社会职能不断扩张。由于,社会经济目标的复杂性、专业性,加之影响目标实现的社会经济因素的变动不居性,使原本主要属于立法机关的决策权,不得不部分转移至具有专业性的行政机关,让它们相互制定补充性的规则,以实现立法目的,于是产生了"规制国家",[①]行政从一般行政转向规制行政。

从规制行政职能看,具体表现为准立法、司法、准执法职能,与此对应,即拥有准立法权、准司法权和执法权。由于"立法者制定法律和法官判案,都必须进行决策"[②],因而,规制行政可以说是以决策为重心的行政,或者说是以抽象行政为重心的行政。

(二)行政危害性的变化

行政的危害性是因行政行为的形式,以及行政损害的利益属性的变化

---

① 这从西方学者的论著中就可说明,如G.马佐尼:《规制国家在欧洲的兴起》,载《西欧政治》第17卷,1994年;M.洛克林、C.斯科特:《规制国家》,载P.邓拉维等:《英国政治的发展》第5卷(伦敦:麦克米兰),1997年;凯斯·R.桑斯坦:《权利革命之后:重塑规制国》,钟瑞华译,中国人民大学出版社2008年出版。

② [美]约翰·罗尔斯:《万民法:公共理性观念新论》,李晓辉等译,吉林人民出版社2011年版,第136页。

而变化的。对行政危害性的变化可从损害的利益属性和不同行政行为造成损害的主要成因两方面来分析。

第一，从损害的利益属性看。随着行政内容构成的变化，行政损害经历着从私益损害到公益损害的变化。上述分析说明，19 世纪末以前的行政行为主要是执行，属于具体行政行为。具体行政行为的特性决定了，其受害主体是特定的、具体的相对人，其损害的利益是特定的、可计量的，因而，其损害的主要是私益。19 世纪末以来，特别是 20 世纪中期第三次科技革命以后，行政决策这种抽象行政行为，以及行政裁决这种准抽象行政行为①是规制行政的主要行为。抽象行政行为的特性，加上现代社会发达媒体所产生的极强的社会传导效应，致使行政决策或裁决一旦出错，其受害的主体是不特定的、不可计量的、不可排他的。因而，规制行政损害的多属公益。

第二，从不同行政行为所致损害的成因看。行政的主要危害经历着从滥用损害到不合理损害的变化。前述分析说明，19 世纪末期以前，由于行政所应对的事务相对简单，行政机关及公务员对其行政行为的利弊具有较清楚的认识，因而，行政行为的危害性主要体现在行政机关或公务人员对行政权的滥用或越权行政造成的损害。19 世纪末以来，特别是 20 世纪中期第三次科技革命以后，随着规制国、福利国的出现，政府职能发生转化，行政的内容趋于复杂、多样、专业化。这时行政决策与执行分离，而且行政决策在行政中的重要性远超越行政执行。这意味着，抽象的行政行为的影响日益重要。加之，行政所应对的事务复杂，行政机关及公务人员对其行政行为的利弊，不经专业分析难以明了。而行政决策一旦出错，损失即非常严重。可见，这时行政行为的危害主要是行政行为的不科学合理。因而，规制行政主要是防止抽象行政决策不合理。

以上分析说明，现代行政主要是规制行政，而规制行政的内容主要是抽象行政，加之，抽象行政造成的危害是公害，公害的特性决定规制行政的执法重心是抽象执法。而反垄断法作为规制法的一种，决定了其执法的重心是抽象执法。

---

① 在行政法理论中，一般认为行政裁决是具体行政行为，但现代规制机关以准司法权作出裁决，具有先例作用，对以后规制机关的裁决及被规制者的行为具有一定的普遍拘束力，因而具有准抽象行政行为的意味。

第三节　经济法协商制执法的制度构造

执法的内容构成及不同执法形式潜在的不足,以及经济法的特性决定了经济法协商制执法需要两方面的制度,即具体执法制度与抽象执法制度。由于目前学术界对具体执法制度做了大量研究,其中亦涉及协商制,因而本部分就具体执法中协商制体现形式做简单介绍,就抽象执法中的协商制予以详细论述。

一、经济法具体执法中的协商制

我国学者对经济法执法的制度研究,主要是对具体部门和经济法执法制度的研究,主要体现于反垄断执法研究中。对此,目前有学者认为,现代反垄断法实施中出现了执行协商和解趋势。① 就其所研究的制度形式看,一般认为有美国的执行和解制度,以及欧洲国家的接受承诺制度,我国《反垄断法》第四十五条中规定的经营者承诺就是借鉴欧洲国家而建立的。也就是说,反垄断执法中的协商制有两类制度模式。

(一)保障协商进程透明性的制度

公开、透明是反垄断执法协商活动的前提和基础,因此,保持协商进程透明性的制度是反垄断执法协商制度的最基本内容。透明性应当贯穿于反垄断协商执法活动的各个阶段。

1.协商执法启动程序的透明性制度

这一制度要求,在具体垄断案件中,表现为反垄断执法协商程序一旦启动,反垄断执法机构应当以适当方式公布,使举报人、利益相关者、社会公众及时了解相关信息。

2.协商执法内容的透明性制度

垄断案件的处置事关各方利益,还关系到反垄断法基本目标——维护竞争本身的实现,因此,反垄断执法协商的内容特别是拟采取的和解措施应当公开,以利于利益相关者和社会公众了解、参与和监督。从国外反垄断执法的有关规定和实践看,美国、欧盟等国家和地区都确立了强制性的协商内容披露程序。

---

① 参见蒋岩波、张坚:《现代反垄断法中的协商程序机制》,载《国际贸易》2011 年第 1 期;游钰:《论反垄断执法协商的程序约束》,载《法学评论》2013 年第 4 期。

3.协商执法结果的透明性制度

反垄断协商执法是否最终达成和解协议、具体和解方案是否得到履行、是否终结和解程序或重启执法程序等相关信息应当通过一定的方式予以公开。这样，利益相关者和社会公众可以了解相关案件的进展，可以减少或消除社会公众对协商执法公正性的质疑，从而充分发挥反垄断协商执法的积极作用。

(二)保障充分参与协商的制度

反垄断执法协商牵涉到反垄断执法机构、相对人、利益相关者、社会公众等诸多利益主体，相关主体均应有权以适当方式在反垄断执法中参与协商，使执法兼顾各方利益。

由于反垄断执法机构、相对人、利益相关者和社会公众在地位、权力，以及从执法中获得的利益等方面存在巨大差别，因此，在对反垄断协商执法进行程序约束的过程中，不仅需要着重保障相对人充分参与协商，且需要激励利益相关者和社会公众积极参与协商。这对于反垄断协商执法兼顾各方利益及公共利益，防止执法协商背离反垄断法实施的目标具有重要意义。正因此，利益相关者，特别是社会公众的参与受到相当大的重视。例如，在美国，不论是司法部反托拉斯局的同意判决，还是联邦贸易委员会的同意命令，都规定须经利益相关者及社会公众对此提出建议、意见或评论。

(三)保障协商协议纷争有效解决的制度

反垄断协商制执法所形成的协议虽是各方主体参与协商的结果，但因社会经济条件变化，有关主体对协议的继续履行提出异议，进而主张变更或者废除和解协议，从而形成纷争。对此，当前主要有两种纷争解决模式，即司法模式与执法模式。美国采用司法解决模式，由于这种模式已不属于执法，在此不予详细述介。欧盟采用执法解决模式，根据欧盟理事会1/2003号条例第9条的有关规定，委员会接受企业提出的承诺，应作出相关决定使该承诺对企业产生拘束力。如果事实基础发生实质性改变或相关企业违反承诺或承诺决定建立在当事人提供的不完整、错误或误导性的信息基础之上，委员会可以重启程序。这意味着据新的事实基础或完整的、正确的信息重新通过和解程序，其结果是达成新的和解协议。同时，有关条例并未对有关承诺决定的程序事项包括诉讼程序作出详细规定。从实践情况看，虽然欧盟委员会的承诺决定接受欧洲普通法院(原欧洲初审法院)和欧洲法院司法审查,法院在诉讼程序中处理有关纠纷,但由于现代规制法的专业性、复杂性,产生的司法对执法机构解释的遵从,[1]常常使当事人通过诉讼寻求变更或终止和解协议或相关决定,难度较大。

二、经济法抽象执法中的协商制

经济法属于规制法,其执法不能不遵守规制法的一般规则。从 20 世纪 80 年代以来 OECD 国家的规制改革看,规制机关的抽象执法,即"规制"制定中引入专家、利益相关者和公众的参与制度,从而通过共同协商使规制合理。这被称为制定"规制"所遵循的唯一合理原则,也是经济合作与发展组织建议作为指导"规制"改革,建立"良好规制"的一条关键原则。[2]反垄断抽象执法亦应遵循这些程序性制度性规定,具体主要有以下制度。

(一)作为协商基础的透明度制度

透明度作为一项原则在揭示规制决策及其实施的基础,以及可能涉及的全部成本和收益方面起着重要作用。程序的公开透明有助于规制机关不被受规制者俘虏,有助于保障规制机关独立地制定出好的"规制",[3]有助于被规制者更好地遵从"规制",最终获得更大的政治合法性。[4] 同时,它也是参与协商的前提条件。因此,在 OECD 国家的规制实践中,相关法律都对此作了规定。

例如,美国规定通过规制活动的事前计划的透明性,即对作为规定政府规制和取消规制的政策说明。规制计划每年出版一次,包括计划需要的说明、已考虑的备选方法说明,以及关于风险大小和风险减少期望的说明,要求规制的制定须经"公告与评论"程序,同时要求规制机构必须考虑相关评论,而且,评论本身要予以公布。规制要想生效,必须在相关刊物发布也

---

① "遵从行政机构的解释"的规则,在规制法中得到相当大的支持。一般认为这是由于规制机关具有较强的问责性和专业知识,在有疑问的时候就应该以他们的解释为准,这种观点在美国体现在谢弗林(*Chevron*)案中,最高法院说,法院应该遵从行政机构对法律的解释,除非国会"直接就系争的确切问题表明过立场"[*Chevron USA*,*Inc.* *v.* *Natural Resources Council*,*Inc.*,467 U. S. 837,842(1984)]。对此的详细论述可参见[美]凯斯·R.桑斯坦:《权利革命之后:重塑规制国》,钟瑞华译,中国人民大学出版社 2008 年版。

② "考虑到规制在社会上的影响,它产生的收益应大于其成本",这样的测试是一个值得推崇的方法,因为它旨在满足"社会最优化"标准的政策。(参见经济合作与发展组织:《规制影响分析:经济合作与发展组织成员国的最佳表现》,1997 年,第 221 页)

③ 参见[英]迈克·费恩塔克:《规制中的公共利益》,戴昕译,中国人民大学出版社 2014 年版,第101 页。

④ 参见施本植等:《国外经济规制改革的实践及经验》,上海财经大学出版社 2006 年版,第107 页。

须在网上发布；①韩国 1996 年颁布的《行政程序法》，要求提前公布有关措施，包括立法措施及其附属措施的颁布、修改或废除。

(二)"规制"制定的协商制

按照所有人可以公开参与的原则，依法赋予公众参与政府规制活动的法定权利。② 主要表现在以谈判磋商的方式制定规制，这样，在制定规制时就把利益相关方的意见考虑在内。这样有利于利用被规制方的专业知识提高规制的技术质量；培养被规制者对结果负责的精神，提高其对规制的认可度和自愿遵守程度。

对此，美国 1990 年颁布了《协商制定规则法》，该法赋予了规制机关（一般为委员会）与利害关系人在规则制定中的平等地位，其第 566 条 a 项规定"每一方的参与者都拥有与委员会其他成员相同的权利与责任"。在此规定下，甚至产生了公私合作制定规则的现象，如在美国的标准发展过程中大多是由产业部门领导完成的，以个人自愿原则为基础，通过众多企业参与制定标准。有关标准化的政府政策要求，除非与法律相悖或不切实际，否则联邦机构要参与自愿标准发展活动，并用自愿一致的标准代替纯粹的政府标准；③韩国 1997 年制定的《行政规制基本法》第 9 条规定："要制定或强化规制时，应采取公听会、行政立法预告等方式，充分收集行政机关、民间团体、利益关系人、研究机构和专家等的意见。"④

(三)"规制"影响分析中的协商制

规制影响分析制度是"法治比较发达国家政府决策和立法程序中的一个重要环节。其主要目的，就是对拟定的或者已经发布实施的法律、法规、规章、政策、措施等具有普遍约束力的决策或立法项目可能带来的效益、成本和效果进行分析、评估和衡量，以决定是否有必要制定或出台某项政策或立法，如何才能使制度设计更加科学合理"⑤。为此，在规制影响分析制度中体现着参与协商的规定。

例如，1993 年美国总统克林顿颁布了《关于规制计划与审查的行政命

---

① 参见王林生等：《发达国家规制改革与绩效》，上海财经大学出版社 2006 年版，第 15-16 页。
② 这在发达国家主要体现在《行政程序法》中，如美国 1946 年《行政程序法》赋予公民参与联邦政府规制制定活动的法定权利。
③ 参见[美]朱迪·弗里曼：《合作治理与新行政法》，毕洪海译，商务印书馆 2010 年版。
④ 《韩国行政规制基本法》，李秀峰译，载《行政法学研究》2002 年第 3 期。
⑤ 曹康泰："《国外规制影响分析制度》序"，载吴浩、李向东：《国外规制影响分析制度》，中国法制出版社 2009 年版，第 1 页。

令》,即第 12866 号行政命令,联邦管理和预算办公室分别于 1996 年、2000年颁布了《第 12866 号行政命令下联邦规制的经济分析》和《规范成本和效益评估及会计报告格式指南》。根据这三个规范性文件的规定,联邦管理和预算办公室审查过的法规草案包括立法成本效益的评估报告要在《联邦登记》上刊登,供公众评论。起草部门要根据公众意见对法规草案进行修改,修改较多的,要重新公布修改意见。公众评估意见是否采纳由起草部门决定。[①]

(四)应变性再协商保障制度

在当今科学技术和社会经济飞速发展的年代,为了有效地应对不断变化的技术和社会经济条件,"规制"必须反映新条件下各方利益主体的诉求,这就需要通过新条件下各方利益主体参与协商制定新"规制"。为此,20 世纪末 OECD 国家相关法律规定,"规制"必须有实施的期限,一般规定为 3 至 5 年。期限一到,如没有经法定程序宣布延展,则自动废止,这一制度被称为"落日条款"。这为新条件下变化了的利益相关者参与协商制定新"规制"提供了可能,实则是一种应对新条件下重新协商制定新"规制"的保障制度。

第四节　我国经济法协商执法制度的
观念重塑与制度完善

从上述国外典型的经济法——反垄断法执法制度的变迁,以及作为其一般基础的规制法的发展看,经济法的执法观念正经历着变化,因而,提炼国外反垄断执法制度体现的新观念,反思我国当前反垄断执法的观念,并以此为指导,有利于我国反垄断法的完善,对我国经济法协商制执法制度的建设和完善具有启发意义。

一、反垄断执法观念的提炼与反思

反垄断法是经济法的典型,作为规制法的一种,其执法观念不仅体现在反垄断法的制度规则中,还体现在规制法的一般制度规则中。因而,只有同时关照这两方面才能较全面地了解国外反垄断执法观念的变化。

---

① 参见吴浩、李向东:《国外规制影响分析制度》,中国法制出版社 2009 年版,第 78 页。

（一）国外经济法执法的观念转向

19世纪末,特别是20世纪中以来规制领域的发展使行政的性质和内容发生了深刻变化,简单来说,形成了两种不同的行政,即传统的行政与规制行政(国内行政法学一般称为行政规制)。与此相应,行政法的观念也发生了变革,这一变革主要体现在以下三个方面。

1. 从对立冲突的化解转向合作治理的达成

主流法律理论是建立在自由主义的基础上的,其对人的基本假设是,人是理性的或者说是"自利"的,甚至假设人性本恶。这决定了人与人、人与社会之间的利益是对立冲突的,从而决定了法律的主要功能就是化解冲突,而作为公法的行政法的主要功能就是化解个人与作为公益代表的行政机关的冲突。

规制产生于分工高度发达的现代社会,其基本观念就是:人是处于一定社会关系中的人。因而,人的利益获取虽与自己的努力有关,但更取决于其所处的社会关系体系。这决定了人的行为不仅影响其直接作用的相对人,且具有外部性,即影响到与其身处同一体系的所有人。因而,在现代社会我们面临的主要问题是:如何给人们提供一个平台,使之参与、沟通,"使大家拥有共同的目标和认同感,展现心灵深处协作慷慨的一面"①。规制法的功能就在于给合作提供一个平台或参与、沟通的合作体系,不仅得到合作的利益,且尽量减少因缺乏参与、沟通不足,致使"规制"不合理而产生的公害。

2. 从消极的防止权力滥用转向积极的促使权力合理使用

规制行政是专业性、复杂化的行政,其主要内容是决策行政,以抽象行政为主。相对来说,传统行政属于一般行政,行政内容相对固定、简单,因而主要是执行,多属于具体行政。一般来说,具体行政造成损害的原因主要是执法者在执法中滥用权力,而抽象行政造成损害的原因虽不排除滥用权力(因被俘获而为),但主要是因理性有限、知识有限致使权力使用的不合理。

这决定了传统的一般行政法通过控制行政权力滥用来防止行政行为的损害,而规制行政法则主要是防止行政权力使用的不合理,即在权力行使中吸收专业人员、利益相关者、公众等的知识和智慧而避免产生损害,因

---

① 汤道生《养大一只企鹅》,载[美]尤查·本科勒:《企鹅与怪兽》,简学译,浙江人民出版社2013年版,第2页。

而,其制度措施就是利用参与协商的制度规则,发挥诸多主体的积极性,促使"规制"更合理。

3. 从权力分立转向权力融合或权力统一

与防治权力滥用相应,西方传统行政法主要采取两种方式:一是利用私权制约权力(通过受害提起行政诉讼);二是权力分立,以权力制约权力。从而把执法权主要限定于具体执法,其权利基本属于纯粹的行政权。

规制法作为公害防治法,使得规制法的专门立法呈现出原则性、概括性、不确定性等特性。这导致其法条在适用过程中就暴露出操作性相对困难的问题,与其他法律法规相比,规制法的不确定性与法律对稳定性的需求的矛盾和张力更加突出。为缓和这一矛盾,就需要授予规制机关准立法权,制定实施细则,这种制定规则的抽象行为,既是执法行为的表现,又是有效开展具体执法的前提条件。因此,目前几乎所有国家的规制机关都是依某一规制领域的专门法依法设立,其组织形式多采取委员会制,其职权包括准立法权、准司法权和行政权,具有"三权合一"的特点。

(二)对我国主流执法观念的反思

由于对规制法的研究在西方时间不长,在我国则将其视为行政法的新进展,对其研究只是近年之事,因而,在目前规制法的研究中多为行政法学者,其研究的进路多是基于固有行政法理论的延伸,规制法体现出的新理念还没完全被行政法接受成为行政法的主流。加之,立法及执法实践一般都是以主流理论为基础,因而,我国经济法执法的主流理念仍是源于西方传统的行政法观念,这从三个方面的研究内容就可说明。

1. 控制纠正违法观念

就目前我国有关行政执法的法律、法规的规定,以及执法实践来看,一方面,以程序规则及实体规则对执法机关的执法过程和职权、职责予以规定,目的在于控制权力,防止权力滥用。另一方面,认为只要执法机关不滥用权力,其执法就是纠正企业为了个体利益而损害公共利益,企业就是被动地遵守法律规则,公众就是被动地坐享作为其代表的执法机关的执法成果,企业和公众很少参与规则制定。可见其基本观念是冲突的观念,其基本假设是,行政执法机关是公共利益的代表,企业是理性的"经济人",是以利益最大化为其目标的。因而,如不加以控制,企业利益与公共利益必然会产生冲突,这决定了执法的目的就是控制、纠正企业的违法行为。

2. 防止权力滥用及怠于执法的观念

我国凡是研究行政执法问题的学者一般都把防止执法权滥用作为其

重要内容,甚至为其首要内容,一般都以孟德斯鸠的经典名言"一切有权力的人都容易滥用权力,这是万古不易的一条经验"①为理据。受此影响,在经济法执法研究中,一般都把经济法执法中的法律关系主要看作执法机关与涉嫌违法企业间的关系,研究的目的在于以程序制度约束执法机关,防止权力滥用对涉嫌违法企业的损害,以及防止执法机关被"俘获"或因惧于国有经济、行政权力介入经济而怠于执法的问题。

3.执法主要就是具体执法的观念

受西方权力分立制衡观影响,国内研究一般都把经济法执法看作执法机关把相关经济法律、法规适用于具体对象(相对人)的过程。因而,执法主要以执法机关的具体行政行为表现出来,正因此,学者的建议都是对具体执法的建议。忽视了对抽象执法的研究,缺乏对经济法执法机关制定规则的制度约束建议。

上述观念与现代规制法的观念虽不完全冲突,但却不符合现代规制法的观念,转变这些观念是完善我国经济法具体执法,以及建构合理的抽象执法制度的关键。

二、我国经济法协商执法制度的完善与建构

在经济法执法制度建设上,完善具体执法制度固然必要,但建构抽象执法制度尤为重要。为研究方便,下面主要以反垄断法为例展开研究。

(一)完善具体执法协商制度的建议

从《反垄断法》第四十五条以及《工商行政管理机关查处垄断协议、滥用市场支配地位案件程序规定》《工商行政管理机关制止滥用行政权力排除、限制竞争行为程序规定》《反价格垄断行政执法程序规定》《未依法申报经营者集中调查处理暂行办法》等规章的规定看,在我国,反垄断执法中协商制体现得并不充分,其不足主要体现在三方面:保障执法协商透明性制度的缺乏、保障协商程序参与制度的缺乏、保障协商协议纠纷解决制度的缺乏。

对此,我国反垄断法学者有较多的研究,从不同角度提出了各自的建议。其中已有学者作了较系统的研究,相应地提出三方面的建议:第一,确立强制性披露规则,提高执法协商透明度;第二,建立承诺评论制度,促进

---

① 孟德斯鸠:《论法的精神》上册,张雁深译,商务印书馆1961年版,第154页。

程序参与;第三,建立纠纷解决机制,完善执法协商的司法审查。① 为避免重复研究,这里不再详述。

(二)建构抽象执法协商制度的设想

目前,我国反垄断执法机关中,除国家工商管理总局于 2008 年制定了《工商行政管理规章制定程序规定》(以下简称《工商规定》)外,并没有制定规范性文件的相关程序规定。但由于我国规制机关制定的规范性文件多为部门规章,对此的制定程序目前有 2000 年制定的《中华人民共和国立法法》,(2015 年修正,以下简称《立法法》)以及 2001 年制定的《规章制定条例》(以下简称《条例》)等法律、法规做了规定,我国反垄断执法机关抽象执法的制度就体现在这些程序性规定中。然而,就目前这些法律、法规看,协商制体现得并不充分,其不足主要体现在以下四方面。

1. 作为协商基础的透明度不高

作为协商基础的透明度不高,体现在规制制定中事中、事后的公开透明性规定,缺乏事前的规定。从《立法法》第四章第二节"规章",以及《条例》和《工商规定》的有关规定看,仅对规章制定的过程,以及规章制定后的公开、透明性做了制度性规定。起草过程中的透明性制度主要体现在规章制定的起草和送审阶段,如《工商规定》第十八条第二款以及《条例》第十五条有关起草的规定大致相同,规定制定后的透明性制度,主要体现为规章公布,如《工商规定》第三十一条与《立法法》第八十六条的规定。

我国没有关于规章制定前的透明性、公开性制度,主要体现在规章制定的立项阶段缺乏透明性,如对立项申请的主要内容,即对制定规章的必要性、所要解决的主要问题、拟确立的主要制度等作出说明,以及规章制定工作计划应当明确的规章名称、起草单位、完成时间等的公开缺乏规定。这意味着,公众就失去了最为根本和重要的对某种"规制"是否需要制定予以协商的知情权。因此,建议在未来反垄断执法机关准立法权行使的程序规定中,应规定,立项申请内容,以及规则名称、起草单位、完成时间等,应在报送相关法制机构审查前向社会予以公开。

2. 规则制定的协商制不完善

表现为只有规则制定的事中、事后协商制,缺乏事前协商制。事中协商体现在起草与审查两个阶段,在起草阶段主要体现在三方面:①一般规定。规章起草,"应当深入调查研究,总结实践经验,广泛听取有关机关、组

---

① 对此的详细论述参见游钰:《论反垄断执法协商的程序约束》,载《法学评论》2013 年第 4 期。

织和公民的意见。听取意见可以采取书面征求意见、座谈会、论证会、听证会等多种形式"①。②涉及特殊利益的规定。起草的规章直接涉及公民、法人和其他组织的切身利益，有关机关、组织或者公民对其有重大意见分歧的，应当向社会公布，征求社会各界的意见；起草单位也可以举行听证会。② ③对此听证会意见的处理。"起草单位应当认真研究听证会反映的各种意见，起草的规章在报送审查时，应当说明对听证会意见的处理情况及其理由。"③在审查阶段主要体现在三点：①对规章送审稿涉及的主要问题，规定法制机构要把其发送有关机关、组织和专家征求意见，同时要深入基层进行实地调查研究，听取基层有关机关、组织和公民的意见。④ ②对规章送审稿涉及的重大问题，规定法制机构应当召开有相关单位、专家参加的座谈会、论证会，听取意见，研究论证。⑤ ③对规章送审稿涉及公民、法人或者其他组织切身利益，且各利益主体有重大意见分歧的，法制机构经本部门或者本级人民政府批准，可以向社会公布，也可以举行听证会。⑥

　　我国没有关于规章制定前的参与、协商制度。主要体现在规章制定的立项阶段缺乏参与、协商，如对立项申请的主要内容，即对制定规章的必要性、所要解决的主要问题、拟确立的主要制度等问题，专家、公众缺乏参与。这意味着，公众就失去了最为基本和重要的对某种规章是否需要予以协商的知情权。因此，建议在未来反垄断执法机关准立法权行使的程序规定中，应规定对立项申请的内容等，在报送相关法制机构审查前向社会予以公开，让专家、公众、利益相关者参与协商"规制"是否应制定。

　　3.规则影响分析制度缺失

　　我国没有对规则影响分析的程序制度，从前述国外有关"规制"（执法机关制定的规则）影响分析的规定看，一般在规制影响分析制中有公众参与协商的要求。这有利于保障"规制"的科学和理性。因此，建议在未来反垄断执法机关准立法权行使的程序规定中，规定相关机关对其制定的规则作规则影响分析，并在分析中必须有相关组织、专家参与，同时在考虑采取规制行动和起草影响分析时，就要进行公众咨询。

---

① 《规章制定程序条例》第十四条，《工商规定》第十八条第二款前半部分与之相似。
② 参见《工商规定》第十八条第二款后半部分，《规章制定程序条例》第十五条。
③ 《规章制定程序条例》第十五条第四项。《工商规定》第二十四条规定规章送审稿说明应包括"对所征求意见的吸收或者处理情况"。
④ 参见《工商规定》第二十八条第一、二款，《规章制定程序条例》第二十、二十一条。
⑤ 参见《工商规定》第二十八条第三款，《规章制定程序条例》第二十二条。
⑥ 参见《规章制定程序条例》第二十三条。

4.应变性再协商保障制度缺失

我国法律、法规一般只对规则的实施起始时间作了规定,[①]而未对修改、废除、清理做程序性规定。[②] 这些规定实则阻碍了规则的修订,致使规则不能对情势变更做及时回应,新的利益主体的诉求不能通过协商反映于规则中,从而使规则失去合理性。因此,建议对规则的实施采取"落日条款"的形式,规定一定期限,从而为变化后的群体提供参与、协商形成新规则的机会,保障规则能应对科技和市场的迅速发展而趋于合理。

---

① 参见《工商规定》第三十七条,《规章制定程序条例》第三十二条。它们的内容基本相同,都规定"规章应当自公布之日起 30 日后施行",只是在一些情况下"不立即施行将有碍规章施行的,可以自公布之日起施行"。

② 参见《工商规定》第三十七条,《规章制定程序条例》第四十、四十一、四十二条。

第十一章　秩序理念下经济法
的协商制私人诉讼

　　谈到经济法的司法虽然也可能涉及刑事诉讼,但一般主要研究的还是私人主体对加害的经济机关或经营者提起的诉讼,前者被归为行政诉讼,后者被归为民事诉讼。本章研究的主要是私人主体对加害的经营者的诉讼。这种诉讼在我国由于没有专门的法庭,①一般被称为×××民事诉讼,如反垄断民事诉讼、消费者民事诉讼等,我国的市场规制法领域所发生的经营者相互以及消费者对经营者的损害所提起的诉讼都属于此类。本章内容主要就是经济法中私人主体间发生的诉讼要以具有代表性的反垄断私人诉讼展开论证。

　　我国反垄断法从 2008 年实施至今已有十多年历程,随着司法案件的累积,实证素材不断增加,但由于司法实践中我国没有专门的反垄断法庭,把反垄断案件划归民事法庭(知识产权庭)受理,因而,在国内实务界,一般把反垄断私人诉讼看作民事诉讼,把垄断行为看作特别侵权行为(侵害竞争权的行为),从而把私人诉讼的价值定位于解决两者的权益纠纷,这决定了我国反垄断私人诉讼的模式仍是对抗制。而在具体制度设计上,主要仍是对既有民事诉讼制度的遵循与延伸。受实务界影响,在理论界对其研究主要遵循的是主流民事诉讼的思维范式。从短期看,这些研究无疑在当下中国法院的法庭设置体制下,对解决反垄断案件具有重要的意义。但从长期看,民事法的思维范式,以及由此决定的民事诉讼的价值定位,决定了对抗制诉讼模式,以及与之相应的诉讼制度的设计重在保护竞争的受害者,而不是竞争本身,这显然与"反垄法保护的是竞争而不是竞争者"这一已被当今各国广为接受的反垄断法原则相悖。因而,这种范式不仅不能对国外

---

① 　鉴于经济法的专业性、复杂性,在相关经济部门法的司法实践中,一些国家专门设置了特别法庭。如反垄断法,现在很多国家就反垄断案件设立了专门的法院或者法庭,如南非的竞争上诉法院和英国的竞争上诉法庭等。

已普遍采用的一些有效的新制度①给予合理的解释,而且可能阻滞了一些合理的新制度的引入,从而影响反垄断法实施的效果。

基于此,本章拟另辟蹊径,首先,把反垄断法定性于规制法,以规制法的思维范式对反垄断诉讼的价值予以定位。其次,通过对影响不同诉讼模式选择的因素以及垄断行为特性的分析,说明协商制是反垄断法私人诉讼模式的较佳选择。再次,从对国外协商制反垄断私人诉讼的制度实践予以阐释。最后,对我国协商之反垄断私人诉讼制度的建立提出初步建议。

第一节 反垄断私人诉讼的性质与价值定位

诉讼法律制度是法实施的手段之一,其价值受制于其所要实施法律的性质与价值,因而,要研究反垄断私人诉讼,就必须确定反垄断法的性质,并对其价值予以定位,这是对反垄断私人诉讼定性及对其价值定位的基础。

一、反垄断私人诉讼是公益主导的诉讼

反垄断私人诉讼的性质决定于反垄断法的性质与特性,因而,了解反垄断法的性质与特性是认知反垄断私人诉讼性质的前提。

(一)反垄断法的属性

反垄断法属于新的法律类型——规制法,规制法并非法学界公认的法律部门或法律类型(公法、私法)的概念,而是对规制领域的法律规范的总称。由于对规制的研究滥觞于经济学领域,法学研究多借鉴了经济学的研究成果,②因而,对规制法意蕴的探究可从经济学对规制的界定切入。

目前,经济学对规制的定义虽不统一,但一般是在以下意义上使用的,即规制是指依特定法律设立或依法律授权设立的独立规制机关,通过行使准立法权、准司法权,以及执法权,依规则对特定行业和领域中对社会公共利益具有重要影响的行为性行予以规范、控制的活动。其内容主要包括经济规制和社会规制,经济规制主要指对自然垄断和公用事业的规制,如对

---

① 如美国的州司法长官为本州州民提起的损害赔偿之诉,日本的居民诉讼;美国、德国的反垄断执法机关参与诉讼并发表意见等制度。

② 如在这一领域大名鼎鼎的布雷耶大法官关于规制产生原因主要就是经济学的解释,可对照阅读史蒂芬·布雷耶的《规制及其改革》(李洪雷等译,北京大学出版社 2008 年版)与丹尼尔·史普博的《管制与市场》(余晖等译,上海三联书店、上海人民出版社 1999 年版)的相关章节。

电力、电信、铁路等行业的规制。社会规制主要指对于与人身健康与安全有关的规制，如食品、药品、环境等的规制。有少数把反垄断规制作为规制的第三个方面，称其为反垄断规制。由于反垄断法在市场经济中的重要意义，已形成专门的研究领域。因而，法学界对规制的研究主要是对经济规制与社会规制领域的法律、法规研究。虽如此，但从类型化研究视角，可以说反垄断法是规制法，因而，其他规制法（如环境法、证券法、消费者权益保护法）领域的制度创新，对反垄断法亦有借鉴意义。

（二）规制视域的反垄断法特性

法学界对规制法少有定义，但从法学的研究内容及其规范构成看，可从以下几方面认知规制法。

第一，规制法是公共性影响行为规范法。被规制的行业或行为都是关涉社会公共利益的行业或对社会公共利益有重大影响的行为。因而，一般要么涉及对自然垄断或公用事业的公共物品的普遍、公平提供行为的激励，要么涉及对具有很强的负外部性，即一种有害社会公共利益的行为，即公害行为的防止。因而，规制法从规范的行为类型看是公共性行为规范法，从保护的利益看是公益保护法。

第二，规制法是由两层次规则构成的规范体系。规制法由两个层次构成：（1）法律，即立法机关专门对某一特定领域指定的法律，如电力法、电信法、反垄断法等，主要是对该领域影响公共利益的行为的规范，以及为执行这一法律的规制机关的组织、执法程序的规范；（2）法规和规范性文件，即规制机关为更好执行法律而制定的实施细则、指南等。

第三，规制法是对经营者和规制者共同规制的法。规制法的规范形式包括两类：①对被规制者的规制，主要是对特定领域行为的实体性规范，以防止特定领域公害行为的发生。②对规制者的规制，包括对规制机关职权和职责的实体性规制，但主要是对有关规制机关的组织性规制和执法程序的规制。这决定了，为了达到预期的结果，规制机关必须按程序依法行使职权，履行职责。私人受制于规制机关，并被要求按照规则要求的方式行为，如果违法规则，则以惩罚为后盾。因而，规制法主要是面向未来的，目的主要在于预防公害的发生，而非惩治违法者、救济受害者。

第四，规制法是应对复杂性、多变性的专业性法。规制法规范领域的专业性、变化性，使得法律一般授予规制机关准立法、准司法和执法权以保证法的实施，实施以规制机关的公共实施为主，同时，辅助运用司法手段，通过赋予利益相关者诉权，维护个人权利以实现维护公益的目的，即规制法是以公共利益的保护为圭臬。且在实施中更注重诸多利益相关者的参与协商,而非冲突双方的私益博弈。

作为规制法的一种,反垄断法的价值目标是保护公共利益,这决定了反垄断私人诉讼的性质,即其从表面看是以实现私益为价值目标的民事诉讼,但其实质是以私人手段实现公共目的,①甚至可以说,从某种意义上讲,反垄断私人诉讼个是个人履行社会责任的手段,②其性质具有较浓的公益诉讼意味,可以说其实质是以维护公益为主导的诉讼。

二、反垄断私人诉讼的目标是维护与建构竞争秩序

人类社会经济发展的历史告诉我们,市场经济虽非完美无缺,但却是人类社会迄今为止所能发现的最为有效的经济制度,而市场机制的核心是竞争。然而,市场机制存在"悖论",即竞争必然引起垄断。反垄断法产生和发展的历史,以及其名称顾名思义就是为解决这一问题而产生的。这一问题的实质就是如何通过对经营者经营行为的规范,防止限制竞争行为的发生,以维护公正的市场竞争秩序问题。对这一问题从法理的角度可从以下几方面解读。第一,从保护的客体看,反垄断法保护的是竞争秩序,一种动态的关系状态,属于公共物品。第二,从保护的利益看,由于其保护的客体属于公共物品,公共物品的性质决定了反垄断法保护的利益是公益。第三,从规范的行为看,反垄断法规范的是竞争行为,主要在于防止限制竞争行为,这种行为属"公害"行为,因为其损害的竞争秩序是"公益"的载体。

反垄断法所要解决的实质问题——维护竞争秩序,以及竞争秩序的公共物品特性,决定了对垄断行为应以事前预防为主,以事后补救为辅。③

---

① 在美国存在大量基于法律政策理由鼓励私人诉讼的制度,主要包括:(1)律师费用,包括两方面规定,一是,在一些特殊诉讼中,规定胜诉的当事人除通常的诉讼费用外,可以向对方请求合理范围的律师费用。二是,胜诉酬金制度。(2)当事人资格的扩大。(3)行政机构对私人诉讼的援助。(4)多倍赔偿。对此可参见[日]田中英夫、竹内昭夫:《私人在法实现中的作用》,李薇译,法律出版社 2006 年版,第 162-164 页。

② 对此,正如耶林所言,提起诉讼就是对抗不法,它不仅"是权利人对自己的义务——因为它是道德上自我保护的命令,同时它是对国家社会的义务——因为它是为实现法所必需的。"([德]鲁道夫·冯·耶林:《为权利而斗争》,胡保海译,载梁慧星:《为权利而斗争》,中国法制出版社 2000 年版,第 12 页)

③ 垄断行为是一种对系统性公共物品——竞争秩序的侵害行为,对系统性公共物品损害的公害行为具有以下特点:(1)损害的不确定性,包括受害主体的不特定性和确定,以及与之相应的损害量的不确定,难以计量。(2)损害的扩散性,由于竞争是一个动态的、持续变化的市场关系状态,因而,损害会随着市场系统而扩散。(3)由前两点决定,垄断损害巨大,难以救济。这些特征决定了对垄断行为宜于以事前规制规则直接防止其发生为宜,而不宜以事后责任规则间接遏制。

这决定了,作为其实施手段的反垄断私人诉讼是指向未来的,而非面对过去的,其目标主要是通过利用受害人具有及时发现违法行为的信息优势,及早提及诉讼,尽早遏制违法行为,从而预防违法行为造成损害的扩散、蔓延,以遏制竞争秩序恶化或重新建构竞争秩序,而非事后给受害者予以救济。需说明的是,救济受害者虽不是重点但并非不对受害者救济。也就是说,反垄断私人诉讼的价值目标主要在于对未来竞争秩序的维护或建构,而非民事诉讼的面向过去重在对受害者救济。

第二节　规制法视域的诉讼模式选择

目前,诉讼有对抗制和协商制两种不同模式。这两种模式没有先验的优劣,它们各有其自身的观念基础和相应的实体法实施的需要,对其的选择主要取决于所要解决的问题,以及其规范行为的特性。因此,弄清这两种模式的含义及其观念基础,分析影响诉讼模式选择的因素,结合反垄断私人诉讼的特点,说明反垄断私人诉讼模式是协商制,这是建立和完善协商制反垄断私人诉讼制度的基础。

一、两种诉讼模式[①]

弄清两种诉讼模式的含义,是了解其利弊、判断其适用条件以及作出选择的基础,因而,分别对这对抗制与协商制模式的含义予以介绍。

(一)对抗制:对错裁断模式

这种诉讼模式应对的问题是以私人物品为客体的主体间的利益冲突问题,这种模式的观念是个体主义的观念。认为社会只不过是个人之和,社会利益是个人利益之和;人是理性的独立存在,个人之间的利益是冲突的;利益客体主要是具有可分性的私人物品。

这种观念体现在法律上,就是以保护个人利益为中心,而保护个人利益的最有效工具就是个人权利,从而形成了个人权利为中心的法范式。由于权利的客体是私人物品,这决定了主体间的权利是可清晰界定的,具有排他性。这意味着,所有的利益纷争都是主体间的权利冲突。在冲突中必定有一方存在过错对另一方权利的侵害。因而,诉讼的目的就是法官针对

---

① 对这两种模式的详细论述参见刘水林:《反垄断诉讼的价值定位与制度建构》,载《法学研究》2010 年第 4 期。

冲突的双方居中裁断,判明对错,使有错者(违法者)承担责任,对受害者予以救济。

(二)协商制:秩序建构模式

这种诉讼模式应对的问题是以公共物品为客体的主体间的利益共享问题,这种模式的观念是整体主义的观念,认为社会是本体论上的,是由具有不同社会功能的群体按照一定规范互动生成的有机整体,而非个人之和,社会公共利益也非个人利益之和;人的理性是"情境理性",因而,个人之间的利益虽有冲突,但亦能合作共享;公共利益的客体主要是公共物品。这种观念体现在法律上,就是以保护公共利益为目标,而保护公共利益的最有效工具就是社会责任,从而形成了社会责任为中心的法范式。这决定了这种裁判重要的不是判定行为对错,而是认知个体行为对公共物品(在反垄断法中表现为竞争秩序)的影响,再据保护公共物品(良好的秩序)的需要,确定主体的社会责任,对行为采取激励或惩处,以建构理想的秩序。

这种诉讼模式,是基于这样一种认知,即在生产社会化高度发展的现代社会,大规模经济组织的运作,深刻地影响着我们社会生活的质量。个人的趋利性决定了除非对这些特大规模组织的现有结构或行为进行规制,我们的基本公共物品是无法获得保障的。秩序建构性诉讼就是当法官面对拥有市场力量能影响良好的市场经济秩序,从而可能带来较大公共性损害的行为主体时,通过对其行为的矫正重构社会秩序。

二、影响诉讼模式选择的因素

从上述两种模式的含义和基本内容看,影响诉讼模式选择的主要因素有两个,即诉讼解决的问题、引发问题的行为。

(一)诉讼解决的问题

所有的纷争都是利益纷争,而利益总是存在于一定的客体上,因而,所有的利益纷争都是以利益客体为媒介的利益之争。由于利益客体从分享的特性来看可分为公共利益和私人利益,由此决定,诉讼解决的问题无非两种,即私人利益之争和公共利益之争。

第一,私人利益之争。私人利益的客体是私人物品,这种物品在消费上具有排他性、竞争性,与此相应,体现于其上的利益分享也具有排他性、竞争性。因而,私人利益的纷争的实质是利益的归属之争。在此纷争中,主体、客体、利益的数量是确定的,加之,在私人利益的纷争中双方利益是此消彼长的"零和"关系。因而,纷争的解决,主要就是确定私人物品的权利及体现于其上的利益归属,所以,宜以对抗制解决。

第二,公共利益之争。公共利益的客体是公共物品,这种物品在消费上具有非排他性、非竞争性,与此相应,体现于其上的利益分享具有非排他性、非竞争性。因而,对公共物品的消费、分享上存在搭便车现象。这决定了公共利益的纷争的实质是利益维护的成本如何分担之争。由于各主体对公共利益的分享并非此消彼长的"零和"关系,加之,公共物品的创制和维护有赖于主体间的合作,有的甚至是主体间合规行为的自发结果(如竞争秩序)。而行为是否合规? 合作何以可能? 只能通过主体间协商沟通才可合理确定。所以,宜以协商制解决。

(二)引发问题的行为

法律对问题的解决主要就是通过对行为的规范,防止有害行为的发生,激励有益行为而实现的。因此,行为的效果和行为损害的特性,是影响诉讼模式选择的重要因素。

第一,单效行为与双效行为。从行为影响效果的性质看,行为可分为单效行为与双效行为。一般来讲,对单效行为,不仅受害者易于知悉,且这种行为一般具有减少社会总福利的影响。[①] 因而,宜以对抗制为宜,可及时救济受害人,同时亦可遏制有害行为以防止社会总福利的减少。而对双效行为,对其利弊只有置于一定的社会境遇,通过分析才能认知。因而,通过参与沟通,利用协商有利于更清楚地认识该行为的利弊,以趋利避害,取得更优的社会效果。[②] 因此,宜采取协商制解决。

第二,私害行为与公害行为。从行为损害的利益特性讲,行为可分为私害行为与公害行为。一般来讲,对私害行为,由于受害客体往往是受害者的私人物品,是对私人权利的损害,只关涉受害者的利益,受害者具有保护的积极性,因而,宜以对抗制解决,有利于及时防止这种有害行为。而对于公害行为,由于受害的客体是公共物品,涉及公共利益,而不同主体从公共物品保护中所获利益有所不同,加之,保护结果可以"免费搭乘"。因而,

---

① 就对财产权的侵害来讲,这种行为要么是对既有财产的损害,因而发生价值减少,要么是对既有财富的转移,在转移中即使不造成财产价值的减少,但由于侵权者耗费了成本而没增加财富量,因而实质就是对社会价值总量的减少。

② 对此种行为,圣·托马斯·阿奎那在《神学大全》中提出"双效原则",该原则主张在某些特定条件下,为达成善的目的,造成恶的结果是被允许的,其中的条件之一就是:善果之可取,必须弥补恶果之恶。参见[美]托马斯·卡斯卡特:《电车难题——该不该把胖子推下桥》,朱沉之译,北京大学出版社2014年版,第92页。

宜采取激励手段,鼓励利益相关者参与协商,有利于公共利益保护目的的实现。

三、协商制是反垄断诉讼的较佳选择

从上述两种诉讼模式产生的法律观念基础,以及影响两种诉讼模式选择的因素看,由于反垄断法的规制法属性,决定了反垄断诉讼解决的是公共利益纷争和防范公害行为。这决定了反垄断诉讼应选择协商制——秩序建构性诉讼,这种诉讼模式的选择基于以下两种认识。

(一)社会经济背景的认知

现代市场经济运行的事实说明,市场经济最大的威胁并非经营者对其他市场主体私益的侵害,而是来自具有市场支配力的经营者(包括协议而成、集中而成)的限制竞争行为,以及政府职能部门的不当干预行为(滥用行政权力)对竞争秩序的破坏。竞争秩序作为公共物品决定了这种损害是对公共利益的损害,这意味着,这些行为属于公害行为。

(二)行为的认知

竞争行为的双效性、以及竞争秩序作为动态的关系状态,决定了一种竞争行为是否限制竞争是不确定的,而要根据社会经济发展状况、国际产业竞争态势、竞争者所在相关产业结构这些客观社会经济因素、主流经济学对竞争的认知,以及建立在这些要素基础上的对一种竞争行为对未来市场竞争影响的预期来确定的。这决定了秩序建构诉讼主要是面对未来的诉讼,而不是针对过去的诉讼。即诉讼的目的是建立未来新的有效竞争秩序,而不是恢复到行为未发生前的旧秩序。面对这种新的秩序重构诉求,需要新式的制度。

这种称为协商制——秩序建构的新型诉讼形式标志着现代规制法对于现代社会和司法作用的认知上的重要发展。然而这一新的诉讼模式还存在很多问题,对当下我国的司法实践来说主要就是制度设计问题。即如何通过构造反垄断私人诉讼中的参与协商制度促使反垄断法的有效实施,从而落实竞争秩序建构,这是其后探讨的问题。

第三节　协商制反垄断私人诉讼的国际实践

协商需要一种制度来规范讨论以保证谈论的有序和规范。"协商制度

的目的在于规范协商能够成功进行的条件。这些规制要保证决策议程能够获得广泛的信息,决定谁在何种事务上有发言权,确定每个问题的可能性决策,说明怎么修改建议,以及保证协商过程足够透明以促进理性说服。"①这在反垄断诉讼中主要表现在诉讼的启动、庭审过程和裁决三个阶段,第一阶段是诉讼资格制度,主要解决谁在协商制诉讼中具有发言权问题;第二阶段是专家意见、执法机关意见的引入制度,主要提供对纷争问题的可能性决策,以及决策所需信息和知识;第三阶段是裁决对协商意见的尊重及有限修改,主要解决裁决结果符合公共理性问题。

一、诉讼参与资格制度

起诉是司法的启动阶段,在此阶段能否使不同类型的利益相关者参与诉讼,是保障诉讼过程中协商是否能反映不同利益群体的观点,从而使协商公正的基础性或者前提性制度。从目前世界各国的规制法及反垄断法对相关诉讼制度的规定看,存在着这样一种发展趋势:涉嫌违法行为影响的区域内所有的个人几乎都具有提起反垄断私人诉讼的资格,以及为防止私人因举证难、诉讼成本高等原因难以提起诉讼,法律还赋予特定团体、相关政府机关、受害者集体的代表诉讼资格,使反垄断诉讼成为一种公共参与协商的诉讼制度,这些主要体现在以下制度设计中。

(一)赋予广泛的私人主体诉讼资格

法学界通常所说的反垄断私人诉讼,实则是指除政府组织以外的人或团体提起的禁令或损害赔偿诉讼。有两种情形:一是按一定标准授予私人原告资格;二是把起诉资格赋予所有社会成员。

第一,以一定标准赋予原告资格。目前,世界上对反垄断私人诉讼资格的赋予有两种标准,即"损害"标准与"受影响"标准,并形成两种制度。从这两种制度的发展演化看,都存在扩大原告资格范围,使更多的利益相关者以原告资格参与反垄断诉讼的趋势①"损害"标准,即以利益是否受到限制竞争行为的损害为标准,诉讼资格制赋予利益受害者。这种制度以美国为代表,也是多数国家的做法。② 其最早体现在《谢尔曼法》第 7 条和

① ［美］约翰·费尔约翰:《建构协商民主制度》,李静译,载陈家刚:《协商民主》,上海三联书店2004 年版,第 209 页。
② 参见王健:《反垄断法的私人执行——基本原理与外国制度》,法律出版社 2008 年版,第38 页。

《克莱顿法》第 4 条的规定中。① 在司法实践中很长时间内对"损害"的理解仅限于直接受害,联邦最高法院 1977 年在"伊利诺斯砖块"案中的判决就是这种观念的体现。该判决认为只有直接购买者(一般为经销商)才有反托拉斯原告资格,间接购买者(一般为消费者)则不具有原告资格,这就是著名的"伊利诺斯原则"。然而,此后美国的一些大洲通过了否决"伊利诺斯原则"的法令,这些法令规定,间接购买者可以根据州法提起 3 倍赔偿诉讼。现今已有 20 个州制定了此法令,这些法令意味着,利益受到影响的消费者也具有提起反托拉斯诉讼的资格。②"影响"标准,即以"利益"是否受到影响为标准。这种制度以德国为代表,于 2005 年《反限制竞争法》第 7 次修订时确立。此前,德国法律规定只有违法行为特别指向的对象才可以起诉。对于"特别指向的对象",德国司法实践中多数法院认为,以高价格购买了商品或接受服务的直接购买者没有权利要求参加市场分割或固定价格共谋的卡特尔成员赔偿其损失。②修订后的《反限制竞争法》第 33(1)条规定,具有起诉资格的是一切受影响的人。所谓"受影响的人",是指竞争者以及其他受违法行为影响的市场主体,与原来相比,无疑扩大了原告资格的范围。之所以出现这种转化,是因为,德国立法者认为"将原告资格限制于违法行为特别指向对象会导致卡特尔成员几乎不可能承担损害赔偿责任"③。

第二,赋予社会成员诉讼资格。通过制定实体法,可把起诉资格赋予所有社会成员。如日本反垄断法(环境法等规制法)中的居民诉讼制度,这里具有诉讼资格的居民,并非仅指自然人,也包括法人和无法人资格的社团。④ 再如澳大利亚和新西兰的禁令申请资格制度,按澳大利亚《1974 年贸易行为法》第 80 条第 1 款规定,以及新西兰《1986 年商业法》第 81 条和

① 这两条规定大同小异,其基本内容为:任何因其他人或公司从事反托拉斯法所禁止的或宣布为违法事项而遭受营业或财产损害的人,可以提起三倍损害赔偿之诉或要求法院颁发禁令停止违法行为。

② 参见 Wolfgang Wurmnest,"A New Era for Private Antitrust Litigation in Germany? A Critical Appraisal of the Modernized Law against Restraints of Competition",*German Law Journal*,No. 8,2005.

③ 转引自王健:《反垄断法的私人执行——基本原理与外国制度》,法律出版社 2008 年版,第 39 页。

④ 这种制度是日本《禁止垄断法》的一种颇具特色的私人诉讼制度,近年来在日本较为盛行。主要适用于公共采购中的串通招投标的违法行为(属于日本《禁止垄断法》第 3 条禁止的价格卡特尔行为)。对这一制度较为详细的介绍可参见文学国等:《反垄断法执行制度研究》,中国社会科学出版社 2011 年版,第 129-131 页、第 76 页。

84 条的规定,经竞争主管机关(委员会)或任何其他人的申请,法院可以授予禁令。也就是说,澳大利亚和新西兰对限制竞争行为的禁令救济可以由任何当事人提出,并没有要求必须由受到损害或潜在损害的当事人才可以申请,申请人也不需要有任何特别的利害关系。与普通禁令诉讼不同,提起反垄断禁令诉讼实质上是一种公益诉讼。①

(二)赋予集团诉讼资格

集团诉讼是在美国、加拿大等国反垄断诉讼中被应用的制度,与我国的代表人诉讼类似,实质属于代表人诉讼,是指一人或数人代表具有共同点的一定范围内的人们作为原告提起诉讼或作为被告应诉的一种诉讼制度。在反垄断法中多为有众多受害的购买者或消费者的案件所采用,诉讼成本由参与者一起分担。

在美国大多数反托拉斯集团诉讼中,律师和原告通常约定采用成功报酬(contingent fee)制度。② 按照该规定,一切诉讼费用先由律师来承担,如果胜诉,律师有权获得一定比例的赔偿金,如果败诉,原告不用承担任何诉讼费用。这一制度虽然对原告来说,是发动了一场没有代价且可能具有收益的诉讼,有利于原告提起诉讼,但也变相地给具有专业知识的律师提起反垄断诉讼赋予了资格。

(三)赋予特定团体诉讼资格

从目前世界各国的反垄断诉讼制度看,赋予团体诉讼资格的情况有两类,即特定社会团体和特定政府机关。

第一,赋予特定社会团体诉讼资格。即把起诉资格赋予特定的公益性非政府组织或团体。典型的有德国的团体诉讼制度,按德国法的规定,团体诉讼中的团体是为了维护团体成员利益,依法定的要件而成立,而不是为了诉讼而临时组成的(美国集团诉讼中的集团,就是为共同受害者诉讼而临时成立的)。德国《反限制竞争法》把诉讼资格赋予了营业利益促进团体(行业协会)和消费者保护团体。③ 英国的消费者代表诉讼虽然属于偏

---

① Philp Clarke, Stephen Corones,*Competition Law and Policy*,Oxford University Press,2005, p.686.
② 又称"胜诉酬金"制度,一般应用于人身事故等侵权行为案件上原告的经济条件并不宽裕的场合,或者在举证困难、胜诉把握不大的场合,以及反垄断法、劳动灾害补偿、环境损害等规制法领域尝试新的法律主张。参见[日]田中英夫、竹内昭夫:《私人在法实现中的作用》,李薇译,法律出版社 2006 年版,第 25-26 页。
③ 参见文学国等:《反垄断法执行制度研究》,中国社会科学出版社 2011 年版,第 118-119 页。

重私益的诉讼,但原告起诉资格却赋予了特定团体。①

第二,赋予特定政府机关诉讼资格。这是一种被一些规制法特别规定的制度,如在环境法、劳动法、证券法、消费者权益保护法中就有相关规定。② 在反垄断法中也有此规定,由于规制法中的一些违法行为没有具体的、明显的受害人,因而按诉益理论,个人、集团难以获得诉讼资格,如特定团体受信息、认知以及能力等限制未提起诉讼,则社会利益会受到很大损害。这种制度就是为弥补前述制度的不足而出现的,其在反垄断法的典型是美国的司法长官代表本州受害的州民提起反垄断诉讼。③

二、保障各种意见在协商中得以表达的制度

反垄断诉讼的过程,就是通过诉讼参与者的协商——对被告的行为是否限制竞争,以及被告经营者应如何行为才有利于有效竞争秩序——达成共识的过程。为保障协商结果的合理性,相关经济和技术专家、代表公共利益的专门执法机关的参与并提出其对涉案行为的意见,以及对利益相关者的意见的理性甄别尤为必要。为此,国外反垄断诉讼过程中设计了以下制度。

(一)专家意见引入制度

在反垄断诉讼中,对一种行为是否限制竞争的判断,除受该行为所处领域的技术知识制约外,主要就是依经济学分析作出的判断。这就使得反垄断诉讼呈现出技术性强、专业化水平高的特点。因此,在反垄断诉讼中控辩双方引入专家意见,"在一些案件中发挥着阐明义理、辨清事实的关键作用"④。但在引入专家意见的具体制度设计上各国有所不同,我国目前

---

① 英国政府 2001 年 7 月颁布的竞争《白皮书》声称,有效竞争的市场"意味着消费者可以更低的价格获得更好的产品和服务。在竞争被扭曲的市场,消费者的利益受到了损害。当损害发生时,消费者应该获得救济。……由指定团体代表消费者提起诉讼可以减少消费者的诉讼成本,并且可以创造更为简便的诉讼程序。"据此,英国《2002 年企业法》第 47 条 b 款规定,只有国务秘书指定的团体才具有代表消费者提起诉讼的资格,迄今为止,消费者协会是唯一被国会秘书指定的消费者团体。

② 在美国证券法、劳动法、消费者保护法中均这方面的规定,有关此的系统介绍可参见[日]田中英夫、竹内昭夫:《私人在法实现中的作用》,李薇译,法律出版社 2006 年版,第 105-113 页。

③ 《克莱顿法》第 4c 条规定,当本州公民遭受《谢尔曼法》规定的违法行为侵害时,各州的司法长官可以州的名义代表州民提起损害赔偿诉讼。适于对消费者保护,但现实中利用消费者集团诉讼制度的较多,这种诉讼较少使用。

④ 李生龙:《反垄断诉讼中专家意见的性质:以专家辅助人制度改革为主线》,载《人民司法》2015 年第 13 期。

采取的是专家辅助人制度,美国采取的是专家证人制度,①而英国诉讼制度设计的技术陪审员则是完全忠实于法院的专家。② 日本则在解决民事诉讼的专业难题中引入专业委员制度,法院在争议焦点、证据整理及证据调查、认定过程中,可由专业委员参加诉讼,以便听取其专业意见说明(参见日本《民事诉讼法》第 92 条之 2 有关专业委员参与的规定)。该制度较有特色的地方在于专业委员引入的权力由法官和当事人共享。当法官面对专业技术难题时会考虑聘请专业委员,但须需事先征得当事人同意。③

(二)执法机关意见引入制度

反垄断私人诉讼不同程度上都涉及公共利益,为了防止私人诉讼片面追求私益而损害公益情况的发生,世界上许多国家的反垄断法制定了针对公益代表的反垄断执法机关介入诉讼的制度。有此制度的各国法律大同小异,一般都规定,当私人提起反垄断诉讼后,竞争主管机关如果认为该私人反垄断诉讼可能涉及公共利益或可能对其公共执行造成不利影响,有权向法院提出申请要求参与该诉讼程序,并对一些重大问题发表自己独立的见解,供法庭参考。

(三)当事人意见的理性甄别制度

在涉及具有众多受害者的集团诉讼案件,一般都具有较强的公共利益。然而在集团诉讼中一般多委托律师代为诉讼,而律师也是经济人,当其与被告和解可以获得大笔律师费,且被告可以将其法律成本降低到最低程度时,可能会达成对原告,以及对竞争秩序不利的和解协议,因此,需要法律制度对和解协议是否符合公共理性作出甄别。为此,2004 年 1 月 1日,美国国会通过了《联邦民事程序规则》第 23 号规则的修正案,授权法院对集体诉讼进行控制。按照规定,所有的和解协议只有是"公平的、合理的和恰当的",才可以得到法院的批准,法院可以对集体诉讼原告的牵头律师的为人和律师费进行控制。

---

① 专家辅助人是指参与到诉讼中并就诉讼中的专业问题提供意见的具有专门知识的人。围绕专家的资格、专家意见的效力、专家参与诉讼的程序等形成的一系列规则,构成了专家辅助人制度。而美国把专家意见作为证人的证言,因而专家在诉讼中实则是专家证人。有关这两种制度的区别的详细论述可参见喻玲:《论反垄断诉讼中的专家证人:以美国法为视角》,载《江西财经大学学报》2010 年第 3 期。
② 英国民事诉讼规则第 35 章第 15 条第 1 款规定,法院可以委任一名或多名技术陪审员协助法院。
③ 参见李生龙:《反垄断诉讼中专家意见的性质:以专家辅助人制度改革为主线》,载《人民司法》2015 年第 13 期。

三、协商的结果:裁决的做成

在裁判的做成中的协商主要体现于法官在对违法行为的纠正方案的作出过程中,法院的意见虽然对最终的纠正方案的作出起着举足轻重的作用,但在纠正方案的形成中,首先,是通过纷争各方与反垄断执法机关协商形成方案。其次,法院召开一个纠正方案听证会,对如何纠正进行协商讨论,最后,法院据自己的看法做成纠正方案。一般来讲,法院原则上同意当事人各方及反垄断执法机关形成的协商方案,即使修改,一般也只是做小的改动。这在美国政府诉微软案件中得到了充分体现。①

第四节 反垄断诉讼的制度构造

任何诉讼制度都包括四个基本要素,即原告的构造、被告的构造构、法院和法官的角色、救济的方式。下面对反垄断秩序建构诉讼的构造分析也从这四方面着手。

一、原告的构造

对这一问题主要从原告的角色构成、受害者代言人的身份,以及受害者与代言者的关系来分析。

(一)原告的角色构成

原告的概念通常包括三种不同角色,即受害人、代言人和受益人。反垄断诉讼作为秩序建构诉讼的一种,受害人包括各种类型,各类受害人因在竞争秩序中的角色和功能不同、市场支配力的不同以及与相关市场的依存度不同,受害的性质和程度是不同的。一般来说,竞争者对相关市场的依赖强于消费者,因而其所受损害大于消费者。另外,由于反垄断法中的受害人,并不仅指既存的、已察觉的、可确定的特定的个人,而是包括了还没有被察觉的以及将要受到损害的潜在受害者的不特定的群体,既存的被害者与潜在的受害者群体对所受损害的感觉和程度又是不同的。这一群体具有四个特征。第一,受害者群体中个体的非可辨识性,即这一群体并

---

① 参见[美]丹尼尔·L. 鲁宾费尔德:《垄断地位的维持:美国政府对微软》,载[美]J. E. 克伍卡、L. J. 怀特:《反托拉斯革命:经济学、竞争与政策》,林平、臧旭恒等译,经济科学出版社 2007年版。

非可辨识的受害者个体的集合。我们知道某些合谋限制行为、滥用市场支配力行为或合并会对竞争产生损害,不仅会损害当下在场的竞争者、消费者的利益,而且会损害未来将进入这一市场的竞争者和消费者的利益。这意味着有的受害者难以察觉所受损害,因而,我们为此不必知道,也不可能知道具体个案中的所有具体受害人。第二,受害者群体中个体的非同质性及被害利益的差异性,如被损害的竞争者与消费者。有的具有共同利益关系的群体可能形成一定的组织,如行业协会、消费者协会。第三,受害者群体的开放性,即不仅包括已经感受到损害的受害者,还包括潜在的、未来进入市场的将要被害的受害者。第四,受害的间接性。由于限制竞争行为都是市场行为,一般不是针对具体个体权利的行为,受害者都是因为违法者限制竞争,致使竞争秩序被损害而间接受害。正因此,美国反垄断法界的公认观点认为,私人若要提起反垄断三倍损害赔偿诉讼,原告必须举证说明自己的损害是由于被告限制竞争造成的,否则,只能提起侵权赔偿之诉。[①] 在我国,由于反垄断法没有三倍赔偿责任,因而,私人提起反垄断赔偿之诉与一般侵权赔偿之诉,从结果看就没有区别,也许正因此,是否需要这一要件,我国学者并不关注。

(二)受害者的诉讼代言人

受害者群体的特性决定了,有必要通过反垄断法授权或专门设立一些代表所有受害群体利益的公共组织,专门设立的机关如各国的反垄断执法机关,授权的组织如美国的州司法长(《克莱顿法》第 4 条)、德国反垄断法规定的"具有权利能力的工商利益促进协会"(《德国限制竞争法》第 33 条)等。这些公共组织体,它们独立地存在于诉讼之外,不仅仅是"法律结构",即使在完全脱离诉讼的情况下,个人依然可以通过这些组织寻求对他们利益的积极维护。正因此,在许多国家的反垄断法中都有这样的规定:对涉嫌垄断行为,任何单位和个人有权向反垄断执法机构举报,反垄断执法机关应对举报事件进行调查,并就举报事件采取或者不采取措施向举报人作

---

① 有关司法案例可参见 Brunswick Corr. V. Pueblo Bowl－O－Mat,Inc. (1977);同时参见 Cargill,Inc. vs Monfort of Colorado, Inc. (1986)(对于依据《克莱顿法》第 16 条寻求禁令救济的私人案件适用反垄断损害规则);United States vs Microsoft Corp. (D. C. Cir. 2001) (Brunswick 案适用于私人垄断案件,但即使是政府也"必须证明垄断者的行为损害了竞争,而不仅仅 s 损害某一竞争者"),基本理论参见[美]欧内斯特·盖尔霍恩、威廉姆·科瓦契奇、斯蒂芬·卡尔金斯:《反垄断法与经济学》,任勇等译,法律出版社 2009 年版,第 450 页。

出通知。① 这一规定在一定程度上意味着,在反垄断法中具有这么一种观念——垄断行为侵害了所有人的利益,或者说侵害了社会整体利益,所有人都是受害人。

受害者群体利益的差异性及人数的不确定性,意味着不可能所有的受害人都参与诉讼,因此,受害人群体需要代言人站在自己的立场上说话,从反垄断法诉讼实践看,有两种代言人:第一,私人代言人,这种代言人一般是受害群体中的个人。受害者群体中的个人无疑可以成为代言人,但并没有强求某一个人承担这个角色的正当理由。正因此,反垄断法采取激励手段,促使受害者个人作为公共利益的代言人,这不仅表现在准许私人提起反垄断损害赔偿之诉,而且最主要表现在其主张多倍赔偿责任制度,②除此之外,即使不是受害群体中的个人也可以成为代言人,这从英美法系国家设立的告发人诉讼制度中就可体现。③ 之所以如此,是因为在反垄断案件中,被告都是具有强大经济实力的产业组织,其完善的组织形式中不乏法律专家,加之市场行为的复杂性,垄断行为的隐秘性,要获得其违法证据就非常困难,从而把个人诉讼置于不利的境地,具有较高的风险,或者说诉讼具有很高的成本,因而,没有激励就很少有私人对违反垄断法的行为提出挑战。第二,公共组织代言人。④ 私人的力量毕竟有限,加之反垄断具有很强专业性和的公益性,因而,现代各国都专设了反垄断执法机关作为公共利益的代言人,同时也授权一些其他组织(如司法部)作为公共利益的代言人,其他非政府组织(如消费者协会)也常常扮演这一角色,为案件的受害群体代言。一旦建立了代表公共利益的公共组织(法人),那么在这种情况下,这种组织作为代言人,不必也不可能成为受害人。

---

① 参见《中华人民共和国反垄断法》第三十八条,《日本关于禁止私人垄断和确保公平交易的法律》第 45 条,《加拿大竞争法》第 9 条,《韩国规制垄断与公平交易法》第 49 条第 2、3 款。

② 反垄断法界一般从责任制度角度来研究此制度,而笔者看来,这种制度也是一种利用私人受害者易于获得违法行为的信息这一优势,激励私人提起诉讼维护公共利益的机制。其中私人从诉讼中获得的相当于自身受到损害的部分属于赔偿,而超过受害的部分,则是社会对其维护社会公共利益的行为给予的报酬。

③ 告发人诉讼,是在英美法系国家实行的一种诉讼形式。它允许个人或实体代表政府起诉不法行为人的诉讼。在提起告发人诉讼后,如果胜诉,则该私人告发人可获得对赔偿额的分配。这是一种由私人提起的公益诉讼。

④ 在诉讼上相当于美国法中的集团诉讼,欧洲的团体诉讼与之类似,即通过团体提起诉讼来保护社会利益。方式之一是通过成立代表弱势群体利益或社会整体利益的社会组织,赋予组织诉权,即起诉资格,由组织通过诉讼维护公共利益。

(三)受害人与具有诉权的代言人的关系

具有诉权的公共利益代言人和受害人群体是分离的,二者之间的关系在反垄断诉讼机制中是工具性的,关系的工具性特点,使对受害人作为原告的特定技术性资格要求——他或她必须受到损害,或存在未来受到损害的可能性,或者被置于不可修复的被损害的竞争秩序中——并不需要代言人满足。

受害人和代言人之间工具性的联系同样允许,甚至希冀多元化的代言人出现。与争议解决模式——受害人是个体的、与代言人是同质的,当事人结构是二元的,即一个原告面对一个被告,不同的是,在反垄断秩序建构诉讼中,典型的方式是寻找不同类型的代言人,以便他们表达对于各受害群体利益的不同理解。更重要的是,"所有原告方与所有被告方成员之间的关系总是对抗性的"这一假设是不正确的(如作为原告的反垄断执法机关与违法者的关系)。其利益纷争不是二元对抗主义的形象,而是围绕竞争中的利益结构问题展开的竞争秩序的构建。各种代言人可能倾向于不同的救济,而法院必须在作出决定前明察秋毫,对理想的竞争秩序的要求是什么有比较清楚的认识。

与受害人和代言人的分离同时存在的是,反垄断诉讼模型同样导致了受害人和从判决救济中获得利益的救济获益者之间的分化。在争端解决诉讼,目的在于救济受害人,不论这一救济是损害赔偿或是特定的行为,因而,受害人和判决的救济获益者是同一的。而在反垄断的秩序建构诉讼中,受害人和获益者并不一定是同一的。虽然秩序建构诉讼的获益的部分有时也给予特定群体,然而,从救济后建立的有效竞争秩序中获益的是整个社会,远远超出有限的受害人范围的组成和外延。反垄断诉讼的社会经济意义及受害人和代言人的分离,不仅意味着诉讼代言人(包括公共利益的代言人反垄断执法机关)有时未必能代表其所代表的利益,因此,反垄断司法中原告在诉讼(即使是私人提起的损害赔偿之诉)中的权利,特别是和被告和解的权利就必须受到限制,即和解只有经过法院的"社会公共利益审查"，才具有法律效力；①同时，还意味着反垄断诉讼的原告资格的取得，即诉权的取得就不同于争议解决诉讼中只有利益已经受到损害的受害人才能取得。其发展趋势是只要具有受害危险②的潜在受害者以及代表公益的组织或代表公共利益的个人都有权提起反垄断诉讼，可以说存在任何人（包括自然人和法人）都可以起诉这一趋势。

二、被告的构造

针对这一问题，下面主要从被告的角色构成、被告的构成要件这两个方面说明。

（一）被告的角色构成

反垄断诉讼中的被告也是由不同角色或功能的主体构成的，即违法行为者、错误行为者（致害者）和责任承担者（或必须提供救济者）。在争议解决模式中有三个角色往往是统一的，或者说在个体上是一致的，如契约法中的违约的主体，或侵权法中造成他人人身伤残的侵权人。其中违法行为者，都是错误行为者（致害者）——行为人都违背一般的伦理道德或公认的正义观念，从而主观上存在过错，且损害是这种过错的直接结果，也是责任承担者。而在反垄断秩序建构诉讼语境中，这三种角色有时是可以分离的，更为重要的是，有的违法行为者，并不一定是错误行为者（致害者），即行为人的行为并不违背一般的道德或公认的正义观念，主观上不一定具有过错（也不一定造成了损害），如我国反垄断法中规定的经营者集中（有的国家反垄断法称结合、合并）行为。

---

① 目前在私人提起的反垄断诉讼中，还没有哪个国家对私人和解权作出限制，不过在美国 1974 年《反托拉斯程序和处罚法》[the Antitrust Procedures and Penalties Act of 1974)（通常被称为《托尼法案》(Tunney Act)]中规定，政府反垄断诉讼中的和解协议应该向社会公众公布，并由法官决定司法部的和解协议是否符合"公共利益"。这一法案其实已经意识到决定让谁以一种权威性的方式代表美国利益发言是一件很困难的事，然而还是把这一权力授予了法官，而法官在决定是否批准和解协议时实际上不受任何既定规范的指导。这意味着，在美国司法部和联邦贸易委员会通过与被告达成和解协议而结案的，要想具有司法协议的效力，这些协议必须得到联邦法院的批准，否则就不能在法院得到承认和执行。法院批准这些和解协议的条件是，它们必须有利于公共利益（参见王晓晔：《竞争法学》，社会科学文献出版社 2007 年版，第 397 页）。一般认为，执法机关是公共机构，代表公共利益，但政府执事者对和解的效力认定予以司法控制是必要的。而大多数私人就是为了自己利益而提起诉讼的，因而，笔者认为，借鉴美国对反垄断执法和解效力限制，对具有很强公益诉讼特性的私人反垄断诉讼，对私人的和解予以"公共利益限制"是必要的。

② 在当今由私人提起的反垄断诉讼领域，原告资格的取得有两种模式：一种是美国的以已经遭受到损害为标准，一种是德国的以具有受害危险为标准。就司法实践看，美国的标准具有不断放宽的趋势，即原告范围扩大的趋势，而德国的标准则有被越来越多国家采纳的趋势。

错误行为者的定义是高度个体化的。它假定仅凭行为者的行为本身就足以判断是否有害,并且个人的理性有能力判定行为的有害性,并有能力作出决定和选择是否作出该行为。经典意义上,错误行为者指故意违反既有规则的、造成损害的个体。在秩序建构语境下,可能存在个体的错误行为者,如实施了反垄断法中以本身违法原则为标准的限制竞争行为者。但更多的是行为没有错误,而是法定的违法者,如实施了反垄断法中以合理分析原则判定的限制竞争行为者。同时,反垄断法中有的违法的错误行为者,并不一定是致害者。如反垄断执法机关因执法错误或因怠于履行职责,致使垄断行为没被制止而成为被告,但垄断所造成的损害并非执法机关所致,执法机关只是没能及时有效制止这种损害。另外,在争议解决诉讼中,如存在两个以上被告,一般来讲这些被告只有量的区别,而无质的不同,他们在违法或犯罪中的角色是可以相互转换的,因而,缺少任何一个并不影响违法或犯罪行为的成立。而在有的反垄断秩序建构诉讼中,有时两个以上被告是结构性的整体,即几个具有不同性质和功能的主体在限制竞争中具有功能互补关系形成一个结构性侵权整体,如我国《反垄断法》第三十二条规定的"行政机关和法律、法规授权的具有管理公共事务职能的组织不得滥用行政权力,限定或者变相限定单位或者个人经营、购买、使用其指定的经营者提供的商品。"违反这条规定,以及反垄断执法机关错误地批准了一宗经营者集中申请,在这样的案件中,被告就是由特定行政机关与其指定的经营者构成,它们在限制竞争中的功能是不同的,角色是不可转换的,任何一方对构成这种限制竞争行为都是不可或缺的。

(二)被告的构成条件

以上被告的角色说明,反垄断诉讼的核心不是被告的单个行为本身是否是错误的、是否直接导致了损害,而是他们的行为是否尽到了维护相关市场合理竞争秩序的责任,从而导致有效竞争秩序被破坏。在某种意义上,秩序建构诉讼是一种对物诉讼,而此处的"物"就是竞争秩序。将秩序建构的负担加之于某些经营者或公共组织,并非因为其有主观上的过错,做了任何道德意义上的错事,直接造成对某些主体的损害,而在于来自其行为对市场经济最基本的价值——竞争的威胁必须被防范,或者对其没有积极履行促成良好竞争秩序的社会责任的行为予以督促。

从特定救济的角度来看,纠纷解决诉讼,是以"特定行为是错误的"为前提的,这些救济是回溯性的,它们要求针对被告已发生的行为造成的既有损害依客观标准作出评价性的判决。然而,在秩序建构诉讼中的救济有的并不以行为的错误为前提,其更多的是面向未来的,它们并不一定要求对被告已发生的行为造成的既有损害依客观标准作出评价性的判决,而需要对被告行为对未来市场竞争的不良影响依预期作出评价性判决,因而,在反垄断诉讼最为发达的美国,其救济方式多是禁令,①它不需要像在民事诉讼、行政诉讼或是刑事诉讼中一样,对于"错误行为作出判决"。秩序建构诉讼致力于根除现有的对于竞争秩序的威胁,而禁令可以作为法院发布如何完成这一任务指令的正式机制。禁令是面向未来的,这一特质以及其对于法官权利的增强的实施,解释了为什么禁令在秩序建构诉讼中被频繁地使用。

三、法院和法官的角色

法院和法官的角色主要取决于对法院和法官的功能定位,以及法院和法官功能发挥所需要的程序,下面就从这两方面对法院和法官的角色予以分析。

(一)法院与法官的功能

争议解决模式设置了消极的法官形象,法官作为双方争端的仲裁者或观察者,依赖当事人在法律和事实方面的陈述和对于可能救济的主张。法官的作用仅仅是宣布谁对谁错。这一消极地位是与传统的个人权利法的这一假设——争议双方平等、对争议标的具有充分对等的信息和相同的认知——相适应的。而在反垄断秩序建构诉讼中,原告与被告并不仅仅限于在经济实力上的差异使得它们对于市场的支配能力及对行为的市场影响的信息的掌握是不平等的,而且,双方对立法、执法及司法提供的有利于自己的信息,或者说对立法、执法、司法的影响也是不平等的。这些不平等赋予法官充分的理由成为一种更加积极的角色,以确保其在诉讼中获得的信息是充分的,并得出公正的结果。这些关注被体现在反垄断秩序建构诉讼中,特别是当原告来自经济力量特别是信息处于劣势的私人提起的诉讼时。同样秩序建构诉讼提供了其他的、非常不同的支持抛弃法院完全消极地位的理由,如在面对限制竞争行为对市场的损害时,当事人并不是自己利益的最佳判断者,私人诉讼并不一定能维护社会整体利益,反垄断执法

---

① 禁令救济起源于近代商业秘密法诞生之初,由于商业秘密"一旦丧失就永远丧失",禁令是商业秘密侵权案中最重要的救济措施。在反垄断法中,由于竞争秩序一旦被破坏就难以恢复,因而,在美国反垄断诉讼中禁令被常常使用。而签发禁令牵涉到各种相互冲突的利益,法院应在权衡原被告利益和社会公共利益的基础上审慎作出决定。

机关及相关公益诉讼代表在诉讼中并不一定能代表社会整体利益，以及反垄断执法机关执法的执法和行政司法并非一定正确。

在秩序建构诉讼中，私人原告及其律师不仅仅为他们自己说话，他们同样也有意无意地能为群体，包括与他们具有相同境遇的受害者，以及现在或者未来的市场进入者或依赖者正言。但没有基础能够认定他们是合格的社会整体利益代表。不过他们的利益与社会整体利益往往是相容的，因而，他们虽仅为自己利益而选择这一地位，法律在一定条件下也赋予他们代表社会利益的资格。同样，也没有充分的理由假定被告及其律师是与被告具有相同地位的所有经营者利益的合格代表。对他们来说，这个过程不是自我选择，而是接受被对手挑选。

反垄断法中，公共利益的代言人和组织往往与政治体制有关。如美国联邦贸易委员会和司法部反托拉斯局的委员长和局长由总统提名，议会任命。另外，检察长和联邦最高法院的大法官的任命也与政治有关。我国的反垄断执法机关。因而，在执法、司法中不可能不带有政治偏见，这意味着，法院作为司法机关与立法、执法机关同样属于国家公共机关，具有共同的价值取向，所以，其判决不可能不受立法、执法中取得的价值共识所约束，其独立也是有限的。

上述情况决定了，任何一方不恰当的代表都可能导致远远超越参与者利益的结果。法院可能被误导，被告也有意无意地以在日后程序中不易修正的方式和受害人群体协调利益。应记住，被告不仅仅是在为自己个人的行为辩护，而是为相关市场体系中与已具有共同境遇的所有成员的过去和未来辩护。

（二）法院与法官功能发挥的程序

从上述视角出发，完全依赖于所谓原告和被告的主动性就太荒谬了。法官应当具有某些确定性的权利确定诉讼参与人，使与案件有关的竞争各类主体的利益都有合适的代表，一般应经过以下程序。

第一，发布通告并保证能送达或被告知那些有可能在诉讼中被代表的人。该通告将解释诉讼的内容并发出使得代表完善的参与抗辩的邀请。即使这样，法官也不能完全依赖于通告中提及的主体和内容，给扩张代表的合理要求留有一定的余地，虽然这可能会增加对手继续诉讼的成本。

第二，法官会要求特定机构，特别是相关的反垄断执法机关、监管机关和组织（如行业协会、消费者协会）参与诉讼，成为顾问，或为当事人，或是混合体——诉讼顾问。当然，出于对可接受性的需要，法院不应将邀请的范围限制在那些表示愿意参与,或曾有行动的主体。其本意在于获得执法机构、监管机关、行业协会等对于判决执行的认同,以利于对判决的执行提供监督和保证,而完全依赖于受害人的控诉可能导致判决和执行的扭曲,不利于实现竞争秩序的建构。

第三,法院在必要时可创造临时的自身机构,如特别主管,以纠正任何代表的不公正,或许它们有时不能够继续依赖执行机关和私人机构的支持者。特别主管是一种作用广泛的机构,但它们的重要作用之一是行使代表权。① 虽然有法官的授权,但特别主管有时作为一方,可表达关于责任和救济等参与者在诉讼中不大可能表达的内容。②

四、救济方式

争议解决模式关注的是已经发生了的、既存的事实,如交易或是事件。因而,救济过程并不重要,只是插曲式的。救济被用于纠正或制止某些孤立的事件,诉讼的重心往往在于作出判决,计算损害数量或是针对某一事件发出判决。在这些情状下,诉讼严格符合亚里士多德的戏剧结构:开头、中段和结局。只有在被告顽固不化的案件中,救济阶段才会更长,比如采取强制执行措施——冻结和拍卖财产。顽抗者的抵抗在大部分案件开始时都未被考虑为不可缺少的部分。

而反垄断的秩序建构诉讼不仅关注已发生的事实,更关注这一事实发生的场域——相关市场及其国内外发展趋向,以及这一事实对相关市场竞争的未来影响。因而,救济程序不是插曲式的。虽然它有开头,也有可能有中段,但他几乎没有结尾。它包含了法官、执法机关、监管机关、消费者和经营者间长期和持续的关系;它不仅关心已有的救济的执行,且更重视救济自身的给予和调整。它的任务不是明确谁对谁错,也不是计算损害的数量,而是消除影响理想的有效竞争价值实现的威胁。在一些可能解构组织的领域,如在非法合并或滥用市场支配地位案中,准许拆分企业可能是一些可能的选择。但在大多数情况下,如协议性限制竞争案件中,这种选择就不可行。这一救济完全建立在法院对国家产业政策、现行市场结构和有效竞争的认识上,因此,其目的在于尽可能消除限制行为对于有效竞争

① 参见 Geoffrey E. Aronow,"*The Special Master in School Desegregation Cases: The Evolution of Roles in the Reformation of Public Institutions Through Litigation*",Hastigs *Constitutional Law Quarterly*,1980,p.742.
② 参见[美]欧文·费斯:《如法所能》,师帅译,中国政法大学出版社 2008 年版,第 30 页。

价值的威胁。法院的裁判权也随着威胁的存在而持续。

经营者和执法机关对于市场行为认识的局限，以及经营者通过重新建立曾经存在的权力关系以适应干预的能力，不可避免地导致了一系列的干预——周而复始的辅助改进的循环。长期的监督和监管关系在法院、执法机关、其他公共组织和经营者之间产生。执法、司法必须受到监督，市场竞争行为必须受到监管，并且新的方式被用于保证经营者的行为方式在反垄断法的范围之内。法官为有效实施救济甚至可以设立新的机构，如特别主管，以辅助这些职能的实现。

第五节　对我国协商制反垄断 私人诉讼制度建立的建议

据国外协商制反垄断私人诉讼的制度经验，以及反垄断诉讼制度构造的一般理论，借鉴我国其他规制法私人诉讼制度发展的成就，对我国协商制反垄断私人诉讼制度的建立从诉讼的启动、庭审过程和裁决三个阶段提出以下建议。

一、诉讼的启动

这一阶段的目标在于通过制度设计，使任何人、团体以及一些政府机关等广泛的主体获得诉讼资格，发挥各自对垄断行为所具有信息、专业等优势。针对这一阶段，具体建议有三点。

（一）个人的诉讼资格

就赋予个人诉讼资格而言，可据提起诉讼的类型不同而不同。①提起损害赔偿之诉，以德国的"影响"为标准，赋予私人主体诉讼资格。因为垄断行为损害的是竞争秩序，因而，竞争者、直接购买者和消费者的利益都直接受到影响。这意味着，这些私人都具有诉讼上的利益，理应赋予诉讼资格。②提起停止损害之诉，类似英美法的"禁令"。应借鉴澳大利亚和新西兰的禁令申请资格制度，赋予垄断行为所在的地理市场区域内的所有社会成员诉讼资格。因为，垄断行为所在的地理市场区域内的所有社会成员都是潜在受害者

（二）代表人诉讼资格

这一制度与美国集团诉讼类似，在这种诉讼中可借鉴美国的成功报酬

制度,以激励具有反垄断诉讼专业知识和经验的律师积极参与诉讼,有利于解决代表人诉讼中诉讼费用难题,提高胜诉率,从而有利于遏制垄断行为。

(三)赋予特定团体诉讼资格

赋予特定团体诉讼资格有两种情形:①赋予特定社会团体诉讼资格。可借鉴德国《反限制竞争法》把诉讼资格赋予营业利益促进团体(行业协会)和消费者保护团体的做法。这在我国也是必要的和可行的,我国2013年《民事诉讼法》修改后第五十五条①规定了公益诉讼,但只作了原则规定,需要在部门法中具体化,已有一些规制性法律修改后做了规定,②可借鉴。②赋予特定政府机关诉讼资格。这在反垄断法中引入也是可行的,可借鉴我国环境法中的尝试。③

二、庭审过程

庭审过程实质上是协商过程,制度设计的目标在于使参与人能从公共理性的、专业的角度表达对垄断行为的认知意见,通过协商达成修正行为达成共识。针对这一阶段,具体建议有三点。

(一)专家意见引入制度

我国目前采取的是专家辅助人制度,④这种制度的弊端在于专家是当事人雇请辅助自己诉讼的,不免具有为雇主利益而作出不符合公共理性意见的弊端。对此,可借鉴日本的专业委员制度,以保证专家意见符合公共理性

(二)执法机关意见引入制度

我国目前反垄断法没有相关的制度规定,由于把反垄断诉讼看作是民事诉讼,而民事诉讼第六条规定:"人民法院依照法律规定对民事案件独立

---

① 《民事诉讼法》第五十五条规定:"对污染环境、侵害众多消费者合法权益等损害社会公共利益的行为,法律规定的机关和有关组织可以向人民法院提出诉讼。"
② 修改后的《消费者权益保护法》在第四十七条作了规定;修改后的《环境保护法》在第五十八条做了规定。
③ 在环境法中,我国2015年12月制定颁布的《生态环境损害赔偿制度改革试点方案》"试点内容"(三)规定:"试点地方省级政府经国务院授权后,作为本行政区域内生态环境损害赔偿权利人,可指定相关部门或机构负责生态环境损害赔偿具体工作。"
④ 我国最高人民法院发布施行的反垄断司法解释特别规定,当事人可以聘请具有专门知识的人出庭,对当事人垄断状况、支配地位等情况进行说明,这类似于国外的专家证人(专家辅助人)。

进行审判,不受行政机关、社会团体和个人的干涉。"因而,实践中我国法院无须通知相关竞争主管机关参与诉讼,相关竞争主管机关也无权要求参与诉讼。然而,反垄断私人诉讼只是借用了民事诉讼的形式,一般都涉及公共利益,一些案件对公共利益影响远甚于私人利益,因此,借鉴国外普遍做法,以及顺应规制法的发展趋势,以法律制度规定:竞争主管机关如果认为该私人反垄断诉讼可能涉及公共利益或可能对其公共执行造成不利影响时,有权向法院提出申请要求参与该诉讼程序,并对一些重大问题发表自己独立的见解供法庭参考。而竞争主管机关的专业性和公共性使其意见更具公共理性。

(三)当事人意见的甄别制度

垄断案件一般都具有较强的公共利益,然而在诉讼中,当事人及其代理律师都是经济人,当原告律师与被告和解可以获得大笔律师费,且被告可以将其法律成本降低到最低时,可能会达成对原告损害和解协议。另外,原被告可能达成对当事人双方有利,但对竞争秩序不利的和解协议,因此,需要法律制度对和解协议是否符合公共理性作出甄别。为此,可借鉴美国的做法,规定所有的和解协议只有是"公平的、合理的和恰当的"才可以得到法院的批准。

三、裁决的做成

裁决实质上是对协商(协议)结果是否符合公共理性的辨识与判断,此阶段制度设计的目标在于使裁决符合公共理性。若在庭审过程的协商中,有相关专家、反垄断执法机关和当事人参与,他们协商达成协议,一般来说都是符合公共理性的。笔者建议按规制法的"遵从行政机构的解释"的规则,法官在裁决中对协议予以尊重。只有法官确信协议有不尽合理之处,且经听证程序后,才可对协议修改。

第十二章　秩序理念下的经济法公益诉讼

市场经济的发展、社会经济的有机化使市场经营者对市场的依赖日益增强，从而致使经营者的经营行为愈益社会化，其行为的影响愈益具有公共性，一旦违法，不仅会给不特定的众多主体造成损害，且给市场经济体系本身造成损害。为防止社会公共性损害的发生，并给受害者有效地提供救济，我国2013年在《民事诉讼法》的修改中建立了公益诉讼制度，但只做了原则性规定，①而把更具操作性的具体制度的设计留给具体法律部门。为此，《消费者权益保护法》在2014年修改后于第四十七条做了规定："对侵害众多消费者合法权益的行为，中国消费者协会以及在省、自治区、直辖市设立的消费者协会，可以向人民法院提起诉讼。"从这一规定的内容不难看出看，我国部门经济法的公益诉讼主要存在两方面的问题：一是公益诉讼原告资格限制较严，二是对公益诉讼的机制和制度形式缺乏具体规定。第一个问题的存在，致使公益诉讼很难提起，从而失却该制度设立的目的。而第二个问题的存在，使得该制度规定过于讲求原则，难以操作的问题仍没能解决。

基于此，本章以消法的公益诉讼为切入点展开对经济法公益诉讼（以下简称经济公益诉讼）的讨论。本章首先从公益诉讼的一般理论切入对消费者公益诉讼的内容予以探讨。在此基础上，对作为消费者公益诉讼制度难点的原告资格问题进行分析。最后，结合消费品交易的特点对消费者公益诉讼的机制及制度提出建议。

第一节　经济公益诉讼的含义和内容构成

对公益诉讼含义和内容构成的理解不同，决定着对公益诉讼制度模式的不同选择。因此，要对我国经济公益诉讼制度的建设提出合理化建议，

---

① 修改后的《民事诉讼法》第五十五条规定："对污染环境、侵害众多消费者合法权益等损害社会公共利益的行为，法律规定的机关和有关组织可以向人民法院提出诉讼。"

必须首先厘清公益诉讼的内涵和外延。

一、经济公益诉讼的内涵

这里的"经济公益诉讼"是指因违反经济法而引发的公益诉讼。因而，理解"经济公益诉讼"的关键在于对理解"公益诉讼"。

目前，学术界一般把私人主体间的诉讼称为民事诉讼，且按诉讼指向的利益属性或者原告与诉讼利益的关系把诉讼分为私益诉讼和公益诉讼。因此，通常把民事公益诉讼看作传统民事诉讼制度和框架内的一个以目的为导向的诉讼制度。这种思维范式决定了，往往把公益诉讼看作是民事公益诉讼的一种。由于我国市场规制法领域的纠纷往往被看作私主体间的纠纷，因而，部门经济法中的公益诉讼也被看作为民事公益诉讼，因而，要弄清经济公益诉讼，首先必须了解学术界有关民事公益诉讼的观点。

关于民事公益诉讼，学术界有两种界定方式：一种基于诉讼目的或诉讼保护的利益的视角，认为以维护公共利益为目的提起的诉讼都是公益诉讼，不管原告是否与争议有直接利害关系；另一种基于从原告与争议利益是否有关的视角，认为只有原告与争议没有直接利害关系才是民事公益诉讼。[①]

上述对公益诉讼的界定，其优点在于易于理解，也与我国既有的法庭制度设置对应，因而便于实际操作；其缺点在于给具体部门法，如消法（未来将修订的产品质量法、广告法等中）有关公益诉讼制度设计带来了困难。[②]

基于此，笔者认为，公益诉讼是为维护公共利益而提起的诉讼，是一种新型的诉讼，或"现代型诉讼"。其主要适用于"发散性损害"（如虚假广告、产品质量、消费品交易等具有众多受害者的损害）和系统性损害（如对环境、竞争秩序、自然垄断和公用事业领域的公正交易秩序的损害），即对公共利益损害而发生的纠纷。虽然，一些国家授予私人主体提起公益诉讼的资格，但"这种诉讼的对象不是以私人权益为中心的私人之间的纠纷，而是针对某种公共政策的存在方式的不服。"[③]其实质是赋予具有知悉损害公

[①] 参见洪浩、邓晓静：《公益诉讼中检察权的配置》，载《法学》2013 年第 7 期。

[②] 其困难之一就是按民事诉讼理论，原告必须具有诉讼上的利益，而公益诉讼中的原告通常却不以与争议的利益具有直接关系为条件。可见，公益诉讼制度与民诉的法理存本身就存在冲突。

[③] ［德］海茵·盖茨：《公共利益诉讼的比较法鸟瞰》，载［意］莫诺·卡佩莱蒂：《福利国家与接近正义》，法律出版社 2000 年版，第 66 页。

共利益的个人启动司法程序制止违法行为、履行社会责任的途径。因而，因私人主体的不法行为而对不特定主体的损害，即公益损害所形成的关系并非民事关系，以此提起的诉讼虽具有一般民事诉讼的特征，但不属于民事诉讼。可见，公益诉讼从诉讼目的（保护的利益）来界定较为妥帖，而和原告是否与争议有利害关系无关。

二、经济公益诉讼的种类

目前法学界将公益诉讼分为三种类型，相应地，经济公益诉讼相应的也可划分为以下三种形式。

（一）自益经济公益诉讼

自益经济公益诉讼，指较大范围内、涉及多数人的具有相同或相似诉求的、为群体内每个私人利益而提起的诉讼，被称为群体诉讼。[1] 其制度形式主要表现为代表人诉讼和集团诉讼。在这类诉讼中，原告是违反经济法的不法行为的受害者，与案件有直接利害关系，起诉的目的主要是维护自身的私益，客观上可以起到保护公共利益的作用。这种制度的目的在于节约诉讼成本，提高诉讼效率，并保证判决的一致性。但在每个受害者所受损失不大的情况下，诉讼成本往往会高于其胜诉后获得的个人收益，导致受害人很少通过代表人诉讼来保护自己的权益。正因此，我国现实中的代表人诉讼既难以保护因经济违法行为而受害的市场主体（经营者和消费者）的私人利益，客观上也难以发挥保护市场经济公共秩序的作用。

（二）他益经济公益诉讼

他益经济公益诉讼[2]，原告提起基于经济法纠纷诉讼完全是为了公共利益，而不是为了自身的个体利益或者集团和社会组织的利益。原告是法律规定的机关或有关组织，对侵害多数人权利等损害社会公共利益的行为，原告可以向法院提起诉讼。如美国的由律师按胜诉酬金制度提起的公益诉讼、公民诉讼，德国的团体诉讼。

（三）混合公益诉讼

混合公益诉讼，即自益和他益相结合的混合公益诉讼。原告提起诉讼形式上是保护自身利益，但目的是保护以市场秩序为载体的公共利益，并且现实中也可以起到保护市场秩序、保护公共利益的作用，其制度形式如

---

① 参见张艳蕊：《民事公益诉讼制度研究》，北京大学出版社 2007 年版，第 29-31 页。
② 杨严炎：《论公益诉讼与群体诉讼的关系》，载《政治与法律》2010 年第 9 期。

向德国的示范诉讼。在这类经济诉讼中，相关的保护组织支持具体受害的市场主体，按照传统民事诉讼的相关规定提起诉讼，生效判决能够起到示范效果，判决效力具有扩张性，及于所有共同受害人（类似于美国反垄断法的后续诉讼），最终起到维护市场秩序，维护公共利益的目的。①

三、经济公益诉讼外延

据上述分析，从外延看经济公益诉讼可分为广义、中义和狭义三大类：狭义的公益诉讼是指他益经济公益诉讼。中义的公益诉讼是指他益经济公益诉讼，以及混合公益诉讼。广义的经济公益诉讼包括上述三种公益诉讼。本章的经济公益诉讼是在中义意义上使用的，如此选择主要有以下原因。

第一，狭义公益诉讼由于把公益诉讼限定于他益公益诉讼，这就排除了受害人维护公益的途径，这不仅与目前在世界上发达国家公益诉讼中呈现出的主体资格扩大的趋势不符，也不利于利用受害者能及时掌握有关损害行为信息的优势，从而不利于尽早防止公共性损害的发生。

第二，广义公益诉讼包含了自益诉讼，一般来讲，针对具有社会危害与私人危害双重损害性的行为的自益诉讼从结果看都具有一定的公益性，其中群体诉讼具有很强的公益性，从其起源看，就是为应对公共危害型的行为而设立的，因而，有学者认为这也是公益诉讼的形式。这种观点虽有一定道理，但依笔者见，它与公益诉讼在三个方面存在着明显的不同。首先，在诉讼目的方面，公益诉讼尽管并不排除对私益的保护，但其主要目的是维护市场秩序，亦即维护公共利益；而群体诉讼，只是为了节约诉讼费用、提高诉讼效率，并保证判决的一致性，公益性作用不是其主要使命和目的。② 其次，在诉讼形式方面，经济公益诉讼主要是由符合法定条件的保护组织——如消法中的消费者保护组织作为经济公益诉讼的原告，可以团体组织的名义提起单一诉讼，也可以参与诉讼或者接受受益人的委托授权支持诉讼；而在经济性民事群体诉讼中，却是由众多受害者推选或法院在起诉的当事人中指定的、人数不确定的代表作为原告提起诉讼的。通过被代表人以明示授权方式授予代表人诉讼实施权、判决效力有限扩张等维护

---

① 参见曾于生：《关于公益诉讼的若干理论问题反思》，载《华东师范大学学报（哲学社会科学版）》2012 年第 6 期。

② 参见肖建国：《民事公益诉讼的基本模式研究：以中、美、德三国为中心的比较法考察》，载《中国法学》2007 年第 5 期。

投资者的法定权益。① 最后，在当事人方面，经济公益诉讼的原告是专门的保护组织，如消法中的消费者保护，它们与案件没有利害关系，或者仅有象征性的利害关系；而群体讼制度实质是一种代表诉讼，真实的诉讼权利都只能由少数诉讼代表人或者其他适格主体代为行使，其余成员是脱离诉讼的。

正是以上不同，在一些部门法中，如证券法中，一般在设有民事赔偿诉讼、代表人诉讼等制度的同时，增加公益诉讼。因而，市场规制法中部门经济法未来的公益诉讼可借鉴证券法的这种制度设计，经济公益诉讼不应包括自益诉讼。

第三，中义公益诉讼中的他益公益诉讼是公益诉讼的应有之义，因而，将其包括在公益诉讼自不待言，而把混合性公益诉讼涵摄其中亦有优越性，这是因为"公私利益结合得最紧密的地方，公共利益所得到的推进也最大"②。而混合性公益诉讼就是把公益和私议结合的诉讼形式之一。

第二节　经济公益诉讼的原告资格

原告资格制度不仅决定着公益诉讼的启动，也决定着公益诉讼是否能有效地运行，是公益诉讼制度的核心，经济公益诉讼也不例外。

在经济纠纷中，受违反经济法行为损害的市场主体（主要是消费者）不论从经济能力，还是从对交易信息的掌握来看，都处于劣势，从而导致在纠纷中处于弱势。为了保护市场公正的交易秩序，从而更好地保护消费者，授予消费者保护组织原告资格成为国外公益诉讼的普遍做法。我国新《民事诉讼法》第五十五条规定"法律规定的机关和有关组织"可以提起公益诉讼。但却没有明确规定究竟什么组织具有提起公益诉讼的资格，因而，需要部门经济法予以明确化。对此，学术界提出了各种不同的观点，概括起来主要有三，即把诉讼资格授予检察机关、政府机关、社会组织。下面我们在分析这三种观点的基础上，结合经济纠纷的特点，提出自己的看法。

一、学术界的观点

目前我国学术界对公益诉讼原告资格的赋予，有三种主要观点，即将

---

① 参见白彦、杨兵：《我国民事公益诉讼的经济分析：基于理性的视角》，载《北京大学学报》（哲学社会科学版）2013 年第 6 期。

② ［英］霍布斯：《利维坦》，黎思复、黎廷弼译，商务印书馆 1985 年版，第 144 页。

诉讼资格授予检察机关、市场监管主体和社会组织，下面分别对这三种观点予以介绍。

(一)授予检察机关

有学者认为应将检察机关纳入公益诉讼原告范围。[①] 提出这一论点的主要理由有四点。第一，从理论上讲，检察机关具有专业化、司法权威和诉讼能力等优势，作为法律监督机关可以自然取得公益诉讼的原告资格。[②] 第二，检察机关拥有专门的法律人才和办案经验，同时享有侦查权，有利于调查取证，[③]在市场监管机关不愿或者怠于行使经济公益诉讼时，更能起到维护市场公共利益的作用。第三，检察机关作为公益诉讼原告，在大陆法系和英美法系国家都已经比较普遍，成为国外公益诉讼的立法和司法趋势。第四，检察机关是为了维护公共利益设立的，在履行职责时是国家利益和社会公共利益的代表，这使其最适合担当经济公益诉讼的原告。

(二)授予市场监管机关

这一主张基于政府是公共利益的代表，且《民事诉讼法》规定的公益诉讼原告主体中，"有关行政机关"是其中之一。其具体理由有两点：第一，市场监管机关是市场公平秩序的保护和管理机构，法律授权其管理和保护投资者和消费者的合法权益，使其有权利也有义务作为公益诉讼的原告提起诉讼，保护市场的公共利益。第二，作为专业监管部门，拥有大量专业人员和经费资源，有能力负担诉讼成本和支持诉讼。

(三)授予社会组织

这一主张的根据之一是，已经建立公益诉讼的国家中，社会组织是比较普遍的原告主体。其具体理由有三点：第一，一个社会组织大多是基于维护特定团体或人群的利益建立的，有代表公共利益的组织基础，具有一定的公益性。第二，社会组织有专业的人员，有自己的经费来源和筹资渠道，能够负担公益诉讼的成本。第三，社会组织是建立在其所代表的群体基础之上的，更加了解群体的利益，也容易整合群体的利益和需求，也有动

---

① 参见肖建华：《现代型诉讼之程序保障：以 2012 年《民事诉讼法》修改为背景》，载《比较法研究》2012 年第 5 期。

② 参见杨朝霞：《提起公益诉讼，检察机关应有资格》，载，《检察日报》2012 年 6 月 18 日（第 6 版）。

③ 参见蔡彦敏：《中国环境民事公益诉讼的检察担当》，载《中外法学》2011 年第 1 期。

力保护群体的利益。①

二、笔者的观点

上述观点具有一定的合理性，但考虑到我国上述组织的职能和经济纠纷的专业性特点，笔者认为，只有专门的社会组织才能作为原告。

（一）监察机关和市场监管机关不宜作为原告的理由

第一，监察机关不宜作原告。对是否授予检察机关提起公益诉讼的资格，笔者赞成否定意见，主要理由有三点：①如授予资格，其在身份上就既是法律监督者，又是公益诉讼的代表者，会产生角色冲突，②不能有效地保护市场的公共利益。②检察机关的主要工作是刑事公诉，虽有法律诉讼专业知识，但缺乏专业知识。③在西方国家，检察机关属于行政机关，代表政府对涉及公共利益的案件提起诉讼，保护社会利益。而我国检察机关是法律监督机关，因此，西方国家通行的检察机关，提起公益诉讼的模式不适合移植到我国。③

第二，市场监管机关不宜作原告。对是否授予市场监管机关提起经济公益诉讼的资格，笔者也否定态度，主要理由三点：①市场监管机关代表国家行使市场监管权力，市场监管机关可以通过行政处罚、行政强制等手段实现其职能，不需要采取公益诉讼的方式，否则会造成公共资源的浪费。②在诉讼中，由于市场监管机关可以利用行政监管权调查取证，会导致双方当事人地位不平等。③授予市场监管机关原告资格，使其和监管对象既是监管与被监管的行政关系，又是平等的主体关系，会难以处理两种身份，造成利益冲突。

（二）专门组织作为原告的理由

授予一般社会组织公益诉讼资格，虽没监察机关和市场监管机关身份冲突和职能限制，但授予社会组织公益诉讼的资格，也存在一些需要解决的问题，主要有两点：①社会组织的能力和层次差别很大，如果不加区别，所有的社会组织都可以提起经济公益诉讼，反而会危害到市场的公共利益。②，社会组织容易受到其出资人的影响，并且不同社会组织之间的利

---

① 参见敖双红：《公益诉讼概念辨析》，载《武汉大学学报（哲学社会科学版）》2007 年第 2 期。
② 参见宁利昂：《提起公益诉讼的主体：本土可行性分析》，载《政治与法律》2012 年第 4 期；章礼明"检察机关不宜作为环境公益诉讼的原告》，载《法学》2011 年第 6 期。
③ 参见卢成仁：《民行检察介入公益诉讼的法理分析》，载《河北法学》2012 年第 9 期。

益取向差别也很大，这些都容易造成社会组织的利益偏向，只能代表部分群体的利益，难以保持中立性。因而，对社会组织授予经济公益诉讼原告资格应有所限制，也就是说具有提起经济公益诉讼资格的只应是专门组织。其理由如下：

第一，有助于解决集体行动难题，更好地维护市场交易秩序、保护公共利益。经济法上的纠纷往往涉及公共利益，而参与诉讼需要成本，因而在投资者损失有限时，往往导致在经济诉讼中产生集体行动的难题。① 而专门组织主要是为维护市场交易秩序，即维护公共利益而设立和存在的，本身具有公共利益管理和公共服务性质，因而，赋予专门组织提起经济公益诉讼的资格，能有效解决投资者难以自发形成共同意志和诉讼集团的问题，也能解决投资者个体参与不足的问题。

第二，通过法律对专门组织与相关市场主体关系机制的规定，可很好地把私益和公益相结合，有利于激励其维护公益。专门组织可以为受害的市场主体尤其是消费者提供法律咨询、法律援助，参与或者支持受害者提起诉讼，以保护受害者，特别是消费者的利益。

三、专门组织获得诉讼资格的条件

为保证原告在公益诉讼中的积极性、公益性、有效性，实现对市场交易秩序及公共利益的保护，被授予提起经济公益诉讼原告资格的专门组织应具备以下条件。

（一）内在条件：能力要件

许多经济纠纷的隐秘性、专业性决定了提起经济公益诉讼的专门组织必须具备提起诉讼的激励和能力。这意味着，只有具有专门保护职能的组织才可获得提起经济公益诉讼的资格。这一要求的原因有两点：第一，专门组织设立的目的，赋予了其保护特定市场主体公共利益的职责使其具有保护潜在受害者利益的积极性。第二，专门组织意味着组织的专业性，人员素质和经费保障相对较好，并且能够协调多方面的资源，有利于及时发现并证明经营者的违法行为，从而提高诉讼的效率，更有利于保护市场秩

① 奥尔森认为："除非一个集团中人数很少，或者除非存在强制或其他某些特殊手段以使个人按照他们的共同利益行事，有理性的、寻求自我利益的个人不会采取行动以实现他们共同的或集团的利益。"（[美]曼瑟尔·奥尔森：《集体行动的逻辑》，陈郁等译，上海三联书店、上海人民出版社1995年版，第2-3页）

序的公共利益。① 因此,具备专业能力的专门组织是获得经济公益诉讼起诉资格的内在条件。

(二)外在条件之一:依法获得认可而设立

专门组织获得诉讼资格需要满足一定的程序,最好是依法获得有关行政部门认可的组织,有关法律规定的认可的要件应主要包括以下几个方面:第一,必须是广域性组织,这是因为,现代交易市场许多属于广域性市场,一旦发生纠纷,受害者将可能遍布不同地域,甚至全国或世界。第二,组织的程度越高,俘获的成本越大,因而,广域性组织更能保持与任何经营者在经济上没有直接的利害关系。第三,应是非营利性和非经营性的专门组织。② 第四,必须在章程中明确表明保护市场秩序和相关市场主体利益是该社团的目的,如消费者保护组织以保护消费者利益为目的。

(三)外在条件之二:政府拨款或资助

经济公益诉讼所面对的经济纠纷行为的复杂性(如反垄断、金融消费者),使之具有较高的成本。而专门组织的非营利性决定了其虽可利用成员会费,或从胜诉赔偿金中提取部分作为基金,但仍可能存在资金不足,从而影响经济公益诉讼的进行。而专门组织在维护市场的公平和秩序、促进市场良性发展等方面发挥着重要作用,既然其行为有益于社会公共利益,社会为此付出一定代价就理所当然。而国家作为社会的代表,每年应适度地给予拨款或者资助,以保证专门保护组织具有充足的运营费用和诉讼费用,这样有助于专门组织提高其保护相关市场主体的能力。

第三节 经济公益诉讼的机制与制度构成

在解决了诉讼主体资格问题后,接下来就是主体如何提起诉讼的问题。下面针对这一问题,在吸收国外公益诉讼的制度经验,结合我国法律现实的基础上,提出一些设想。

一、可资借鉴的两种制度模式

据国内外公益诉讼的法律规定和司法实践,学界把公益诉讼归为五种

---

① 参见侯登华:《试论社会组织提起民事公益诉讼》,载《政法论坛》2013 年第 6 期。
② 参见刘学在:《民事公益诉讼原告资格解析》,载《国家检察官学院学报》2013 年第 2 期。

模式,即群体诉讼(其形式有集团诉讼、代表人诉讼)、实验诉讼(示范诉讼)、团体诉讼、公民诉讼和民事公诉。① 据前述研究,对于群体诉讼,如我国的代表人诉讼,依笔者见不属于公益诉讼,加之,我国已有较成熟的制度,因而没必要研究。对于民事公诉,国外这种诉讼原告一般为检察机关,而我国检察机关的职能与国外不同,这决定了其不宜作公益诉讼的原告。另外,经济法上的纠纷主要关涉对众多不特定经营者和消费者利益的损害,虽与环境的公益损害相近,但因经济法本身的特性,加之中国公民当下的公共道德现状,不宜赋予公民提起经济公益诉讼的资格。因此,在我国,适宜经济公益诉讼的只有两种制度模式,即专门组织直接提起的诉讼(团体诉讼)和示范(实验)诉讼,下面对此予以研究。

(一)团体诉讼

团体诉讼,是赋予一些社会团体组织诉讼主体资格和诉权,使其可以代表团体成员提起诉讼,独立享有和承担诉讼上的权利义务,并可以独立作出实体处分的专门性制度,其最早产生于德国 1896 年《反不正当竞争法》,如今适用诸多法律。② 在德国的团体诉讼中,明确将团体利益与其成员的个体利益区别开来,由于二者的诉权并不相互排斥或完全重合,因此,提起团体诉讼并不对其成员的个人诉权造成侵蚀。

德国的团体诉讼被限于提起不作为之诉,不能提起损害赔偿之诉,目的在于制止违法行为,以实现对公正交易秩序的保护。这意味着其被严格限定为公共利益之诉讼,是一种纯粹的公益诉讼。团体诉讼的这一独特品质,对于受害者损失不明显,主要存在对交易秩序影响的情形下,在维护公益方面显示了其优越性,但同时也存在不能给具体受害的市场主体予以补偿的缺陷,从而,对于存在确定的受害人,特别是存在小额分散损害的众多受害者的情况下,如消法、广告法、产品质量法中对众多消费者的损害,就不如美国的集团诉讼和我国的代表人诉讼更为有效。

正因此,我国一些法律在开始借鉴德国团体诉讼制度时,依据法定诉讼担当理论,对其适用的条件做了限制性的规定,即"当诉讼标的之权利义务归属主体不可能或不适于进行诉讼时,由法律规定的应当对归属主体负

---

① 参见肖建国:《民事公益诉讼的基本模式研究:以中、美、德三国为中心的比较法考察》,载《中国法学》2007 年第 5 期。从德国的法律规定看,其多属于经济法的部门法。

② 参见范愉:《集团诉讼问题研究》,北京大学出版社 2005 年版,第 231 页。

有保护职责的人或者财产管理权人进行诉讼担当"①。

(二)示范诉讼

示范诉讼,即对于有共同法律和事实问题的群体性纠纷,法院可以从已经受理的大量诉讼案件中选择一宗或多宗案件进行试验性诉讼,法院对试验性诉讼所作出的判决,对于其他有共同法律和事实问题的群体纠纷具有拘束力。这种公益诉讼模式目前在英美和大陆法系国家都获得了立法或判例上的认可。②

这种诉讼的实质是一种公益和私益兼顾的混合型诉讼,其优点是节约了后续诉讼的成本,有利于在所有受害者在获得补偿的同时使违法者承担责任后难以从违法中获益,具有较强的威慑作用,从而达到防止违法、维护交易秩序和公益的目的。但这种制度的运行存在这样几个难题:第一,"搭便车"心理使如何找到一个愿意为了其他原告的利益而承担诉讼风险的原告成为难题。这一问题的实质是诉讼的资金来源问题。第二,判决对所有受害人产生既判力问题。这一问题的关键在于非经消费者授权而提起示范性诉讼的话,终局判决能否对未直接参加诉讼的人产生约束力。如果承认具有约束力,则与当事人要求听审的权利相悖。如果不具有约束力,则示范诉讼就失去了意义。

对于第一个问题,在受害者可确定条件下,虽可由受害者群体临时设立的消费者组织负担示范性案件的费用来解决,但若受害者难以确定,则有困难。加之,每次案件临时设立的组织,并不能强迫所有的受害者参与,且各受害者受害程度不同,因而,临时组织的费用如何筹集仍是问题。对于第二个问题,德国一般采取有限承认的,即只在"保护消费者利益有必要"的情形下,在实践中承认联邦最高法院的判决具有约束力。但考虑到现代投资领域的新特点,2005 年德国制定了《投资人示范性诉讼法》,规定因错误陈述、误导性陈述或不完全陈述产生的损害赔偿请求可以适用实验性诉讼程序,其判决具有既判力,日本和英国通过建立所有受损害的当事人同意的制度,解决示范诉讼的既判力问题。

---

① 肖建国:《民事公益诉讼的基本模式研究:以中、美、德三国为中心的比较法考察》,载《中国法学》2007 年第 5 期。

② 肖建国:《民事公益诉讼的基本模式研究:以中、美、德三国为中心的比较法考察》,载《中国法学》2007 年第 5 期。

二、我国经济公益诉讼的机制和制度构想

诉讼机制的选择与诉讼所要解决的问题构成有关,而诉讼制度的设计旨在克服既有制度在实现其目的时所存在的不足。据此,我们从经济纠纷涉及的公益问题构成,以及既有的团体诉讼与示范诉讼在实现经济公益诉讼目的中存在的障碍,来讨论我国经济公益诉讼的机制和制度设计。

(一)我国经济公益诉讼的机制

在现实中,因经济法引起的纠纷中多数是涉及私益和公益两方面的混合型案件,但并非所有案件所涉私益和公益的程度都相同。据纠纷中公益和私益的权重不同,可把经济纠纷分为以公益为主导的纠纷和以私益为主导的纠纷两类。

涉及公共利益的经济纠纷行为通常为市场规制法中经营者的抽象经营行为,其中最典型的是欺诈性经营行为,即虚假宣传、假冒仿冒,以及限制竞争行为和经济规制中的不公平定价等行为。这种行为损害的主要是市场秩序,以及以此为载体的公益,只是间接波及对私益的损害,且对私人的损害是不确定的。同时,这种损害与行为持续时间的长短有关,通常其初期并不对私人利益造成损害,几乎是纯粹对公益的损害,只是随着时间的推移,受其影响而交易的投资者的私益才可能受害。而假冒仿冒、产品质量瑕疵等是较为具体的行为,由此引起的纠纷多是以私益为主导的。因为,这种行为影响的是与之交易者的私人利益,其受害的经营者、消费者所受损害是确定的。

上述两类纠纷形式中,以公益为主导的纠纷要解决的主要问题是防止经济公害行为的发生,对此,宜采取团体诉讼。而以私益为主导的纠纷要解决的主要问题不仅在于对经济公害行为的防止,还要对受害者的私益予以补偿,因而,宜采取具有私益诉讼特征的示范诉讼。另外,经济公益诉讼的适用范围是开放的,应当根据实践的发展进行适当扩展。因而,今后在一些部门经济法修订中,如设立公益诉讼制度,应选择团体诉讼和示范诉讼两种模式结合的二元机制,并采取列举加概括的条款解决相关问题。

(二)我国经济公益诉讼制度构想

对应于二元机制,我国的经济公益诉讼涉及两种制度建设,下面以公

益诉讼制度运行存在的问题为导向,提出经济公益诉讼制度建构的初步设想。

1. 经济团体诉讼

第一,起诉的激励和约束问题。前述论证了经济公益诉讼的原告资格宜授予专门组织,从这种组织设立的目的、职能看,其具有提起诉讼的激励。但组织往往是由具体的人执事的,因而,现实中的专门经济组织未必有提起公益诉讼的激励。对此,笔者认为应建立相应的激励与约束机制。就激励机制而言,可规定专门组织不仅可提起停止侵害(不作为)之诉,也可提起损害赔偿之诉,且允许其从胜诉的赔偿金中提取一定比例,用于奖励参与诉讼的相关组织成员。就约束机制而言,可规定,当专门组织怠于起诉时,成员投资者可提请其提起诉讼,专门组织必须在一定时间内对其是否起诉作出答复,并就其不提起诉讼向投资者说明理由。

第二,诉讼风险承担和赔偿金分配问题。诉讼有成败,而不论成败都需要成本。诉讼风险问题主要是诉讼费用的承担或来源问题。对此,可由设立的专门保护基金承担,基金的来源由成员缴纳的费用、政府财政拨款、胜诉赔偿金的余额构成。因为从团体诉讼中获益最大者为团体成员,因而,成员应为此承担风险费用。同时,市场秩序关涉整个经济秩序,从而关系到社会整体利益,因而,由财政承担部分费用由其合理性。另外,由于团体诉讼针对的是以公益损害为主导行为,其私益损害难以确定,因而,胜诉赔偿金可归入专门设立的保护基金中,以基金给提起请求的受害者适当赔偿,余额则归入基金用于对投资者的保护。

2. 经济示范诉讼

第一,原告难题。对此,可采取以专门组织参与或支持的示范经济公益诉讼,即在诉讼中,专门组织作为受害者的诉讼代理人或者受托人参与诉讼,澄清受害经营者和消费者相关的重要的法律和事实问题,公布示范公益诉讼的结果,以方便后续受害者自行提起起诉。

第二,起诉参与或支持诉讼的约束问题。为了保障专门组织能参与或支持投资者的诉讼,可以法律规定,示范原告可请求专门组织参与或支持其诉讼,专门组织必须在一定时间内对其是否参与或支持作出答复,并就其不支持或不参与向示范原告说明理由。

第三,诉讼风险承担和赔偿金分配问题。由于这种诉讼具有较浓的私益诉讼的色彩,加之,专门组织在其中只是参与或支持,因而,在诉讼风险的承担,即诉讼成本的负担上,专门组织只起辅助作用,承担其参与和支持的费用,私人也需承担部分费用,这是因为该诉讼主要是补偿示范原告的私人利益,同时,让个人承担成本有利于防止滥诉。而在赔偿金中,个人应获得充分补偿,但违法者承担的责任中应适当补偿社会损害,这部分归于投资者保护基金。

第十三章　秩序理念下的消费者权益保护法

20世纪50年代,在西方发达国家兴起的消费者保护运动催生了消费者权益保护法。半个多世纪以来,不论是具体的法律制度规定还是司法实践,消费者权益保护法都发生着重大变化,相应地,各国法学界对其研究的范式也在不断发生变化。这种转化主要体现在保护消费者理念的变化上,即从保护具体消费者权利的私法范式转向保护消费品交易秩序的经济法范式。

本章拟以我国修订后的消法,以及最高人民法院有关审理消费者纠纷案件的两则司法解释①为样本,采用经济学分析方法,对两种消法保护范式保护的法益、保护方式以及实现方式进行比较,对理解或解释消法的经济法范式予以阐发,以期对消法未来的完善,以及对当下新制度的恰切解释提供理论支撑,进而为消法功能的发挥和目的的实现提供些许助益。

第一节　消费者权益保护法保护什么

消费者权益保护法保护什么? 似乎是一个不言自明的问题,但这一问题在"消费"中实际并非如此。对此问题,目前法学界有两种不同的研究范式,即固有的私法范式和新兴的经济法范式,它们各自给出了不同的回答。

一、私法范式的观点

私法范式的观点是私法范式的观念在消费者保护法中的应用,因而,必须先了解私法范式的观念,在此基础上才能理解私法范式关于消法保护什么的观点。

(一)私法范式的观念

私法范式是目前学术界和司法界思考和解释消法的主流范式。该范

---

① 《最高人民法院关于审理食品药品纠纷案件适用法律若干问题的规定》和《最高人民法院关于审理消费民事公益诉讼案件适用法律若干问题的解释》。

式认为,消法保护的是消费者的权益,法学界主流观点对我国消法第二条的理解就可说明这一点。按主流观点,这里规定的消费者是指为生活需要购买商品和接受服务的人,通常被理解为在消费品买卖合同中处于购买方的具体的人。因而,其保护的利益就是在消费品买卖合同中,因侵权或违约而遭受利益损害的私人物品,以及体现其上的私人利益。

这种认知是由私法的观念基础和方法论所决定的。法律人都知道,私法的社会观和方法论是个体主义的。其核心观点有三:第一,社会是个人之和。第二,个人是独立、平等的理性存在,这里的"理性"通常指"完全理性"。每个人的偏好是不同的,因而个人是自己利益的最佳判断者,这意味着自由是实现个人利益的最佳途径,也是实现社会利益的最佳途径。第三,自发的市场机制可以形成良好的市场秩序,即司法范式虽然认为个人利益的实现需要社会合作,且在合作中个人之间的利益关系主要是冲突的,但这种合作及合作中的利益冲突在权利界定的基础上,可以通过市场机制的自发作用实现协调。

这种观念是由从小商品经济阶段到市场经济阶段这一资本主义发展过程所要解决的社会经济问题所决定的。由于这一时期,社会生产力还不发达,生产的社会化程度还不高,作为经营者的个体的经济力量有限,其行为还不足以对社会经济体系——市场机制产生致命的有害影响。因而,人们之间的合作,以及产业之间的协调发展仅靠市场机制自发作用基本可以实现。"市场失灵"还没呈现,作为个人利益重要来源的公共物品——良好的经济秩序,依市场的自发机制就可以优质地有效供给,良好的经济秩序这一公共物品对个人利益的重要性难以彰显。这时,在个人的利益结构谱系中,个人获得利益的多寡主要体现为私人物品给个人提供的私人利益,而私人物品的排他性、竞争性,决定了私人利益之间的冲突性。这时经营者对消费者的损害基本都是对特定消费者特定私人利益的损害,因而,私法的主要功能就在于防止个人对他人私人物品的损害。

(二)私法关于消法保护什么的观点

上述观念决定私法范式对"消费者权益保护法保护什么?"这一问题的回答可从主体、客体、利益三方面来展开。第一,从保护的主体讲,其保护的是因经营者违约或产品质量缺陷等侵权行为而遭受损害的特定的、具体的消费者。第二,从保护的客体讲,其保护的是私人物品。第三,从保护的利益讲,其保护的是私人利益。

二、经济法范式的观点

经济法范式的观点是经济法范式的观念在消费者保护法中的应用,因而,必须先了解经济法范式的观念,在此基础上才能理解经济法范式关于消法保护什么的观点。

(一)经济法范式的观念

经济法范式作为一种新范式,目前在学术界还没完全达成共识,但从其产生的时代所面临的社会经济问题、当时的社会观念以及相关的法律规定看,笔者把经济法的范式从基本观念、方法论和保护的利益及其客体角度予以简单阐述。

经济法产生于 19 世纪末,成熟于 20 世纪中,从其产生和发展所处的时代看,其观念基础是反自由主义的共同体主义,从方法论看则是整体主义。其社会观和方法论的核心有以下几点:第一,社会犹如一个有机整体,而非同质的个人之和。因而,社会利益或公共利益(以下是把社会利益和公共利益是在同一意义上使用的)是一种的独立的存在,虽可被作为社会成员的个人分享,但不能排除他人分享。第二,人是社会人,是处于一定社会关系中的、具有一定社会功能、扮演一定社会角色的人。人只有社会理性——"相关利性",而非完全理性。① 因而,个人并非总是自己利益的最佳判断者。第三,是前两点的推论,即个人之间的利益关系主要是合作共赢关系,虽有冲突,但是在合作中对合作利益分享的冲突。这种冲突仅在权利划界基础上,依市场自发机制难以解决。

这种观念是资本主义由自由竞争发展到垄断的社会经济问题所决定的。由于这一时期,科学技术革命使社会生产力得以提高,生产的社会化高度发展,作为经营者的个体经济力量巨大,其行为影响社会经济体系的运行,其行为不当足以对社会经济体系——市场机制产生有害性影响。"市场失灵"频繁发生,良好的市场秩序需要政府和市场共同作用。这意味着,作为个人利益重要来源的公共物品——经济秩序,需依市场机制和政府干预混合作用方可保障其优质供给。这时,在个人的利益结构谱系中,公共物品给人提供的公共利益的重要性日益增强,公共物品对人利益的重要性难以彰显。而公共物品的非排他性、非竞争性,决定了人的利益的共

---

① 相关理性:社会存在决定了利益主体理性在质和量上存在的差异性,同时社会存在还决定了利益主体不是单一的完全理性,而是相互间的相关理性。(参见朱鸣雄:《整体利益论:关于国家为主体的利益关系研究》,复旦大学出版社 2006 年版,第 60 页)

存性。这时经营者对消费者的损害除对特定消费者特定私人利益的损害外,也产生了对共同依存的消费品交易秩序这种公共物品的损害。因而,经济法的主要功能就在于防止作为经营者的个人对经济秩序这种公共物品损害所造成的对"公共利益"的损害。

(二)经济法关于消法保护什么的观点

经济法范式的特性决定了对"消费者权益保护法保护什么?"这一问题,经济法范式的回答也可从主体、客体和利益三方面进行:第一,从主体讲,其保护的是不特定的消费者,是指处于消费品交易秩序一端的不以购买的消费品作为经营对象的购买者群体,否则,就没法理解金融消费者,也不能对司法实践把"知假买假者"作为消费者对待予以合理解释。① 第二,从保护的客体讲,其保护的是"公正的消费品交易秩序"这种公共物品;第三,从保护的利益讲,其保护是"公共利益"。借用"反垄断法保护的是竞争而不是竞争者"这一公认观点,可以说,"消费者权益保护法保护的是消费品公正的交易秩序而不是具体的消费者"

三、消法保护范式的发展趋势

从世界各国消费者保护法发展趋势看,早期的消费者保护法私法范式的色彩较浓,而现代则经济法范式的色彩较浓。可以说,消费者保护的法范式经历着从私法范式向经济法范式的转换之中。也正因处于两种范式的转化之中,因而,在消法保护的实践中,两种范式是交织在一起的。

第二节　消费者权益保护法以何保护

任何利益的保护都需要适当的工具,在依法保护利益的发展过程中先后形成了两种保护利益的工具,亦即两种性质的法律规范形式,即个人权利和社会责任。这两种工具(法律规范形式)在保护利益上何者较优? 对

---

① 我国 2013 年 12 月 23 日公布、2014 年 3 月 15 日实施的《最高人民法院关于审理食品药品纠纷案件适用法律若干问题的规定》,第三条规定:"因食品、药品质量问题发生纠纷,购买者向生产者、销售者主张权利,生产者、销售者以购买者明知食品、药品存在质量问题而仍然购买为由进行抗辩的,人民法院不予支持。"这意味着,司法解释把"知假买假"者以消费者对待。而此前,我国地方法院对知假买假案的处理存在分歧,其中一些执法和司法机关不仅不将其视为消费者,更有甚者把"知假买假"视为敲诈勒索,如 2013 年 9 月,上海市民何正其、徐洪兵因知假买假索赔,被当地警方以敲诈勒索罪刑事拘留。37 天后,检方作出不予批准逮捕决定,警方撤案。

此不能抽象地作出回答,到底选择拿种工具或工具组合来实现对利益的保护,不仅取决于所保护的利益类型和利益结构,且取决于不同法律工具或法律规范形式本身的特性。

一、人的利益结构

前述有关私法和经济法产生和发展的社会经济背景分析说明,任何时代,人的利益都由私人利益和公共利益构成,但二者在人的利益构成中的权重是随社会经济发展的而变化的。

从人的利益结构发展演化来看,公共利益在人的利益构成中的权重和价值与社会经济发展呈正相关关系,相应地,私人利益在人的利益构成中的权重和价值与社会经济发展呈反相关关系。就是说,社会经济发展程度越高,在人的利益结构中,私人利益所占权重就越低,公共利益所占权重则越高。因此,如果说法律只对重要利益予以保护的话,[①]从值得法律保护的意义上来说,19 世纪末以前的社会,法律保护的个人利益是单一结构的,个人利益就是体现在私人物品上的私人利益;而 19 世纪末以来的社会,法律保护的个人利益是由公共利益和私人利益构成的二元结构,且随着公共利益权重的提高,对公共利益保护的法律日益发达,19 世纪末以来以防止社会公共性损害、保护社会公共利益为圭臬的规制法的兴盛和发达就证明了此。

二、利益特性与保护工具的选择

人的行为目的(或动机)是获得一定的利益,这几乎成为人文社会科学领域的共识。同时,人的任何利益都存在于一定的客体之上,而利益客体无非是行为的结果或行为本身。也就是说,任何利益客体及存在于其上的利益都与行为有关。因而,要使个人利益增加,必须根据利益的特性,选择相应的工具或规范形式对利益予以保护。就目前法律规范形式的本质、功能和利益特性看,个人权利宜于保护私人利益,社会责任宜于保护公共利益。

(一)个人权利——保护私人利益的较优工具

法律上的权利,是法律赋予权利主体作为或不作为,并要求他人相应

---

① 参见毕竞悦:《译者前言》,载[美]史蒂文·霍尔姆斯,凯斯·桑斯坦:《权利的成本:为什么权利依赖于税》,毕竞悦译,北京大学出版社 2004 年版,第 1 页。

作为或不作为的许可、认定及保障。权利的意蕴彰显了其实质就是法律赋予权利人自由选择其行为以实现其利益的一种力量。其功能在于,通过对利益的保护,激励人从事创造利益的行为,遏制损害利益的行为,从而在增进自己利益的同时促进社会利益。

权利实质是对由人的本性及行为的特性所决定的行为自由的规范性肯认。人的本性或行为动机决定了任何行为都有两面性:一方面,它能给行为人带来利益(收益),否则,人不可能为该行为;另一方面,行为需要耗费体力和脑力,实质上就是代价的付出(成本)。由此,某个行为的收益是否大于成本,即能否增加行为者的利益,是决定该行为是否该为的条件。因而,只要行为结果在分享上具有排他性,就可据条件及偏好判断自己行为的收益和成本,自由选择为或不为一定行为的结果,选择的往往就是最能增加行为者利益的行为。而只有私人物品及体现于其上的私人利益在享有上具有排他性,这意味着权利宜于保护私人物品及体现于其上的私人利益,权利可以激励人们从事创造和维护私人物品物及体现于其上的私人利益的活动。

而公共物品及体现于其上的公共利益在分享上的非排他性,使行为者可"免费搭乘",如有选择行为的自由,行为者往往会选择不为一定行为,公共物品及体现于其上的公共利益的供应就会枯竭。可见,个人权利不宜于保护公共物品及体现于其上的公共利益。

权利对权利人来说是受强制力保护的利益,而对其他人则意味着一种负担,正因此,权利并不能被所有人尊重,且常常遭到侵害,这时权利体现的利益就不复存在。西方有句经典的法谚:"没有救济,就没有权利。"然而,权利的救济是需要成本的,其成本由公共成本和私人成本两部分构成。[①] 公共成本由税收经预算而支付,对受害者而言不是其考虑的因素。而私人成本决定者受害者是否愿意寻求救济,一般来说,只有当救济收益大于成本时,权利人才有动力启动救济程序。这意味着,只有当具有较大私人利益的私人产品受侵害时,才可能使发动救济的收益大于成本,如果受害的是公共物品及体现于其上的公共利益,其利益分享具有非排他性,

---

① 个人权利作为受国家强力保护的利益,本身意味着保护权利是需要公共成本的。这种成本包括成立保护权利的公共组织的费用,以及公共机构运行的费用。(参见〔美〕史蒂文·霍尔姆斯、凯斯·桑斯坦:《权利的成本:为什么权利依赖于税》,毕竞悦译,北京大学出版社2004年版,第7-10页)而私人成本,则是权利人为获得救济而支付的各种费用(以司法为例,包括起诉花费的人力和时间、诉讼费、举证费用、律师费用等)。

任何发动救济程序者得到的利益可归其他人无代价地分享,每个受害者都想"搭他人救济的便车",导致救济程序难以启动,受损害的利益也就不能获得救济。

以上分析说明,作为法律创设的保护个人利益工具的权利,不论从有利于利创造益的角度,还是从防止利益被损害的角度,都适宜对私人物品及体现于其上的私人利益予以保护。正因此,受"私法以个人权利保护个人利益"这一思维惯性影响,消法在第二章专章规定了消费者权利,第三章则是为保障权利的实现而规定的经营者义务。

(二)社会责任——保护公共利益的较优工具

社会责任就是处于社会共同体中的社会成员,为维护其共享的公共物品所承担的责任,由普遍责任和特别责任构成。普遍责任是指任何个人作为社会成员负有不损害作为公共利益客体——公共物品的责任,以及社会授权其代表社会防止他人损害公共物品的责任(在实在法中通常表现为法律义务和代表性权利)。特别责任,即没履行不损害公共物品义务而受到的惩罚(实在法中就是法律责任)。社会责任可从三个方面理解:①责任主体的普遍性,即责任主体是全部社会成员;②责任客体的公共性,具体体现在公共物品这一客体的特性上;③责任实现的社会性,即责任实现需社会成员、组织共同发挥作用,其实质是把维护公共物品的负担合理分摊于个人,是个人必须对其共享的公共物品的创造或维护付出代价。① 社会责任的本质,以及公共利益的特性决定了对公共物品及体现于其上的公共利益的保护需要社会责任,原因如下。

第一,任何物品生产或维护都需花费代价,公共物品也不例外。然而,公共物品及体现于其上的公共利益在消费或分享上具有非排他性,这意味着为生产或维护该类物品付出代价的行为者并不能排他性地独享其利益,这势必导致其花费的代价难以得到补偿,从而导致理性人没有生产或维护公共物品的激励,公共物品就不能得到有效供给。

第二,公共物品及体现于其上的公共利益的非排他性,还意味着,即使不参与该公共物品或利益的生产或维护,也不影响其从该物获得利益的多寡,即其是否支付成本并不影响其分享利益的多寡。这势必导致理性人产

---

① 对社会责任三方面的详细论述参见刘水林:《经济法是什么:经济法的法哲学反思》,载《政治与法律》2014 年第 8 期。

生"搭便车"心理①,有益于公共物品生产和维护的行为就很少出现,公共物品就不能得到有效供给。

因而,要保障公共物品及体现于其上的公共利益的生产和维护,就必须强制要求从公共物品中获得利益的所有成员不仅必须负责任地行为,即只能做无损于公共物品的行为,而且有责任遏制损害公共物品的行为。为此,可赋予有意愿维护公共物品的个人或组织权利代表社会启动执法、司法遏制损害公共物品的行为,同时,激励个体通过维权,启动执法、司法遏制损害公共物品的行为,这些都属于现代规制法关于社会责任的表现形式。可见,社会责任是保护公共物品及体现于其上的公共利益的较优工具。

我国消法第一章"总则"中的第五、六条,是对各种主体的普遍社会责任的规定,第四章"国家对消费者合法权益的保护"和第五章"消费者组织"的规定实则就是对不同主体据其社会角色而赋予社会责任的规定。第四章对经营者义务的规定,可解释为,在消费品市场的交易秩序这一体系中,只有经营者的行为对这一公共物品具有侵害的可能,为防止侵害,必须强制其为一定行为或不为一定行为。第三章的一般规定,则是因为消费者往往是受害者,具有个人财产和人身的特别损害,具有寻求救济的激励,且其发现违法具有及时、成本低的优势,因而,赋予其权利,其权利行使的正外部性就可实现对该秩序的保护。而第十九条特别规定的"产品召回"责任制度、第二十五条规定的"反悔权"或"冷却期制度"等都是社会责任的新制度形式,而第五十五条规定的三倍赔偿,在笔者看来并非惩罚性责任,而是激励个人提起诉讼、实现遏制违法从而保护交易秩序维护公共利益的手段。

三、消法保护方式的发展趋势

在消法发展和演化过程中,由于存在着从私法范式向经济法范式的转化,这两种法范式对法保护利益的不同追求,决定了其保护工具或法律规范形式也发生转化,即从个人权利为主导转向以社会责任为主导。但由于这种转化还在进行,因而,在消法立法、执法和司法实践中,两种范式并存,

---

① 正如有学者言:"当理性的参与者意识到他们不可能被排除在享受公共产品的好处之外时,搭便车的问题便产生了,即使他们并不承担提供公共产品的成本。的确政府存在的正当性之一就是它可以强制人们参与提供公众产品,以消除搭便车。"(参见[美]马克·艾伦·艾纳斯:《规制政治的转轨》,尹灿译,中国人民大出版社 2015 年版,第 235 页)

且由于私法范式处于主流,即使对一些体现经济法范式的实定法制度,许多学者及法律工作者也是从私法范式来理解的,从而产生理解上的困惑。

第三节 消费者权益保护法如何保护

任何法律都有其价值目标,其价值目标不仅决定了其保护对象及其特性,也决定着其主要保护工具或规范形式的选择,进而决定了其保护方式。目前,法律对利益的保护主要有两种不同的范式,即私人主导范式和公共主导范式。一般来说,对私人物品及私人利益的保护采取私人主导范式,而对公共物品及公共利益的保护采取公共主导范式。这两种范式的主要区别有两个方面,即保护规则设计的理念期的不同,以及法律实施的方式不同。

一、保护的理念与规则选择

对利益保护规则的选择主要取决于两个方面:一是制约规则选择的因素,而至于规则选择的因素又受对利益保护的理念的影响;二是该法律规范的行为损害的特性。因此,要选择恰当的保护规则,就必须在分析保护理念与制约规则选择因素,以及不同行为损害特定的基础上,才可作出合理判断。

(一)保护理念与制约规则选择的因素

法律对利益的保护主要在于对损害利益行为的防止,在对损害行为防止中有两种不同的法律理念,即事前预防和事后救济。与此相应,存在这两种防止损害行为的规则,即事后责任规则和事前规制规则。它们在利益保护上的优劣不能抽象而论,而是取决于其具体所要防止受害利益的特性。同时,没有任何法律纯粹是以一种规则实现对利益的保护,而是以一种为主导,以另一种为补充。制约主导规则选择的因素有以下四点:第一,行为主体与规制机关在有关行为损害风险的知识上可能会存在的差异;第二,行为主体是否具有支付全部数额的损害赔偿的能力;第三,行为人承担损害赔偿的概率;第四,在运用责任规则或直接规制时,所引起的行政成本或费用。

一般来讲,当行为主体对行为有害性信息的掌握具有优势、行为者的资产数量与可能发生的损害差距不大、加害行为承担损害赔偿概率高、预防损害行为的行政成本高时,适于用责任规则来规范;相反,则适于用规制规则来规范。①

(二)私害行为与公害行为

任何损害都是由一定行为引起的,因而,对利益损害的防止实质就是对损害行为的防止。按行为损害的利益,我们可把损害行为分为私害行为和公害行为两种。私害行为是指行为损害的利益主要是体现在私人物品上的私人利益;公害行为,是指行为损害的利益主要是体现在公共物品上的公共利益。这两种行为的特性可从主体、客体、后果来说明。②

第一,私害行为。私害行为损害的利益客体是私人物品,是相对静态的;其受害主体是具体的、有限的;其损害后果是确定的、有限的,因而是可以恢复或可以补偿的。

第二,公害行为。共害行为损害的利益客体是公共物品,是相对动态的关系体系或产业状态;其损害的主体是不特定的、众多的;其损害后果是不确定的。正因此,有学者指出,"公益不是静态的、既定的数目,公益随着程序的进行逐渐发展。"③损害程度的不确定性,意味着对损害后果是难以恢复或难以补偿的。

(三)消法保护规则的选择

以上两方面的分析说明,就私害行为而言,行为者对私害行为的损害拥有信息优势,且因损害有限,行为者具有赔偿能力,承担责任就使其具有防止损害行为的激励。而受害者易于掌握胜诉证据,加之受害人维护的利益可排他性分享,具有维护自己利益的激励。因而,宜于以事后责任规则防止。相应地,就公害行为而言,行为者对公害行为的损害相对于专业的执法机关不具有信息优势,且因损害巨大,行为者一般不具有赔偿能力,因而没有防止损害行为的激励。而受害人维护的利益又不能排他性分享,加之受害者难于掌握胜诉证据,因而多数受害者没有维护利益的激励。因此,宜于以事前规制防止。

---

① 有关两种规则的含义及影响规则选择的因素的论述可参见[美]史蒂芬·夏维尔:《损害赔偿责任抑或安全规制》,罗玥译,载[美]唐纳德·A.威特曼:《法律经济学文献精选》,苏力等译,法律出版社 2006 年版,第 93-98 页。
② 对这两种行为区别的详细论述可参见刘水林:《经济法是什么:经济法的法哲学反思》,载《政治与法律》2014 年第 8 期。
③ [德]施密特·阿斯曼:《秩序理念下的行政法体系建构》,林明锵等译,北京大学出版社 2012 年版,第 143 页。

由于消法处于从保护私人为主导向保护公益为主导的转化过程中,因而,历史沿革下来的制度多属于事后责任规则。而新出现的制度,如"冷却期制度"、"产品召回制度"以及我国消法第四、五章有关政府和社会组织的职责的多数规定,第五十六条的规定,则多属于事前预防的规制规则。同时,由于在消费品交易中,经营者的有害行为具有二重损害性,即既对消费者的私人物品造成损害,也对消费者所依存的公共物品——交易秩序造成损害。这意味着对消法必须以两种范式来解释,而不能独以私法范式来解释。

二、消法的两种实施机制

任何规则发挥作用都必须具备相应的实施机制,但不同法律由于保护的利益及价值目标不同,以及实现方式不同,由此决定其实施的机制构造和制度形式就不同。

(一)消法实施机制的构造变化

任何法实施机制都由四种基本制度构成,即守法、执法、司法和社会组织的 ADR,消法也不例外,因此,不能仅仅将消法的实施理解为消费者保护执法和司法,而应该将经营者和行政主体自觉遵守反消法的情况也包括在内。虽如此,但不是任何当事人都能自觉遵守法律的。加之,消法具有明显国家干预色彩而必须有国家强制利的介入,因而,在消法实施中带有强制力的行政执法和司法活动就表现得更加突出。

执法主要是以公共机关和社会组织为主导,防止损害消费品交易秩序的违法行为,从而反射保护费者利益以实现消法目的的活动,这种实施方式通常被称为公共实施。这种实施方式的主要功能在于预防,是保护公益的法律实施的主要方式。司法主要是以受害的消费者——私人为主导,依受害的消费者提起民事诉讼获得救济,直接保护费者利益的活动,这种实施方式通常被称为私人实施。这种实施方式的主要功能在于救济受害者,是保护私益的法律实施的主要方式。

消法保护范式的转化,在实施机制的制度构造上意味着,从通过民事诉讼救济具体受害的消费者为主导的私人实施向以执法保护消费品交易秩序为主导的公共实施转化。也就是说,现代消法实施机制的制度结构是以执法为主导,以司法为辅助的。我国消法修订后在第四章、第五章对国家和社会组织保护消费者权益的职责予以强化就说明了这点。

(二)消法执法机制的构造变化

执法有广义和狭义之分,广义的执法,包括采取抽象行为所从事的管理活动和采取具体行为所从事的活动,即抽象执法和具体执法;狭义的执法则指采取具体行为所从事的执法。

消法属于规制规则为主导的法,其执法就必须遵守规制法的一般规则。从20世纪80年代以来OECD国家的规制改革看,现代规制的重心在于使规制合理。具体讲就是通过制度性保障,在规制制定、执行中的引入专家、利益相关者的参与,通过共同协商使规制更合理。这被称为制定规制所遵循的唯一合理原则,也是经济合作与发展组织建议作为建立"良好规制"的一条关键原则。[①]

规则合理可以保障具体执法的公正,从而有利于法律功能的有效地发挥和法律目的的有效实现。因此,在消法执法机制的制度构造中,抽象执法越来越重要。[②] 同时,在具体执法中,为克服执法机关因资源有限,难以及时发现违法,消法建立了私人启动执法程序的制度,鼓励公众履行社会责任,向执法机关告发违法者。[③]

(三)消法司法机制的构造变化

在司法发展的较长时期,其主要目的在于对具体受害人的救济,是保护私益的法律实施方式,这种诉讼被称为私益诉讼。[④] 但随着现代工业的发展,作为个体的经营者的生产力飞速发展,加上市场机制的作用,其行为持续地影响不特定主体的利益,其行为产生的危害就具有了社会公共性,

---

① "考虑到规制在社会上的影响,它产生的收益应大于其成本",这样的测试是一个值得推崇的方法,因为它旨在满足"社会最优化"标准的政策。(参见经济合作与发展组织:《规制影响分析:经济合作与发展组织成员国的最佳表现》,1997年,第221页)我国消法第三十条的规定就是对此原则的体现。

② 由于现代治理理念从行政控制向合作治理转化,依明细、合理规则诱导被规制者守法成为法有效实施的关键,因而抽象执法日益重要。其在消法上的表现就是各级工商行政管理机关为保障消法的有效实施,制定的各种规章、条例。如2015年1月国家工商行政管理总局令第73号《侵害消费者权益行为处罚办法》;各省工商行政管理局制定的消费者权益保护条例。

③ 如我国《消费者权益保护法》第三十二条第二款规定:"有关行政部门应当听取消费者和消费者协会等组织对经营者交易行为、商品和服务质量问题的意见,及时调查处理。"我国《食品安全法》第十二条规定:"任何组织或者个人有权举报食品安全违法行为。"

④ 其实私益诉讼本身也产生一定的公益,因为提起诉讼就是对抗不法,它不仅"是权利人对自己的义务——因为它是道德上自我保护的命令,同时它是对国家社会的义务——因为它是为实现法所必需的。"([德]鲁道夫·冯·耶林:《为权利而斗争》,胡保海译,载梁慧星:《为权利而斗争》,中国法制出版社2000年版,第12页)而法的实现,意味着良好秩序的形成,而良好秩序本身就是公益的实现。

相应地产生了公益诉讼。

由于在消法中存在着从民法私益保护范式向经济法公益保护范式的转化,相应地在世界消法实施的司法制度构造上也发生着变化,即由早期的单一的私益诉讼,转向私益和公益两种诉讼,且从国外发展趋势看,公益诉讼的形式趋于多样化。目前主要有:集团诉讼、团体诉讼、和示范诉讼。① 集团诉讼是在美国、加拿大等国反垄断诉讼中被应用的制度,与我国的代表人诉讼类似。在美国的集团诉讼中,律师和原告通常约定采用成功报酬制度。团体诉讼,其典型如德国的团体诉讼制度,按德国法的规定,团体诉讼中的团体是为了维护团体成员利益,依法定的要件而成立,德国《反限制竞争法》把诉讼资格赋予了营业利益促进团体(行业协会)和消费者保护团体;示范诉讼,即对于有共同问题的群体性纠纷,法院可以从已经受理的案件中选择一宗或多宗案件进行诉讼,法院对诉讼所作出的判决,对于其他有共同问题的群体纠纷具有拘束力。

顺应世界各国消法司法范式的转化,我国消法在 2013 年修订中,于第四十七条对团体公益诉讼作了规定。另外,由于消法的私人诉讼具有较强的公益性,为弥补公益诉讼不足,我国消法建立支持私人诉讼的制度,其第三十五条规定的:"人民法院应当采取措施,方便消费者提起诉讼。"以及第三十七条有关消费者协会履行的公益性职责中的相关规定就说明了此。

(四)消法保护机制的发展趋势

上述分析说明,消法保护范式的转化,体现在如何保护,即消法以什么保护观念及其实施机制的转化上,呈现出从以事后救济为主导的司法模式向以事前规制(预防)为主导的执法模式的转化;就执法机制的制度构造讲,存在着从具体执法为主导向以抽象执法为主导,以具体执法为辅助的模式转化。在司法中从私益诉讼的单一诉讼形式向私益和公益诉讼的二元模式转化,且公益诉讼形式趋于多样化。

① 有关公益诉讼的集中形式的详细介绍参见刘水林、郜峰:《我国证券公益诉讼制度建构的理论证成》,载《上海财经大学学报》2014 年第 6 期。

第十四章　秩序理念下
税负公平原则的普适性表述

税负公平原则亦称税收公平原则,是法律公平原则在税法中的体现,是现代市场经济国家,亦即"租税国家"税法的基本原则之一。但在税负公平原则含义的历史演化中,由于国家职能转化,税收目的和税制结构在不断发生变化,作为对税收实践的回应,公共经济学(财政学)对税负公平的理解及评判标准也发生了变化,相应地,税法中税负公平原则的内容表述也在发生变化。在西方公共经济思想史上,曾产生了两种税负公平的观念,即价格(价值)与物品效用对应(对价)的观念和按比例牺牲或同等牺牲的观念,相应地,产生了两个衡量税负公平的标准,即"受益标准"和"能力标准"。以此观念为基,税法据这两种标准,把税负公平原则分别表述为"受益原则"和"量能原则",且这两个原则通常被认为是对立的。① 但就这两种公平原则表述对现代税法的影响来看,受益原则虽在税法研究中被常常提及,但一般只是就其基本含义予以简单的介绍,而大量的笔墨主要落在对"量能原则"的论述上。② 且量能原则在实践中对现代税法的制度设计和税法解释有着重大影响。③ 正因此,日本有学者说:"到了 20 世纪……税负应当按国民对税的承受能力来进行分配的这一思想是占支配地位的。"④于是,量能原则被看作税法公平原则的普适性表述。⑤ 而就对量能原则的研究看,一般主要论述量能原则的含义,以及量能原则中"负担能力或纳税能力"的内容构成。不过,有学者对量能原则的运用及其限制

---

① 参见[瑞典]奈特·维克赛尔:《正义税收的新原则》,载[美]理查德·A.马斯格雷夫、艾伦·T.皮考克:《财政理论史上的经典文献》,刘守刚、王晓丹译,上海财经大学出版社 2015 年版,第 114 页。

② 对此可参见国内外有代表性的税法教科书,如刘剑文:《税法学》,北京大学出版社 2017 年版,第 115-116 页;张守文:《税法原理》,北京大学出版社 2016 年版,第 34 页;[日]金子宏:《日本税法》,战宪斌等译,法律出版社 2004 年版,第 64-71 页。

③ 对税法解释的重要影响可参见黄茂荣:《法学方法与现代税法》,北京大学出版社 2011 年版,第 190-192 页。

④ [日]金子宏:《日本税法》,战宪斌等译,法律出版社 2004 年版,第 64 页。

⑤ 对此可参见许多奇:《论税法量能平等负担原则》,载《中国法学》2013 年第 5 期。

做了研究,①也有少数学者在研究中认为量能原则不适于作为调控税法的原则,但一般都是从现今一些具体的调控税法来说明量能原则适用的困难,以及对受益原则适用的恰当性予以论证。②

上述国内外对税法公平原则的现代研究说明,虽然主流观点认为量能原则是税负公平的基本原则,对税法具有普适性,但调控(包括经济和社会两方面)税法的大量涌现,且在调控税法中纳税人主要以受益原则负担税负,使得量能原则作为税法公平原则的普适性遇到了挑战。那么,这两种不同的税法公平原则表述分别适用何种类型的税法?它们的关系如何?哪一种应是税负公平原则的普适性表述?对这些问题的研究,不仅对税法基本理论的丰富和完善具有重要价值,对我国税收法律制度的合理设计和完善也具有重要的指导意义。然而,目前在税法公平原则的研究中,对这些问题的思考相对缺乏,其主要原因是目前的研究方法存在三点欠缺:第一,相对缺乏从社会思想观念和国家职能演化史视角的分析,因而,缺乏从国家提供的公共服务类型与税收目的的变化,以及由此导致税法结构变化的动态视角研究这两个原则的适用范围。第二,缺乏对纳税人的税负承担能力的取得与从公共服务中的受益关系的历史辩证分析,通常把纳税人的税负承担能力和政府提供的公共服务割裂开来,似乎是两个无关联的独立的存在,纳税人的税负承担能力似乎与从公共服务中的受益无关。第三,没有把税收置于财政收支两方面的总体体系,从政治经济学的视角研究税负公平,因而缺乏对税收总量确定是否公平的研究,把税负公平仅仅看作税负分摊公平

基于对目前税法公平原则研究的上述认知,本章拟采取历史的和辩证的方法,首先,从社会思想和国家职能演化视角,通过对税收目的的变化,以及由此导致的税法结构变化的分析,提出量能原则和受益原则是基于税收目的不同而产生的两种税法中公平原则的不同表述形式,并非对立的两种税负公平原则,是各有其适用的税法类型。其次,对影响这两种不同原则的核心理念——量能与受益的关系进行辩证分析,说明它们具有共同观念的基础。最后,从政治经济学视角,把税收置于财政体系说明受益原则

---

① 如黄茂荣教授认为量能原则虽为税法的基本原则,但这一原则应受社会目的规定的限制,就像私法自治原则应受社会目的限制一样。对此,可参见黄茂荣:《法学方法与现代税法》,北京大学出版社 2011 年版,第 190 页注释④。

② 从在中国知网全文数据库搜索"税法的量能原则"的结果看,目前只有少数学者撰文认为量能原则不适用于作为调控税法的原则。对此可参见李刚:《论税收调控法与税法基本原则的关系》,载《厦门大学学报》(哲学社会科学版)2008 年第 3 期。

是税负公平原则的普适性表述。

第一节　税负公平原则不同表述及其适用的历史追踪

现代财政理论认为,税就是国家以强制手段对国民个人的财富征收的、用于履行国家职能、提供公共服务所需的资金。国家的职能是随着社会经济的发展及国家观念的变化而变化的,这意味着,国家提供公共服务的内容和范围也在发生变化,从而税收的目的和种类也在变化,税法目的和内容构成自然也在变化。因此,从国家职能演化的视角,对税及税法的目的和构成予以分析,是理解税负公平原则不同表述及其适用范围的合理路径之一。

一、量能原则是财政税法的公平原则

我国目前的税法制度及其理论主要舶来于西方。而西方发达国家,在近现代以来相当长时间内的主流社会思想是自由主义,其最基本的社会观念是个体主义,强调每个人是理性的、具有自由意志的独立存在,社会是个人之和,因而,人获取财富与收益的能力通常被看作个人禀赋和努力习得的结果,与社会无关。这意味着,作为个人纳税能力表现的收入、财产、消费主要源于个人自身的能力对上帝赐予人类的资源的利用,与他人和社会无关。其国家观是契约论的,国家存在的目的和合法性基础就是保护个人的财产、自由等基本权利。其基本信条是"最小国家就是最好的国家"。由此决定,国家的主要职能就是提供非国家不得、不能或不愿提供的最基本公共服务,如国防、治安和法律。

上述思想的经典表述就是亚当·斯密的对市场机制这一"看不见的手"的崇拜,以及由此提出的"自由放任""国家不干预经济"的政策主张。受此影响,这一时期的公共经济学理论,就把税收的主要功能或目的定位为国家履行其职能或提供基本的公共服务融资,即税收的目的是筹集财政收入,相应地,税法主要是财政税法。[①] 而就最小国家时代提供的公共服务的物品属性看,属于最基本的公共提供的全国性纯公共物品。这种物品在消费上对一国所有居民具有不可分性、非排他性、非竞争性。"最基本"

---

① 现代税收按其目的或功能主要可分为两类,即主要目的或功能是取得财政收入(满足公共预算之财政需要)的财政税与主要目的或功能是调控纳税人的行为,以实现经济和社会政策目标(社会目的)的调控(社会)税。相应地,税法可分为财政税法与调控(社会)税法。

和"公共消费品"意味着,对其消费具有普遍性和不可避免性,即任何居民都无可选择,且不可避免地消费。"公共提供"意味着其不是自然生成的,是需要直接花费资金(成本)生产或购买的。这些属性决定,国家作为公民的代表生产这种公共物品的成本,需要以税收的形式让所有公民公平负担。按经济学的公平交易理念,每个人应按公共物品对自己的效用大小,即从公共物品中获得的利益(受益)大小负担相应的税。可见,受益原则是经济学税负公平原则最为精确的表述。但现实中,由于每个人的偏好各不相同,因而,同样的公共物品对每个人的效用各不相同,而公共物品消费的非排他性,使得每个理性的个人不愿真正显示其对公共物品的偏好。这意味着,每个人从公共物品中所获得的利益难以测度,因而,实践中各纳税人受益的难以确定,使得据受益原则确定税负缺乏可操作性。这决定了,作为保障实现税收法律手段的财政税法,也就不能将受益原则作为税法的税负公平原则。

另外,由于人的偏好不同,同一物品对不同的人具有不同的效用。一般来说,在人的偏好稳定的情况下,物品给人提供的效用(即受益)与个人具有的能力、财富成正相关。原因有二:第一,人的能力越强,越有利于物的潜在使用价值的发挥,物品对人的效用(利益)也越大。第二,按照边际效用递减法则,同一单位财富对一个财富多的人提供的满足小于财富少的人。这意味着,同样的物品,财富多的人比财富少的人会给予更高的评价。可见,虽然公共物品给每个人提供的效用难以测度,但由于物品效用与各人的财富和能力呈正相关关系,因此,以个人具有的承担税负的能力为标准承担税负,是一个近似按受益支付对价的公平标准,且在实践中具有可操作性。正因此,在公共经济学思想中,"量能原则现在占据着上风,尽管最为杰出的现代经济学家从来都没把它视为唯一的、无可争议的原则"①受此影响,量能原则不仅成为财政税法公平原则的表述,甚至成为全部税法公平原则的普适性表述。

二、受益原则是调控税法的公平原则

为应对1929—1333年大危机,美国总统罗斯福实施新政"罗斯福新政"在应对大萧条时取得的成功,以及社会主义计划经济在苏联经济建设

① [瑞典]奈特·维克赛尔:《正义税收的新原则》,载[美]理查德·A.马斯格雷夫、艾伦·T.皮考克:《财政理论史上的经典文献》,刘守刚、王晓丹译,上海财经大学出版社2015年版,第114页。

初期取得的巨大成就,使得主张国家干预经济的凯恩斯主义在二战后被广为接受,成为西方经济学的主流,其政策主张也被西方发达国家经济政策广泛采纳,使得国家社会经济职能不断扩张。社会经济条件与社会经济政策变化,以及自由主义理论及其政策主张的运用所导致的灾难,引起西方思想界对自由主义的反思和批判,这些思想被统称为反自由主义。它们的共同点在于秉持共同体主义,认为社会、国家都是共同体。在对人以及人与社会的关系的看法上,认为人是社会的产物,因此,个人的价值和目的是在社会历史文化的发展过程中形构的,人的理性是随社会历史的发展而演化的,这意味着,个人的能力及个人的获得的利益与社会有关。正如有学者所言:"社群主义者则认为只有在社群主义的(例如'公民共和主义'的)生活方式情境中,自由主义的基本权利才能捕捉住一种不可移易的目标,并从而被当作是正当的。"①在自由主义与反自由主义观念的交锋中,相互吸收对方有益的成分,并修正自身的观点,从而引起了社会观念的变化。这时,自由主义的观念虽然仍处于主流,但反自由主义的共同体主义的一些观点也被自由主义所接受,并用于修正自由主义的观念。② 这些观念变化,特别是作为 20 世纪政治思潮发展特征的"对个人福利的社会责任意识的增强"③,使战后西方国家的国家观念已从消极的"最小国家"转变为积极的"福利国家"。现在,国家的职能除提供国民对最基本的公共物品的需要外,还提供对社会有益的需求,以及调节分配和促进国民经济的稳定与增长。④

与国家职能变迁及社会观念变化相应,这时的"财政理论集中于研究

---

① ［德］阿尔布莱希特・韦尔默:《民主文化的条件:评自由主义—社群主义之争》,载应奇、刘训练:《公民共和主义》,东方出版社 2006 年版,第 405 页。

② 对共同体主义一些观点的接受,并以之修正自由主义主要体现在以罗尔斯为代表的公正的自由主义。对于这种转化,国外甚至有学者称其为"新罗尔斯",即"被看作试图阐述一种接受了诸多社群主义批评的自由主义观点"(［英］亚当・斯威夫特:《自由主义者与社群主义者》,孙晓春译,吉林人民出版社 2011 年版,《序言》第 1 页)。受自由主义与社群主义争论的影响,当代一些法学家在其法学理论中也对主流的古典自由主义理论有所修正,如罗纳德・德沃金(Ronald Dworkin)和约瑟夫・拉兹(Joseph Raz),以至于有学者称他们为自由的社群主义者。(参见［英］亚当・斯威夫特:《自由主义者与社群主义者》,孙晓春译,吉林人民出版社 2011 年版,《序言》第 1-4 页。)

③ ［美］理查德・A. 马斯格雷夫:《比较财政分析》,董勤发译,格致出版社、上海三联书店、上海人民出版社 2017 年版,第 62 页。

④ 有关国家职能新发展内容的详细描述可参见［美］理查德・A. 马斯格雷夫:《比较财政分析》,董勤发译,格致出版社、上海三联书店、上海人民出版社 2017 年版,第 5-20 页。

财政政策对国民收入增长、就业高低和价格水平的影响"①,这意味着税收的目的和功能发生了变化,即从传统单一的财政目的,转向现今双重的财政目的和社会目的。这里的社会目的是指税收作为调控工具用于实现国家一定时期的社会经济政策,也可以说是税的功能在于调控。相应地,税法的内容构成也从单一的财政税法变化为二元结构的财政税法与调控税法。由于这两种税法具有不同的目的,而"目的是全部法律的创造者"②,这决定了具有不同目的的两种税法,虽因其目的存在一些交织,在规则设计上具有共性,但也不尽相同,其中体现在税法的根本规则之一——公平原则的公平标准选择,以及由此决定的公平原则的表述形式上就有所不同。

调控税的目的和功能就在于通过对某行业或某类行为的激励或控制,促使人们从事对公共物品的生成或保护有益的行为和控制有害的行为。这决定了调控税旨在通过控制行为的获利大小,保障居民对两种公共物品的需求:一是防止对自然公共物品(如环境、资源等)的过度使用,以保障其持续供应;二是促进公众形成公共物品(如产业结构、经济稳定及发展等)的持续生成。其中,第一种公共物品在现代生产力和技术条件下已成为准公共物品,且这类公共物品属于"公共池塘资源物品"。对其消费如不加以控制,就会产生"公地悲剧"。对这类公共物品是否消费是可以选择的,而非不可避免的,因为,资源总是有特定用途,一般只是被特定行业、特定领域的经营群体使用,而非居民普遍使用,且使用的多寡取决于使用者使用的技术手段、经济力量,其使用量可据一定的方式或技术来测度,并据此判断其受益大小。同时,这种公共物品的生成并不需要直接的经济成本投入。因而,对此不宜对所有居民普遍征税,一般只针对特定使用群体,以使用者所在的行业领域、使用的技术方式、使用的多寡决定税负,亦即按受益原则公平地分担税负。这在自然公共物品使用税,如资源使用税、环境税、燃油税中表现得尤为明显。而对公众形成公共物品,特别是经济领域的产业结构、经济稳定和经济发展等公共物品,它们属于非物质性纯公共物品。这种公共物品是不同产业、不同区域的众多经营者的经营行为互动的结果。这意味着,其对非经营者来说,就是纯粹的公共消费品。而对经营者

---

① [美]理查德·A.马斯格雷夫、艾伦·T.皮考克:《财政理论史上的经典文献》,刘守刚、王晓丹译,上海财经大学出版社 2015 年版,第 2 页。

② [德]鲁道夫·冯·耶林:《法律的目的》,转引自[美]博登海默:《法理学:法律哲学与法律方法》,邓正来译,中国政法大学出版社 1999 年版,第 109 页。

来说,其经营行为既是对这种公共物品的消费,同时又是对这种公共物品的生产或创造,但不同产业、不同领域中的经营行为对这种公共物品形成的影响不同,且在一定条件下,一些经营行为有益于这种公共物品的形成,一些经营行为有害于这种公共物品的形成。作为促使这类公共物品形成工具的税收,按不同产业、不同领域行为对公共物品的形成是有益还是有害确定税收负担,其主要表现形式就是税收的减免或增加。在税法中通常表现在社会政策或经济政策目的的规范中,被税法学者作为对量能原则的合理性违反,通常被称为"公益原则、需要原则、功绩原则"。但对这些原则的深入分析,它们的共性都可以说是国家在供应公共物品时,按纳税人行为对公共物品形成的贡献,亦即按公共物品形成中从纳税人行为中受益的大小决定纳税人的税负。

上述分析说明,随着社会经济的发展、国家职能的变迁、国家提供公共服务范围的扩展,国家税收目的发生了变化,相应地,税法的构成从单一的财政税法转变为二元结构的财政税法与调控税法。因而,基于"最小国家"提供基本公共服务需要的财政税法的量能原则,并不能作为税法公平原则的普适性表述。现代国家为实现社会经济目标而产生调控税法,需要新的公平原则,回溯公共财政思想史上的税负公平观,受益原则作为调控税法的公平原则更为恰切。

第二节　税负公平原则不同表述的辩证分析

前述研究说明,量能原则与受益原则是公共经济学有关税负公平观念的变化而产生的不同类型税法的公平原则表述,这两种表述并非相互对立的,而是各有其适用税法类型。正因此,在财政经济思想的早期,这两个原则表述是被同时主张、模糊不分的,这可用亚当·斯密的论述来说明。①但对它们的关系及地位的确定,不能只诉诸历史经验和权威的简要说明,还需从这两个原则的核心范畴,即作为公平标准的"能力"和"受益"与公共

---

① 亚当·斯密在论述税收公平时指出:"落在每个人身上的税收应该是平等的或公平的,'就像一大块地产的管理费用中每个人承担的份额,应当与各自从这块地产中所获利益成比例'……每个国家的国民上缴给政府的捐税,要尽可能地与他们各自的能力成比例;换言之,就是要与他们在国家保护下各自取得的收入成比例。"([美]哈罗德·M.格罗夫斯,唐纳德·J.柯伦:《税收哲人:英美税收思想史二百年》,刘守刚、刘雪梅译,上海财经大学出版社 2018年版,第 19 页。)

物品对价的关系的辩证分析来说明。

一、量能原则的"能力"与公共物品的关系

量能原则,顾名思义就是以纳税人的纳税能力来分摊税负。通常认为,这一原则的公平观念基础是按比例牺牲或同等牺牲。这一公平观念被接受无非两个原因:第一,认为社会(国家)是有机整体。正如有思想家说,在有些领域,"有机国家的观念更为合适。在这样的领域,只能基于量能原则以及相应的比例牺牲原则这些先验原则,才可以为税收分摊提供理由"①。第二,认为纳税人的纳税能力与其所处的社会或国家提供的公共物品有关,一般来说,人的经济支付能力大小与其从国家所提供的公共物品中获得的利益大小成正相关。只有具有如此肯认,税负与纳税人的纳税能力成相关被视为公平才可获得合理性证明。对此,我们只要通过对有关人的经济支付能力与社会的关系的思想梳理就可说明。常识告诉我们,个人的税负能力的大小主要取决于内外两个因素:内在因素和外在因素。其中内在因素即个人能力,这里的能力是指人获取收益、创造财富的能力,而非经济支付能力或税收负担能力,亦即不是指纳税人拥有的收入、财产本身。而外在因素,是指获得经济支付能力的外在条件。主要指一个人所处的社会经济、科技、文化的发展程度,以及与此有关的政治经济体制和法治状况。

首先,就个人能力看,个人能力大小主要取决于两个因素,即个人的天赋和努力,但这二者对人的能力的影响并不相同。目前公认的观点是:天赋固然重要,但后天的勤奋学习和努力实践才是起决定性作用的因素。对此就连自由主义大师亚当·斯密也认为:"人们的天赋才能的差异,实际上并不像我们所感觉的那么大。"②而在人通过后天的勤奋学习和努力实践塑造自身能力的过程中,固然自身的私人投入(时间、精力、金钱)起着重要作用,但人的能力最终的高低也与其所处社会的经济和文明发展程度,特别是教育发展水平有关。这意味着,个人能力是个人努力和利用社会教育资源的共同结果,也可以说是个人消费教育资源的结果。能力越强不仅意

---

① [瑞典]奈特·维克塞尔:《正义税收新原则》,载[美]理查德·A.马斯格雷夫、艾伦·T.皮考克:《财政理论史上的经典文献》,刘守刚、王晓丹译,上海财经大学出版社2015年版,第112页。

② [英]亚当·斯密:《国民财富的性质和原因的研究》上卷,郭大力、王亚南译,商务印书馆1972年版,第15页。

味着个人的投资越多,而且意味着对社会教育资源的消费越多。而教育作为一种物品,从其形成角度看,具有较强的公共物品属性,其数量和品质与提供者所处的国家整体经济、科技、文化发展水平有关,是一国经济、科技、文化知识世代累积的体现。另外,就对人的能力有影响天赋来说,虽然一些自由主义者,特别是自由至上主义者认为,个人的天赋是上天赐予个人的,应归于个人,但也有自由主义者反对个人对其天赋具有绝对的、排他性权利的看法,而把天赋看作公共财产,把个人看作这种财产的贮存者。①对此,当代最有影响的自由主义者罗尔斯说:"差别原则实际上代表着这样一种安排:即把自然才能的分配看作是一种共同的资产,一种共享的分配利益(无论分摊到每个人身上的结果是什么)。那些先天有利的人,不论他们是谁,只能在改善那些不利者的状况的条件下从他们的幸运中得到。在天赋上占优势者不能仅仅因为他们的天分较高而得益,而只能通过抵消训练和教育费用和用他们的天赋帮助较不利者得益。"②可见,只要不持有自由至上主义立场,事实上现实中也很少有思想家持有此立场,就会接受天赋具有一定的公共财产属性的观点。

其次,就获得经济支付能力的外在条件来看,虽然个人的能力是获得财富(税负能力)的基础,但个人最终能从社会获得多少财富,亦即拥有多强的税负能力,不仅取决于个人利用个人能力结合社会资源创造的财富,还取决于社会本身对个人生产力的评价,这意味着个人的税负能力的高低受主观和客观两方面影响。从客观方面看,一般来说,个人能力一旦形成,虽可变化,但变化相对缓慢,因而,在个人能力已定的情况下,个人的生产力主要取决于其所处的社会环境。正如德国历史学派思想家布坎南所说,历史教导我们"个人的生产力大部分是从他所处的社会制度和环境中得来的"③。从主观方面来看,在现代经济社会,个人的税负能力都是以货币价值量表现的,而一种物质财富的价值往往与它所处的社会发展水平有关。一般来讲,一个社会的发展水平越高,其提供的公共物品,如道路、治安、绿化、市场秩序等越好,相应地,同样物质财富的价值越高。对此,就连个体主义者也承认:"个人的'自然天赋'与他置身于其中的社会交换体系密切

---

① 这是桑德尔对罗尔斯"差异原则"分析得出的结论。对此可参见[美]迈克尔·J.桑德尔:《自由主义与正义的局限》,万俊人等译,凤凰出版传媒集团,译林出版社 2011 年版,第 117 页。

② [美]约翰·罗尔斯:《正义论》,何怀宏等译,中国社会科学出版社 1988 年版,第 97 页。

③ [德]弗里德里希·李斯特:《政治经济学的国民体系》,陈万熙译,商务印书馆 1981 年版,第 98 页。

相关。任何人享有的几乎全部收入都源于由社会互动产生的合作盈余。"①

上述两方面分析说明，就作为决定个人税负能力内在因素的个人才能看，最终决定个人能力大小的是个人依其天赋和努力对公共物品享有和消费的结果。这意味着，个人能力越高，享有或消费的公共物品越多，从公共物品中受益越多，即个人能力的高低与从公共物品中受益的多少成正相关；而决定纳税人税负能力的外在因素本身就是公共物品，其数量和质量直接影响着个人获得财富的量。正因此，波斯纳（Posner）说："个人的成就是同社会环境相联系的，并且是根据社会来评价的，以及（与此紧密相连的一点）意义是社会的，而不是内在的"。② 可见，个人税负能力的高低，是与纳税人从该社会所提供的公共物品中获得利益的多少成正相关的。也就是说，量能原则的"能力"的一定比例是从社会提供的公共物品中获得的，实质是从公共物品中"获得的利益"。因而，以个人的经济支付能力（财富）为标准，按一定比例（比例税率）征税，实质上遵循的是受益原则。只不过这种受益，不是以纳税人直接消费公共物品的多寡及个人偏好为基础确定的对价，而是间接地以个人从社会获得的财富量按比例确定其从公共物品中的"受益"量，并以此作为对价。

二、受益原则的"受益"与公共物品的关系

以笔者拙见，通常的受益原则是狭义的受益原则，可称为正向受益原则，是就纳税人从公共物品受益而言的，是基于公共物品消费视角的分析；而广义的受益原则还应包括"反向受益原则"，是根据纳税人所处的区域、领域或特殊行为对公共物品形成的贡献，对纳税人予以税收激励而言的，是基于公共物品供应视角的分析。

（一）公共物品消费视角的受益原则

这一原则也被称为量益课税原则或对价原则，它把纳税类同于一般的市场交易，把纳税人缴纳的税负看作购买特定公共物品支付的对价。纳税多少由公共物品对纳税人带来的利益决定，纳税人的受益多寡依其消费的公共物品量来衡量，纳税人对该类公共物品消费得越多，受益就越多，其纳

---

① ［美］詹姆斯·M.布坎南：《宪法秩序的经济学与伦理学》，朱泱等译，商务印书馆 2008 年版，第 268 页。

② ［美］理查德·A.波斯纳：《超越法律》，苏力译，中国政法大学出版社 2001 年版，第 17-18 页。

税就越多,反之纳税就少。受益原则的对价类似于有关规费的等价原则,只不过规费是公共提供的私人物品被特定的个人消费,因此,由特定的使用者负担对价给付。而受益原则是对公共提供的归特定群体消费的准公共物品给付的对价,由于这类公共物品归特定群体共同消费,因此,应由该消费群体共同负担对价给付,而对该群体课税。然后再以该群体中各纳税人消费量为基础,按统一价格计量受益的大小负担相应的税。

从受益原则的上述内容看,税负作为纳税人从公共物品受益的对价,这种税一般多用于对准公共物品——"公共池塘资源物品"的使用征税,也就是说是纳税人对其消费的准公共物品支付的对价,在税法上主要体现为资源税、环境税、燃油税等。这种公共物品多是自然形成或公共生产而成的,如自然资源、环境、高速公路等。这种公共物品从理论上来说,在到达"拥挤点"前,在消费上具有非排他性,但具有竞争性。但就实际而言,其消费上具有一定的排他性,因为,这种公共物品都有特定用途,因而,只有成为特定群体的人才能成为该物品的消费者。从人的消费意愿对其消费的影响看,对这类公共物品是否消费,以及消费多寡是受个人消费意愿控制的。从其存在形式看,多是有形的物质存在,且多是公共资本品,对其消费通常是通过占有来实现的。正是因为其在消费上具有非普遍性、可选择性,因而,消费量通常可按一定的方法来计量,如车辆对道路和环境的消费量可以从燃油量的多少来衡量,对渔业资源的使用量可从捕捞船只的吨位大小来衡量。

(二)公共物品供应视角的"反向受益原则"

这一原则是相对于受益原则提出的。通常税法中受益原则的"受益"指纳税人从公共物品中所获得的利益。而"反向受益原则"的"受益"指的是在公共物品的形成或创造中,一些事业或行为对某种公共物品的形成有益,如高新技术领域的投资对经济发展有益,节能产品对资源环境有益。社会或其他人从这种事业或行为形成的公共物品上"受益",相应地,为激励人们在特定区域从事社会经济活动或从事特定事业行为,以促成社会所意欲的公共物品形成,政府作为公共物品供应者,对该区域、领域的社会经济活动,或特定行为予以税收优惠,纳税人由此减少的税负相当于国家(税收机关)对其生产公共物品的特别贡献支付的对价。类似于政府向私人支付对价购买纳税人从事某种事业或行为生产公共物品,然后再由政府向居民提供。

从反向受益原则的上述内容看,在税法上主要表现为税收激励或税收鼓励。税收鼓励主要有免税期、投资补贴、税收抵免、税收时间差异、降低税率和经济特区免税①。税收鼓励一般多用于激励纳税人从事某些事业或行为,以利于政府经济政策的实施,促成良好社会经济秩序、良好的环境等这类公共物品形成,这种公共物品多是公众不同行为或活动互动而成的,且不同事业或不同行为对这种公共物品形成的贡献不同。它不能通过直接投资制造出来,不能以财政投资生产,只能依激励形成。这种公共物品就其性质来说主要是纯公共物品。就其存在形式讲,主要是无形的,随着时代变化而变化。因而,税收鼓励有时效性、政策性,随社会经济的发展而变化,以及随由此引起的社会经济政策的变化而变化。

上述分析说明,在量能原则中的"能"——个人的财富或税负能力的获得中,人的天赋和努力固然重要,但其所处的社会经济环境,亦即其所能消费的公共物品的作用更为重要。且人能力的大小本身就包含着从公共物品受益的因素。因而,量能原则实质是把个人财富中的一定比例量看作从公共物品消费中的"受益",这意味着由此决定的税负也是对"受益"的对价,只不过对价是间接的,且是在消费后支付的;受益原则中的"受益",从纳税人消费公共物品看,则是特定纳税群体从其消费的某种准公共物品中的受益,因此,税负作为受益的对价是直接的,且是在消费前支付的。从纳税人对公共物品的供应贡献看,由于不同领域、不同区域、不同行为对公共物品的贡献不同,为鼓励有益于公共物品形成或保护的行为,对从事一定事业或行为的纳税人税收优惠,实质是政府以税收为对价购买私人服务提供的公共物品。可见,所有的税负公平原则,其本质都是一样的,都是公共物品受益的对价。

第三节 税负公平原则普适性表述的政治经济学分析

前两部分分析说明,虽然目前税法学的主流观点把量能原则作为税负公平原则的普适性表述,但它不适于作为在现代国家具有举足轻重影响的调控税法的原则,不仅如此,量能原则还有一个致命缺陷,即它只是"单方面地考虑分摊的正义,而没有将它和预算支出方面有机地联系起来。量能

---

① 参见国际货币基金组织:《税法的起草与设计》第二卷,国家税务总局政策法规司译,中国税务出版社 2004 年版,第 1012 页。

视角的这种狭隘性,会对社会正义的最终实现产生严重影响"①。正是这一缺陷,使得量能原则作为税负公平原则的普适性表述,不仅从经济学视角难以给出合理性解释,且与现代租税国家的政治哲学和代议制民主政治体制不符。而受益原则作为税负公平原则的普适性表述,则不论从经济学还是政治哲学看都更为合理。

一、受益原则普适性的经济学分析

从经济学视角看税负公平必然涉及两个方面:一是收入配置公平,其与效率是同一问题的两个方面。二是交易公平,即支付的价格与购买的商品效用对价。据此,对税负公平原则的两种表述,哪一种更为普适必然要求从两个层次考虑。第一层次,也是最基本层次的,即需要考虑在国家或个人的收入中,多少用于税收为公平,即作为分摊前提的税收总量的确定是否公平。这一问题的实质是,税收的适度性问题,即公共支出相对于私人经济的适度性问题,亦即在国民收入(或个人总收入)中多少用于获取公共物品,多少用于获得私人物品是公平的。这意味着,税负公平首先应考虑生产必要效用的公共物品所需的预算支出。如果脱离公共物品的效用(给纳税人带来的利益),以及由此决定的预算支出,而仅仅依掌权者的意志决定税收总量,即使税负在纳税人之间公平分摊,也不能说税负是公平的。第二层次的税负公平,才是税收总量在不同纳税人之间分摊的公平。

就第一层次的问题来说,在现代租税国家,税收作为财政收入的主要来源,是为政府提供公共服务筹集资金的,因而,税收量是由政府必要提供的公共物品所需的成本决定的,并以预算支出的形式满足。而一国在一定时期必需的公共物品固然受一国社会经济发展水平,以及国际经济环境等因素影响,但主要是受一国国民收入的约束。这是因为,就人的需要的满足来说,人的需要总是由两部分构成的,即对公共物品的需要和私人物品的需要。那么,在收入约束下,多少收入用于公共物品消费,多少收入用于私人物品消费,不论是从效用最大化视角,还是公平视角看,都要求个人对

① 参见李守刚、王晓丹:《〈正义税收新原则〉导读》,载[美]理查德·A.马斯格雷夫、艾伦·T.皮考克:《财政理论史上的经典文献》,刘守刚、王晓丹译,上海财经大学出版社2015年版,第110页。对此正如维克塞尔所言:"如果税收负担的分配完全基于均等牺牲原则,那么如论此后税收负担的分配的多么均等,由社会上层决定的国家支出,都极有可能无法充分补偿社会下层因征税而产生的牺牲。"([瑞典]奈特·维克塞尔:《正义税收新原则》,载[美]理查德·A.马斯格雷夫、艾伦·T.皮考克:《财政理论史上的经典文献》,刘守刚、王晓丹译,上海财经大学出版社2015年版,第110页。)

公共物品的欲求和个人对私人物品的欲求之间实现边际收益相等。也就是说,把有限的国民收入用于生产公共物品和私人物品上,按经济学讲的公平就是为获得不同物品所支付的资金要与不同物品带来的利益相等。正是在此意义上,有学者说:"税收原则最后的完成形式是,在决定税收与支出水平时,要使税收造成的边际牺牲与支出带来的边际收益相等。"并进一步指出,"最为重要并已在理论上初步确认的观点是,作为预算表的两边,财政收入与财政支出应同时进行考虑,对二者进行决策在相当大程度上是同一问题。……财政收入与财政支出的相互依赖性,就这样成为问题的核心,并内在地决定了受益原则相对于量能原则的优越性。"①

就第二层次的问题来说,从经济学看税负分摊,受益原则最符合经济学的公平交易理论。对于准公共物品,这是不言而喻的。因为,这种公共物品只有从事特定的事业或获得某种从业资格的特定群体消费,且个人的消费数量可用一定技术手段测度。因此,据不同纳税人使用量来确定其受益,并据此分摊税负是公平的,即按受益原则分担税负是公平的;而对于最基本的纯公共物品,虽然此类公共物品,是居民普遍消费的,消费不受其意愿决定,且是"同样的数量由所有人同时享用",但按受益原则负担税负也较合理。对此可从两方面来说明:其一,从纳税人的税负能力获得看,前述论证说明,虽然所有的纳税人消费的是同一公共物品,但因每个人的天赋、努力以及偏好不同,每个人从同样公共物品中的受益是不同的。一般来说,个人财富与从公共物品受益成正相关。可以说,纳税人财富的一定比例本身就是从公共物品中的受益。其二,从纳税人税负能力保护的需要看,虽然形式上不同纳税人消费同样公共物品(如国防、治安等),似乎受到同样保护,甚至有的思想家认为越弱的人受的保护越多,如穆勒所言:"如果我们要估计每个人从政府保护中得到的利益,我们就必须考虑,如果撤除政府的保护,谁遭受的损失最大。假如能回答这一问题的话,则答案一定是:遭受最大损失的是先天或后天身心最弱的人。这种人几乎必定会沦为奴隶。"②这种观点在早期社会虽不无一定道理,但社会发展的文明程度越高,人们受到危害的主要是财富而非人身。这意味着,尽管不能说一个人的财富是别人的 10 倍,从国家保护中受益就是他人的 10 倍,但可以肯

① [美]理查德·A. 马斯格雷夫、艾伦·T. 皮考克主编:《财政理论史上的经典文献》,刘守刚、王晓丹译,上海财经大学出版社 2015 年版,第 6-7 页。
② [英]约翰·穆勒:《政治经济学原理及其在社会哲学上的若干应用》下卷,胡企林、朱泱译,商务印书馆 1991 年版,第 377 页。

定的是,一个人的财富越多,从国家保护这种公共物品中受益就越多。

二、税负公平的政治学解释

上述经济学分析说明,税负公平要求税收所提供的对公共服务对人欲求的满足和用于私人产品给人提供的满足之间应实现边际收益的相等。但要注意是,对公共物品并不能通过市场来建立必要的多重定价机制。而现实世界是,人对公共物品的欲求与对私人物品的欲求之间的平衡是通过政治程序来实现的。这意味着,税负公平总是与一定时代的政治哲学和现代国家政治体制有关。可见,从政治学分析税负公平包括两个层次的问题,即与国体有关的政治哲学问题,以及与政体有关的公共决策问题。具体到税负公平原则的两种表述,即哪种更宜作为普适性表述。因量能原则存在"单方面地考虑分摊的正义"的缺陷,由此引发两个政治缺陷:一是与租税国家的政治哲学观念冲突,二是与现代代议制民主体制格格不入。而受益原则则不存在与政治哲学观念及政治体制冲突的问题。

第一,就政治哲学讲,任何公平都与一定的政治哲学观念有关。从近现代税法的发展演化看,其主要遵循的政治哲学观念是自由主义,其核心表现在法律上就是对个人权利的优先保护。就量能原则的含义来讲,尽管在对人的税负承担能力的理解上存在客观说与主观说的分歧,但不论是客观说的按比例负担,还是主观说的同等牺牲,都只是"单方面地考虑分摊的正义",这意味着,其思考都撇开了作为人税负能力表现的个人财富的取得与从公共物品受益的关系。而按自由主义的个体主义观念,个人利益的取得主要依赖于自己的天赋和努力,个人没有义务为他人提供福利。然而,按量能原则,能力越强交税就应越多,无能力则不纳税。这意味着,税法强迫有能力的人为无能力的人提供福利,其公平性与正当性就难以说明。因为,公平的前提是人自愿接受,自愿是自由的表现,而个人自由是自由主义政治哲学至关重要的特征,正因此,有学者指出:"如果强迫纳税人承担哪些跟自己没有什么利害关系的公共活动的成本,就是一种不正义的作法。"①可见,要把按能力分摊税负看作税负公平,从政治哲学层面看,就与自由主义政治哲学相冲突。相反,量能原则遵循的是共同体主义观念,承认国家或社会是一个有机共同体。因为只有在有机共同体中,人们的相互依存关系,要求人们为他人的福利负责才有正当性,如在家庭、族群中。正因此,有学者指出:"有机国家的观念更为合适。在这样的领域,只有基于量能原则以及相应的比例牺牲原则这些先验原则,才可以为税收分摊提供理由。"②分析说明,在撇开纳税人税负能力的取得与从公共物品受益的关系的情况下,量能原则与现代税法遵循的自由主义政治哲学观念是冲突的。而如果把纳税能力与从公共物品中的受益联系起来思考,因"能"与"受益"正相关,其实质也可作为衡量"受益"的标准,因而,量能原则只不过是受益原则的转化形式,且受益原则与税法的政治哲学观念没有冲突。

第二,就政治体制讲,任何政治哲学观念都是通过一定的政治体制来实现的。现今社会,虽然世界各国的政体不尽相同,但文明程度较高的国家政体的核心或者说基本制度——主要立法和行政决策的政治制度和政权组织形式——是基本相同的,即除瑞士等少数国家外,大多数国家都采取代议制民主。代议制民主决定了"国家应提供什么样的公共服务? 提供多少公共服务? 从而需要征收多少税? 税赋应如何在纳税人间分配?"等关涉个人财富应如何使用、税负是否公平等重要议题的决定,必须通过纳税人的同意。而纳税人是否同意,取决于其从公共服务中获得的利益是否大于或等于其承担的税负。对于理性人来说,同意本身就意味着,纳税人从公共服务中获得的利益大于或等于其承担的税负。但在国家较大时,征得每个纳税人的一致同意代价太高,因而,只有采取代议制,使各类群体的利益代表同意才具有可操作性。正因此,"无代表不纳税"这一口号作为早期民主政治的追求,也是民主政治在税负量决定中的体现。可见,税负公平的第一层面是由纳税人的代表在政治过程中实现的,遵循的是受益原

---

① [美]理查德·A.马斯格雷夫、艾伦·T.皮考克:《财政理论史上的经典文献》,刘守刚、王晓丹译,上海财经大学出版社2015年版,第9页。这种基于共同体需要而量能征税的观念在德国学者中甚为流行,其中里彻尔在其"二元经济"的基础上,提出国家经济(公共经济)就是共同体经济,公共经济的基本原则应该是出于共同体需要,公共经济建立在它的社会成员牺牲的基础上,具体请参见[德]汉斯·里彻尔:《共同经济与市场经济》,载[美]理查德·A.马斯格雷夫、艾伦·T.皮考克:《财政理论史上的经典文献》,刘守刚、王晓丹译,上海财经大学出版社2015年版,第299-308页。

② [瑞典]奈特·维克塞尔:《正义税收新原则》,载[美]理查德·A.马斯格雷夫、艾伦·T.皮考克:《财政理论史上的经典文献》,刘守刚、王晓丹译,上海财经大学出版社2015年版,第112页。

则,而非量能原则。尽管在代议制政治决定过程中,"公共产品的边际效用和它们的价格之间的相等关系,不能由某个人来确定,而应该由他和他人(或他们的代表)一起磋商"①。

如按量能原则,抛开纳税人纳税能力与从公共服务效用获得的满足(受益)的关系,仅从税负分摊谈论税负公平,显然难以被人接受。如在近代早期的西方,税收主要用来满足王室消费,而王室消费愈益奢侈,致使税收需求总量增加。按量能原则,富人和权贵的纳税能力强,就需多纳税。富人和权贵自然认为不公平,因而引起他们的反抗,并由此引发税制革命。② 即使在现代,假如由政府的行政分支来承担繁荣整个政治共同体的道德责任,由于"行政部门或多或少地会追求其自私的王朝目标,并追求自己私人的经济利益。它倾向于主要(甚至专门)对某些国家活动(比如军事)感兴趣,这不仅是因为它倾向于高估这些国家活动对人民福利的重要性,而且是因为它会为自身的存在、自身合理性的存在而这么做"③,"此时政府的主要任务是,为了行政部门的利益,去追求成功或寻求议会的多数。而达到这个目标的方式,是通过谈判和妥协。但是,这种妥协无法保护'国家和人民的最佳利益'"④。同时,在现代民主社会的市场经济体制下,"国家完全认可每个人的财产法律状况及其正义性。如果确实如此,那么国家通过任意征税而肆意破坏自己之前认可的权利(并非受到超越法律的必要性推动)时,就显得很奇怪"⑤。可见,量能原则在现代代议制民主政治中难以得到合理性证明。

---

① ［瑞典］奈特·维克塞尔:《正义税收新原则》,载［美］理查德·A.马斯格雷夫、艾伦·T.皮考克:《财政理论史上的经典文献》,刘守刚、王晓丹译,上海财经大学出版社 2015 年版,第110页。

② 如在 17 世纪英国光荣革命的前夜,"鉴于国王与议会在就国王主张的王室收入权利,富人和权贵明确反对课征于他们的所得和财产的直接税等问题达成切实可行的解决方案遇到了政治困境"(［美］理查德·邦尼:《欧洲财政国家的兴起——1200~1815 年》,沈೩华译,上海财经大学出版社 2016 年版,第 70 页)。这意味着,富人和权贵显然认为不能因他们纳税能力强就应多纳税。

③ ［瑞典］奈特·维克塞尔:《正义税收新原则》,载［美］理查德·A.马斯格雷夫、艾伦·T.皮考克:《财政理论史上的经典文献》,刘守刚、王晓丹译,上海财经大学出版社 2015 年版,第126页。

④ ［瑞典］奈特·维克塞尔:《正义税收新原则》,载［美］理查德·A.马斯格雷夫、艾伦·T.皮考克:《财政理论史上的经典文献》,刘守刚、王晓丹译,上海财经大学出版社 2015 年版,第126页。

⑤ ［瑞典］奈特·维克塞尔:《正义税收新原则》,载［美］理查德·A.马斯格雷夫、艾伦·T.皮考克:《财政理论史上的经典文献》,刘守刚、王晓丹译,上海财经大学出版社 2015 年版,第149页。

　　把税负公平的两种表述置于政治哲学理念和现代代议制民主政治的背景中进行比较分析,可以发现受益原则作为税负公平原则的普适性表述形式更为合理。这不仅是因为受益原则从税收量与公共物品效用的关系,从而从财政的收和支上总体考虑税负公平问题;且受益原则也更符合现代社会对个人自由权利和财产权利尊重的特征,以及一般交易中付出与获得相对应的经济公平观;还可以避免量能原则具有强迫纳税人承担那些跟自己没有什么利害关系的公共活动成本的不正义做法之嫌。

第十五章　秩序理念下
经济规制法的研究提纲

　　通过近年来对规制法以及经济法的研究,笔者认为经济规制领域——自然垄断和公用事业领域是一国经济的重要领域,与竞争性市场领域相对应,它是整体经济的重要构成部分。其发展水平不仅直接关涉当下人的福利,且影响着一个国家的社会经济发展。因而,这一领域的公正运行秩序对整体经济发展有着重要意义,相应地,建构这一领域公正运行秩序的特殊法律——经济规制法从社会经济秩序建构意义上应属于经济法的重要部分。但就目前经济法学界对经济规制法的研究看,它还是中国经济法学研究的一个"飞地"。对此领域的研究,笔者从四方面勾勒出研究的初步纲领,以期抛砖引玉,引起经济法界对此领域法律研究的重视。

第一节　什么是经济规制法

　　"经济规制法"这个词是经济规制与法的复合词,其中的"法"指的是法律、法规,因而,经济规制法就是经济规制领域的法律规范的总称。可见,理解经济规制法的关键是对"经济规制"概念的确认。而经济规制属于规制的一种,因而,要对规制法进行研究就必须了解规制及其类型,以及各类型的含义,在此基础上结合此领域的法律对经济规制法予以界定。

一、规制及其类型

　　"经济规制"一词,实际上是对规制经济学里的经济规制的借用,是规制经济学对规制分类的一种。因而,要了解经济规制的含义,首先,需要了解规制的含义及其分类。在经济学中,对规制的界定国内外虽基本相同,但仍有一定的区别。一般来讲,"规制"一词,在国外有名词和动词两种用法。就名词意义来说,在国外,规制指由规制机关为实施某领域的法律制定的规范性文件(如许多国家反垄断执法机关制定的合并指南);而从动词意义来说,主要指一种行为,如有学者提出,规制是指以法律、规章、政策、制度来约束和规范经济主体的行为，或者说有规定的管理或者有法律规范的制约。① 而国内对规制则主要是从动词意义上来说的，即对行为予以界定。对此，我国有学者认为，规制"是具有法律地位的、相对独立的政府规制者（机构），依照一定的法规对被规制者（主要是企业）所采取的一系列行政管理与监督行为"②。可见，从动词的行为视角来看，规制一般指对特定关涉公共利益的行业或行为，通过法律专设特定的机关——规制机关，并授权该机关制定规则，以规则对该行业的经营或对特定行为的限制，以防止公共性损害的产生或促成公共利益的增长。

现代规制的内容非常广泛，以至于现代国家被称为"规制国"。为研究需要，经济学据规制目的把规制分为经济规制、社会规制两种。其中，经济规制指的是对自然垄断和公用事业领域的规制，如对电信、电力、航空、铁路等行业的规制，不包括我国经济法界所说的市场规制③。经济规制的目的是保证这些行业能公正地提供服务，以及该行业能持续有效地发展。而社会规制的目的则是通过防止社会化大生产和高科技在生产中运用，其潜在的风险对不特定的多数人的人身健康造成损害，即为保障人身健康安全方面的规制，比如说关于食品安全、药品安全、环境、工作场所的卫生与安全等的规制。

二、经济规制法

与上述经济学对规制含义与类型划分相对应，在现代法治社会中都存在相应的法律制度，其中在经济规制领域，铁路有铁路法，航空有航空法，电信有电信法等，在这些法律中都依法授权或依法设立了专门的规制机关。这些规制机关为更好地实施该法律，都据该行业或领域的社会经济发展现状制定规章、指南等规范性文件。大量存在的法律、法规，从现在的法律部门划分及各部门法的研究看，显然对经济规制法民法学界没做研究。行政法学界只对个别社会规制领域，如药品、食品等社会规制领域的法律、法规中有关规制机关的行为做了研究，且多是因近年来的食品安全事件才引发研究，但在其教材里边也见不到。而对规制法中如此重要的经济规制领域存在的问题，如收费不公、服务质量差等影响社会经济整体发展的法律问题，不仅在经济法教材中见不到，经济法学者的专题研究中也鲜有所

① 参见植草益：《微观规制经济学》，朱绍文、胡欣欣等译校，中国发展出版社1992年版，第2页。
② 参见王俊豪：《政府管制经济学导论》，商务印书馆2001年版，《导言》第1页。
③ 有的规制理论中，把我国经济法界的市场规制法中的反垄断法称为反垄断规制。

见。有反垄断法学者力图通过反垄断法解决这一领域服务不公正的问题，但在笔者看来，显然与反垄断法的理念不符。因为，反垄断法所反的垄断是限制竞争行为，而这些行业本身没有竞争，也就不存在限制竞争的问题。这些法律按照笔者的经济法观念——经济法是有关整体经济发展之法，是经济秩序法——来看，其属于特定领域的经济秩序法，属于经济法，而经济法学界对此研究不足，所以笔者将其称为经济法"飞地"的经济法。"飞地"本身意味着经济法研究未涉及的领地。把这部分叫作经济法研究的"飞地"，并不是说经济法学界对此领域没有一点研究，[①]而是认为这部分应该是经济法体系中的一部分，即把经济规制法作为与当下经济法界公认的宏观调控、市场规制相并列的第三部分，希望引起经济法研究者的重视。

第二节　研究这一法律问题的意义

经济规制领域是与竞争的市场领域相对应的，因而，这一领域行业的发展以及这一行业特殊市场（非竞争性市场）的公正交易秩序的形成显然不同于竞争的市场领域，即不能依靠竞争机制提供发展的动力（创新）和实现公正交易秩序，从法律上来讲，这一领域行业发展和公正交易秩序的形成，不像竞争的市场领域依竞争法维护的竞争机制就可解决，需要不同于竞争法的不同的法理——规制法的法理。因而，对其进行研究不仅从法学理论上看可以丰富经济法理论研究，而且从实践上看可以给这一领域法律制度的建立和完善提供指导。

一、研究的实践必要

近十多年来，虽然市场化在我国经济运行中所起的作用不断提高，但由于传统体制的惯性，以及对自然垄断和公用事业认知的局限，公用事业和自然垄断领域消费者权益损害问题非常严重。反垄断法通过以后，经济法学界研究反垄断法的许多学者认为这是一个垄断法的问题，并力图通过反垄断法来解决这一问题，但效果并不理想。这是因为，这些行业要么因本身属于自然垄断压根就不存在竞争，要么因关涉国计民生而依法形成垄

---

① 史际春教授就认为规制法属于经济法，他在为邓峰教授主持编译的"法学译丛·规制、竞争与公共商事系列"丛书所写的简评中说："这实际上是一套经济法译丛。"（［英］迈克·费恩塔克：《规制中的公共利益》，戴昕译，中国人民大学出版社 2014 年版，底页）可见，其认为经济规制的法律法规，即规制法属于经济法。

断。因而,其垄断并非反垄断法意义上的垄断——限制竞争行为。因而,这些服务市场交易不公的问题,主要是法律赋予其垄断经营权的同时对其权力约束不足造成的。虽然,这些领域可以把原本不属于自然垄断的部分业务通过进一步市场化,并通过反垄断法解决一些问题,但笔者认为作为有限。对此领域的问题,国际上的法律经验是通过规制法来解决。① 可见,规范这些领域的法律,不同于规范一般竞争市场的法律。也就是说,规范自然垄断和公用事业领域创新发展和公正交易需要新的法律理论,以及以之为指导建立新的法律制度。

二、研究的法律路径

就发达国家对这一领域规范法人的法律经验来看,解决这些领域问题的法律路径有两条:第一,竞争法路径,主要是反垄断法。其发挥作用的前提就是要把这些行业的经营业务进行拆分,如把电力行业分成发电、输电和配电三个阶段,把电信行业分为主干网和终端服务两个阶段,其中电力的输电、电信的主干网属于自然垄断业务,应赋予一个经营者采取垄断经营;而电力的发电和配电,以及电信的终端服务属于竞争业务,竞争性业务采取放松规制,引入竞争,即电力行业的发电、配电,以及电信行业的终端服务等可放松规制,准许多个经营者进入该领域进行竞争。而对电力行业的输电、电信行业的主干网等属于自然垄断的则采取规制(但在准入上采取竞争性的招投标制度选择经营者,并确定一定的经营期限)。属于竞争业务的,在引入竞争的基础上,可适用反垄断法,这时反垄断法才能对这些领域的不公正交易有所作为。第二,规制法路径。对这一领域真正的自然垄断业务,如电力的输电、电信的主干网的经营,反垄断法是无能为力的,需要通过规制法来解决,即通过对经营者的准入、定价、服务质量、标准、技术发展等条件的规制来解决。② 对此第三节将做较详细说明,这里不予赘述。

可见,对经济规制法的研究,不仅具有重大的现实意义和实践价值,也有重要的理论意义。从经济法讲,对经济规制法的研究可丰富经济法理论,完善经济法体系。

---

① 对此可参见经济合作与发展组织的《OECD 国家的监管政策:从干预主义到监管治理》(陈伟译,法律出版社 2006 年版)一书的相关内容。

② 对此可参见[美]史蒂芬·布雷耶:《规制及其改革》,李洪雷、宋华琳等译,北京大学出版社 2008 年版,第 407—449 页。

第三节　经济规制法的主要内容

基于上述认知,这些年来,笔者对规制法的问题做了系统学习和了解,就国内外对规制法的研究看,对规制法主要研究三个方面的问题,即定义和范围、目的、内容构成,这对作为规制法之一的经济规制法同样适用,只不过具体内容有些差异。

一、经济规制法的定义和范围

从定义来看,经济规制即对自然垄断和公用事业领域的规制,在这些领域中,都有专门的法律,并在法律中特设或授权一个专门的监管机关对这个领域制定规则并以规则治理,本章所述的经济规制也是在此意义上使用的经济规制。许多学者认为"规制"就是管制,就是强调政府控制。笔者认为这是对规制的片面理解,甚至可以说是对规制的一种误解。之所以要规制,是由于在这些领域里,市场机制不能发挥作用,且这些领域的经营行为一般又会较大地影响公众利益,其经营状况和发展会影响整体经济发展。这种经营行为,就是公共性影响行为,如行为有益就是公益行为,如行为有害就是公害行为,即一旦造成损害就是公共性损害。这一特性决定,对这些领域的经营行为或者对它们的经营自由要加以限制,即事前规制以防止危害的发生。具体如何限制,如何保障限制的规则是合理的,则是经济规制法要解决的问题。

可见,经济规制法的内容范围从被规制的主体看包括两大方面:第一,对自然垄断和公用事业领域经营者经营行为的规制;第二,对规制者(规制机关)的规制。前者是最为根本的内容,如果没有这一领域经营者经营行为的公共性损害,就不需要规制;后者是辅助,即规制者规制不当,如制定的规则不合理,就难以防止经营者损害的发生。从规制的主体属性看包括两方面:公共规制和私的规制。前者是依法授权或依法成立的专门规制机关所做的规制;后者是由该行业的社会组织(非公共规制机关)所做的规制。

二、经济规制法的目标

一般来讲所有的规制都有两大目标,即行业发展和公平服务,经济规制也不例外。这两个目标是相辅相成的关系,从另一个角度来讲,它们是对公共利益从不同视角的创造和维护。公平服务主要是从当下市场交易角度的即时分析,因为这些行业涉及不特定的公众,可以说涉及所有人利益的问题,因而,价格、服务质量等问题直接关涉社会公共利益。而行业发展实质是历时性分析,是从长远的角度分析,因为,任何经济发展,当然也包括行业发展都有外溢效应,可使不特定的人从发展中分享好处(利益)。因此,行业发展状况不仅关涉当下人,也关涉未来人对该行业发展利益的分享。否则的话,只想当下以较低价格获得公共服务品而获得利益,致使行业研发不足,以致影响发展,未来大家都不能得到好处。所以这两个目标既是二元的,也是统一的。因此,对这些领域的规制,既要考虑公众利益,也要考虑该行业经营者的利益,保障其有发展的动力。

三、经济规制法的内容构成

这个行业既然是自然垄断和公用事业领域,那么,如何选择良好的经营者,如何使它定价更合理,如何使经营者具有提高经营管理的激励,是规制法律制度设计必须考虑的问题。因而,在经济规制法中主要包括四大制度。第一,准入制度。一般采取招投标这种竞争性准入制度,以保障选择的经营者能力最佳,即要把优质的合格的经营者选进来的问题。第二,定价制度。这个行业的特殊性导致不能按照竞争市场的边际成本进行定价,定价有一定的规则,但是,肯定不是平均成本加利润,因为在这个领域里没有竞争压力,如有利润保障其经营者就没有降低成本的激励,技术进步就不能实现,成本永远这么高。其定价,一般采取对标式定价,比如说根据国外类似行业几年来价格变动情况做相应的百分比调整。对该行业的技术使用也是一个对标的问题。第三,服务质量制度。对此也是采取对标的办法。以电信业为例,对应于与中国电信业发展程度相当的国家的网络服务质量,确定中国的电信业服务质量。以上三种制度主要是规制相关领域经营者的制度。第四,对规制机关的规制制度。为保障前三种制度合理,就必须解决规制机关如何制定规制的规则问题。从现代规制理论的发展看,由于规制领域的复杂性、多边性,现在通行的规则制定方法是合作制定,并在此基础上协商合作推动规则的实施。

第四节　经济规制法的法理念

从上述简单介绍看,克制经济规制的法律构造包括两大方面:对被规制行业的经营者的规制;对规制机关的规制。另外,规制行业的具体法律规则体现出这些行业领域的法律理念发生了四方面的转化,这些转化,是我们今后思考和理解经济规制法制度时需要注意的,也是我们未来设计经济规制法律制度应注意的。

一、规制者与被规制企业关系的转化

从经济规制发展史看,规制者与被规制企业的关系正经历着变化,即二者的关系经历着从传统的管控对抗关系向协商合作关系发展。这是由于,规制领域复杂性和专业性的加强,以及经营者生产规模的扩大,不仅使得规制者对被规制行为有害性的认知发生困难,也使得被规制者对自身行为的后果缺乏准确认知,且其行为潜在风险一旦发生,损害后果往往超过其承担责任的能力。加之,市场经济的发展、市场范围的扩大,使社会经济犹如一个有机体。这导致被规制者与受其行为影响者都共同依存于一定的社会经济体系,其行为具有"飞去来器效应"①,这意味着损害对方就会损害共同依存的体系,最终自己也将受其损害。正因此,现代规制法规定,规则制定中的利益相关者、专家参与协商制定规则,以及在规制法的私人诉讼中,扩大诉讼资格范围,引入专家证人制度,要求执法机关介入,裁判遵从协商协议等制度设计,其思维路径就是把被规制者与受其行为影响者之间的关系看作一种协商合作关系。

二、利益的保护方式的转化

经济规制法的发展过程中对行为的控制经历了从消极的惩罚遏制向积极的激励促成的转化,这种转化从法的实施机制看就是,从主要通过事后的执法和司法,对违法者处罚或使其承担责任,消极遏制违法行为转向主要依靠采取事前的禁令、指导或激励等手段,积极促进被规制者合规,以实现规制。这种对行为控制方式的变化,也意味着利益保护方式的转化,即从传统法律的消极防害转向以积极促进利益与消极防害结合。传统法

---

① 德国社会学家贝克认为:"那些生产风险或从中得益的人迟早会受到风险的报应。风险在它的扩散中展示了一种社会性的'飞去来器效应'。""'飞去来器效应'不必通过对生命的直接威胁来表明自身,它也可以影响某些次级媒介,如金钱、财产和合法性。它不仅对单个的资源反戈一击,而且以一种整体的、平等的方式损害着每一个人。森林的破坏不仅仅造成鸟类的消失,也使土地和森林财产的价值下降。哪里建成和规划了核电站和火电厂,哪里的地价就会下降。……财产正在贬值,正在经受一种缓慢的生态剥夺。"([德]乌尔里希·贝克:《风险社会》,何博闻译,译林出版社 2004 年版,第 39、41 页)

律重视对有害行为发生后,通过使加害行为者承担法律责任的惩罚,威慑潜在违法,实现对利益的保护。而规制法主要是通过禁止性规范,防止危害行为发生,或者采取激励手段促进有益于公共利益的行为。即不仅具有积极防害的作用,且有利于促进利益的增长,从而实现积极的对公共利益的保护。

上述变化,体现在现代规制法的制度形式上,出现了这样的制度转向,即从消极的重在对违反义务者惩罚(罚款)的制度,转化到积极预防,以及重在对合规者激励的制度。这意味着,我们在研究规制法时,对于新出现的损害"公益"的行为,固然不能忽视传统的依责任消极控制有害行为的思维路径,但应避免动辄以加重责任来解决问题的思维路径,而应注重思维转化,创新积极的激励制度,以实现防患于未然,甚至促成公益的更好实现。

三、主导性规则的转化

上述两方面的转化说明,经济规制法的实现在于"止恶扬善"——遏制公害行为,激励公益行为,虽然在现代经济规制法中开出了以激励而扬善的规则(简称造益性规则),且有日益增长趋势,但以惩治而止恶的规则,即防止损害行为的规则(简称防害性规则)在经济规制法的实现中仍不能忽视。这里提请注意的是,在经济规制法的发展中,防害性规则也在发生转化,即从主要以事后救济的间接防止为主导转向事前直接预防为主导。其制度或规则表现就是从以事后责任规则为主导转向以事前规制规则为主导。

责任规则的运行是损害发生之后,通过被害者提起损害赔偿诉讼,被害者起诉的目的在于获得救济,因而,规则设计的原则在于补偿。而经济规制规则的运行主要由规制机关依职权执法(包括抽象和具体执法),执法的目的在于预防损害行为的发生,这决定了其规则设计的原则在于预防。因而,预防原则是经济规制法的重要原则之一。

四、公平观念的转化

法律的基本价值是追求公正,经济规制法也不例外,但对何为公正,则因不同时期法的观念的不同而不同。在早期,经济规制法的目标都是以一定领域的公正为其主要价值目标的,且这种公正多是从政治道德或伦理意义上来论证的。而在现代市场经济条件下,几乎所有的社会问题都与经济有关,经济在社会发展中的重要性不言而喻,正是在此意义上,有学者提出一切社会关系都镶嵌于经济关系之中,所有问题的解决最终总是与经济有关。特别是 20 世纪 70 年代末以来,随着欧洲和日本的崛起、经济全球化的发展、国家间经济竞争的加剧,各国在现代规制中对规制效果的经济分析日益受到重视,以至于在规制中达成这样的共识:建立和提议规制必须有通过经济分析决定的净社会收益,才能考虑存在的合理性。对规制的成本和收益分析,是决定是否需要规制,应选择何种规制规则的标准。如即使谈论公正,也有较强的功利主义色彩。

　　这一转化意味着,我们在研究经济规制法时,对于经济规制法的规则评判,以及在经济规制规则的立、改、废的选择中,固然应遵循以公正为准则,但对公正的理解不能只从主观的政治伦理意义上空洞谈论,而应着重于从经济视角,即从较客观的效率评判经济规则的公正性。

参考文献

一、图书

[1]曹荣湘:《走出囚徒困境——社会资本与制度分析》,上海三联书店
　　2003年版。

[2]陈家刚:《协商民主》,上海三联书店2004年版。

[3]陈明明:《权利、责任与国家》,上海人民出版社2006年版。

[4]陈新民:《德国公法学基础理论》(上册),山东人民出版社2001年版。

[5]董安生:《民事法律行为》,中国人民大学出版社1994年版。

[6]范健:《商法学》,高等教育出版社、北京大学出版社2000年版。

[7]范忠信等:《中国文化与中国法系——陈顾远法律史论集》,中国学政法
　　大学出版社2006年版。

[8]方世荣:《行政法与行政诉讼法》,中国政法大学出版社1999年版。

[9]符启林:《经济法学》,中国政法大学出版社2009年版。

[10]葛洪义:《法理学导论——探索与对话》,法律出版社1996年版。

[11]关保英:《行政法时代精神研究》,中国政法大学出版社2008年版。

[12]韩忠谟:《法学绪论》,中国政法大学出版社2003年版。

[13]何之迈:《公平交易法专论》,中国政法大学出版社2004年版。

[14]黄茂荣:《法学方法与现代税法》,北京大学出版社2011年版。

[15]蒋庆、盛洪:《以善致善》,上海三联书店2004年版。

[16]金福海:《惩罚性赔偿制度研究》,法律出版社2008年。

[17]靳文辉:《经济法行为理论研究》,中国政法大学出版社2013年版。

[18]赖源河:《公平交易法新论》,中国政法大学出版社、元照出版公司
　　2002年版。

[19]李昌麒、岳彩申:《经济法论坛》(第10卷),群众出版社2013年版。

[20]李昌麒:《经济法论坛》,群众出版社2008年第3期。

[21]李昌麒:《经济法学》,中国政法大学出版社2002年版。

[22]李国海:《反垄断法实施机制研究》,中国方正出版社2006年版。

[23]李宜琛:《日耳曼法概说》,中国政法大学出版社2003年版。

[24]李郁芳:《体制转轨时期的政府规制行为》,经济科学出版社2003年版。

[25]梁慧星:《为权利而斗争》,中国法制出版社2000年版。

[26]梁漱溟:《人生的省悟》,百花文艺出版社2005年版。

[27]刘剑文:《税法学》,北京大学出版社2017年版。

[28]刘宁元:《中外反垄断法实施体制研究》,北京大学出版社2005年版。

[29]刘水林:《反垄断法的观念基础和解释方法》,法律出版社2011年版。

[30]刘文:《空想社会主义法学思潮》,法律出版社2006年版。

[31]鲁友章、李宗正:《经济学说史》,人民出版社1965年版。

[32]吕世伦:《现代西方法学流派》,中国大百科全书出版社2000年版。

[33]孟庆垒:《环境责任论——兼论环境法的核心问题》,法律出版社2014年版。

[34]南怀瑾:《老子他说》,复旦大学出版社1996年版。

[35]潘静成、刘文华:《经济法》,中国人民大学出版社1999年版。

[36]漆多俊:《经济法论丛》(第五卷),中国方正出版社2001年版。

[37]漆多俊:《经济法学》,武汉大学出版社1998年版。

[38]盛洪:《经济学精神》,广东经济出版社1999年版。

[39]施本植等:《国外经济规制改革的实践及经验》,上海财经大学出版社2006年版。

[40]史际春、邓峰:《经济法总论》,法律出版社1998年版。

[41]史际春:《经济法》,中国人民大学出版社2010年第2版。

[42]舒国滢:《法哲学沉思录》,北京大学出版社2010年版。

[43]司马迁:《史记》,中国友谊出版公司1994年版。

[44]王保树:《经济法原理》,社会科学文献出版社1999年版。

[45]王炳:《反垄断法非强制性执法制度与实践研究》,法律出版社2010年版。

[46]王建:《反垄断法的私人执行》,法律出版社2008年版。

[47]王俊豪:《政府管制经济学导论》,商务印书馆2001年版。

[48]王立民:《古代东方法研究》,学林出版社1996年版。

[49]王林生等:《发达国家规制改革与绩效》,上海财经大学出版社2006年版。

[50]王铭铭:《漂泊的洞察》,上海三联书店2003年版。

[51]王全兴:《经济法基础理论专题研究》,中国检察出版社2002年版。

[52]王亚南:《资产阶级古典政治经济学选辑》,商务印书馆1979年版。

[53]魏振赢:《民法学》,高等教育出版社、北京大学出版社2000年版。

[54]文学国等:《反垄断法执行制度研究》,中国社会科学出版社2011年版。

[55]吴浩、李向东:《国外规制影响分析制度》,中国法制出版社2009年版。

[56]吴经熊:《法律哲学研究》,上海法学编译社1933年版。

[57]吴小丁:《反垄断与经济发展——日本竞争政策研究》,商务印书馆2006年版。

[58]肖江平:《中国经济法学史研究》,人民法院出版社2002年版。

[59]徐仁辉等:《公共组织行为》,北京大学出版社2006年版。

[60]许章润:《萨维尼与历史法学派》,广西师范大学出版社2004年版。

[61]薛克鹏:《经济法基本范畴研究》,北京大学出版社2013年版。

[62]杨紫烜:《经济法》,北京大学出版社高等教育出版社1999年版。

[63]殷继国:《反垄断法执法和解制度》,中国法制出版社2013年版。

[64]于海:《西方社会思想史》,复旦大学出版社1993年版。

[65]翟志勇:《罗斯科·庞德:法律与社会》,广西师范大学出版社2004年版。

[66]张守文:《经济法学》,高等教育出版社2016年版。

[67]张守文:《税法原理》,北京大学出版社2016年版。

[68]张文显:《法理学》,北京大学出版社、高等教育出版社1999年版。

[69]张文显:《法哲学范畴研究》,中国政法大学出版社2001年版。

[70]张艳蕊:《民事公益诉讼制度研究》,北京大学出版社2007年版。

[71]张宇燕:《经济发展与制度选择》,中国人民大学出版社1992年版。

[72]赵红梅:《私法与社会法》,中国政法大学出版社2009年版。

[73]郑永流、朱庆育等:《中国法律中的公共利益》,北京大学出版社2014年版。

[74]朱德米:《自由与秩序》,天津人民出版社2004年版。

[75]朱鸣雄:《整体利益论:关于国家为主体的利益关系研究》,复旦大学出版社2006年版。

二、论文

[1]敖双红:《公益诉讼概念辨析》,载《武汉大学学报》(哲学社会科学版)

2007 年第 2 期。

［2］白彦、杨兵：《我国民事公益诉讼的经济分析：基于理性的视角》，载《北京大学学报》（哲学社会科学版）2013 年第 6 期。

［3］蔡彦敏：《中国环境民事公益诉讼的检察担当》，载《中外法学》2011 年第 1 期。

［4］曹刚：《责任伦理：一种新的道德思维》，载《中国人民大学学报》2013 年第 2 期。

［5］陈年冰：《大规模侵权与惩罚性赔偿：以风险社会为背景》，载《西北大学学报》2010 年第 5 期。

［6］董春华：《美国产品责任法中的惩罚性赔偿》，载《比较法研究》2008 年第 6 期。

［7］范进学：《权利是否优先于善：论新自由主义与社群主义之争》，载《政法论丛》2016 年第 3 期。

［8］冯果、武俊桥：《超越局部与个体的经济法行为：以中央银行宏观调控行为为视角而展开》，载《法学杂志》2003 年第 3 期。

［9］高寒、刘水林：《干预行为：经济法中的"法律行为"》，载《上海财经大学学报》2008 年第 1 期。

［10］高利红、余耀军：《环境民事侵权适用惩罚性赔偿原则之探究》，载《法学》2003 年第 3 期。

［11］郭冬乐、李越：《制度秩序论》，载《财贸经济》2001 年第 6 期。

［12］郭跃：《美国反垄断法价值取向的历史演变》，载《美国研究》2005 年第 1 期。

［13］侯登华：《试论社会组织提起民事公益诉讼》，载《政法论坛》2013 年第 6 期。

［14］蒋先福、彭中礼：《善优先于权利：社群主义权利观评析》，载《北方法学》2007 年第 5 期。

［15］蒋岩波、张坚：《现代反垄断执法中的协商程序机制》，载《国际贸易》2011 年第 1 期。

［16］雷兴虎、刘水林：《校正贫富分化的社会法理念及其表现》，载《法学研究》2007 年第 2 期。

［17］李桂林：《论良法的标准》，载《法学评论》2000 年第 2 期。

［18］李国海：《反垄断法损害赔偿制度比较研究》，载《法商研究》2004 年第 6 期。

[19]李豪:《论侵权行为持续下的诉讼时效适用规则》,载《民营科技》2012年第7期。

[20]李俊峰:《垄断损害赔偿倍率问题研究:兼论我国反垄断法草案的相关制度选择》,载《比较法研究》2007年第4期。

[21]李生龙:《反垄断诉讼中专家意见的性质:以专家辅助人制度改革为主线》,载《人民司法》2015年第13期。

[22]李秀峰译:《韩国行政规制基本法》,载《行政法学研究》2002年第3期。

[23]李友根:《惩罚性赔偿制度的中国模式研究》,载《法制与社会发展》2015年第6期。

[24]李友根:《美国惩罚性赔偿制度的宪法争论:过重罚金条款与我国的惩罚性赔偿制度》,载《法学论坛》2013年第5期。

[25]李友根:《社会整体利益代表机制研究》,载《南京大学学报》(哲学·人文·社科版),2002年第2期。

[26]林尚立:《有机的公共生活:从责任建构民主》,载《复旦政治学评论》第四辑。

[27]刘继峰:《我国反垄断私人诉讼制度中的问题及其解决》,载《内蒙古大学学报》(哲学社会科学版)2009年第2期。

[28]刘少军:《经济法行为性质论》,载《天津师范大学学报》(社会科学版)2009年第1期。

[29]刘水林、郜峰:《我国证券公益诉讼制度建构的理论证成》,载《上海财经大学学报》2014年第6期。

[30]刘水林、雷兴虎:《论经济法的社会经济功能》,载《法学评论》2004年第2期。

[31]刘水林:《法律经济分析方法论的一个研究提纲》,载《法律科学》2003年第2期。

[32]刘水林:《反垄断法的挑战:对反垄断法的整体主义解释》,载《法学家》2010年第1期。

[33]刘水林:《反垄断诉讼的价值定位与制度建构》,载《法学研究》2010年第4期。

[34]刘水林:《风险社会大规模损害责任法的范式重构》,载《法学研究》2014年第3期。

[35]刘水林:《经济法是什么——经济法的法哲学反思》,载《政治与法律》

2014 年第 8 期。

[36]刘水林:《论民法的"惩罚性赔偿"与经济法的"激励性报偿"》,载《上海财经大学学报》2009 年第 4 期。

[37]刘学在:《民事公益诉讼原告资格解析》,载《国家检察官学院学报》2013 年第 2 期。

[38]卢成仁:《民行检察介入公益诉讼的法理分析》,载《河北法学》2012 年第 9 期。

[39]吕忠梅:《论经济法律行为》,载《福建政法管理干预学院学报》2000 年第 1 期。

[40]孟庆瑜:《范思与前瞻:中国经济法主体研究 30 年》,载《云南大学学报》(法学版)2009 年第 1 期。

[41]宁利昂:《提起公益诉讼的主体:本土可行性分析》,载《政治与法律》2012 年第 4 期。

[42]潘斌:《风险社会与责任伦理》,载《伦理学研究》2006 年第 5 期。

[43]戚建刚:《风险认知模式及其行政法制之意蕴》,载《法学研究》2009 年第 5 期。

[44]孙笑侠:《公、私法责任分析:论功利性补偿与道义性惩罚》,载《法学研究》1994 年第 6 期。

[45]孙笑侠:《论法律与社会利益》,载《中国法学》1995 年第 4 期。

[46]唐力:《论协商性司法的理论基础》,载《现代法学》2008 年第 6 期。

[47]王成:《大规模侵权事故综合救济体系的构建》,载《社会科学战线》2010 年第 9 期。

[48]王全兴、管斌:《经济法学研究框架初探》,载《中国法学》2001 年第 6 期。

[49]王作印:《自由主义和社群主义国家观之争及其启示》,载《社会科学辑刊》2007 年第 3 期。

[50]武寅:《论明治宪法体制的形成背景》,载《日本问题研究》1995 年第 1 期。

[51]肖建国:《民事公益诉讼的基本模式研究:以中、美、德三国为中心的比较法考察》,载《中国法学》2007 年第 5 期。

[52]肖建华:《现代型诉讼之程序保障:以 2012 年〈民事诉讼法〉修改为背景》,载《比较法研究》2012 年第 5 期。

[53]薛晓源、刘国良:《全球风险世界:现在与未来:德国著名社会学家、风

险社会理论创始人乌尔里希·贝克教授访谈录》,载《马克思主义与现实》2005 年第 1 期。

[54]杨波:《日本人的"集团意识"》,载《作家杂志》2008 年第 3 期。

[55]杨朝霞:《提起公益诉讼,检察机关应有资格》,载《检察日报》2012 年 6 月 18 日(第 6 版)。

[56]杨立新:《〈侵权责任法〉应对大规模侵权的举措》,载《法学家》2011 年第 4 期。

[57]杨严炎:《论公益诉讼与群体诉讼的关系》,载《政治与法律》2010 年第 9 期。

[58]易军:《个人主义方法论与私法》,载《法学研究》2006 年第 1 期。

[59]应飞虎:《知假买假行为适用惩罚性赔偿的思考》,载《中国法学》2004 年第 6 期。

[60]游钰:《论反垄断执法协商的程序约束》,载《法学评论》2013 年第 4 期。

[61]俞可平:《政府:不应当做什么,应当做什么:自由主义与社群主义的最新争论》,载《政治学研究》2009 年第 1 期。

[62]曾世雄:《违反公平交易法制损害赔偿》,载《政大法学评论》第 44 期。

[63]曾于生:《关于公益诉讼的若干理论问题反思》,载《华东师范大学学报》(哲学社会科学版)2012 年第 6 期。

[64]张继恒:《经济法行为范畴之建构》,载《安徽大学法律评论》2012 年第 2 辑。

[65]张俊岩:《风险社会与侵权损害救济途径多元化》,载《法学家》2011 年第 2 期。

[66]张守文:《略论经济法上的调制行为》,载《北京大学学报》(哲学社会科学版)2000 年第 5 期。

[67]张新宝:《设立大规模侵权损害救济(赔偿)基金的制度构想》,载《法商研究》2010 年第 6 期。

[68]章礼明:《检察机关不宜作为环境公益诉讼的原告》,载《法学》2011 年第 6 期。

[69]赵红梅:《美、德新型惩罚性赔偿对我国〈消法〉修订的启示》,载《法律科学》2011 年第 5 期。

[70]钟伟:《谁是弱势群体?》,载《全景网络证券时报》2002 年 11 月 2 日。

[71]朱岩:《从大规模侵权看侵权责任法的变迁》,载《中国人民大学学报》2009 年第 3 期。

三、译著

[1][澳]皮特·凯恩:《法律与道德中的责任》,罗李华译,商务印书馆 2008 年版。

[2][比]伊·普里戈金、[法]伊·斯唐热:《从混沌到有序》,曾庆宏、沈晓峰译,世纪出版集团、上海译文出版社 2005 年版。

[3][德]奥托·迈耶:《德国行政法》,刘飞译,商务印书馆 2002 年版。

[4][德]弗里德里希·卡尔·冯·萨维尼:《论立法与法学的当代使命》,许章润译,中国法制出版社 2001 年版。

[5][德]弗里德里希·李斯特:《政治经济学的国民体系》,陈万熙译,商务印书馆,1981 版。

[6][德]古斯塔夫·拉德布鲁赫:《社会主义文化论》,米健译,法律出版社 2006 年版。

[7][德]哈贝马斯:《在事实与规范之间》,童世骏译,生活·读书·新知三联书店 2003 年版。

[8][德]哈特穆特·毛雷尔:《行政法学总论》,高家伟译,法律出版社 2000 年版。

[9][德]何梦笔:《秩序自由主义:德国秩序政策论集》,董靖、陈凌、冯兴元译,中国社会科学出版社 2002 年版。

[10][德]黑格尔:《法哲学原理》,范杨、张企泰译,商务印书馆 1961 年版。

[11][德]康德:《道德形而上学原理》,苗力田译,上海人民出版社 2002 年版。

[12][德]考夫曼:《法律哲学》,刘幸义等译,法律出版社 2004 年版。

[13][德]柯武刚、史漫飞:《制度经济学》,韩朝华译,商务印书馆 2000 年版。

[14][德]克里斯蒂安·冯·巴尔:《大规模侵权损害责任法的改革》,贺栩栩译,中国法制出版社 2010 年版。

[15][德]鲁道夫·冯·耶林:《为权利而斗争》,胡保海译,载法律出版社 2007 年版。

[16][德]马丁·布伯:《人与人》,张健、韦海英译,作家出版社 1992 年版。

[17][德]马克思:《资本论》,中共中央马克思、恩格斯、列宁、斯大林著作编译局译,人民出版社 1975 年版。

[18][德]马克斯·韦伯:《学术与政治:韦伯的两篇演说》,冯克利译,生

活・读书・新知三联书店 1998 年版。

[19][德]米歇尔・施托莱斯:《德国公法史》,雷勇译,法律出版社 2007年版。

[20][德]施密特・阿斯曼:《秩序理念下的行政法体系建构》,林明锵等译,北京大学出版社 2012 年版。

[21][德]乌尔里希・贝克:《风险社会》,何博闻译,译林出版社 2004 年版。

[22][俄]B.B.拉扎列夫:《法与国家的一般理论》,王哲等译,法律出版社1999 年版。

[23][法]狄骥:《宪法论》,钱克新译,商务印书馆 1959 年版。

[24][法]埃米尔・涂尔干:《社会分工论》,渠东译,生活・读书・新知三联书店 2004 年版。

[25][法]古斯塔夫・勒庞:《乌合之众:大众心理研究》,冯克利译,中央编译出版社 2004 年版。

[26][法]路易・迪蒙:《论个体主义:人类学视野中的现代意识形态》,桂裕芳译,译林出版社 2014 年版。

[27][法]马克・弗勒拜伊:《经济正义论》,肖江波等译,中国人民大学出版社 2016 年版。

[28][法]孟德斯鸠:《论法的精神》,张雁深译,商务印书馆 1961 年版。

[29][法]摩莱里:《自然法典》,黄建华、姜亚洲,商务印书馆 1985 年版。

[30][古罗马]西塞罗:《论共和国、论法律》,王焕生译,中国政法大学出版社 1997 年版。

[31][古罗马]西塞罗《论老年 论友谊 论责任》,徐奕春译,商务印书馆1998 年版。

[32][古希腊]亚里士多德:《政治学》,吴寿彭译,商务印书馆 1965 年版。

[33][美]弗朗西斯・福山:《大分裂:人类本性与社会秩序的重建》,刘榜离等译,中国社会科学出版社 2002 年版。

[34][美]詹姆斯・M.布坎南:《宪法秩序的经济学与伦理学》,朱泱、毕洪海、李光乾译,商务印书馆 2008 年版。

[35][美]A.麦金泰尔:《德性之后》,龚群、戴扬毅译,中国社会科学出版社1995 年版。

[36][美]E.博登海默:《法理学 法律哲学与法律方法》,邓正来译,中国政法大学出版社 1999 年版。

[37][美]E・阿伦森:《社会性动物》(第九版),邢占军译,华东师范大学出

版社 2007 年版。

[38][美]H.范里安:《微观经济学:现代观点》,费方域等译,上海三联书店、上海人民出版社 1994 年版。

[39][美]J.E.克伍卡,L.J.怀特:《反托拉斯革命》,林平等译,经济科学出版社 2007 年版。

[40][美]R·科斯等:《财产权利与制度变迁:产权学派与新制度学派译文集》,胡庄君等译,上海三联书店、上海人民出版社 1994 年版。

[41][美]奥利弗·E.威廉姆森:《反托拉斯经济学》,张群群、黄涛译,经济科学出版社 1999 年版。

[42][美]伯纳德·斯瓦茨:《美国法律史》,王军译,中国政法大学出版社 1997 年版。

[43][美]查理斯·R.基斯特:《美国垄断史:帝国的缔造者和他们的敌人(从杰伊·古尔德到比尔·盖茨)》,傅浩等译,经济科学出版社 2004 年版。

[44][美]成中英:《本体与诠释》,生活·读书·新知三联书店 2000 年版。

[45][美]戴维 J.格伯尔:《二十世纪欧洲的法律与竞争》,冯克利、魏志梅译,中国社会科学出版社 2004 年版。

[46][美]丹尼尔·史普博:《管制与市场》,余晖等译,上海三联书店、上海人民出版社 1999 年版。

[47][美]道格拉斯·C.诺思:《经济史中的结构与变迁》,陈郁、罗华平译,上海三联书店、上海人民出版社 1995 年版。

[48][美]凡勃伦:《有限阶级论》,蔡受百译,商务印书馆 1981 年版。

[49][美]弗兰西斯·威尔曼:《交叉询问的艺术》,周幸、陈意文译,红旗出版社 1999 年版。

[50][美]哈罗德·M.格罗夫斯、唐纳德·J.柯伦:《税收哲人:英美税收思想史二百年》,刘守刚、刘雪梅译,上海财经大学出版社 2018 年版。

[51][美]赫伯特·霍温坎普:《联邦反托拉斯政策:竞争法律及其实践》,许光耀等译,法律出版社 2009 年版。

[52][美]凯斯·R.孙斯坦:《风险与理性:安全、法律及环境》,师帅译,中国政法大学出版社 2005 年版。

[53][美]凯斯·R·桑斯坦:《权利革命之后:重塑规制国》,钟瑞华译,中国人民大学出版社 2008 年版。

[54][美]科尼利沃斯·M.克温:《规则制定:政府部门如何制定法规与政

策》(第三版),刘璟等译,复旦大学出版社 2007 年版。

[55][美]克里斯托弗·沃尔夫:《司法能动主义:自由的保障还是安全的威胁?》,黄金荣译,中国政法大学出版社 2004 年版。

[56][美]兰·费雪:《完美的群体》,邓豆豆译,浙江人民出版社 2013 年版。

[57][美]蕾切尔·卡逊:《寂静的春天》,吕瑞兰、李长生译,吉林人民出版社 1997 年版。

[58][美]理查德·A.波斯纳:《法律的经济分析》,蒋兆康译,中国大百科全书出版社 1997 年版。

[59][美]理查德·A.马斯格雷夫、艾伦·T.皮考克:《财政理论史上的经典文献》,刘守刚、王晓丹译,上海财经大学出版社 2015 年版。

[60][美]理查德·A.马斯格雷夫:《比较财政分析》,董勤发译,格致出版社、上海三联书店、上海人民出版社 2017 年版。

[61][美]理查德·A.希李斯特:《政治经济学的国民体系》,陈万熙译,商务印书馆 1981 年版。

[62][美]理查德·B.斯图尔特:《美国行政法的重构》,沈岿译,商务印书馆 2002 年版。

[63][美]理查德·邦尼:《欧洲财政国家的兴起(1200—1815)》,沈国华译,上海财经大学出版社 2016 年版。

[64][美]罗·庞德:《通过法律的社会控制　法律的任务》,沈宗灵、董世忠译,商务印书馆 1984 年版。

[65][美]罗伯特·B.登哈特:《公共组织理论》,扶松茂、丁力译,中国人民大学出版社 2003 年版。

[66][美]罗尔斯:《政治自由主义》,万俊人译,译林出版社 2000 年版。

[67][美]罗纳德·哈里·科斯:《企业、市场与法律》盛洪、陈郁译校,致各出版社、上海三联书店,上海人民出版社 2009 年版。

[68][美]马克·艾伦·艾斯纳:《规制政治的转轨》第二版,尹灿译,中国人民大学出版社 2015 年版。

[69][美]曼昆:《经济学原理》,梁小民译,生活·读书·新知三联书店、北京大学出版社 1999 年版。

[70][美]曼瑟尔·奥尔森《集体行动的逻辑》,陈郁等译,上海三联书店、上海人民出版社 1995 年版。

[71][美]欧内斯特·盖尔霍恩、威廉姆·科瓦契奇、斯蒂芬·卡尔金斯:《反垄断法与经济学》,任勇等译,法律出版社 2009 年版。

[72][美]欧文·费斯:《如法所能》,师帅译,中国政法大学出版社 2008 年版。

[73][美]乔·B.史蒂文斯:《集体选择经济学》,杨晓维等译,上海三联书店、上海人民出版社 1999 年版。

[74][美]史蒂芬·布雷耶:《规制及其改革》,李洪雷等译,北京大学出版社 2008 年版。

[75][美]斯威夫特:《自由主义者与社群主义者》,孙晓春译,吉林人民出版社 1911 年版。

[76][美]唐纳德·A.威特曼:《法律经济学文献精选》,苏力等译,法律出版社 2006 年版。

[77][美]托马斯·卡斯卡特:《电车难题:该不该把胖子推下桥》,朱沉之译,北京大学出版社 2014 年版。

[78][美]西奥多·舒尔茨:《对人进行投资:人口质量经济学》,吴珠华译,首都经济贸易大学出版社 2002 年版。

[79][美]尤查·本科勒:《企鹅与怪兽》,简学译,浙江人民出版社 2013 年版。

[80][美]约翰·罗尔斯:《万民法:公共理性观念新论》,李晓辉等译,吉林人民出版社 2011 年版。

[81][美]约翰·罗尔斯:《政治自由主义》,万俊人译,译林出版社 2000 年版。

[82][美]约翰·梅里曼:《大陆法系》,顾培东等译,法律出版社 2004 年版。

[83][美]詹姆斯·M.布坎南、戈登·塔洛克:《同意的计算:立宪民主的逻辑基础》,陈光金译,中国社会科学出版社 2000 年版。

[84][美]詹姆斯·博曼:《公共协商:多元主义、复杂性与民主》,黄相怀译,中央编译出版社 2006 年版。

[85][美]朱迪·弗里曼《合作治理与新行政法》,毕洪海译,商务印书馆 2010 年版。

[86][南非]毛里西奥·帕瑟林·登特里维斯:《作为公共协商的民主:新的视角》,王英津等译,中央编译出版社 2006 年版。

[87][苏联]玛·巴·卡列娃:《国家和法的理论》下册,李嘉恩等译,中国人民大学出版社 1956 年版。

[88][日]丹宗昭信、厚谷襄儿:《现代经济法入门》,谢次昌译,群众出版社 1985 年版。

[89][日]丹宗昭信、伊从宽:《经济法总论》,吉田庆子译,中国法制出版社 2010 年版。

[90][日]吉田茂:《激荡的百年史:我们的果断措施和奇迹般的转变》,孔凡,张文译,世界知识出版社 1980 年版。

[91][日]金泽良雄:《经济法概论》,满达人译,甘肃人民出版社 1985 年版。

[92][日]金子宏:《日本税法》,战宪斌等译,法律出版社 2004 年版。

[93][日]六本佳平:《日本法与日本社会》,刘银良译,中国政法大学出版社 2006 年版。

[94][日]美浓部达吉:《法之本质》,林纪东译,台北商务印书馆 1993 年版。

[95][日]美浓部达吉:《宪法学原理》,欧宗祐、何作霖译,中国政法大学出版社 2003 年版。

[96][日]田中英夫、竹内昭夫:《私人在法实现中的作用》,李薇译,法律出版社 2006 年版。

[97][日]植草益:《微观规制经济学》,朱绍文、胡欣欣等校译,中国发展出版社 1992 年版。

[98][意]莫诺·卡佩莱蒂:《福利国家与接近正义》,法律出版社 2000 年版。

[99][英]F. A.冯·哈耶克:《个人主义与经济秩序》,邓正来译,生活·读书·新知三联书店 2003 年版。

[100][英]安东尼·B.阿特金森、[美]约瑟夫·E.斯蒂格里茨:《公共经济学》,蔡江南等译,上海三联书店、上海人民出版社 1994 年版。

[101][英]安东尼·奥格斯:《规制:法律形式与经济学理论》,骆梅英译,中国人民大学出版社 2008 年版。

[102][英]彼得·斯坦、约翰·香德:《西方社会的法律价值》,王献平译,中国法制出版社 2004 年版。

[103][英]大卫·G.格林:《再造市民社会:重新发现没有政治介入的福利》,邬晓燕译,陕西出版集团、陕西人民出版社 2011 年版。

[104][英]弗里德利希·冯·哈耶克:《法律、立法与自由》第一卷,邓正来译,中国大百科全书出版 2001 年版。

[105][英]哈特:《法律的概念》,张文显等译,中国大百科全书出版社 1996 年版。

[106][英]赫德利·布尔:《无政府社会:世界政治秩序研究》,张小明译,世界知识出版社 2003 年版。

[107][英]霍布斯:《利维坦》,黎思复、黎廷弼译,商务印书馆1985年版。

[108][英]杰弗里·M.霍奇逊:《演化与制度:论演化经济学和经济学的演化》,任荣华等译,中国人民大学出版社2007年版。

[109][英]杰弗里·托马斯:《政治哲学导论》,顾肃、刘雪梅译,中国人民大学出版社2006年版。

[110][英]卡罗尔·哈洛、理查德·罗林斯:《法律与行政》上卷,杨卫东等译,商务印书馆,2004年版。

[111][英]理查德·道金斯:《自私的基因》,卢允中等译,中信出版社2012年版。

[112][英]伦纳德·霍布豪斯:《社会正义要素》,孔兆症译,吉林人民出版社2006年版。

[113][英]洛克:《政府论》,叶启芳、瞿菊农译,北京:商务印书馆1964年版。

[114][英]迈克·费恩塔克:《规制中的公共利益》,戴昕译,中国人民大学出版社2014年版。

[115][英]迈克尔·欧克肖特:《政治中的理性主义》,张汝伦译,上海译文出版社2004年版。

[116][英]齐格蒙特·鲍曼:《共同体》,欧阳景根译,江苏人民出版社2007年版。

[117][英]史蒂文·卢克斯:《个人主义》,阎克文译,江苏人民出版社200年版。

[118][英]托马斯·S.库恩:《必要的张力》,纪树立等译,福建人民出版社1981年版。

[119][英]亚当·斯密:《国民财富的性质和原因的研究》,郭大力、王亚南译,商务印书馆1972年版。

[120][英]约翰·穆勒:《政治经济学原理:及其在社会哲学上的若干应用》,胡企林、朱泱译,商务印书馆1991年版。

[121]《阿奎那政治著作选》,马清槐译,商务印书馆1962年版。

[122]国际货币基金组织:《税法的起草与设计》,国家税务总局政策法规司译,中国税务出版社2004年版。

[123]经济合作与发展组织:《OECD国家的监管政策:从干预主义到监管治理》,陈伟译,法律出版社2006年版。

四、外文类

[1] Caplin A，Leahy J. "Miracle on Sixth Avenue：Information Externalities and Search". *Economic Journal*, 1998，Vol. 108，No. 446，pp. 60-74.

[2] Brand D R. *Corporatism and the Rule of Law：A Study of the National Recovery Administration*. New York：Cornell University Press，1988.

[3] Hayek F A. *Studies in Philosophy，Politics and Economics*. London：Routledge & Kegan Paul，1978.

[4] Gierke. *Natural Law and the Theory of Society*，1500-1800. Barker E (translated). Boston：Beacon Press，1957.

[5] Jonas H. *The Imperative of Responsibility：In Search of an Ethics or the Technological Age*. Chicago：University of Chicago Press，1985.

[6] Morris J. *Rethinking Risk and the Precautionary Principle*. Oxford：Butterworth-Heinemann，2000.

[7] Fuller L L，Winston K I. "The Forms and Limits of Adjudication". *Havard Law Review*, 1978，Vol. 90，No. 2，pp. 353-409.

[8] Otto Friedrich Von Gierke. *Das Deutsche Genossenschaftsrecht：Bd. Rechtsgeschichte Der Deutschen Genossenschaft*. Berlin，1868.

[9] Heck P. *The Formation of Concepts and the Jurisprudence of Interests，select from the Jurisprudence of Interests*. Magdalena S (translated and edited). Boston：Harvard University Press，1948.

[10] Clarke P，Corones S. *Competition Law and Policy*. Oxford：Oxford University Press，2005.

[11] Falk R A. *The Status of Law in International Society*. Princeton：Princeton University Press，1970.

[12] Wurmnest W. "A New Era for Private Antitrust Litigation in Germany? A Critical Appraisal of the Modernized Law against Restraints of Competition". *German Law*，2005，Vol. 6，No. 8.